변화하는
미국의 공공외교 전략과
한미관계

변화하는 미국의 공공외교 전략과 한미관계

지은이 ㅣ 이상호
펴낸이 ㅣ 김성실
책임편집 ㅣ 손성실
편집 ㅣ 박남주 · 천경호 · 조성우
마케팅 ㅣ 이준경 · 이용석 · 김남숙 · 이유진
디자인 · 편집 ㅣ (주)하람커뮤니케이션(02-322-5405)
종이 ㅣ 한림P&P
제작 ㅣ 미르인쇄
펴낸곳 ㅣ 시대의창
출판등록 ㅣ 제10-1756호(1999. 5. 11)

초판 1쇄 인쇄 ㅣ 2009년 8월 7일
초판 1쇄 발행 ㅣ 2009년 8월 20일

주소 ㅣ 121-816 서울시 마포구 동교동 113-81 4층
전화 ㅣ 편집부 (02) 335-6125, 영업부 (02) 335-6121
팩스 ㅣ (02) 325-5607
이메일 ㅣ sidaebooks@hanmail.net
블로그 ㅣ sidaebooks.net

ISBN 978-89-5940-154-3 (93300)
책값은 뒤표지에 있습니다.

변화하는 미국의 공공외교 전략과 한미관계

이상호 지음

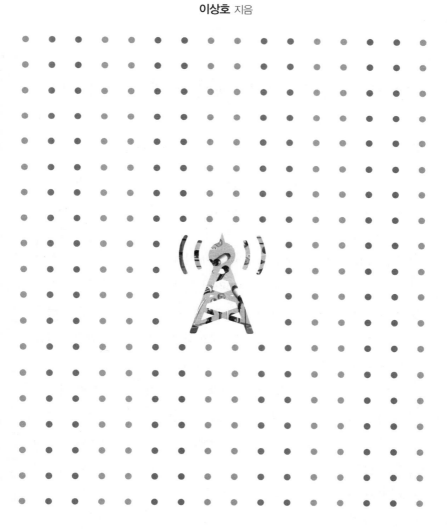

시대의창

한 명의 시민이 품은 생각이 세상을 바꾼다

숱한 정치적 사건과 사회적 격변을 지켜보며 대한민국에서 기자 혹은 정치학자로 살아간다는 것은 끊임없이 역사적 의미를 반추해야 하는 고된 노동을 의미합니다. 사건의 의미를 생각해보고 변화의 배경을 짚어보려면 끊임없이 사안의 본질로, 이야기의 상류로 거슬러 올라가야 합니다. 길을 만들며 풀숲을 헤쳐나가노라면 생채기가 생기고 이마엔 땀이 맺힙니다. 그렇게 당도한 이야기의 출발점에서 우리는 늘 같은 현상을 목격합니다. 이야기의 시원에는 그것을 바라보는 서로 다른 인식의 각축만이 존재한다는 것이지요.

정치적 이해 대립이나 사회적 갈등 양상은 논리와 입장의 인수분해 과정을 거치고 나면, 역사적 관점의 차이만으로 농축됩니다. 역사란 역사적 사실과 사건을 바라보는 견해차를 드러내는 인식의 지도에 불과한 것입니다. 이긴 자와 살아남은 자가 기억하는 어제의 이야기를 따라가노라면, 결국 역사적 사건이란 주체들 사이에 인식과 정체성이 달라 빚어진 갈등과 대립─한바탕 사태事態는 아니었나 생각합니다.

참여정부 시절 추진했던 국가보안법폐지나 사학법 개정 논의, 언론개혁과 과거사법 논란 모두 그 근저에는 한국 역사에 대한 인식의 대립이 있었습니다. 이명박 정부가 들어서자 이번엔 미디어법과 시장개혁법안 등 역방향의 입법이 추진되었고, 역시 격렬한 논쟁이 불붙었습니다.

여기서 저는 묻고 싶습니다. 너무나 멀어 보이는 양측의 극단적 인식 차이는 과연 어디서, 무엇으로부터 기인한 것인가. 두 인식 사이에 화해는 과연 불가능한 것인가. 인식 간 대립의 해소 없이 과연 대한민국의 정치발전은 가능한 것인가.

총만 들지 않았지 사실상 내전을 방불케 하는 정치권의 이전투구를 바라보며 어쩌면 다소 한가해 보일지도 모르는 질문을 던져보는 것은, 인식 차원의 문제제기야말로 지금 여기서 한국 정치의 발전을 위해 가장 시급하고 중대한 일이 아닌가 하고 생각하기 때문입니다. 정치권은 물론 국민 사이에 구체적인 정책 수준의 토론이 불가능하고, 끊임없이 본질적인 이념과 사상 대립으로만 환원한다면 효율적 의사결집이 불가능해 변화하는 세계사의 격류 속에서 국가의 생존은 기대하기 어렵습니다. 토론을 통한 합의도출을 막는 인식의 틈새를 메우지 못하면 대한민국에서 일어나는 모든 토론은 불통不通의 담쌓기에 불과할 것입니다.

이 책은 한국사회에서 각종 이해 대립과 갈등의 원인이 되는 '인식의 문제'를 정치적 또는 정치학적 논의의 대상으로 상정하자는 제안을 담고 있습니다. 강대국들 사이에 끼인 약소국으로서 우리나라의 정치는 주변국의 강력한 영향 아래 있을 수밖에 없었습니다. 그런 점에서 1945년은 한국 근현대사의 인식 흐름을 그 이전과 이후로 나누는 극명한 분기점이었습니다. 인식론적 준거 기준이 동양에서 서양으로 크게 이동한 시점이었기 때문입니다.

1945년 이전에는 '중국을 어떻게 인식하느냐'가 역사적 견해차의 핵심적 조건이었다면, 1945년 이후에는 '미국에 대한 인식의 문제'가 국가 구성원의 견해차를 구성하는 주요 조건이 되었습니다. 미국과 미국인에 대한 인식의 문제는 이후 60여 년간 한국사회와 경제는 물론 정치적으로 온갖 이견을 발생시키는 원인이었습니다. 해방 이후 미군정과 이승만 정부의 출범 과정, 한국전쟁의 발발과 전개양상, 이후 들어선 역대 군부정권과 문민정부의 출범에 이르기까지 한국의 현대사는 미국과의 관계를 떼어 놓고 생각할 수 없는 일들의 연속이었습니다. 주요 사건의 배후에는 항상 미국이라는 존재가 길게 드리워져 있었으며, 미국은 국내 정치의 직간접적 주인공이었습니다.

미국과 미국인에 대한 문제의식은 그 자체로 한국사회에서 오랜 금기의 대상이었습니다. 자칫 공개적 논의라도 할라치면 '반미' 혐의로 단죄되기 일쑤였고, 금지된 논의는 합당한 반론의 기회조차 제대로 얻지 못하고 운동권 내부의 경직된 도그마와 결합해 절반의 논의로 굳어져 왔습니다. 미국과 미국인은 한국과 한국인에게 질문과 회의의 대상이 아닌 맹목적 시혜의 주체로 군림하기 시작했습니다. 그러는 사이, 미국에 대한 절대적 신뢰와 우호적 인식을 기반으로 하는 한미군사동맹은 북한과 소련의 군사적 위협으로부터 생존을 보장해주는 최소한의 조건이면서 동시에 경제성장을 위한 최선의 기회로 작용하며 양국 관계 전반을 규정하는 제왕적 지위를 누려왔습니다.

하지만 미국 주도의 전 지구적 단일시장경제체제의 재편 조짐과 냉전체제 붕괴 이후 제3세계의 약진과 지역블록의 강화, 과학 발전을 주축으로 하는 정보통신기술의 비약적 발달은 세계를 바라보는 인식을 변화시켰고, 이를 토대로 상당한 설득력을 얻은 구성주의 국제정치이론은 한국인으로 하여금 인식의 반쪽 감옥에 안주하도록 내버려 두지 않았습니다. 이런 가운데 2002년 여중생이 미군 전차에 압사하는 사건으로 고양된 반미 정서의 영향과 맞물려 노무현 대통령의 당선이라는 국내 정치적 상황의 변화는 한국인에게 내재한 대미인식에 대한 논의를 본격화하는 역사적 계기가 되었습니다.

박정희 체제의 출범이 한미관계에서 예측불가의 충격적 사태이기는 했지만, 민주적 절차를 밟은 노무현 정부의 집권은 한미동맹사 전체를 인식론적 관점에서 관찰할 때 가장 파격적인 사건으로 분석할 수 있습니다. "유식한 한국 사람들이 미국 사람들보다 더 친미적인 사고방식을 가지고 있어 걱정스럽다"는 발언에서 짐작할 수 있는 노무현 대통령의 대미인식은 결과적으로 한미동맹 전반에 대한 '최초의' 미세조정으로 이어졌습니다.

노무현 정부의 대미정책에 대해서는 찬반양론이 크게 엇갈리고 있으며, 역사적 판단을 하기에는 아직 이르다고 생각합니다. 다만 그의 집권이 제기한 대미관계에 대한 인식론적 질문들은 개인에 대한 평가를 떠나 이미 역사 속에서 작동하기 시작한 만큼, 이제는 소모적인 인식 전쟁에서 벗어나기 위해서라도 진지한 학술적 접근을 요구하는 것입니다.

이 책은 미국이 한국인의 인식전환을 위해 동맹수립 이전부터 오늘날에 이르기까지 과연 어떻게 한반도에 영향력을 행사해왔는지를 미국 정부의 기밀서류를 포함한 각종 자료를 분석해 구체적으로 보여줍니다. 이른바 '공공외교' 라는 이름으로 이뤄지는 미국의 대한對韓 외교정책의 어제와 오늘을 살펴보며 인식의 제조공정과 유통 과정을 재조명함과 동시에, 우리 안에 있는 대미인식의 생성, 변화 과정을 사회과학적으로 접근해본 결과입니다.

읽는 이의 관점에 따라 '반미의식의 교과서' 나 '박정희 등 역대 정부에 대한 재평가' 의 근거로, '미국 공공외교에 대한 반면교사' 등의 의미로 받아들일 수 있겠으나 사실은 사실일 뿐 최종적 판단은 어디까지나 여러분의 몫입니다. 다만 이 책을 읽는 분은 정치적 의제에 인식의 문제가 얼마나 본질적이며 큰 영향을 주는 것인지에 대해 새롭게 고민하게 될 것입니다. 또한 대미인식이 한국인의 대외인식에 얼마나 중요한 준거 기준으로 작용해왔는지 재인식하게 될 것입니다. 그리고 이 책의 끝에서 왕이나 권력자나 국가가 아닌, 한 사람의 시민이 품는 생각이 세상을 바꾸는 시작이자 끝이라는 사실에 동의하게 될 것입니다.

이 책이 나오기까지 연구 전반을 지도해주신 연세대학교 김기정 교수님, 혼란한 정국에 출판을 맡아주신 시대의창 김성실 대표님, 편집으로 애쓰신 직원 여러분께 깊은 감사를 드립니다. 오랜 주말 과부 생활을 견디면서 사랑하는 아들 정환, 정준을 잘 키워준 아내 황태경에게도 고마운 마음을 전합니다. 사랑하는 부모님 이계진, 정영자 두 분께 이 책을 바칩니다.

이상호

CONTENTS

변화하는 미국의 공공외교 전략과 한미관계

제1장

한미동맹 이후의 동맹과 두 시선

1 이명박 정부와 시장동맹 이니셔티브[1]

동맹을 바라보는 인식의 문제가 중요하다

시간을 되돌릴 수 있을까? 원하는 대로 할 수 있다면 얼마나 좋을까! 하지만 불행하게도, 그것은 상상 속에서나 가능한 일이다. 3차원의 질서가 지배하는 지구 위 모든 존재는 같은 시간과 공간의 조건 속에 불가역적으로 배치되어 있다. 어제의 나와 오늘의 내가 다르듯, 이곳의 너와 저곳의 너는 이미 다르다. 조건이 달라지면 존재는 변화하기 때문이다. 사회가 변화하는 가운데 우리도 시시각각 달라진다. 그게 인생이고, 정치도 그렇다. 변화하는 세상에 뒤처지지 않으려고, 나아가 남보다 변화를 더 빨리 알아차리고 적응하고 새로운 변화를 주도하고자 개인이나 국가도 부단히 노력한다. 변화에 적응하지 못하면 대개 우스갯거리가 되고 말지만, 때로 시대의 변화를 거스르는 사람이나 조직은 비극적인 결말을 맞기도 한다. 역사는 변화의 방향과 속도, 그리고 적응하지 못한 자와 이를 주도한 자들에 대한 정밀한 기록이다. 역사책을 뒤적이게 되는 이유는 알 수 없는 변화의 방향과 속도에 대한 조바심 때문이다. 최근 이명박

---

1   initiative. 주도권 또는 목표를 달성하기 위한 이행과제 또는 실행계획을 뜻한다.

정부가 추진하는 한미동맹의 복원 시도를 지켜보며, 과연 역사는 오늘을 어떻게 기록할 것인지 생각해보게 된다.

  2008년 4월 15일, 이명박 대통령은 취임 이후 첫 번째 나라로 미국을 방문한다. 뉴욕 코리아 소사이어티 주최 만찬에서 이 대통령은 지난 10년 동안 진행된 한미동맹의 '약화'를 우려하며 새로운 양국 간 전략적 마스터플랜을 제시했다. '21세기 한미전략동맹'이라 명명한 이 계획을 통해, 이 대통령은 21세기 한미동맹의 비전으로 '가치, 신뢰, 평화구축'이라는 3대 지향점을 제시했다. 한미동맹 강화를 주요 선거공약으로 내걸고 집권한 그가, 이제 바야흐로 한미동맹 강화를 위한 고강도 처방전을 들고 나선 것이다.

  동맹 강화를 위해 이 대통령이 준비한 카드는 지난 참여정부 때부터 질질 끌어온 미국산 쇠고기 협상의 전격적인 타결이었다. 쇠고기 협상의 타결은 교착상태에 놓여 있던 한미 FTA 비준을 위한 촉매제로 인식되어 온 터였다. 사흘 뒤, 이 대통령은 쇠고기 협상 타결의 '낭보'를 한국 국민보다 먼저 파티석상에 있던 미국 재계 대표들에게 직접 전한다. 이러한 행보는 미국인에게 한미동맹 강화를 위한 그의 진정성을 보여주기에 충분한 행동이었다. 그때까지 이명박 대통령은 자신의 한미동맹 강화구상—쇠고기 협상 성사를 통한 한미 FTA 비준과 그에 따른 한미 '시장동맹'의 완성이 한국 국민에게 불러올 인식저항의 폭과 깊이를 짐작할 수조차 없었던 것이다. 2008년 상반기 대한민국을 흔들어놓은 촛불의 민심은 통치자의 대외인식과 일반 대중의 집단적 인식 사이에 어떤 차이가 존재하고 이를 극복하기 위한 상호 소통의 중요성과 그 방법론에 대해 여러 가지 시사점을 던져주었다.

2008년 4월 조지 W. 부시 미국 대통령과 만난 이명박 대통령

    동맹이란 무엇일까? 동맹은 세상사 중 가장 현실적인 현상이다. 어느 특정 '시점', 특정 '상황'에서 '공동의 적'을 앞에 둔 국가 간의 어깨걸기를 의미하기 때문이다. 하지만 변화하는 세상의 질서에서 동맹이라고 예외일 수 없다. 동맹도 변한다. 적의 존재가 눈앞에서 없어지거나 인식에서 사라지는 현실적 변화가 생기면, 그토록 견고해 보이던 빗장도 이내 풀리고 만다. 동맹체제는 국가 간 배타적이며 전면적인 협력관계를 요구하기 때문에, 일상적으로 모두와 맺는 호혜적 협력관계에 비해 큰 비용과 꾸준한 긴장감이 요구된다. 그래서 동맹은 본질적으로 잠정적일 수밖에 없다. 정치학자 모로우에 따르면 일반적인 경우가 약 12년, 한미동맹처럼 맹주에 편승하는 비대칭 동맹이라도 16년을 채우지 못하는 게 동맹의 현실이다. 하지만 한미동맹은 어떠한가. 1953년에 맺어졌으니 벌써

반세기를 훌쩍 넘겼다. 세계사에 유래를 찾기 어려운 '장수동맹'을 유지하고 있는 셈이다.

하지만 좀처럼 변화할 것 같지 않던 한미동맹에도 변화의 움직임이 포착되고 있다. 냉전이 끝나고 남북 간에 해빙을 넘어 공존이 모색되고 있기 때문이다. 신 냉전의 암운이 저 멀리 드리우고 있기는 하나, 북미 간 긴장완화의 속도는 이미 이명박 정부 출범 이후 교착상태를 보이는 한미 간 합의의 속도를 추월하는 듯하다. 북미관계가 변화하고 있고, 또한 한미동맹도 움직이고 있다. 동북아에서 미국의 영향력을 재구성하는 차원에서 새로운 대안과 미래에 대한 전망을 세우자며 동북아 신질서를 모색하는 움직임이 있는가 하면, 한미동맹의 약화를 우려해 동맹을 서둘러 복원하자며 목소리를 높이는 사람들도 적지 않다. 이명박 정부의 집권으로 동맹 복원을 주장하는 목소리는 빠른 속도로 대외정책의 기조로 자리매김하고 있다.

한미동맹이 이명박 대통령의 진단 대로 지난 정부들을 거치며, 잘못된 동맹정책 때문에 정녕 '약화'된 것인지, 아니면 동맹을 둘러싼 제반 조건들이 변화했기 때문에 '이완'된 것인지에 대해서는 차른 차원의 논의가 필요하다. 하지만 분명한 것은 한미동맹은 구조적으로 변화기에 처해있다는 점이다. 이명박 정부의 한미동맹 복원 시도를 지켜보며 다음과 같은 질문에 직면하게 된다.

동맹을 인위적으로 복원한다는 게 애초에 가능한 일일까? 조건과 상관없이 의도적 노력만으로 동맹을 강화할 수 있는 것인가? 군사동맹인 양국관계가 명백한 군사적 조건이 변화한 가운데서도 다른 이유에 근거해 이전과 같이 작동할 수 있을 것인가? 동맹을 둘러싼 제반 조건이 변했다고 해도, 가치와 신뢰의 회복을 통해 동맹양상을 예전과 같이 유지하는 것이 얼마나 가능할까? 나아가 동맹 '심화'라는 이름으로 군사동맹을 시장동맹으로 전환하는 것은 가능할 것인가? 이해관계가 상충하는 시장환경에서도 배타적 관계를 기반으로 하는 동맹구축이 가능할 것인가?

동맹의 지속성에 대한 의문과 나아가 동맹의 심화 및 전환 가능성에 대한 질문 외에도 이 책이 주목하는 중요한 요소는 '인식의 문제'다. 인식전환과 동맹 사이의 관계에 대한 문제의식이다. '국민의 인식을 재조정함으로써 약화하는 동맹을 되살릴 수 있을 것인가'라는 질문은 한미동맹이 다른 동맹에 비해 인식변수의 중요성이 매우 큰 군사동맹이기에 무척 중요하다. 인식 조건은 측정 가능한 군사력 지표 등을 총합한 국력Power처럼 '물적 조건'에 비해 측정은 난해하지만, 동맹관계에 있어서 분명히 또 다른 조건으로 인정할 수 있다. 그렇다면 동맹에 대한 국민적 가치와 상대국과 상대국 제도에 관한 신뢰, 나아가 동맹 상대국에 대한 이미지 등 국민의 대외인식은 어떻게 구성되는지 궁금해진다. 또한 대외인식을 조작하거나 통제하는 일은 어떻게 가능한 것이며, 만일 '인식정렬 Cognitive Alignment' 과정을 통해 그런 일이 가능하다면, 동맹을 강화하거나 유지할 수 있을지 검토해보는 일도 동맹의 현재를 짚어보고 미래를 예측하는 데 있어 중요한 일이 될 것이다.

한국인의 대외인식과 한미동맹의 상관관계

이 책은 앞서 제기한 질문에 대한 해답에 접근해 나가는 과정을 담고 있다. 연구를 위해 미국이 한국인의 대외인식에 영향을 줄 목적으로 오랜 기간 조직적이며 전략적으로 입안하고 집행해온 공공외교정책의 면면과 그 결과에 대한 분석을 수행했다. 그 과정에서 꾸준히 되묻게 되는

건 과연 '동맹이 객관적 주변 여건 변화에도 의도적인 노력을 통해 가치나 신뢰 등 인식론적 변수를 통제함으로써 유지, 강화되거나 아니면 반대로 약화할 수 있는가' 하는 문제의식의 정당성 여부였다.

사실 '개인의 대외인식'이라는 심리학적 미시변수와 거대담론인 '국제정치'의 의미 있는 상관관계를 도출해보겠다는 접근을 시도하며 적지 않은 회의에 빠지기도 했다. 하지만 현대 사회과학은 논의의 대상과 주체로서 개인의 가능성에 대해 꾸준히 주목해오지 않았던가? 현대 국제정치학도 마찬가지이다. 비교적 최근의 조류에 속하는 '구성주의적 국제관계 방법론'은 인식론적 변수를 통해 국제관계의 역학을 설명하려는 주된 움직임을 잘 보여주고 있다. 이 방법론은 국가를 행동 주체로 전제하고 국제정치 현상을 관찰하고 설명하는 기존 국제정치이론의 한계를 보완하는데 아주 효과적인 것으로, 국제관계를 연구하는 방법론에 관념변수의 중요성을 도입하는데 크게 이바지했다.

구성주의 방법론은 개인과 사회, 그리고 국가 내부의 다양한 여론 형성과 전달 과정을 보여주며, 그 결과 외교정책 의사결정 메커니즘에 대한 이해를 수월하게 해주었다. 이 과정에서 구성주의 방법론은 그동안 국제정치 연구의 사각지대나 다름없었던 외교정책 과정을 다룰 때 개인의 인식과 언론의 역할이라는 미시적 접근을 가능하게 해주었다. 이 책에서 다루는 논의 역시 큰 틀에서 구성주의 국제관계 방법론에 의존하고 있다. 이를 통해 한국인의 대외인식이 어떻게 생성되고 그 대외인식의 구성 결과에 따라 한미동맹은 어떻게 변화해왔는지 조명하려 한다.

한국인의 인식과 한미동맹이라는 서로 다른 차원의 문제를 한 틀에서 관찰하고자, 이 책은 한미 간의 다양한 외교적 의제 중에서 특히 인식론적 문제를 매개하는 미국의 '공공외교public diplomacy' 활동에 주목하고 있다. 공공외교는 '대민홍보'나 '문화외교' 등의 유사 개념과 혼용되기도 하고, 새로운 국제질서에서 '미디어외교'와도 유사한 개념으로 통한다. 이 책에서는 동맹 상대국의 거부감이 적고 전략적 개념을 내포해 미국 국무부가 채택하고 있으며 학계에서도 광범위하게 인용하는 '공공외교' 라는 개념을 사용하겠다. 미국은 공공외교라는 전략으로 이미 반세기가 넘도록 한국인의 대외인식에 지속적이며 의도적이고 전략적인 차원의 영향을 주어 한미동맹을 미국의 국익이 극대화하는 방향으로 이끌어가는 노력을 기울여왔다. 이 책은 확인할 수 있는 다양한 방법을 통해 그런 사실을 입증하고 있다. 우리나라는 맹주에 의존하는 비대칭동맹의 약소 동맹 상대국으로서 극히 미미한 수준의 대미 공공외교 역량을 보유하고 있으며, 이를 구사하는데도 적지 않은 제한에 직면해왔다. 우리나라 정부는 최근에 들어서야 공공외교의 개념과 그 중요성에 대해 눈을 뜨기 시작했다.

이명박 정부가 한미동맹을 강화하는 이유

한미동맹은 본질적으로 군사적 위험에 대응한 '위협인식'에 근거해 집단적 대응체제 유지를 목표로 하는 군사동맹을 핵심 축으로 삼고 있다. 장구한 시간은 이 두터운 축에 적잖은 균열을 드러내보였다. 동맹 체결 당시 엄존했던 군사적 위험은 이미 사라졌거나 크게 완화된 상태이다. 철옹성 같던 냉전체제가 종식되었고, 남북은 2000년과 2007년 두 차례에 걸쳐 정상회담을 했으며, 이후 사회 각계각층이 다각적인 교류와 협력의 경험을 축적해왔다. 북미 간에는 핵협상이 크게 진전을 이루며 북핵 폐기를 위한 2단계 절차가 진행 중이고, 오랜 적대관계를 청산하고

장차 평화체제로 전환하기 위한 대북 경제제재와 테러지원국 해제 등 구
체적 조치를 위한 막바지 협의가 한창이다. 한반도를 둘러싼 이 같은 호
혜적 흐름은 적어도 이 지역 안정을 바라는 대다수 국가의 기대와 염원
이 반영된 것인 만큼, 당분간 불가역적인 대세로 읽힌다. 동맹 조성을 가
능하게 했던 물리적, 외형적 조건들이 와해되고 이 과정에서 인식 변화
가 이뤄지면서, 위협인식에 근거해 반세기전 조성된 동맹의 강도는 필연
적으로 느슨해질 수밖에 없게 되었다. 한미동맹이 재조정기에 접어든 것
도 그 때문이다. 그런 점에서 이명박 정부가 벌이고 있는 동맹복원 작업
은 그 정치적 성격과 성패 여부를 떠나 대한민국 정치사적 의미는 물론
이고, '동맹은 변화한다'는 국제정치학적 명제에 도전하고 있다는 점에
서 매우 주목할 만한 시도인 것이 분명하다. 그렇다면 이 대통령은 과연
어떻게 이 역사적 시도를 수행하겠다는 것일까? 미국 순방 중 이 대통령
이 밝힌 '동맹 강화를 위한 3대 지향점'에서 그 단초를 발견할 수 있다.

　　"우리 양국은 명실 공히 자유민주주의와 시장경제 가치를 공유
　　하고 있습니다. 동맹은 가치와 비전을 공유할 때 더욱 힘을 발휘
　　합니다. 한국이 민주주의의 발전과 경제성장을 거듭해 온 결과
　　이제 양국은 한층 성숙한 가치동맹을 이룰 수 있는 수준에 도달
　　했습니다. 그러한 가치의 공감대 위에 한국과 미국은 군사, 정치
　　외교, 경제, 사회, 문화 등 포괄적인 분야에서 서로 공유하는 이
　　익을 확대해 나감으로써 신뢰동맹을 구축해 나갈 것입니다. 신
　　뢰에 기반을 둔 한미 군사동맹은 한반도의 긴장완화와 동북아시
　　아의 평화를 위해 더욱 긴밀하게 공조하고 협력할 것입니다. 나
　　아가 동아시아 국가들 간 안보신뢰와 군사적 투명성을 높이는데

선도적 역할을 수행해야 합니다. 한미가 다자 안보협력의 네트
워크 구축에 앞장섬으로써 동아시아의 화합과 도약을 위해 윤활
유 역할을 하는 동맹이 되어야 합니다."

　가치동맹과 신뢰동맹, 그리고 동아시아를 기반으로 하는 군사동맹. 이
같은 수사修辭의 외피를 벗고 핵심을 요약하면 이 대통령의 발언은 연
속적이며, 단계적으로 해석할 수 있다. 현재의 한미동맹을 가치동맹 구
현을 통해 신뢰동맹의 수준으로 고양시킨 뒤, 동북아지역을 포괄하는 군
사동맹으로 확장, 발전시켜 나가자는 것이다. 부연하자면 한미 양국은
자유민주주의와 시장경제를 두 축으로 삼는 가치공조를 강화해 이를 토
대로 군사 분야의 공동 이해 충족의 가치를 경제, 사회, 문화 등 전 분야
로 확산시켜 동맹 유지에 따른 이익을 심화할 수 있다는 신뢰를 뿌리내
리고, 이를 근거로 동맹 성립을 위한 지역적 범위를 동북아시아 전역으
로 확대함으로써 영속적 동맹체제를 이끌어내자는 내용인 것이다. 이는
군사동맹의 내구성이 동맹의 조건 변화에 따라 심각하게 위협받고 있는
가운데 나온 것으로 시장동맹으로의 동맹 심화 과정을 거쳐, 한반도를
넘어선 지역에서도 시장적 수준으로 확대된 상호 이해를 추구해가자는
정치적 선언으로 해석할 수 있다. 이명박 대통령이 강조하고 있는 이러
한 '가치와 신뢰'는 앞서 언급한 구성주의 국제정치학이 기회 있을 때마
다 강조하는 인식론적 방법론의 주요한 변수들이다. 가치 공유를 통한
신뢰 강화란 각종 메시지와 이미지를 개인에게 투영한 결과로 구성되는
인식론적 수준의 의제이다. 그런 만큼 이명박 대통령의 동맹 강화 이니
셔티브 역시 의도했든 의도하지 않았든 개인의 인식을 주요 조작변수로
상정하는 구성주의 국제정치학 방법론에 의존해 설명할 수밖에 없는 정

책이며, 나아가 이 정책의 성패 역시 얼마나 국민의 인식적 측면에 대한 영향력을 미칠 수 있는지 여부에 따라 좌우되는 것은 명백하다.

구성주의 관점에서 보면 특정 국가들 사이의 동맹은 동맹이 성립하기 이전부터 축적된 상대국과 상대국 국민에 대한 인식에 의해 주된 영향을 받으며, 향후 동맹의 지속 여부 역시 동맹관계를 통해 축적된 동맹 안보 인식에 큰 영향을 받게 될 것으로 이해된다. 동맹의 인식론적 효과는 동맹국 국민의 위협인식의 감소를 목표로 하며, 동맹의 효과에 따라 감소된 위협인식은 종국에는 동맹 자체의 소멸로 이어지게 된다. 이처럼 인식론적으로 동맹은 변화가 불가피하며 잠정적인 상태인 것이 분명하다. 따라서 동맹체제를 통해 자신의 물적, 이념적 기득권을 유지하려는 세력은 현재의 동맹을 유지하거나 강화하고자 위협인식을 의도적으로 확대 재생산하려는 경향을 보이게 된다.

이명박 정부가 한미동맹을 유지, 강화하려는 이유는 여러 가지 관점에서 다양한 설명이 가능할 것이다. 하지만 동맹 유지, 강화를 위해 필요한 만큼의 위협인식 수준을 유지하려 할 것은 분명하다. 그렇다면 여기서 다시 위협인식은 누가, 어떤 경로로 어떻게 만들어 국민의 집단적 동맹 인식으로 구성하는지에 대한 질문이 제기된다. 이와 관련해 미국의 공공 외교 메커니즘을 통해 공공외교에 대한 전반적인 이해와 더불어, 반세기 넘게 미국이 한반도에서 작동시켜온 공공외교의 작동 원리와 실제 작동 양상, 그에 따른 한미관계의 전개과정 등을 실증적으로 분석하려 한다. 이를 근거로 이 책은 오늘날 한미 군사동맹의 심층화 경향, 즉 '시장동맹 으로의 전환'이 오랜 동맹과정을 거치며 미국의 공공외교 전략에 의한 결과라는 점을 밝히게 될 것이다. 또한 이러한 논의 전개를 통해 2008년 상반기 한반도를 뜨겁게 달군 촛불집회의 발원지가 따지고 보면 한미 공공외교의 접점이었으며, 촛불집회의 인식론적 본질 또한 한미 군사동맹이 시장동맹으로 전환하는 것에 대한 인식 부적응에 따른 집단적 반발로 해석할 수 있다는 점을 확인하려 한다.

2 동맹의 조건과 동맹인식의 중요성

한국을 관리하는 미국 공공외교의 목적

미국의 공공외교를 본격적으로 살펴보기 전에 미국 공공외교의 궁극적 목표인 '국가적 이해national interest'가 무엇인지에 대해 먼저 주목해야 한다. 미국의 대외정책이란 결국 국제정치 무대에서 자국의 이해를 극대화하고자 수행하는 조치인 만큼, 미국의 대한對韓 공공외교의 전략[2]과 실제를 분석하려면 미국이 한국과의 동맹관계를 통해 얻고자 하는 국가적 이해가 무엇인지를 먼저 파악해야 하기 때문이다.

한미동맹의 당사국인 우리는 다음과 같은 질문을 할 수 있다. 한국의 국가적 이해와 미국의 이해는 동맹이 반세기 이상 지속된 지금도 여전히 일치하는가? 일치하지 않는다면 그 차이는 현재의 한미동맹이 허용하는 수준에서 용인할 만한 수준인가? 만일 그 차이가 용인할 만한 수준의 것이 아니라면, 한국인은 그 차이와 내용을 충분히 인식하고 있는가? 충분히 인식하고 있다면 앞으로 한미동맹은 어떤 변화 양상을 겪을 것인가?

---

2   앞으로 특별한 언급이 없는 한, '공공외교'는 미국이 한국과 한국인을 대상으로 수행한 것을 의미한다.

만일 충분히 인식하고 있지 못하다면 그것은 무엇 때문인가? 이미 차이에 대한 충분한 인식이 국민적 대외인식으로 구성되었다면 그 인식은 정부 차원의 의도적 노력에 의해 다시 기존동맹을 유지하거나 강화를 용인할 만한 수준으로 유지, 관리될 수 있을 것인가? 이 같은 국민적 동맹인식과 동맹의 미래에 대한 질문들은 현실적인 분석을 위해 다음과 같은 보다 구체적인 하위 질문으로 나눌 수 있다. 한미 양국 관계에서 자국의 국가적 이해를 관철시키고자 미국은 그동안 어떠한 핵심 전략을 구사해왔는가? 미국의 외교 전략은 한미 양국 간에 어떤 메커니즘을 통해 이행되어 왔는가? 외교 전략을 상대 국가에 관철시키는데, '정규외교'로 충분한가? 정규외교에 대한 보완적 의미로 '공공외교'를 내놓을 때, 공공외교는 자국의 이해를 상대국에 어떠한 방법으로 관철하는가? 공공외교는 일반적 국제관계에 비해 동맹관계에 추가적으로 어떤 역할을 수행하는가? 공동위협에 대한 위협인식의 강화 또는 공동가치에 대한 인식공조 강화, 양국 간 공동이익에 대한 신뢰 제고 등의 목표 달성을 위해 공공외교는 어떠한 메커니즘을 통해, 어떤 방식으로 작동하는가?

한미관계는 구조적으로 한국이 미국을 맹주로 하여 동맹관계에 편승하는 비대칭동맹의 전형이다. 군사동맹은 양국 간 공동위협에 집단적으로 대응하고, 국가적 이해의 극대화를 추구하는 체제인 만큼 현재의 동맹으로 양국이 이득을 얻고 있다고 신뢰하는 한, 동맹을 축으로 하는 양국 관계는 밀접하게 유지, 발전할 것이다. 한미관계의 현주소를 분석하고 향후 양국 관계의 전개 양상을 예측하기 위해서는, 한국인이 국가적 이해에 대해 얼마나 충족하고 있는가 하는 인식이 중요하다. 또한 한국인의 동맹인식 양상과 미국인의 동맹인식 양상이 얼마나 다르며, 한국인의 인식을 미국인의 인식에 정렬하기 위한 미국의 공공외교 메커니즘의 현재 상태가 어떠한지 짚어보는 것 역시 중요하다.

이를 토대로 한국인의 국가적 이해의 충족과 그에 따른 대외인식이라는 변수가 미국의 동맹 이해에 따라 어떻게 정렬, 관리되어 왔는지 전체적인 그림을 그려 볼 수 있을 것이다. 이 같은 그림을 이해할 때 비로소 이명박 정부가 '동맹 강화를 위한 3대 지향점'에서 제시한 양국 간 공동이해의 영역을 충분히 넓히고 동맹인식을 강화할 수 있을 것인지의 여부를 현실적으로 가늠할 수 있다. 그런데 현재 국제정치학적 논의들은 대체로 이명박 정부의 기대와는 달리 한미 간의 동맹 균열이 심각한 수준이며 안보 여건의 변화로 양국 간 공동이해의 영역도 크게 축소되고 있다는 지적이 대세를 이루고 있다. 이러한 움직임을 반영하듯, 2007년 한국 대선을 전후해 미국방분석연구소IDA와 미 국방대학교 국가전략연구소INSS는 '철저한 동맹의 변화'를 주문한 바 있으며, 맨스필드재단과 전미외교협의회NCAFP 등도 한미관계위원회를 구성, 한미동맹에 대한 포괄적 연구에 나서고 있는 실정이다.

변화하는 한미관계, 변화하는 동맹이론

한미동맹의 인식론적 접근을 위해 큰 틀에서 한미관계 전반을 규정하고 있는 동맹에 대한 일반적 이론과 연구에 대해서도 개괄적이나마 살펴볼 필요가 있다.

동맹이론이란 국제관계의 제반 양상을 동맹의 틀을 통해 설명하고 예측하려는 연구의 일환으로 전통적으로 현실주의 정치학 방법론에 속한다. 동맹이론은 크게 동맹의 형성과 해체, 그리고 유지 등의 현상을 연구대상으로 삼아왔으나, 그동안의 연구는 주로 동맹이 왜, 어떻게 '형성'되는지에 대해 집중해왔다. 이 같은 연구 경향은 냉전의 시작과 함께 각국이 미국과 소련이라는 강대국을 축으로 양대 동맹 속으로 규합되는 과정에서 나타난 것이므로 지극한 당연한 결과인 듯하다.

대표적인 동맹이론은 '파워론power theory'인데, 이 이론은 힘의 불균형이 안보 불안을 가중시키기 때문에, 국가들은 안보 불안을 해소하려고 힘의 불균형을 균형 쪽으로 바로 잡는 방향으로 동맹을 형성한다고 설명한다. 힘의 불균형 보다는 특정 국가에 대한 위협인식에 의해 동맹이 형성된다고 보는 '위협론threat theory'도 있다. 이 외에 국가 간의 행위보다는 국내적 요소를 강조해 정통성이 약한 국가 엘리트들이 이익을 극대화하려고 동맹에 편승한다고 주장하는 '이익론interest theory'과 행위자의 정체성이나 관념의 공유를 통해 동맹형성을 설명하는 '문화론cultural theory'도 있다.

이 같이 다양한 동맹이론들은 군사, 안보 의제가 주도해온 한미관계 특성상 동맹의 구조적 특성을 설명하고 양국관계의 미래를 예측하는데 적지 않은 도움이 되어왔다. 하지만 냉전 이후 군사, 안보 의제의 중요도가 시장, 경제 의제에 비해 눈에 띄게 줄어든 현실에서 변화하는 한미관계의 역동성을 설명하고 예측하는 데는 분명한 한계를 드러내고 있다.

동맹의 형성에 대한 연구는 '힘과 이익'같은 현실적인 접근법을 취하고 있는데 반해 동맹체제가 '해체'되는 과정은 구성주의적 접근법으로 설명할 때 그 적실성이 높아진다. 사실 어떤 배경에서 동맹이 형성되었든, 일단 형성된 동맹의 유지는 동맹 이익에 대한 양국 간 인식공조를 전제로 한다. 따라서 동맹의 해체는 양국 간 '인식의 차이'에서 비롯하는 것은 당연한 결과다. 이 같은 인식의 차이에 주목하는 이론이 바로 구성주의적 접근법인 것이다.

국민의 인식은 정체성과 규범 등의 핵심 인식변수들을 통해 파악되는데, 동맹에 대한 호불호나 태도의 변화 등은 동맹의 이완된 조건의 빈틈을 비집고 들어가 그 틈을 넓히고 결국 동맹을 해체에 이르도록 만든다. 인식을 구성하는 기초 요소는 각종 정보와 이미지 등을 총망라한 '지식'이다. 웬트Alexander Went와 같은 대표적 구성주의자는 인식의 차이는 '공유된 지식'의 차이에 의해 드러난다고 말한다. 즉, 지식의 공유를 통해 특정 인식을 구성하고, 구성된 인식이 동맹을 유지했다가, 동맹 조건의 변화 등으로 동맹에 부정적인 지식을 공유하기 시작하면서 부정적 지식을 긍정적 지식이 대체하거나 무력화하지 못할 경우, 인식공동체로서의 동맹은 결국 그 삶을 마감하게 된다는 것이다. 웬트의 이 같은 가설 역시 앞서 제기한 동맹인식의 제공자와 그 인식의 유포와 관련된 본격적인 질문을 유도한다. 이를테면 '누가, 왜, 어떤 지식을 어떻게 만들어서, 누구를 통해 어떤 경로로 전달하는가'라는 질문이 바로 그것이다.

인식의 미국화를 조장하는 미디어정책

구성주의적 방법론의 문제의식과 상통하는 공공외교 활동에 대해 효과적으로 접근하기 위해서는 미디어 관련 이론에 대한 이해가 필수적이다. 공공외교의 전략은 하나하나의 의제 수준으로 세분화되는데, 이러한 의제들은 소통을 위한 미디어정책의 틀에 따라 재편된다. 미디어정책은 공공외교 전략의 중요도와 우선순위에 따라 인적, 물적 자원을 선택적으로 배분하는 과정이다. 이를 통해 낱낱의 의제들은 구체적 실행이 가능한 사업으로 전환된다.

미국의 공공외교는 이 같은 미디어정책이 한반도를 무대로 펼쳐진 만큼 미디어의 선택과 자원 배분 역시 주로 국내에서 이뤄졌다. 다양한 미디어를 활용한 콘텐츠의 선택적 전달은 오랜 기간 한국인 사이에 동맹에 관한 공유된 지식을 구성했고, 그 결과 동맹은 꾸준히 '인식'되어 왔다. 상대국 국민에게 자국의 외교정책에 대한 인식론적 동의를 얻는 공공외교는 이처럼 미디어를 적극적으로 활용한다. 상대방 혹은 상대집단의 인식을 특정한 방향으로 이끌어가려 한다면 미디어 수단과 프레임의 선택에 특히 유의해야 한다. 집단적 여론으로 표출되는 국민적 인식은 대상을 바라보는 인식의 틀, 즉 프레임에 따라 규정된다. 특정 프레임을 미디어 수단을 통해 선별적으로 전달하면 의도된 집단여론을 이끌어낼 수 있다.

미국은 일찍이 제1차, 제2차 세계대전을 거치며 상대국에 대해 자국의 이해를 효과적으로 관철하고자 직접적, 의례적, 공식적으로 드러나기 쉬운 '정규외교'적 노력과 별개로 상대국의 언어와 문화, 역사 등에 대한 다각적인 조사를 벌여 이를 활용하는 노력을 기울였다. 현지 미디어에 대한 연구와 프레임의 개발도 함께 진행했다.

한국에 대해서도 마찬가지였다. 미국은 한반도에 자국의 이해관계를 성공적으로 관철하고자 공공외교정책을 정하고, 그것을 실행하는 미디어정책을 수립하려고 광범위한 현지 조사 작업에 들어갔다. 한국전쟁 이후 동북아 냉전체제 관리를 위한 요충지로서 동맹국 한국이 미국의 대외정책에 협조하도록 육성, 발전시키기 위해 미국은 치밀한 미디어정책을 수립했으며, 전략적 설계 과정을 거친 미디어 수단과 프레임을 선택해 한국인의 인식구성에 정밀하게 영향을 주었다. 미국의 미디어정책은 공공외교정책의 변화에 따라 그때그때 연동해 변화했으며, 미디어의 수단과 프레임의 선택도 더불어 최적의 조합을 이루도록 구사되었다.

공공외교정책에 의해 미디어정책이 수립되면, 상대국 국민의 대외인식은 본격적으로 조작 대상으로 부상한다. 상대국 국민의 대외인식을 미리 설정해둔 방향과 내용에 맞게 도달시켜 최종적으로 목표치에 근사하도록 만드는 행위를 '인식정렬'또는 '인식정렬 작업'이라 규정하고 논의를 진행하려고 한다.

인식정렬이란 심리학에서 비롯된 용어로 현대 미국 심리학의 태두로 평가되는 칼 로저스Carl Rogers가 인간중심적 심리상담의 필요성을 역설하며 사용한 개념 중 '인식정렬'이라는 표현과 상통하는 면이 있다. 하지만 로저스는 인식cognition보다 한 단계 더 깊은 단계인 의식consciousness의 수준을 지칭했다는 점에서 그 의미가 다르다. 개인은 통상 지각perception, 추리reasoning, 직관intuition, 지식knowledge, 인지awareness의 방법을 통해 현상을 이해한다. 나는 여러 인지 행위의 결과를 통해 알게 된 상태를 강조하는 의미에서 '인식'이라는 표현을 채택했으며, 부분을 하나하나 정렬해 전체적으로 적당한 상태가 되도록 변화시킨다는 개념인 '정렬alignment'이라는 표현과 혼합해 사용하려고 한다.

최근 들어 '인식정렬'이라는 개념은 여러 분과의 학문에서 폭넓게 사용하고 있다. 게임이론은 물론 조직사회학, 사회자본이론, 회사 간 네트워크를 연구하는 연구, 환경경영 등의 분야에서 특히 활발하게 활용하고 있다. 그중 참고할 만한 유사 개념으로 '인식조정cognitive coordination'이라는 용어가 있다. 포스Nicolai Foss와 로렌젠Mark Lorenzen이 경제조직 연구에서, '지속적으로 유지되는 신념체계에 대한 외적 변화'를 설명하려고 사용한 것으로 인식정렬과 유사한 문제의식을 담고 있다.[3] 하지만 '인식조정'은 변화된 상태에 주목해 변화하는 세부 인식 요소들의 동적 움직임을 담는 데는 부족함이 있다.

이런 점에서 인식의 정렬된 상태를 사회적 기호체계에 비유해 '집단적인 신념이나 가치, 전통, 언어 등은 개인이나 조직이 정보를 받아들이고 이해하는데 도움을 준다'는 주장을 펼친 마스켈Peter Maskell과 로렌젠Lorenzen의 연구는 공공외교를 통한 인식정렬을 이해하는데 적지 않은 시사점을 부여하고 있다.

과연 국제정치학에서 인식 또는 인식정렬의 문제는 어떻게 다뤄지고 있을까? 먼저 지금까지 인식정렬에 대한 정의를 보다 국제정치학적 관점에 맞춰 재구성해 보면 '미리 세워둔 목표치에 맞춰 직간접적 미디어 수단과 미디어 프레임을 선택적으로 활용함으로써 일국 혹은 일국의 외교정책에 대해 우호적이거나 조작이 용이한 집단적 인식체계를 구성, 유지, 변화시켜 나가는 일련의 과정'을 의미한다고 볼 수 있다.

한미관계를 예로 들어보자. 인식정렬은 미디어의 수단과 프레임의 적절한 선택을 통해 한국인의 대미인식과 대북인식 등 양국관계를 규정하는 다양한 인식적 요소들을 미국에 호의적이며 협조적으로 '정렬'되도록 조작함으로써 미국이 수행하는 외교정책을 원활하게 달성할 수 있도록 하는 과정에서 일어나는 합목적적이며 인식론적 현상이라 규정할 수 있다.

국제정치학 분야에서 인식정렬과 유사한 개념으로 '침투penetration'라는 표현을 떠올릴 수 있다. 이 용어는 왈트Stephen M. Walt가 동맹국 사이에 동맹인식 제고를 위해 사용하는 기법 중 하나로 거론한 것이다. 그는

---

3 Nicolai Foss and Mark Lorenzen, "Cognitive Coordination and Economic Organization: Analogy and the Emergence of Focal Points: Analogy and the Emergence of Facial Point", 11. January, 2001 참조

침투를 대중의 정치적 태도나 국가 엘리트들의 인식 등을 변화시킴으로써 '상대국의 정치 시스템을 자국의 외교정책 목표에 정렬되도록 조작하는 것'[4]으로 정의하고 있다. 왈트의 정의에서 '상대국의 정치 시스템'을 '각 분야 및 층위별 인식'으로 치환해서 읽어보면 인식정렬의 개념을 보다 수월하게 이해할 수 있을 것이다.

한국인의 인식변화에 따른 한미관계의 전개

인식정렬은 공공외교의 방법적인 목표다. 미국의 공공외교와 그 결과로 나타나는 인식의 미국화를 설명하는 주된 개념인 만큼 다시 한 번 짚어보자면 이렇다. 인식정렬이란 '미국이 상대국에 대해 자국의 외교정책을 성공적으로 이행하고자, 직간접적인 미디어 수단과 다양한 미디어 프레임을 선택적으로 활용함으로써 상대국 국민에게 우호적이고 긍정적인 인식을 유도해 자국과 자국의 외교정책에 호의적 집단 인식체계를 구성하고 발전시켜 나가는 일련의 과정'을 의미한다. 그 결과 나타나는 특징적 현상을 이 책은 인식의 미국화, 또는 인식 미국화라고 규정한다.

2005년 4월 17일, 유럽 순방 길에 오른 노무현 대통령은 독일에 이어 터키를 방문했다. 이스탄불에서 열린 동포 간담회에서 노무현 대통령은 '유식한 한국 사람들이 미국 사람들보다 더 친미적인 사고방식을 가지고 있어 걱정스럽다'는 취지의 발언을 했다. 한국 지식층에 퍼져있는 인식 미국화 실태를 우려하는 발언을 한 것이다. 당일 《한국일보》 기사를 보자.

---

4   Walt, Stephen M. *The Origins of Alliances*, Cornell University Press, 1987, pp. 242-243.

2002년 노무현 정부의 출범은 한미동맹의 변화를 견인하는 기폭제가 되었다.

"(중략) 한미동맹엔 전혀 이상 없습니다. 잘 관리할 것이니 맡겨 주시고. 제일 걱정스러운 것은, 한국 국민인데, 상당히 유식한 한국 국민인데, 말하는 걸 보면 미국 사람보다 더 친미적인 사고 방식을 갖고 얘기하는 사람이 있는 게 내게는 제일 힘들어요. 한국 사람이면 한국 사람답게 생각하고 판단해야 합니다. 한미동 맹을 이끌어 가는 과정에서 중요한 것은, 미국 사람이 보는 아시아 질서와 한국 사람이 보는 아시아 질서에 대해 의견이 잘 조율 되고, 판단돼야 합니다. 합리적인 판단을 해야 하고 의견이 잘 조율돼야 합니다."[5]

---

5 《한국일보》 2005년 4월 17일자 참조.

한국인의 인식 미국화에 대한 노무현 대통령의 공개적인 비판은 국내에 커다란 논쟁을 일으켰다. 보수적 매체들은 일제히 노 대통령의 발언에 비판적인 입장을 내놓고 비난하기 시작했다. 이 같은 현상은 한미동맹을 바라보는 국내 언론 매체들의 입장과 그 역할을 간파할 수 있도록 해주는 대목이기도 하다. 최근 들어 인식정렬과 한국 언론의 관계에 대해 국제정치학계 일각에서 연구가 시작되고 있다. 김용호, 김현종, 김용호, 이준웅 등의 연구가 그것이다. 이들은 주로 양국 주요 현안에 대한 언론의 보도 프레임을 분석해 언론이 양국관계에 미치고 있는 영향을 밝히려는 시도를 하고 있다. 나는 이 책에서 이들의 현상적 접근보다 미국이 어떻게 한국 언론을 구조적으로 관리해왔는지 밝히고자 한다. 미국은 그동안 어떤 전략을 구사해왔고, 어떤 양상으로 원하는 보도 프레임을 주도해왔는지 실증적으로 분석하는 데 목적이 있다. 노 대통령의 이스탄불 발언에 대한 국내 언론의 사설을 보자.

《조선일보》 '친미' '반미'를 가르는 대통령을 걱정한다
"…… 대통령이 불필요한 말을 서둘러 꺼냄으로써 미국으로부터는 '한미동맹을 깨겠다는 것이냐', 중국으로부터는 '환영한다'는 말이 나오게 해 대한민국의 진로에 대한 국제적 논란을 불러오는 것이 과연 국익에 보탬이 될 것이냐를 진지하게 생각해볼 일이다……."[6]

---

6   《조선일보》 2005년 4월 17일자 참조.

《동아일보》해외발언 '짐 안고' 귀국하는 노 대통령

"…… 우리는 노 대통령의 생각과 발언 배경을 걱정하지 않을 수 없다. 국가안보를 위해 미국과의 동맹 유지 및 강화를 중시하는 것을 '걱정스러운 친미'로 인식하고 있다면 그야말로 걱정스럽다…… '동북아 균형자론'이 보여주듯이 말은 늘 본의本意와 다르게 받아들여질 위험성이 있다. 그래서 지도자는 신중하게 말해야 한다……."[7]

국내 보수 언론매체들의 공세적 여론 형성 때문에 노 대통령의 인식 미국화 우려 발언은 하루 만에 최고 통치권자의 '신중치 못한' 말실수로 폄하되어 생산적인 토론을 이끌어내지 못했다. 이른바 '조중동으로 불리는 《조선일보》《중앙일보》《동아일보》 3대 주류 보수신문의 친미적 보도 행태는 매우 특징적이다.

김창용은 2005년 한국언론재단 주최 토론회에서 〈미국에 대한 한국 언론의 보도 경향〉 분석으로 이들 보수신문이 "주로 미국 고위관리의 말을 주로 인용하는 방식으로 북한 핵문제나 이라크전쟁보도에서 미 정부 전략에 우호적인 보도를 확고히 했다"고 지적해 한국인의 대외 인식정렬 과정에 미친 보수 언론의 역할과 성격을 규정했다.

최진섭은 '친미주의'에 젖은 한국 보수언론의 이 같은 '활약'으로, 오늘날에도 "우리는 스스로 지배받으면서도, 역설적으로 아메리카를 꿈꾸는 '가치관의 전도' 상태를 유지하고 있다"며 한국인의 인식 미국화 실태를

---

7 《동아일보》 2005년 4월 17일자 참조.

꼬집고 있다.[8] 최진섭의 지적을 그대로 받아들일 수는 없다고 하더라도, 한미관계 전반에 대한 한국 언론의 보도 양태와 전반적인 한국인의 대미 인식정렬 양상은 한미관계의 변화에 발맞춰 다시 짚어볼 필요가 있다.

과연 노무현 대통령의 '이스탄불 발언'은 한미관계에 있어 무엇을 의미하는 것일까? 한국인의 인식정렬 상태에 대한 성찰적 문제제기가 한국의 언론과 어떤 관계가 있기에 그토록 민감하게 반응하는 것일까? 노무현 대통령의 이스탄불 발언 이후 벌어진 국내 언론의 입단속 광풍을 지켜보며 드는 질문이다. 새로운 시대로 쉼 없이 흐르고 있는 한미동맹이라는 강 한복판에서 어제 그곳, 과거로 회귀하려는 신문들의 노 젓기를 보며 동맹과 언론, 동맹과 기득권의 관계를 의심해보는 것은 어쩌면 당연한 일이다.

과연 미국은 우리에게 어떤 존재인가? 미국은 한국전쟁 이전부터도 그랬고, 한국전쟁과 한미동맹 수립과정을 거치며 그야말로 자유세계의 유일무이한 수호자였다. 적어도 한국인은 그렇게 인식해왔다. 인식은 정보의 소산이지만, 정보는 수평적으로 이동하지 않는다. 의도한 곳에서 의도된 곳으로 흐른다. 실제로 미국은 한국인의 대외인식을 구성고자 반세기 훨씬 이전부터 공공외교 차원의 다각적 노력을 기울여왔다. 한미동맹을 떠받히고 있는 한국인의 대외인식, 안보인식은 정확한 측정은 불가능하지만, 상당부분 그 노력의 결과임이 분명하다.

자유의 나라 미국, 경제대국 미국은 한국인에게 북한의 군사도발 위협

---

8   최진섭,《한국언론의 미국관》, 서울: 살림터, 2000, pp. 4-6.

과 소련을 축으로 하는 공산권의 체제 도전으로부터 한국을 보호해줄 능력과 신뢰를 겸비한 혈맹으로 인식되고 있다. 과연 이러한 인식은 사실인가? 위협은 얼마나 심각한 것이며, 신뢰는 충분한 근거가 있는 것인가? 남한은 그동안 크고 작은 간첩 사건과 공비의 출몰 등을 통해 북으로부터 직접적이고 물리적인 위협을 받아왔으나, 오늘날 우리 인식에 자리 잡고 있는 대부분의 위협은 미디어와 각종 자료에서 이식되거나 전달된 것들이다.

'공동의 위협에 대응하기 위한 공동체'로서 군사동맹은 존재의 지속성을 위해 충분한 위협을 요구한다. 하지만 위협은 측정 불가능한 머릿속의 개념일 뿐이다. 미디어를 통해 해석되고, 축소되거나 확대되거나 또는 강조될 뿐이다. 그러므로 공공외교를 통한 인식정렬, 심지어 '인식의 미국화'라고 말할 수 있는 미디어정책의 집행을 과연 누가 수행하는지 그 기관을 이해하는 노력 또한 한국인에게 필요하다고 본다.

이 책은 인식정렬에 따른 한미관계의 변동 양상을 동적으로 분석하게 될 것이므로, 도구적으로 미국의 공공외교와 미디어정책을 주도한 미국해외공보처USIA · United States Information Agency와 그 지역별 실행기관인 미국공보원USIS · United States Information Service의 활동을 주요한 분석대상으로 삼는다. 앞으로 미국 공공외교의 본질이 시대에 따라 어떻게 달리 규정되고, 또한 미국 국무부와 미국해외공보처의 조직개편 과정을 둘러싼 주된 논쟁이 어떻게 전개되어 왔는지 살펴보려 한다. 이러한 시도는 공공외교에 대한 이해와 관심이 낮고 공공외교를 수행할 지휘 기관 구축에 대한 논의가 일천한 우리의 현실에 비추어 적지 않은 의미가 있을 것이다.

3 인식의 차원으로 국제정치 바라보기

공공외교의 메커니즘을 파악하는 방법

미국의 공공외교와 미디어 전략의 이행 과정에서 구사된 미디어 수단과 프레임의 선택 양상의 변화에 주목하면 한미동맹은 크게 네 시기로 구분할 수 있다. 각 시기 별로 세계사적 흐름 속에서 시시각각 변화를 거듭해온 미국의 국가 이익과 공공외교의 이행 과정에서 파생된 한미동맹의 주요 의제들을 짚어보고, 의제 조율 과정의 한국인의 대외인식, 특히 대미인식은 어떤 양상을 보였는지, 또 미국은 이 같은 한국인의 대미인식을 목표 인식체계와 정렬시키고자 어떠한 공공외교 전략과 미디어정책을 수립하고 이행했는지 분석해본다. 또 그 이행의 결과 해당 시기별 한미동맹은 각각 어떤 성격으로 전개되었는지도 귀납적으로 분석하려 한다.

중요한 것은 미국의 공공외교와 미디어정책이 실제로 한국 내에서 어떻게 실행되었으며 한국인의 대내외적 인식에 어떤 영향을 미쳤는지를 확인하는 것이다. 즉, 미디어정책에 따라 미국 공공외교 당국은 한국에서 어떤 미디어 수단과 프레임을 동원해 자국의 이해가 반영된 외교정책들을 한국인에게 전달했는지 분석이 필요하다는 얘기다. 또한 설득과 전달의 인식정렬 과정을 통해, 한국인 사이에 존재했던 대내외 인식 양상이 매

시기 어떻게 새롭게 정렬되었는지와 정렬된 인식 양상이 미국의 이해가 한국에 관철되는데 어떤 영향을 주었는지도 함께 짚어보려 한다. 각 시기별로 진행할 분석의 자료로는 미 국무부와 미국해외공보처, 미국공보원 등 미 공공외교 당국의 내부 전략, 정책 자료와 평가보고서 등을 광범위하게 인용했으며 당시 국내외 언론 보도 내용과 관련 저술도 참조했다.

이 연구를 수행하려면 우선 공공외교와 인식정렬, 인식전환 및 그에 따른 동맹 변화의 메커니즘을 분석해내기 위한 조작적 정의가 필요하다. 한미동맹의 주된 동인動因으로 이 책이 논하고자 하는 핵심 대상은 미국의 공공외교이므로, '공공외교'를 독립변수로 지정한다. 공공외교가 전략적으로 표출되는 양상은 주로 각종 미디어와 인적 네트워크의 활용과 같은 미디어정책을 통해 이루어지므로 공공외교 분석을 위한 매개변수로 '미디어정책'을 지정했다. 미디어정책이 상대국 국민의 인식정렬에 영향을 미치는 과정을 분석하기 위해서는 미디어정책의 하부 조작변수를 추출해내야 한다. 여러 가지 조작변수를 추출해볼 수 있겠으나, 이 책이 기본적으로 공공외교의 경우 안보프레임에서 시장프레임으로 이동한다는 가설을 담고 있으니, 첫 번째 조작변수로 '프레임 선택'을 들 수 있겠다. 또한 미디어정책이 실현되는 과정에서 다양한 미디어 수단의 선택이 이뤄지는 점을 감안해 '미디어 수단'을 두 번째 조작변수로 채택했다.

공공외교 주체의 의도성 노출 여부가 공공외교의 효과에 미치는 영향이 절대적이라는 기존 연구 결과를 준용해, 미디어의 수단은 주체의 의도성이 잘 드러나는 '직접적 미디어'와 주체의 의도성이 상대적으로 잘 감춰지는 '간접적 미디어'로 나누어 분석하겠다. '프레임 선택'과 '미디어 수단'이라는 두 조작변수의 다양한 조합을 통해 분석 대상인 국민의 인식은 탄력적으로 변화하게 되고, 인식변화는 동맹 의제나 정책 실현에 영향을 미침으로써 한미동맹은 변동하게 된다.

이때 한미동맹은 크게는 공공외교에 의해, 가깝게는 미디어정책에 따른 미디어 수단과 프레임 선택에 따라 영향을 받는 종속변수로서 의미를 가지게 되는 것이다. 물론 공공외교의 프로세스가 살아 움직이는 한국인을 대상으로 이뤄진 것이므로 꼭 미국의 의도대로 전개되지 만은 않았을 것이며, 현재도 한 방향으로만 진행되고 있지는 않다고 할 것이다.

예기치 않은 박정희 정권의 집권이나 노무현 정부의 출연 등, 한국 국내 정치의 역동성은 미국의 공공외교 측면에서 보면 안정성을 저해하는 위협 요소가 상존했다고 볼 수 있다. 사실상 전무하다시피 했던 한국의 공공외교 노력도 최근 들어 부쩍 눈에 띄게 강화되고 있다. 250만 명을 넘는 것으로 추정되는 재미 교포와 유학생의 경우 그 위상이 제고되고, 재미교포 중 적지 않은 수가 미국 주류 사회에 본격 진출하기 시작함으로써 미 외교정책 당국에 대한 영향력이 증대되기 시작하는 등, 최근 들어 한국의 대미 공공외교 능력 신장의 주요한 변수로 떠오르고 있다. 하지만 대북인식을 중심으로 대외 정세에 대한 인식적 합의에 기초를 둔 한미동맹이 비교적 일관되게 유지되어온 양국 관계의 특성상, 한국 내 별도의 변수들이 미국발 변수와 이를 지지하는 대한 공공외교의 역할에 비해 주도적 기능을 수행하지는 않았으며, 일부 미국의 이해로부터 상대적으로 자유로운 국내 변수들조차, 양국 관계에서 상대국 국민의 인식 변화를 주도하기에는 역부족이었다. 또한 박정희나 노무현 전 대통령의 재임 중 소위 '자주' 외교 이니셔티브와 같이 스스로 한미동맹에 대한 한국인의 인식 변화를 시도한 바도 있었으나, 전체적으로 미국과 한미동맹의 틀 속에서 주도되고 있는 동맹 인식체계에 본질적 변화를 가져오지는 못했다.

이 같은 현실을 반영할 때 이 책이 공공외교와 동맹 사이의 다이나믹스, 구체적으로는 '미국의 공공외교와 한미동맹의 변동'에 대한 논리적 모델 도출을 위해 지정한 독립, 매개, 조작, 종속변수의 작용 방향과 개념적 의미성은 대체로 인정할 만하다고 생각한다. 또한 한국발 미통제 변수들과 미국 내 한국계 교포나 유학생 등 현지 변수의 작용에 따른 공공외교 체계 작동의 의외성 등을 최대한 인정하더라도 의외의 변수들이 양산한 문제 인식은 미국의 공공외교와 미디어정책 수립 및 이행과정에 다시 정렬대상 인식으로 분류되어 수정, 통제되는 등 미국의 인식정렬 이행 과정의 수정 틀 내에 존재해 온 것으로 확인됨에 따라, 미국의 공공외교 전략에 따라 한국인의 인식은 변화되고 그 결과 한미동맹 역시 변동해왔다는 가정이 성립한다.

이때 인식정렬 과정의 수정 틀은 개념적으로 공정제어(프로세스제어)의 작동 방식과 유사하다. 산업공정에서 온도와 압력과 같은 조작변수의 변화가 공정에 미치는 결과는 측정변수를 통해 나타나며, 입력장치는 측정값을 다시 컴퓨터로 넣어준다. 측정값에 따라 온도와 압력 등 조작변수의 값이 다시 결정되는 과정이 되풀이됨으로써 시스템은 늘 최적의 조건을 유지하는 것이다. 앞으로 자세히 설명하겠지만 미국의 공공외교와 미디어정책 역시 미디어의 수단과 프레임 선택이라는 두 가지 변수의 조작을 통해 그 결과가 다시 입력되며, 최적의 인식정렬을 추구하는 연속적인 프로세스를 통해 이뤄져온 것이다.

이 책은 세계사적 흐름과 미국 국내적 상황 전개에 따라 시시각각으로 변화하는 미국의 이해를 한미 양국 관계에서 관철하기 위한 공공외교 실행 전략과 미디어정책의 실제를 실증적으로 규명해 일정한 패턴을 도출하게 될 것이다. 하지만 먼저 공공외교의 개념과 실제에 대한 이해를 거치게 될 것이며, 미국해외공보처의 조직과 논리, 실제 업무, 조직개편 논쟁 등도 함께 살펴보려 한다.

분석 대상 자료는 앞서 언급한 대로, 기본적으로 백악관과 국무부, 주한미국대사관 사이에 오간 각종 보고서와 비공개 전문을 최대한 취합했다. 한미연합군 사령부의 공보업무편람 등 내부 자료도 참조했으며, 미국무부가 공개하고 있는 미국외교기밀문서FRUS · Foreign Relations of the United States도 중요한 분석 대상 자료로 삼았다. 하지만 이러한 공개 자료만으로는 미국 정부의 내밀한 대외 전략과 공공외교, 미디어정책의 실체에 접근하는데 역부족이었다. 2003년 11월 무렵, 한미관계의 각종 자료가 방대하게 보관되어 있는 미국국립문서보관소NARA를 통해, 수십 종의 비밀해제 공공외교 관련 문건을 입수해 분석대상에 포함했다.

이 책이 분석 또는 인용하고 있는 미국국립문서보관소의 해당 문건들은 지난 1950년대부터 최근 비밀이 해제된 1990년대까지의 대외비, 기밀문서들로 '한미관계' '미디어' 등의 키워드 조합으로 검색한 결과다. 9.11 테러 이후 미국 정부의 '비밀 재분류' 경향이 강화되어 공공외교와 관련된 비밀해제 문서를 추가로 입수하는 것은 점점 더 어려워지고 있다. 2004년 8월, 미국국립문서보관소를 방문해 동일 키워드로 검색을 실시했으나 추가 결과를 얻을 수 없었다.

부시 정부의 반성적 토대 위에 출범한 오바마 정부가 미국 정부의 '비밀 재분류' 경향을 누그러뜨릴지는 의문이다. 새로운 자료가 확보될 때까지, 관련 연구의 편의를 위해 이 책이 부족하지만 나름대로 의미를 견지할 수 있기를 기대해본다. 나는 이 책에서 한미동맹 기간 동안의 한국 미디어의 보도 내용과 각종 여론조사, 역대 지도자들의 주요 발언, 정치인들의 회고록, 제반 문헌, 논문 등 가용한 자료들을 동원해, 유효한 분석 결과가 도출될 수 있도록 유의했음을 밝혀둔다.

이 책이 분석의 대상으로 삼은 시간적 범위는 1953년 한미동맹의 수립 이후부터 1989년 12월 냉전의 해체를 공식 선언한 미소 몰타 정상회담과, 그 결과가 반영된 미국의 동아시아전략구상EASI · East Asia Strategic Initiative이 발표된 해인 1990년까지다. 40년에 달하는 이 기간은 냉전체제에서 미국이 자유세계 동맹의 맹주로서 한미동맹의 전략적 중요성에 주목하지 않을 수 없는 상황이었던 만큼, 자국의 국익과 그에 따른 외교정책의 성공적 구현을 위해 미디어를 동원해 공공외교에 집중한 시기였으며, 그 결과 한국인의 대내외 인식체계의 주요지형이 형성된 시기이기도 했다. 미국외교기밀문서는 물론 본 논문이 입수해 분석대상으로 삼고 있는 미국국립문서보관소의 비밀해제 문건들이 이 시기에 집중적으로 생산된 것도 같은 맥락에서 이해할 수 있을 것이다.

인식정렬의 개념과 프레임의 이해

분석과정에서 이 책이 가장 주요하게 활용할 개념은 '인식정렬cognitive allignment'이라는 새로운 용어다. 여타 학문 분야에서 제한적으로 인용되어 온 개념을 국제정치학의 인식 문제를 논의하기 위해 차용해 온 것으로 개념 정의가 중요하다. 여기서는 '한 국가가 외교정책의 실효적 달성을 목적으로 직간접적 미디어 수단과 미디어 프레임을 선택적으로 활용해 상대 국민으로 하여금 자국이나 자국민, 자국의 외교정책 등에 대해 우호적이거나 또는 그러하기를 바라는 양상의 집단 인식을 구성해나가는 과정'을 의미한다. 이를테면, 한국인의 대내외 인식 중 대외적 인식은 크게는 대북인식, 대미인식, 대소인식 등이 있을 것이고, 다시 대북인식은 북한의 정치, 경제, 사회, 문화 등 다각적 측면에 대한 개별적 인식과 북한 주민에 대한 인식, 김일성과 김정일 일가에 대한 인식 등 아주 다양한 세부 인식이 있을 것이다. 대내적 인식도 마찬가지다. 한 개인의 경우도, 대내외적 인식체계는 x, y, z라는 세 변수를 축으로 하는 원구형 모델을 상정할 수 있다. 집단의 경우도 마찬가지다.

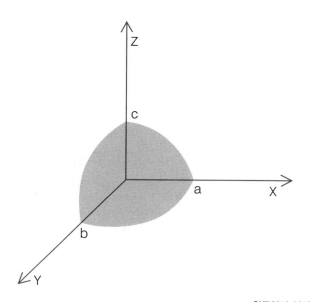

한국인의 인식체계 모델

  똑같은 방법으로 미국인의 인식체계 모델을 상정해 볼 수 있는데, 필요에 따라 미국인의 인식체계 모델과 동일해지도록 한국인의 인식체계 모델을 재구성하는 과정이 바로 인식정렬 과정인 것이다. 루빅스 큐브와 같이 단순히 색을 맞추는 평면적 과정이 아니라, 입체적 변화를 거치는 과정이다.

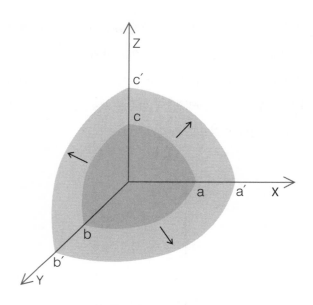

미국인의 인식체계에 동기화된 한국인 인식체계 모델

　이렇게 해서 양국의 인식체계 모델이 유사해진 상황, 즉 동기화 Synchronization된 상황을 개념적으로 '인식정렬이 미국화되었다'라고 하며, 그런 상태를 '인식(의) 미국화' 상태라고 정의한다.

　구체적으로 인식정렬은 어떤 과정을 거쳐 이뤄질까? 개인이나 집단의 인식이 영향을 받고 변화하는 경로는 일일이 규정할 수 없을 정도로 다양하다. 하지만 여기서는 보편적이고 집단적이어서 통제가 가능한 경로를 주요 분석대상으로 삼는다. 다양한 미디어와 주요 인적 관계 등을 통한 인식정렬에 주로 관심을 가지게 될 것이다. 미디어는 무엇이고, 어떠한 기능을 수행하는지도 살펴본다. 미디어의 종류도 알아보고, 개념적으로 직접적 미디어와 간접적 미디어로 나눌 수 있음을 알게 될 것이다. 인식정렬의 효율에 있어 가장 중요한 변수가 인식정렬의 대상이 인식정렬 주체의 의도를 파악하고 있는지 여부이므로, 주체의 의도가 대면적 커뮤니케이션 과정에서 쉽게 드러나는 직접적 미디어와 대면성이 적어 주체의 의도가 덜 부각되는 간접적 미디어로 나누었다. 이 같은 미디어 수단의 구분은 역시 미디어에 대한 일반적인 구분법은 아니나, 공공외교의 효과 분석을 위해 유용한 개념이라 판단해 새롭게 규정한 것이다.

마찬가지로 공공외교의 효과 분석을 위해 필요한 개념이 '프레임'이다. 여기서 프레임은 '현상을 포착하고 설명하는 시각' 쯤으로 일단 설명해두기로 한다. 미디어의 수단은 그것이 직접적인 것이든 또는 간접적인 것이든 과학기술의 발전과 사회관계의 변화에 힘입어 크게 직접적 미디어에서 간접적 미디어로 발전해왔다. 공공외교에 있어서도 필요에 따라, 초기에는 직접적 미디어의 활용에 의존하는 경우가 많으나, 일단 공공외교 활동이 안정화되면 대개는 과학기술 발전의 추이에 따라 직접적 미디어에서 간접적 미디어로 그 사용 패턴이 발전한다. 하지만 프레임은 양국 간 정세변화와 세계사적 흐름에 보다 탄력적으로 작용한다. 미디어 수단의 선택이 과학기술 발달의 변수에 크게 영향을 받는다면, 프레임의 선택은 국제정치학적 요소에 더 영향을 받는 변수다. 따라서 국제정치학적 현상으로서 공공외교를 살펴보는 이 글에서는 프레임의 변화를 두 가지 조작변수 중 우월적 변수로 놓고 분석한다.

실제로도 프레임의 변화는 인식정렬 전략의 변화 과정에서 보다 측정 가능하며 의미 있는 독립변수로 목격된다. 이럴 경우 미국의 공공외교는 '미디어 프레임의 선택'이라고 하는 일련의 변화 과정을 통해, 한미동맹이 어떤 변화 양상을 보였는지 동적인 고찰이 가능해진다.

프레임은 그 특성상 프레임을 정의하는 방법에 따라 무수히 많은 단면으로 분할이 가능하다. 수많은 단면으로 한미동맹을 잘라 볼 수 있겠으나, 가장 대표적인 것은 무엇일까? 이 질문에 답하기 위해 미국의 마음이 되어보아야 한다. 미국인에게 한국은 무엇일까? 미국인이 한미동맹을 바라보는 시선은 어디에 있을까? 한미동맹을 통해 미국인이 꿈꾸는 것은 무엇이었나? 미국인이라면 한미동맹이라는 케이크를 어떤 단면으로 자를 것인가? 어떠한 이해의 시각으로 미국이 한국을 바라보고 있는지, 그것이 결국 미국이 한국인에게 투사하고자 의도해온 미디어 프레임일 것이다.

한국을 바라보는 두 시선, 안보 · 시장프레임

분석 대상이 된 비공개 외교문서들과 공개서류, 양국의 언론 보도 등을 확인한 결과, 이 책은 미국이 한국을 바라보는 이해의 시선이 크게 '안보'와 '시장'이라고 하는 두 개의 울타리 안에서 이뤄진 것을 확인할 수 있었다. 안보와 시장의 두 프레임으로 미국은 50년이 넘는 한미동맹을 통해 한국과 한국인을 바라본 것이다. 분석 과정에서 충분한 근거가 제공될 것이다. 사실 이전에도 한미동맹을 포함한 미국 대외정책을 안보와 시장이라는 이분법적 프레임을 통해 고찰한 연구는 많았다.

최근에는 김동춘이 전쟁(안보)과 시장이야 말로 미국의 대외정책을 설명하는 두 엔진이라고 규정한 바 있다. 김동춘은 심지어 "한국전쟁은 미국이 군사력으로 모든 저항세력을 제압한 상태를 말하는 이른바 '자유시장의 세계화'를 위한 시험대였다"[9]며 전쟁(안보)마저 시장의 프레임으로 관찰하기도 했다. 그의 주장의 꼭짓점은 '시장화의 심화를 통해 미국화

---

9 김동춘, 《미국의 엔진, 전쟁과 시장》, 서울: 창비, 2004, pp. 9-10.

가 완성된다'는 것이다. 그에 따르면 한국은 '냉전'으로 대별되는 1차 미국화와 '지구화'로 대변되는 2차 미국화가 공존하는 대표적인 나라다. 일찍이 함석헌 선생도 미국 대외정책의 본질을 '돈과 칼'의 이분법적 구조로 규정한 바 있다. 최진섭은 '미국이 한국에서 민주주의를 설파하는 것이 실은 간판에 불과하다'고 일축한 함석헌의 주장이, 영속적 시장 추구라는 미국 외교의 본질을 통렬하게 지적하고 있다고 말한다. 안보와 시장이라는 이분법적 프레임 구분은 미국 외교정책을 둘러싼 국제정치학계의 오랜 논쟁이 안보와 경제외교라는 두 가지 영역에서 이뤄져온 사실을 통해서도 그 의미성이 담보된다고 할 것이다.

미국의 1960-1970년대 공공외교 전략과 미디어정책이 상세하게 집대성되어 있는 미국해외공보처의 〈1966년 한국 국가계획〉의 경우, 공공외교에 8가지 장기 목표를 세워두고 각각의 목표 실현을 위한 인식정렬 소목표를 설정하고 있다. 그 내용은 ①정치적 안정(민주주의 대 공산주의), ②경제발전(원조), ③외부 방어(공산주의, 베트남), ④국내 안정(법질서, 급진세력, 학생운동), ⑤사회발전(시민교육, 영어교육), ⑥통일 진전(남한의 경제적 우위, 자유세계와 미국), ⑦국제적 지지(한일협정, 인적교류, 세계적 관점), ⑧효과적 한미관계(한국인의 지지, 협력) 등의 8가지 항목으로 구성되어 있다. 이들 항목을 주제별로 정리해보면, 장기 목표는 군사, 정치, 통일 등 안보적 성격이 강한 항목과 경제, 사회 등 시장적 성격이 강한 항목으로 크게 양분됨을 알 수 있다.

같은 문건에서 미국해외공보처는 한국에 대한 자국의 장기적 목표를 "경제적으로는 지속가능한 경제발전을 이루고, 자유세계의 목적과 필요에 부합하는 안정적이고 독립적인 민주국가 건설을 돕고, 제한된 외침을 방어하고 내적 안보를 유지할 수 있는 능력을 갖춘 통일 국가를 이루는 것"이라고 규정하고 있다. '경제발전'과 '안정적 민주통일 국가 성취'라는 양대 프레임으로 한국을 바라보고 있음을 극명하게 드러내고 있는 대목이다.

장기 목표 달성을 위한 괄호 안에 정리된 인식정렬의 소목표 역시 민주주의, 공산주의, 베트남, 한일협정 등 안보적 측면이 강한 안보프레임과 원조, 시민교육, 영어교육, 인적교류 등 시장적 측면이 강한 시장프레임으로 분류가 가능함을 알 수 있다. 이 같은 현상은 미국의 공공외교 전략과 이행을 위한 미디어정책을 다룬 여타 비밀문건들에서도 일관되게 확인되고 있음이 이후 논증과정에서 드러난다.

논의의 범위를 한국에서 외국으로 확대해보자. 미국과 이라크의 관계는 어떠한가? 미국에게 이라크는 무엇일까? 이 문제에 대한 답변도 '안보'와 '시장'의 양대 프레임의 틀로 분석할 수 있다. 미국은 이라크전쟁을 주도하며 '민주주의의 확산'을 공공외교의 주요 의제로 제시했지만, 그 이면에 '석유확보'라는 경제적 이해가 깔려있었음이 만천하에 드러났다. 이라크전쟁 과정을 통해, 안보프레임과 시장프레임이 상호 경쟁하며 이라크 국내는 물론 전 세계 시민을 대상으로 전달되었다. 물론 그 결과는 한국만큼 성공적이지는 못했다. 이라크 내에서의 미 공공외교의 실제와 평가는 의미 있는 연구가 될 것이다. 알자지라 등 신규 언론과 비판적 인터넷 매체, 미국 언론의 비협조 같은 제반 여건의 불리함도 있었겠지만, 무엇보다 이라크 국민에 대한 미국의 인식정렬 의도가 노골적으로 드러난 점이 주요한 실패 원인으로 분석된다.

직관적인 수준이기는 하나, 이 같은 분석을 가능케 해주는 것도 '미국의 공공외교와 미디어정책 연구'가 가진 현실적 의의라 할 수 있다. 미연방제도이사회 의장을 지낸 앨런 그린스펀Alan Greenspan 역시 그의 회고

1985년 미하일 고르바초프와 대담 중인 로널드 레이건

록《격동의 시대》에서 "이라크전쟁이 대체로 석유 때문에 일어났다는 것
은 주지의 사실"이라며 안보프레임과 시장프레임의 이분법적인 틀 속에
서 이라크전쟁이라는 정치적 사건에 접근하는 모습을 보여주기도 했다.[10]

　냉전체제의 해체 이후 전 세계적으로 전개되어온 전환기적 징후가 부
시 정부 후반의 경제위기와 오바마의 집권으로 전기를 맞이하고 있으며,
특히 한반도의 긴장 완화 현상이 거스를 수 없는 큰 흐름을 형성하고 있
는 상황임에도, 여전히 남북이 대치하고 있는 점을 고려할 때 한미동맹
은 안보프레임에 의해 주도되어왔다. 제한된 영역에서 점차 비중을 높여
온 시장프레임은 안보프레임과 함께 미국의 대한 공공외교에 있어 양대
프레임으로서 한국에 대한 이해의 변화를 그때그때 반영해 혼용해왔다.

10　《조선일보》 2007년 9월 17일자 참조.

이 책은 한국전쟁 이후 미국이 안보프레임을 본격적으로 구성하고 이를 강화시켜나가는 과정을 미 정부 내 자료를 인용해 분석한다. 또한 1970년대 이후 시장프레임의 한국 내 본격적인 도입 과정과 시장프레임의 강화기에 이뤄진 미국의 공공외교정책과 실제 미디어정책을 역시 같은 방법으로 분석한다. 실제 한국에 대한 미국의 이해 변화는 공공외교 전략의 수정으로 이어지며, 변화된 전략은 미디어정책에 영향을 미치며, 미디어정책의 변화는 미디어의 수단과 프레임에 적절한 조작을 가함으로써 한미동맹이 변동해왔음을 보게 될 것이다.

이 과정에서 공공외교와 한미동맹 사이의 법칙성이 추론될 것이며, 이 모델을 통해 1990년대 시장프레임의 '심화' 현상과 한미 FTA 체결로 정점을 이룬 노무현 정권에서 나타난 안보-시장프레임의 주도권 '역전' 양상에 대해서도 실험적인 설명을 시도한다. 한미동맹을 통사적으로 살펴보기 위해서는 미국이 공공외교 과정에서 프레임의 선택이나 비중 변경 등 결정적 조작의 필요성을 절감한 양국 간 주요 사건과 한반도를 둘러싼 국제정세의 주된 변화의 흐름을 우선적으로 고찰할 필요가 있다.

프레임의 변화와 한미동맹의 상관관계

한국전쟁과 이후 한미동맹 체결 이후 양국 관계는 한동안 확고한 정책적 전망이 확립되지 않은 채, 냉전체제가 부여하는 의제를 중심으로 한 안보프레임이 주도적으로 작동하던 시기가 있었다. 다른 한편으로 미 공공외교 당국은 초기 미디어 환경 속에서 다양한 미디어 대안을 정립하며 다음 시기 인식정렬에 대비하기 위한 이른바 인프라 구성에 돌입한다. 시장프레임은 전후 피폐한 한국경제에 던져진 쌀과 초콜릿만으로도 족했다. 시장프레임은 이념적 수준에서 활용되었다.

베트남전쟁은 미국이 한국에 대해 강력한 미디어정책을 주도한 계기가 되었다.

　　완만한 안보프레임 구성기의 미디어정책에 획기적인 변화를 끼친 사건으로는 1963년 존슨 대통령의 취임을 꼽을 수 있다. 존슨 대통령 집권기 미국은 미군정기와 이후 안보프레임이 구성되던 시기 동안 제한적으로 실시했던 인식정렬 작업을 공공외교 전략이 구성한 안보프레임을 통해 강도 높게 수행한다. 존슨 대통령은 취임 이듬해인 1964년 8월, 이른바 통킹만 결의안을 통과시키며 베트남전쟁에 뛰어들게 되며, 이후 베트남전쟁을 '미국화'시키기에 이른다. 베트남전쟁 승전과 한미일 삼각동맹체계의 완성을 염두에 둔 그는, 한국에 대해 대단히 강력한 미디어정책을 주도했으며, 오늘날 한국 내 인식정렬 시스템의 뼈대를 완성한 장본인으로도 평가할 만하다. 베트남전쟁 실패 이후 국내외 정치, 경제 환경의 급격한 변화 속에서 미국은 공공외교의 미디어정책 기조를 기존의 안보프레임 일변도에서 대거 시장프레임 쪽으로 이동하기 시작한다. 그동안 안보를 중시해온 한미동맹에서 이 같은 미묘한 프레임의 이동은 한국인에게 심대한 인식적 혼란을 초래하기에 충분한 것이었다. 그런 점에서 1969년 닉슨독트린은 전 세계적으로는 물론, 한미동맹과 밀접한 미국의 공공외교 전략에 대폭적인 수정과 미디어정책의 재편을 가져온 사건이었다.

시장프레임의 도입으로 미국은 한미동맹에 안보프레임 너머의 새로운 가능성이 있음을 타진하게 되었다. 제2차 세계대전까지 국제정치학은 국제상업시장의 존재를 상대적으로 덜 고려해도 관계없었다. 냉전 중에는 미국의 경제력과 그 영향력에 기반을 둔 브레턴우즈체제가 무역과 통화문제의 안정성을 견고하게 유지시켜주었기 때문이다. 그러나 달러와 금의 연계를 분리시킨 닉슨 대통령의 결단은 미국의 대외정책에 명백하고 근본적인 변화를 가져왔다. 이 시기 미국은 전통적인 안보프레임에서 벗어나, 미국을 통한 경제자립과 발전의 희망을 퍼뜨리기에 진력했다. 그 결과 실제로 적지 않은 한국 내 지식인과 엘리트 집단은 베트남 특수를 계기로 박정희 정부가 시도한 계획경제의 발전 가능성을 확신하기에 이르렀다.

시장프레임은 이후 1979년 소련의 아프가니스탄 침공으로 조성된 신냉전의 국제정세와 1980년 한국 신군부의 집권, 그리고 레이건 대통령 당선과 같이 미국의 이해관계를 추가적으로 변화시키는 사건이 발생하면서 더욱 강화된다. 레이건 대통령의 이른바 '레이거노믹스Reaganomics'로 통칭되는 전 지구적 자유무역 이니셔티브는 '힘을 통한 평화', 즉 안보적 전제하의 시장 이익의 추구라는 오랜 미국의 외교정책의 본질을 드러낸 의미 있는 사건이었으며, 기존 시장프레임의 도입 속도와 강도를 한층 심화시키는 계기가 되었다. 레이건 대통령이 주도한 외교정책의 새로운 이니셔티브는 한쪽으로 안보 위협을 고취시켜 확보된 인식의 미국화

공간을 활용해 시장 이익을 이전과 달리 노골적으로 극대화시키는 양상으로 나타났다.

　　한미동맹을 미국의 이해가 질적으로 변화한 주요 사건을 중심으로 다시 정리해보면, 1953년 한미동맹 체결, 1963년 존슨 대통령 취임, 1969년 닉슨독트린, 1980년 전두환-레이건의 당선, 1990년 미국의 동아시아 전략구상 발표 등을 들 수 있다. 미국의 대외적 이해가 질적 변화를 맞는 주요 사건을 계기로 미국의 대외정책은 급격한 변경이 불가피했고, 한국인의 인식적 반발 혹은 혼란도 뒤따랐다. 따라서 미국은 이 같은 급진적 대외정책 시행을 전후해 공공외교적 대응으로 한국인의 인식 정향을 자신들에게 이롭게 조정할 필요를 느끼게 되었다. 변화의 국면 마다 새로운 공공외교 전략이 수립되고 미디어정책에 큰 틀의 변화가 따랐다. 미디어의 수단이 변화했고 전략적 의제들을 담아내기 위한 프레임의 재편이 이뤄졌다.

　　프레임의 중대 변화 시기를 중심으로 이 책은 크게 '안보프레임 구성기'(1953~1963), '안보프레임 강화기'(1964~1969), '시장프레임 도입기'(1970~1980), '시장프레임 강화기'(1981~1990) 네 시기로 나누어 공공외교와 한미동맹 변동의 상관관계를 분석한다. 앞서 미국의 외교정책을 시장과 안보의 양대 프레임을 통해 접근하는 것이 새롭지 않았듯이, 한미동맹을 연구 편의에 따라 구분할 때 크게 네 시기로 구분하는 것도 크게 새롭지는 않다. 여기서는 프레임의 변동에 따라 시기를 구분하고 있지만, 다른 관점에서 한미동맹을 나눈 구분법과도 크게 다르지 않은 것을 알 수 있다.

　　이민용은 한미관계의 변화과정을 ①후견관계(1953~1969) ②긴장과 대립(1969~1979) ③복원 및 정상화(1979~1989) ④전략적 동반자(1989~현재)의 시기로, 차상철은 한미관계를 동맹의 틀로 한정해 ①한미동맹 성립과 정착(1948~1960) ②강화와 갈등(1961~1979) ③동맹복구와 구축(1980~1997) ④동맹이완과 균열(1998~192004)의 시기로 나누고 있다.

조영화는 한미관계를 동맹의 성격변화에 근거해, ①한미관계 발아기(19세기 말~20세기 초) ②한미동맹의 형성기(1953~1987) ③탈냉전과 한미동맹의 변화모색기(1988~1994) ④한미동맹 변화기(1995~2000) ⑤한미 마찰기(2001~현재)로 나눠 앞선 두 분류법의 중간쯤에 위치해 있다. 동맹을 떠받히는 인식의 변화를 목적으로 하는 공공외교와 미디어정책을 주요 분석대상으로 삼는 이 책의 문제의식과 보다 상통하는 연구의 시기 구분으로는 '대외관계 의식의 전개'에 따른 김덕의 한미관계 구분법이 있다.

김덕은 한국인의 대외관계 의식의 변화를 10년을 한 연대로 묶어 ①혼선기(1940), ②냉전적 의식 정착기(1950), ③변화 양성기(1960), ④변화기(1970), ⑤성숙기(1980)로 나누고 있는데, 이는 안보프레임에서 시장프레임으로 한미동맹이 다원화된다는 주장을 담고 있는 이 책의 시기 구분과 대체로 일치하고 있어 이채롭다.

이 책의 구성은 다음과 같다. 제1장 서론에 이어 제2장에서는 미국의 공공외교Public Diplomacy의 개념과 논쟁, 독립기관인 미국해외공보처와 주한미국공보원의 연원과 활동내용, 공공외교와 미디어정책수립 과정과 이행 메커니즘에 대한 개괄적인 설명, 인식정렬에 대한 개념 정의, 직간접적 미디어 등 미디어 수단, 안보-시장 등 프레임의 정의와 실제 인식정렬 과정에서의 기능과 역할 등을 분석한다. 이밖에 미디어의 수단은 물론, 특히 미디어 프레임의 선택과 그 양상에 따라 한미동맹이 어떻게 변동되어 왔는지를 설명할 수 있는 분석틀도 제기된다. 제3장부터 제6장까지는 미디어 프레임의 선택 양상에 근거해 구분한 한미동맹의 각 시기별로 공공외교 기조와 미디어정책의 내용, 이행과정의 구체적 양상들을 살펴보며, 실제 인식정렬의 내용도 짚어본다. 제7장에서는 이러한 과정에서 검증된 '공공외교와 한미관계의 변동 패턴'을 도출해내고, 그 패턴을 실제 1990년대 이후부터 오늘날에 이르는 한미동맹에 적용해 설명을 시도하고 나아가 한미동맹의 미래에 대한 예측도 시도하게 될 것이다.

변화하는 미국의 공공외교 전략과 한미관계

제2장

미국의 대외정책,
공공외교 그리고 한미관계

1 미국의 공공외교와 미디어정책

공공외교 수행기관의 변천사

한미관계의 특수성을 고려할 때 미디어는 한미관계의 변화 양상을 결정짓는 매우 주요한 요소다. 냉전기를 거치며 양국은 주로 정치, 군사적 관계를 맺어왔으나 그 이면을 들여다보면 미디어를 매개로 한 시장과 문화적 접근이 작용해왔음을 알 수 있다. 아무런 역사적 인식도 공유하지 않고 사소한 개인적 인연도 섞이지 않았던 지구 반대편의 서양 국가 미국은 1세기 전, 서구의 경쟁적 아시아 진출과정에서 조선의 첫 수교국이 되었다. 이후 일제의 패망과 남한 내 군정기를 거쳐, 급기야 한국전쟁에 개입하게 되었고, 그 결과 군사동맹을 통해 오늘날의 관계에 이른 역사적 과정을 살펴보노라면 양국관계는 한국인의 기대와 실망, 이에 대한 시혜적 조치와 때론 무관심에 따른 애증이 교차해온, 말 그대로 '대하드라마'였다. 미디어는 서사의 집이고, 또한 펜이다. '기대' '실망' '분노' '시혜' '무관심' '배신' 등 다양한 정서적 코드를 담은 '드라마', 즉 서사는 미디어를 통해 쓰이고 또한 미디어를 통해 개인에게 공유된다. 공유된 서사는 개인과 집단의 인식에 켜켜이 쌓인다. 지리, 역사적으로 근거리에 존재하며 오랫동안 자연스럽게 일체감을 갖게 되는 주변국들과는 달리, 불과 수십 년 이전부터 교통과 통신의 발달로 인식 간 교류가 시작된 한미관계는, 그동안 특별히 고안된 문화적 통로와 네트워크 없이는 양국 사이 발전적 서사 구성을 위한 이해와 설득이 쉽지 않은 특수한 상황에 놓여 있었다. 때문에 한국에서 미국의 이해는 공공외교라는 별도의 정책 기제를 통해 고안된 미디어 수단을 동원해, 정책적으로 선별된 미디어 프레임을 거치지 않고서는 관철되기 힘들었다. 이처럼 고도로 정교하고 조직적인 공공외교적 수단을 통해 오늘날 한미관계가 주도되어 왔다는 것이 이 책이 강조하고 있는 문제의식 중 하나다. 그만큼 한미관계의 변화 양상은 공공외교와 미디어의 역할에 대한 총체적 이해 없이는 명확하게 설명하기 어려울 것이다. 이 책은 미국의 시대별 국가 이해의 다양한 변천 양상을 살펴보고, 미국의 국익이 미국 내 공공외교를 주도하는 백악관과 국무부, 미국해외공보처의 의사결정 과정을 통해 어떻게 구체적인 미디어정책으로 태어나며, 다시 이 정책들은 해외에서 미국해외공보처의 지역조직인 미국공보원과 해외 공관, 미군 등 제반 공공외교 관련 조직을 통해 어떤 방식으로 전개되는지, 즉 전체적인 미디어정책의 수립에서 세부적인 이행에 이르는 매커니즘을 주목하려 한다.

미국의 외교정책은 제1차 세계대전을 계기로 큰 변화를 겪는다. 국가만을 상대로 하던 외교의 대상이 외교 상대국의 국민에 이르기까지 다양해진 것이다. 정부 간의 공식적 관계만을 상정해 설정되었던 대외정책은 외교 상대국 국민과 관련된 방향으로 크게 선회했다. 미국의 윌슨 대통령은 제1차 세계대전 발발 직후 일주일 만에 미국 정부선전국U.S. Government Propaganda Office을 처음으로 설치해 초대 책임자로 조지 크릴 Gorge Creel을 임명했다. 크릴은 '선전Propaganda'이라는 말이 주는 역사성과 부정적 의미에 문제가 있음을 인식했다.

'선전'이라는 말은 옥스퍼드 대학출판사가 펴낸《정치학 사전》에 따르면 '어떤 조직화된 집단의 특정 선언이나 원칙을 전파하거나 혹은 그러한 선언과 원칙의 선전을 위한 계획 및 선동의 보급'을 의미한다.[11] '선전'은 다시 흑색, 회색, 백색선전black, grey, white propaganda 등으로 분류되기도 하며, 이중 백색선전은 어느 정도 객관적 사실을 주는 것으로 인정받는다 하더라도, 선전이라는 용어가 주는 부정적 이미지는 희석시키지 못했다.[12] 미국은 새로운 용어가 필요했고, 크릴은 새로운 의미인 '정보Information'라는 용어를 들고 나섰다.

미국 정부선전국은 1917년 완곡해진 '공보위원회the Committee on Public Information'로 개칭되었고, 1919년 윌슨 대통령에 의해 조직이 폐쇄될 때까지 활동을 계속했다. 1941년 제2차 세계대전을 맞이하자, 미국 루스벨트 대통령은 제1차 세계대전 당시의 공보위원회와 같은 국가 홍보기구의 설립 필요성을 제창했고, 곧 해외 정보선전기관Agency for Foreign Intelligence and Propaganda를 설립하게 되었다. 이 단체는 미국의 해외 정부기관으로서는 단체명에 '선전'이라는 용어를 노출시킨 마지막 기관으로 남게 되었다.

미국 정부가 '선전'이라는 용어의 사용을 꺼린 이유는, 상대국과 논란의 여지가 있는 쟁점에 대해서도, 미국의 입장과 이해를 상대국 국민에게 설득하려 한다는 부정적 이미지를 줄 수 있기 때문이었다. 미국은 이후

11 McLean and McMilan(ed), *The Concise Oxford Dictionary of Politics*, Oxford University Press, 1997, pp. 443-444.

12 Allen C. Hansen, USIA, Praeger, 1984, p. 6.

나치는 세계 최초로 라디오와 TV를 통해 히틀러의 일거수일투족을 끊임없이 방송하는 선전 작전을 수행했다.

선전이라는 용어 자체를 공공외교 전반에서 사용하지 않는 한편, 선전의 은밀성이 공공외교 활동의 부정적 이미지를 최소화함으로써 궁극적으로 상대국에서 미국의 이해 관철에 도움이 될 것이라는 판단을 굳게 했다.

왈트는 이 같은 현상을 동맹이론에 도입했는데, 그는 상대국 국민의 인식에 부정적 영향을 미치기 위해서 주체의 '의도성'은 물론 그 '과정'도 잘 드러나지 않도록 할 것을 강조하기도 했다. 왈트는 상대국에 대한 동맹주도국의 이해 관철이 통상적으로 자신들의 이익을 추구하는 현지 엘리트들의 협조로 이뤄지는데, 이들은 자신들의 행동을 통상 애국적인 동기에 따른 것으로 위장하려는 경향이 있다며, 선전활동에서 발견되는 '비밀주의' 관행의 또 다른 필요 요인을 설명하기도 했다. 이 때문에 미국 정부는 '선전'이라는 용어 대신 '정보'라는 용어를 고안해 사용함으로써, 기존의 선전이라는 용어에 비해 미국의 동맹국들이나 외교 상대국에게 보다 중립적이고 호의적인 느낌을 전달할 수 있게 되었다.

하지만 마크 블리츠Mark Blitz는 〈공공외교와 개인 부문〉이라는 글에서 "이 '정보'라는 개념조차 행위자의 '일방성'을 은폐할 수는 없었다"고 지적한다.[13] 용어의 세련화를 위한 노력은 결국 제2차 세계대전 이후 '대민홍보Public Affairs'라는 표현을 낳았다. 이 용어는 말 그대로 자국 내 국민의 이해와 지지를 확보하기 위해 벌이는 것으로, 외교 상대국 국민을 대상으로 하는 업무와는 구분된다. 유사한 용어로는 '홍보Public Relations' '광고Advertising' 등이 있다. 이와 유사한 표현 가운데 '문화업무Cultural Affairs'라는 용어는 관련 용어 가운데 활용도가 매우 높다. 1938년 라틴 아메리카 프로그램에서 사용되기 시작한 이 용어는, 기존 정부차원의 문화적 조치에 관료적 의미를 부여하기 시작하면서 쓰기 시작한 것으로 분석된다. '문화'와 관련된 용어는 이후 1975년 스탠턴 토론회Stanton Panel의 보고서에도 '문화외교Cultural Diplomacy'라는 개념으로 재등장하기에 이른다. 하지만 이 개념은 단위 프로그램에 대해 한정적으로 적용되었다는 측면에서 한계가 있으며, 정부와 공공기관이 직간접적으로 개입하는 국제적인 문화협력으로 그 범위가 한정되어 일반적인 '문화교류Cultural Exchange' 보다도 하위의 개념이다.

연세대 김명섭 교수는 광의의 '문화외교'는 정부기구 또는 정부기구로부터 위임받은 특정기구가 다른 나라의 정부기구 또는 다른 나라의 국민 전체를 대상으로 대외적 문화정책을 구현하는 활동을 말하며, 이때 비정부민간단체NGO가 사실상 정부적 차원의 민간단체GNGO와 같은 기능을

---

13 Mark Blitz, "Public Diplomacy And The Private Sector", in Richard F. Staar(ed), Public Diplomacy, (California: Hoover Institution Press, 1986), p. 95.

수행할 경우 이들의 활동도 문화외교의 영역 안에 포함된다고 지적했다.[14] 이밖에 쌍방 간의 의사전달 측면을 강조한 커뮤니케이션Communication이라는 용어가 일부 사용되기도 했으나, 이 용어는 뉘앙스가 매우 완곡하다는 장점에 비해 의미가 지나치게 포괄적이라는 문제가 지적되었다.[15]

이 같은 여러 용어들이 대외적으로 부정적 이미지와 내용상 일정 수준의 한계를 가지고 있는데 비해, 터프스 대학의 학장이던 에드먼드 걸리언Edmund Gullion이 1965년 처음 사용한 '공공외교Public Diplomacy'라는 용어는 지금까지 가장 적절한 용어로 인정되어 받아들여지고 있다. 미국 해외공보처 은퇴직원들의 모임인 USIAAA가 만든 '공공외교' 공식 홈페이지는 이 용어의 어원과 유래에 대해 소상히 밝혀두고 있다. 미국해외공보처가 스스로 밝히고 있는 바에 따르면, 공공외교는 '외국의 국민을 이해시키고 정보를 제공하며, 그들에 대한 영향력을 행사하고 미국 시민, 기관과 상대국의 시민, 기관과의 대화를 확대함으로써 미국의 국가이익과 국가 안보를 증진시키는 것'으로 정의된다.[16]

공공외교는 현대 매스미디어의 중요성과 정보기술의 발달이 반영된 것으로 외교업무의 전통적인 홍보활동을 넓게 확장한 개념으로 평가된다. 이는 정부가 해외의 외교 상대국 국민을 상대로 커뮤니케이션 전략을 수립하고 라디오, 텔레비전, 신문, 인터넷 등으로 직접 소통함으로써, 국가의 이미지를 제고하고 국가의 외교정책을 홍보하는 활동을 의미한

14 김명섭, "프랑스의 문화외교: 미테랑 대통령 집권기(1981~1995)를 중심으로", 《한국정치학회보》 37집 2호 2003 여름호., pp. 344-345.

15 황상재 편, 《정보사회와 국제커뮤니케이션》, 서울: 나남, 1998, pp. 47-53 참조.

16 김민정, "미국의 문화외교 정책 변화연구: 9.11 테러 이후를 중심으로", 중앙대 석사 학위 논문, 2005년 6월, p. 13.

다. 하지만 단순 홍보에 비해 공공외교는 일방향의 구조에서 시스템 내
적으로 양방향성을 지향하며, 상품이 아닌 국가의 이미지와 정책 등을
알리며, 장기적 목표에 기반을 둔 정책 중심의 내용을 가진다는 점에서
다르다. 에드먼드 걸리언이 공공외교의 필요성을 처음으로 역설한 것과
같은 해인 1965년, 공공외교의 연구를 주목적으로 설립된 터프츠대학의
에드워드 머로우 센터Edward R. Murrow Center는 공공외교에 대해 다음과
같이 보다 정밀하게 규정하고 있다.

> "공공외교는…… 외교정책의 형성과 집행에 대한 공공의 태도
> 와 관련이 있다. 그것은 전통적인 외교를 넘는 그 이상의 국제관
> 계의 차원들을 포함한다. 이를테면 다른 국가안의 대중여론에
> 의해 육성되고, 민간 그룹들과 다른 국가 내에서의 이익 간 상호
> 작용, 외교문제의 보고와 정책에 대한 영향, 외교관과 해외 통신
> 원 사이처럼 커뮤니케이션을 직업으로 가진 이들 간의 의사소
> 통, 다른 문화 간의 커뮤니케이션 과정 등을 포함하는 것이다."[17]

이에 비해 1987년 미 국무부가 발행한,《국제관계 용어사전》이 공공외
교에 대해 직접 내리고 있는 정의는 더욱 짧고 훨씬 명료하다. '공공외교
란 정부가 지원하는 프로그램으로 그것의 목적은 다른 국가의 여론에 정
보를 제공하고 그들에게 영향력을 행사하는 것이며, 주된 수단으로는 출
판, 영화, 문화교류, 라디오와 텔레비전 등이 있다'는 것이다. 이에 앞서,

---

17 http://fletcher.tufts.edu/murrow/public-diplomacy.html 참조.

공공외교에 대한 의미의 외연을 확장시킨 터치Hans N. Tuch의 정의도 주목할 만하다. 그는 "공공외교는 자국의 목표와 현재의 정책뿐만 아니라 자국의 제도와 문화 그리고 가치, 이상에 대해 외국 수용자들을 이해시키고자 그들과 커뮤니케이션 하는 정부의 조치"라고 규정하고, 공공외교의 대상에 '제도와 가치의 전파'를 명기했다.[18]

이밖에도 공공외교에 대한 다양한 정의와 그에 따른 논쟁이 가능하겠으나, 공공외교는 정보화시대를 맞아 내용적으로는 '지식외교Knowledge Diplomacy'의 성격을 강하게 띠게 될 것이다. 또한 전통적인 외교로서의 안보나 통상외교가 상정하는 '경성권력hard power'의 영역을 넘어서, 강압이나 위협 또는 회유와 같은 방법이 아닌 '상호이해'를 바탕으로 정보, 지식 자원의 소통을 주도하는 '연성권력soft power'의 성격이 극명하게 나타나는 것도 공공외교다.[19] 사실 공공외교와 문화외교는 때로 그 구분이 모호하고 서로 겹치는 부분이 많지만, 크게 볼 때 공공외교는 장기적이고 단기적인 효과를 동시에 추구하는 반면, 문화외교는 장기적인 교류에 보다 더 치중한다는 차이를 들 수 있겠다.

국내외적 관계에서 문화적 가치가 중시되는 것은 물론, 정보통신의 발달과 민주화 단계의 성숙 등에 의해 개인적 차원의 요소가 국가행위 결정에 미치는 영향력이 증대되는 현대사회의 특성이 짙어지면서 공공외교의 중요성은 더욱 커지고 있는 추세다. 공공외교의 필요성이 점차 증대되고 있는 이유로는 국가와 사회의 관계를 수평적 파트너 또는 네트워

---

18 Hans N. Tuch, *Communicating with the World: U.S. Public Diplomacy Overseas* (New York: St. Martin's Press, 1970) p. 3.

19 조지프 나이, 《제국의 패러독스》, 서울: 세종서적, 2002, pp. 35-40.

크 관계로 이해하는 거버넌스governance 시대가 본격화됨에 따라 국가의 정책 수립에 NGO, 사회 공동체 등 시민사회civil society의 규모와 영향력이 확대되고 있고, 정보통신의 발달로 정부정책의 공개성과 투명성에 대한 요구가 높아지면서 일반국민의 정보 접근성이 증대되어, 정부 대 정부로만 행해지던 외교 분야에 일반인이 개입할 수 있는 여지가 대폭 넓어진 점 등을 들 수 있다.

특히 TV, 인터넷 등 멀티미디어의 발달과 그 영향력의 증대는 공공외교를 촉진시킨 괄목한 만한 환경 변화로써, 텔레디플로머시Telediplomacy, CNN 효과CNN Effect, 유튜브 효과YouTube Effect 등의 용어가 등장하기도 했다. 이밖에도 국제사회에서 여러 국가 간의 상호연결성interconnec-tedness과 상호의존성interdependence, 탈영토성deterritorialization으로 대표되는 정치, 경제의 세계화 현상이 강화됨으로 인해 네트워크의 국제정치가 중요해지고 있는 것도 공공외교의 필요성을 가중시키는 이유로 거론된다.

공공외교의 어제와 오늘

이제 미국의 공공외교에 대해 본격적으로 살펴보기로 하자. 미국의 공공외교를 통사적으로 살펴보면, 그 연원이 멀리 1910년대로 거슬러 올라감을 알 수 있다. 1917년 우드로 윌슨 대통령이 설치한 미국 정부선전국은 미국 공공외교의 효시로 볼 수 있다. 앞서 언급했듯 이 조직은 노골적인 어감 때문에 한때 애칭으로 '크릴위원회the Creel Committee'로 불리다가 후에 공보위원회로 개칭했지만, 미국이 제1차 세계대전에 가담하게 된 계기와 이유 등을 알리는 것을 목표로 적지 않은 역할을 수행했다.[20] 공보위원회는 목표의 성공적 수행을 위해, 순회공연단을 운용하고 영화 제작사들에게 미국을 긍정적으로 다룬 영화를 제작하게 했으며, 소책자도 발간했다. 하지만 공보위원회는 공공외교를 위한 장기적이며 체계적인 전망에서 생겨난 조직이 아니고, 전쟁에 직면해 한시적으로 꾸려진 조직이었던 만큼 전쟁이 끝나자 곧 사라졌다. 초기 공공외교는 이처럼 미국의 전쟁 수행에 있어 보조적 기구로 시작되었다.

제2차 세계대전 때도 마찬가지였다. 미국은 전쟁이 일어나기 직전인 1930년대 중반, 나치 독일이 중남미에 대한 '문화적 선전 공격'을 감행하자 공격적 차원의 '문화업무Cultural Affairs' 수행의 필요성을 인식하게 되었다. 당시 미국의 전문가들은 나치의 활동이 독일 정부의 재정적 지원을 받아 조직적으로 이뤄지며 미국과 중남미 국가 간의 문화 관계를 약화시키는 것을 목표로 하고 있다고 판단했다. 이에 프랭클린 루즈벨트 대통령은 '평화유지를 위한 범 미주회의Pan American Conference for the Maintenance of Peace'를 제안했고, 1936년 부에노스아이레스에서 개최된 이 회의에서는 '미주 국가 간 문화관계 진흥을 위한 협정Convention for the Promotion of Inter-American Cultural Relations'이 참가국들로부터 만장일치의 동의를 얻어 채택되었다.

평화유지를 위한 범 미주회의의 전 과정을 통해 미국은 향후 공공외교의 전형적 패턴을 보여주었다. 즉, 미국은 타국과의 우호관계를 중시하며 대외 이미지 제고를 위해 노력하는 모습을 보이며, 특히 공공외교 성과를 극대화하고자 외교 상대국과 문화 관계나 지적협력을 강화하고 이를 위해 인적교류를 중요하게 여기며, 인적교류의 이행은 호혜적으로 대학 교수, 청년단체, 사회기구 등 비정부기구를 통해 수행한다는 것이다.

---

20 이화연, "미국의 공공외교와 풀브라이트 프로그램: 한국 사례를 중심으로", 연세대 석사학위 논문, 2006, pp. 25-26.

인적교류와 비정부기구의 개입이라는 양대 원칙은 이후 미국 공공외교의 기본적인 특징으로 이어진다.[21]

2년 뒤인 1938년 5월, 미 국무부는 '문화관계과Division of Cultural Relations' 설립계획의 뜻을 밝힌다. 문화관계과는 루스벨트 대통령이 중남미에 '간섭'하기보다는 좋은 이웃으로서 '협력'하겠다는 대외 기조를 채택하면서 신설되었다. 제2차 세계대전이 임박하면서 중남미에 기승을 부리기 시작하던 나치 파시즘의 침투를 막으려고 미국은 보다 적극적인 대응을 해야 했고, 이 같은 공공외교 노력은 문화관계과 설치로 현실화되었다. 밀턴 커밍스는 《문화 외교와 미국 정부: 개관》에서 당시 국무부 관계자가 밝힌 문화관계과의 설립 목적을 다음과 같이 적고 있다.

> "(문화관계과의 설립은) 미국이 문화협정을 맺은 중남미를 비롯, 여러 다른 국가와의 문화관계 강화를 위해 조직적이고 장기적인 국가 차원의 노력을 기울이기 위한 것이다. 국무부는 민간 부문이 이런 노력을 위해 중요한 파트너가 되기를 희망하며 국무부 내 문화관계과의 설립도 주요 자선단체, 교육기관, 문화단체들과 협의를 거쳐 결정한 것이다."[22]

앞서 미국 공공외교의 양대 원칙으로 소개했던 인적교류와 비정부기구의 개입이 조직 설립 목적에 잘 나타나 있음을 볼 수 있다. 제2차 세계

---

21 김민정(2005), pp. 18-19.

22 Milton Cummings, "Cultural Diplomacy and the United States Government: A Survey", Center for Arts and Culture, 2003, p. 2.

대전의 발발로 보다 적극적인 공공외교를 펼치게 된 미국은 1942년 관련 기구로 전쟁정보국OWI · Office of War Information과 전략사무국OSS · Office of Strategic Services을 신설했다. 이들 기구는 쌍방향 교류보다는 일방적으로 미국의 목표를 해외에 전달하는 업무를 맡았다. 미국은 영국 BBC의 방송을 벤치마킹해 〈미국의 소리VOA · Voice of America〉 방송을 시작했다. 이 방송은 제2차 세계대전을 치르는 가운데 급성장해 전쟁이 종반으로 치닫던 1943년에는 23개의 송신소를 갖추고, 27개의 언어로 방송하는 초대형 방송기구로 성장했다.

제2차 세계대전이 끝나고 나치가 점령하던 독일을 미국이 통치하게 되면서, 미국은 독일인에게 민주주의 시스템을 교육한다는 명분하에 본격적으로 교육, 문화 프로그램을 시행한다. 1945년부터 1954년까지 1만 2000명의 독일인과 2000명 이상의 미국인이 미국 정부의 주도로 양국 교류 프로그램에 참여했다. 미국은 태평양전쟁 종전 이후 점령했던 일본에 대해서도 독일에서 벌인 공공외교 활동과 유사한 교류 프로그램을 실시했다.

1945년 트루먼 대통령은 전쟁 기간 중 운영했던 전쟁정보국과 미주국가 간 업무조정국이 맡았던 국제정보 분야 업무를 모두 국무부로 이관시켰다. 그리고 여기에 기존 문화관계과의 역할을 더해서 국제정보문화국Office of International Information and Cultural Affairs이라는 본격적인 공공외교 전담 조직을 설립했다. 국제정보문화국은 업무의 전문화 요구에 따라 교육교류처Office of Educational Exchange와 국제정보국Office of International Information으로 구분되었다. 다시 1년 뒤 국제정보문화국은 인적교류 업무가 한층 강화되어 국제정보교육교류국Office of International Information and Educational Exchange으로 명칭이 변경된다.

1946년에는 미국 공공외교에서 교육을 통한 인적 교류의 근간을 구성하는 '풀브라이트 법령Fulbright Act'이 통과되었다. 미국과 영국 사이의 교육 프로그램인 로즈 장학금 수혜를 받고 영국에 유학한 바 있는 윌리엄 풀브라이트 상원의원은 미국이 전쟁으로 벌어들인 외환 수익을 이용해 학술, 문화 교류를 지원해야 한다고 역설했다. 결국 미 연방정부는 매년 예산을 책정해 본격적으로 '풀브라이트 프로그램'을 운영한다.

이후 50년 만인 1996년을 기준으로 이 프로그램은 전 세계에 총 25만 명의 수혜자를 양산하는 등 미국 공공외교 분야에서 인적 교류의 근간을 형성했다. 이후 풀브라이트 프로그램을 비롯한 공공외교의 체제는 보다 정교해진다. 1948년 통과한 '스미스–문트법Smith-Mundt Act · the United States Information and Cultural Exchange Act'이 바로 그것이다. '정보와 문화의 소통'을 위한 법이라는 부제가 말해주듯 이 법은 소련의 대외 공공외교에 대한 대응의 필요성에 따라 타국에 대해 미국에 대한 이해를 증진할 확고한 목표의식을 드러내고 있다. 이 법에 따라 국무부의 문화업무도 재조정되었다. 교육교류국Office of Education Exchange은 국가 간 인적 교류와 해외 도서관 운영을 맡았고, 국제정보국은 언론, 출판, 방송, 영화 업무를 담당하게 되었다. 이는 교육과 문화교류처럼 장기적인 관점의 활동과, 상대적으로 단기적인 정보, 미디어 활동을 상호 분리해 효율적으로 수행해야 한다는 필요성에 따른 것이다. 문화 정보 프로그램을 위한 민간 자문위원회를 구성해 민간의 참여를 제도화한 것도 이 시기 주요한 변화로 평가받고 있다.

심리적 전략의 산실, 미국해외공보처

1940년대 후반부터 본격화된 미국 공공외교의 활성화 이면에는 '인식을 미국 외교정책의 중요한 수단'으로 받아들이게 되는 계기를 만든 트루먼 대통령의 이른바 '진실의 캠페인Campaign of Truth' 이니셔티브가 자리 잡고 있다. 그 같은 이니셔티브는 트루먼의 1950년 메이데이 연설에서 제기되었는데, 그는 "소련의 거짓 선동을 진실의 캠페인으로 싸워 이기자"라고 역설했다. 1952년 1월 미국 국무부내 준 독립기관으로 미국국제정보기관IIA · U.S. Government International Information Administration이 설립되면서 국제정보프로그램을 통한 공산주의 억지전략이 정책적인 수준에서 실시되었다. 그러나 미국국제정보기관의 활동은 곧 쌍방향이 아닌, '일방적' 정보프로그램이라는 이유로 비판을 받게 된다. 결국 미국의 국가정책과 국제정보프로그램 사이에 존재하는 이해의 부조화를 해소하는 한편, '심리적 전략'을 수립하는 전권을 부여받은 새로운 기관의 설립이 필요하다는 주장이 제기되기에 이르렀다.

1953년 8월 1일, 독립기관으로 설립된 미국해외공보처는 이러한 미 정부 안팎의 요구에 부응하며, 본격적인 미국 공공외교의 출범을 알리는 신호탄이 되었다. 웨스트포인트 출신으로 육군참모총장에서 물러나 콜롬비아 대학 총장을 역임한, 아이젠하워 대통령은 특히 교육과 문화교류 등 공공외교 활동에 관심이 컸다. 그는 국무부가 제2차 세계대전 당시 담당했던 정보, 방송 기능을 미국해외공보처로 이관시켰다. 미국해외공보처는 해외의 도서관과 정보센터를 운영하고, 영어교육을 실시하고 국제무역박람회 등 대형 전시 기획을 맡는 등 동적인 역할도 함께 수행했다. 하지만 문화교류 프로그램은 여전히 국무부 소관으로 남아 있었다. 이것은 문화교류 프로그램이 해외공보처보다 국무부에 남아 있어야 정치적 간섭을 덜 받을 수 있을 것이라는 풀브라이트 의원의 주장에 따른 것이었다.

이 당시 미국 공공외교의 폭넓은 활동은 CIA의 활동상에도 나타난다.

미국 CIA는 당시 해외 문화 활동을 지원하는 것은 물론 《인카운터 Encounter》 등과 같은 잡지의 출판을 직접 주도할 정도로 문화교류에 깊숙이 개입했다. 또한 1960년에는 미 의회가 나서서 미국과 아시아, 태평양 국가와 국민 간의 관계와 이해를 증진시키기 위해 하와이 대학 안에 동서문화센터EWC · East West Center를 설립했다. 현재 동서문화센터의 주된 활동기금은 미국 정부에서 지원되며 민간단체와 개인, 재단 또는 지방 정부로부터 추가적인 지원이 이뤄지고 있다. 미 국무부의 문화교류 프로그램은 1958년 '국제문화교류 및 무역 박람회 참가에 관한 법International Cultural Exchange and Trade Fair Participation Act'의 통과로 더욱 강화되었다. 문화 교류와 정보 제공을 각각 미 국무부와 미국해외공보처로 나눠 수행하던 관행은 카터 행정부가 들어설 때까지 20여 년간 계속되었다.

지미 카터 미 대통령은 1978년 미국해외공보처를 미국국제교류청 USICA · U.S. International Communication Agency으로 개칭해, 1953년 미국해외공보처의 독립 직후인 1954년부터 국무부가 독자적으로 운영해온 교육문화국CU · Bureau of Education and Cultural Affairs을 미국국제교류청 내부로 통합시켰다. 하지만 다시 2년 뒤, 레이건 대통령이 집권하자 미국국제교류청은 1982년 찰스 윅Charles Z. Wick의 주도로 다시 미국해외공보처로 명칭과 기능을 회복하게 된다. 다만 교류 프로그램은 국무부가 아닌 미국해외공보처가 그대로 주도하게 되었다.

레이건 대통령의 최측근으로 1981년부터 1989년까지 미국해외공보처 사상 최장기 처장을 지낸 찰스 윅은 소련을 '악의 제국'으로 간주하는 레이건 대통령의 인식을 미디어정책에 녹여내면서 미국해외공보처의 미디어, 선전 기능을 강화했다. 그는 '단기적 효과'를 높이기 위해 교류 프로그램 예산을 절반으로 줄이는 대신 미디어 프로그램에 더욱 많은 자원을 배분할 것을 제안했다. 하지만, 교육-예술계 인사들의 반대에 부딪혀 교류 프로그램의 예산은 간신히 유지되었다. 불과 몇 년 뒤인 1985년 레이건 대통령이 고르바초프 대통령과 문화교류협약Culture Exchange Agreement을 맺고 상호 군축에 동의하자, 찰스 윅의 미국해외공보처는 오히려 교류 프로그램을 확대한다.

레이건 대통령 집권 이후 다양한 부서가 공공외교에 왕성하게 참여하면서 업무 중복에 따른 책임 범위가 다소 모호해지는 상황이 발생한다. 이에 따라 1983년 1월 레이건 행정부는 '국가안보와 관련된 공공외교의 운영' 방침을 담은 NSDD-77 체제를 발표한다. NSDD-77 체제의 구성은 국무장관, 국방장관, 미국해외공보처장, 국제개발처장, 대통령 커뮤니케이션 담당 보좌관 등이 참석하는 특별기획단Special Planning Group과 정부 부처 간 업무를 조율하는 4개의 상임위원회로 구성되어 있다. 4개의 위원회는 그 기능에 따라서 공보위원회Public Affairs Committee, 국제정보위원회International Information Committee, 국제정치위원회International Political Committee, 그리고 국제방송위원회International Broadcasting Committee로 이루어졌다. NSDD-77 체제는 미국의 공공외교 정책을 국무부가 결정하고 이를 미국해외공보처가 집행하도록 하는 역할 분담의 원칙을 명확히 정립했다는 의미가 있으나, 공공외교의 전체적인 주도권을 다시 국무부가 행사하도록 함으로써 민간의 광범위한 참여보다는 일부 관료주의의 한계를 드러냈다는 비판에 직면한다.

1995년 미 정부 공공외교 자문위원회의 보고서는 다음과 같이 NSDD-77 체제를 평가하고 있다. NSDD-77 체제하의 공공외교는 미국해외공보처의 장기적 프로그램인 교육, 문화프로그램들이 약화되는 경향을 보였으며, 4개의 위원회의 역할 규명이 모호하고, 공공외교가 정책 구상 및 정책 실행의 초기단계에서부터 이뤄져야 타국민의 인식정렬에 효과적이지만 정책 구상과 실행이 공공외교에 대한 고려 없이 먼저 이뤄지는 경우가 많아 타국 대중의 반응을 묻는 인식조사 수준에 불과해 결과적으로 공공외교가 수동적 외교양식으로 제한되고 있다고 지적했다. 자문위원회의 이 같은 날 선 비판은 국무부 주도하의 공공외교에 대한 미국 내 반대 여론을 반영한 것이다.

실제로 미 국무부와 미국해외공보처 사이에는 문화와 인적교류 등 간접적이며 장기적인 투자의 필요성을 제기하는 미국해외공보처 측의 주장과 단기적이며 강력한 미디어, 선전 기능의 강화를 제기하는 국무부 측의 주장이 늘 대립해왔다. 공공외교의 주도권을 둘러싼 갈등은 양 조직의 교육, 국제교류 기능을 통합한 1978년 미국국제교류청의 설립과정에서도 이미 불거진 바 있다. 또한 4년 전인 1974년 이른바 '스탠턴 토론회'에서도 이 같은 두 조직의 주도권 다툼이 주요 의제로 논의된 적이 있다. 당시 토론회는 국제무대에서 제3세계 국가들의 영향력 확대와 동서 간 긴장완화 때문에 이전의 외교 방식만으로는 미국의 정책을 타국에 설득하는데 어려움이 있음을 인정하고, 국제교육과 문화커뮤니케이션이 강조된 새로운 유형의 지도력을 담보할 수 있는 외교정책을 지원하고 상호 간의 이해를 구축할 수 있는 새로운 외교 유형, 즉 본격적인 공공외교의 필요성을 강조했다.

스탠턴 토론회는 다른 관점에서 보면 미국의 기존 공공외교가 일방적 이념, 체제경쟁의 도구에서 벗어나 미국 주도의 시장민주주의와 경제적 전망을 강조하는 방향으로 무게중심을 이동하기 시작한 닉슨독트린 직후에 이뤄졌다는 점에서 의미가 더욱 크다. 스탠턴 토론회 이후 미국은 한반도에서 기존의 안보프레임에 의존한 일방적 인식정렬 방식에서 벗어나, 보다 강화되고 정교한 형태의 인력, 문화교류 방식을 통해 시장프레임을 공격적으로 도입하는 양상을 보여준다.

1975년 발간된 스탠턴 위원회의 보고서는 과거 안보프레임 속에서 일방적이고 느슨하게 진행되어온 미국의 공공외교를 시장프레임의 관점에서 보다 공세적으로 전환하는 계기가 되었다고 분석할 수 있다. 국회에 제출된 스탠턴 보고서는 실무적으로는 국제교육과 문화프로그램의 효과적 운영을 위한 조직개편 논의의 물꼬를 터줬다는 평가를 받고 있다. 스탠턴에 이은 머피 위원회the Murphy Commission는 미국해외공보처와 교육문화국의 합병을 지지하지만, 정책정보 기능만은 미 국무부로 이전할 것을 권고했다. 이와 관련해 미국 회계감사원은 교육문화국이 미국해외공보처에 완전히 합병되어야 한다는 강력한 입장을 견지하고 있었다. 당시 미국해외공보처 처장이었던 제임스 코프James Keogh는 〈스탠턴 보고서 비평〉이라는 글에서 미 회계감사원이 "단기적 차원의 정책지지와 장기적 차원의 문화 사이에 뚜렷한 차이가 있다는 것만으로 조직개편의 근거가 될 수는 없다"고 전제하고, "국무부가 미국해외공보처에 비해 정책홍보 기능을 더 잘 수행할 수 있으리라는 점에 대해 회의적이며, 오히려 미국해외공보처가 정책정보의 역할을 수행하고 교육문화국이 미국해외공보처에 완전히 합병되어야 한다"고 밝혔다고 주장했다.[23] 궁지에 몰린 미 국무부는 대체로 회계감사원의 지적에 동의하면서도, 이듬해 로버트 잉거솔Robert S. Ingersoll이 당시 레이건 대통령의 백악관 안보 보좌관을 지

---

23 James Keogh, Critique of the Stanton Report, USIA Document, April 8, 1975.

낸 스코크로프트Brent Scowcroft에게 보낸 문서에 따르면 "합병기구의 책임자만은 국무부 차관이 맡아야 한다"며 자신들의 마지막 관료적 이해를 드러내기도 한 것으로 나타났다.

이러한 논쟁은 카터 대통령에 이르러 일단락된다. 그는 미국 공공외교 조직 개편에 관심을 두고, 1977년 9일 동안 '패슬 청문회the Pascell Hearings'를 개최해 스탠턴과 머피 보고서, 미 회계감사원의 주장을 검토한 결과 패슬 위원회는 교육문화국을 미국해외공보처에 합병하는 방안을 카터 행정부에 보고했다. 그 결과 1978년 4월 1일, 새로운 공공외교 수행기관인 미국국제교류청이 성립된다. 그러나 4년 만에 미국국제교류청은 미국해외공보처로 명칭과 기능을 회복하게 되며 급기야 1999년 10월 1일, 미국해외공보처는 클린턴 행정부가 의회에 제출한 외무개혁구조조정법Foreign Affairs Reform and Restructuring Act of 1998, 공법 105-277에 의해 국무부로 통합되면서 56년 만에 독립적인 역할 수행을 마친다. 연 9억 달러의 예산과 1만 2000명의 인력으로 운영되는 미국해외공보처를 통합한 명분은 '공공외교를 미국 외교정책의 중심에 둔다는 것'이었으나, 실제로는 주요 공공외교 프로그램들을 폐지하고 예산을 감축했다.

1995년부터 2001년까지 전체 학술, 문화교류 건수가 매년 4만 5000건에서 2만 5000건으로 크게 줄었으며, 국무부의 2001년 교육문화교류 프로그램의 전체 예산 역시 1993년과 비교해 3억 4900만 달러에서 2억 3200만 달러로 무려 33퍼센트가 삭감되었다. 이 같은 예산 삭감은 중동과 아시아 지역에 대해서도 마찬가지로 이뤄져 9.11 사태 이후 미국 공공외교가 대테러 예방과 혐미嫌美 의식 조성 방지에 실패한 주요 원인으로 지목되는 바람에 공공외교 부문에 대한 예산삭감은 물론 1999년 미국해외공보처의 흡수, 통합조치의 적절성과 관련된 격렬한 논쟁이 뒤늦게 촉

발되었다. 미국해외공보처는 현재 국무부 산하 국제공보프로그램IIP ·
International Information Programs으로 업무가 이양되었으나, 미국해외공보
처의 전 세계 조직인 미국공보원은 그대로 계통을 옮겨 국제공보프로그
램의 지휘를 받으며 업무를 수행하고 있다. 미국해외공보처 산하에서 끊
이지 않는 독립성 시비를 빚었던 VOA는 미국해외공보처의 국무부 흡수
를 계기로, 방송위원회BBG · Broadcasting Board of Governors 산하의 독립
기구로 전환해 활동하게 되었다.

미국의 공공외교와 한국인의 인식변화

미국해외공보처가 설립된 지 두 달만인 1953년 10월, 미국해외공보처
의 향후 공공외교 수행 취지가 공식적으로 발표되었다. 향후 미국 공공외
교의 미래를 규정한 잭슨 보고서Jackson Report는 다음과 같이 적고 있다.

> "미국해외공보처의 취지는 미국의 정책과 목적이 자유, 진보,
> 그리고 평화를 향한 타국민의 정당한 열망과 일치하며 또한 그
> 것들을 촉진시키고자 하는 것임을 타 국민에게 확신시켜 주는
> 것이다." [24]

짧은 시간이지만 미국해외공보처가 설립되고 나서 그 목적과 주체, 구
체적인 프로그램과 비전 등에 관해 집중적인 논의가 이어졌다. 잭슨보고

---

24 Misson of the United States Information Agency (adopted by the President and the NSC),
October 22, 1953의 내용을 윤상숙, "미국의 공공외교(Public Diplomacy) 연구: 조직개편과
프로그램 내용을 중심으로", 서울대 석사논문, 1991, p. 22에서 재인용.

서는 그 논의의 첫 번째 주된 결실이었다. 이런 가운데 소련과의 이념대결에서 우위를 잡고자 인적 교류를 강조, 미국 공공외교의 기틀을 세웠다는 평가를 받고 있는 '스미스–문트법'에 이어 '풀브라이트–헤이즈법 Fulbight-Hays Act'이 통과되기에 이른다. 이 법은 상대국가와의 이해증진을 위한 교육 및 문화 프로그램을 강조하는 상호 교육문화교류 조약the Mutual Educational and Cultural Exchange Act으로 이전 스미스–문트법과 함께 교육 및 문화 프로그램과 관련한 업무권한을 미국해외공보처에 부여하는 결과를 낳았다.

케네디 대통령은 1963년 1월 25일 공공외교의 수단적 의미를 명시적으로 제시한다. 타국 국민의 태도에 영향을 주기 위해서, 미국에 대한 정보를 일방적으로 알리는 차원에서 벗어나 원활한 커뮤니케이션을 염두에 둔 '설득persuasion'이라는 측면을 강조한 것이다.

> "미국해외공보처의 사명은 첫째 타국 대중의 태도에 영향을 미침으로써, 둘째 대통령, 재외 사절단, 그리고 다양한 부서 및 기관장들에게 타국 여론의 함축적 의미를 충고함으로써 미국의 외교 정책 목표달성에 도움이 되도록 하는 것이다."[25]

타국민에게 영향을 미치고 타국민의 여론을 미국 내 외교정책 결정에 반영하는 쌍방향 커뮤니케이션 기제로서 미국해외공보처의 역할은 이렇게 하나둘 규정되었다. 2005년 출간된 〈공공외교 위원회 보고서A Report

---

25   Tuch(1970), p. 27.

of the Public Diplomacy Council〉는 설득의 구체적인 방법론으로 '이해 understanding' '정보informing' '영향력influencing'의 제고를 통한 미국과 상대국 간의 '대화의 확대broadening dialigue'를 주문하고 있다. 설득의 방법론에 근거해, 미국해외공보처는 미국의 국익 증대를 위한 미국적 사고와 가치의 확산에 기여해왔으며 9.11 사태 이후 이 같은 공공외교의 문제의식은 보다 명료해지고 있다.

전 시기를 통해 나타난 미국해외공보처의 주된 기능은 정보활동Information Activities과 교육문화교류Education and Cultural Exchange, 그리고 국제방송International Broadcasting으로 정리할 수 있다.

먼저 미국해외공보처의 기능 가운데 정보활동은 무선 텔레타이프 통신망the Wireless File의 관리를 의미한다. 위성, 케이블, 마이크로파, 지상통신선 등을 통해 해외의 미국 대사관 컴퓨터 단말기에 각종 정보를 전달하고 전달받고 있다. 이때 오가는 정보 파일은 통상 '워싱턴 파일'이라고 부르는데, 여기에는 미국 정부의 공식 성명서나 연설문 등이 포함된다.

미국해외공보처의 두 번째 기능인 교육문화교류 프로그램은 다양한 하부 프로그램을 포함하고 있다. 첫째, '대변가와 전문가Speakers and Specialists' 프로그램의 운영이다. 미국의 정부, 업계, 학계, 미디어 등을 대표하고 있는 미국인은 국무부의 후원 아래 단기적인 담화 프로그램을 수행하는데, 해외 미국해외공보처 관료들의 요청에 따라 이 프로그램에 참가하는 사람을 미국 측 참가자American Participants라고 부른다. 둘째, '주재전문가 활동Professionals-in-Residence Acitivities'이 있다. 이는 법률, 업계, 공공행정과 미디어 분야의 전문직업인들에게 짧게는 2주에서 길게는 수개월까지 해당 국가내의 비 학술기관에서 자문 역할을 수행하도록 하는 프로그램이다. 셋째, '원격지 간의 회의Teleconference Programs'다. 이는 선진 기술과 전화의 결합을 통해 스피커가 먼 곳까지 이동할 수 없을 경우, 음성 또는 영상매체를 이용해 해외청중과 연결되고 있다. 넷째, '출판물과 전자 미디어Publications and Electronic Media' 활동이다. 팸플릿, 브로슈어와 그 밖의 다른 특별한 출판물을 여러 언어로 출판해 미국해외공보처 지부나 대사관, 미국문화원 등에 배급한다. 미국해외공보처는 미국과 외국 출판업자들이 영문 및 기타 25개 국어로 된 무역서적, 교본, 요약물, 연재물 등의 출판을 도울 뿐만 아니라, 미국 출판업계의 수출노력을 지원해 해외에서 미국의 장서 이용을 권장하는 도서 수출 진흥운동도 계획하고 시행해왔다. 다섯째, '해외 프레스 센터Foreign Press Centers'를 둬서 매년 단기 임무로 미국을 방문, 또는 머무는 1600명 이상의 해외저널리스트들에게 서비스를 제공한다. 여섯째, '도서와 정보자원 센터Books and Information Resource Centers'를 많은 나라에 설치해, 양국 간 문화센터의 도서관 프로그램을 지원하고 있다. 이 사업은 번역, 인쇄, 도서전시회, 도서기증 등은 물론 미국과 미국의 국민, 역사, 문화 등을 배우는데 도움이 되는 도서관을 미국문화원이나 대사관에 설치하는 것도 포함한다. 확보된 정보를 동원해 미국해외공보처는 나라별 국가계획Country Plan을 수립, 대통령의 결재를 받아 특정 지역의 미디어 전략을 직접 지원한다. 끝으로 교육과 문화 교류는 미국해외공보처의 핵심적인 기능으로 학생, 교사와 학자를 포함하는 풀브라이트 프로그램과 미국학 연구, 영어교육, 국제 방문자 프로그램, 민간 교환, 민주주의 제도 이양을 위한 프로그램 및 영화와 시각 예술 등을 시행하고 있다. 특히 미국해외공보처는 미국학과 영어 교육 지원을 위해 미국과 외국의 대학교, 학술단체, 학자들 간의 연락을 중재해왔다. 또한 100여 개국에 존재하는 양국 관련 기관과 문화원에서 영어 교육을 제공하거나 촉진해왔으며, 매년 평균 35만 명이 넘는 외국 국민이 미국해외공보처의 지부인 미국공보원이 지원하는 문화시설에서 영어 수업을 받아왔다. 이와는 별도로 미국 하와이에 설치한 동서문화센터는 광범위한 아시아, 태평양 지역의 문제들을 조사, 연구하고자 매년 2000여 명의 학자 및 교수들을 초빙하고 있으며, 3만 명에 달하는 졸업생들이 아시아, 태평양 각국에서 주요한 역할을 수행하며 미국과 대화에 나서고 있다.

미국해외공보처의 세 번째 기능인 국제방송은 전통적으로 공공외교 프로그램을 논할 때 정보활동의 항목에 포함되는 것이었지만, 꾸준히 사업영역의 확장되어 별도 항목으로 취급하고 있다. 이 활동은 해외의 시청자, 청취자를 상대로 하는 프로그램을 포함한다. 1994년 국제방송법령(공법 103-236)이 통과됨에 따라 미국해외공보처 내에 방송사무국IBB이 설립되었고, 미국의 모든 국제방송의 운영이 강화되었다. 오랫동안 미국해외공보처 산하에 있던 VOA는 지금은 미 방송위원회 산하의 독립 기구로 전환해 운영되면서 매주 전 세계 1억 1500만 명을 대상으로 45개국의 언어로 뉴스와 정보를 제공하는 등 공공외교 활동에 매우 중요한 역할을 수행하고 있다. 2007년 9월 현재, 워싱턴 D.C.에 본부를 두고 있는 VOA는 2006년 회계연도 기준으로 1억 6600만 달러의 예산에 1100명이 넘는 직원을 두고 라디오, 텔레비전, 인터넷 매체를 통해 뉴스 보도관련 사업을 벌이고 있다. VOA는 대내외적으로 자체 헌장을 정해 정확성과 동시에 객관성을 추구하고 있다.

1976년 제정된 VOA 헌장은 1)정확하고 객관적이며 종합적인 뉴스를 제공하며 신뢰성 있고 권위 있는 뉴스의 원천이 되며, 2)미국 사회의 일면이 아닌 미국 사회 전체를 나타내어 조화롭고 포괄적인 미국인의 이상과 제도를 투사하고, 3)미국의 정책을 명확하고 유효하게 제시하며, 이러한 정책에 관한 책임 있는 토의와 의견을 제공한다고 규정하고 있다. 하지만 공공외교의 목표에 복무하는 조직의 성격상 미국 정부의 이해에 영향을 받을 수밖에 없으며, 또한 실제적으로도 그 편집권이 미 행정 당국으로부터 완전히 독립되어 있는 것으로 보기도 어렵다.

이밖에 국제 TV나 영화서비스World-wide Television and Film Service는 위성시스템인 월드넷Worldnet과 관련된 프로그램이다. 월드넷은 〈상호간의 적극적 대화〉〈일일 프로그램〉 등의 표제를 달고 있는 방송 프로그램을 송출해 중요한 국내외 사건에 대한 미국의 입장을 전달해왔다. 라디오 마티Radio Marti와 티비 마티TV Marti는 1983년 쿠바방송법(공법 98-111)에 따라 1985년 5월 20일부터 쿠바인을 대상으로 방송하고 있으며, TV는 1990년 3월 27일부터 전파를 내보냈다. 또한 자유유럽방송RFE · Radio Free Europe과 자유방송RL · Radio Liberty은 각각 중부유럽과 구소련연방지역 내의 국내뉴스와 정보를 전달하고 있다. 자유아시아방송RFA · Radio Free Asia은 미 의회의 승인으로 1994년부터 설립되어 중국, 티베트, 북한, 캄보디아에 북경어, 티베트어, 미얀마어, 베트남어, 한국어, 라오스어와 키메르어로 매일 단파방송을 내보내고 있다. 특히 자유아시아방송의 한국어 방송은 1997년부터 시작해 하루 4시간씩 북한 관련 뉴스를 단파로 북한에 송출하기 시작했으며, 인터넷 사이트www.rfa.org에 한국어판도 운영하고 있다. 2003년 11월 샘 브라운백Sam Brownback 미상원외교위 동아시아태평양소위원회 위원장과 에반 베이Evan Bayh 의원은 2006 회계연도까지 '북한 민주화와 인권지원' 등에 모두 5억 6200만 달러를 쓰도록 규정한 이른바 '2003 북한자유법안North Korea Freedom Act of 2003'을 상정해, VOA와 자유아시아방송의 대북 방송을 24시간 체제로 전환하도록 했다.

이처럼 미국해외공보처의 임무는 정의 주체와 방법에 따라 다양하게 규정이 가능하지만, 커뮤니케이션 도구 즉, 미디어를 동원해 외교 상대국 국민의 '인식 변화'에 주력한다는 점에서 대체로 일치함을 알 수 있다. 《각국의 공보기구, 기능 및 활동상》이라는 제목의 자료는 이 같은 미국해외공보처의 업무상 특성을 잘 포착하고 있어 이채롭다.

"미 해외공보처USIA의 임무는 첫째, 국가정책에 관하여 공보면에서의 고려사항을 대외활동조정위원회의 요청이 있을 때에는 국가안전보장회의에 적시에 제시한다. 둘째, 국제적인 통신기관이 국가시책을 지지하도록 하는 특정한 계획을 촉진시킨다. 셋째, 신문, 라디오, 영화 및 전시시설을 운영한다. 넷째, 통상적인 방법으로는 불가능한 때의 뉴스속보, 특종기사를 포함하는 돌발적 사건의 보도 또는 특별 프로를 위하여 특수한 매체원조를 제공한다. 여섯째, 문화 및 정보교환을 촉진시키기 위한 타국정부와의 공동사업을 추진한다. 일곱째, 해외공관장의 일반적인 지도하에 주재국에서 미국공보원USIS을 운영한다."[26]

1960년대 언론, 통신 상황이 반영된 당시 한국 국회의 보고서를 보면 아시아 대부분 국가들은 미디어 발달 수준이 매우 일천한 단계에 머무르고 있었던 반면, 미국해외공보처는 이미 미디어 활용에 효과적 기법을 구사하고 있었던 것을 알 수 있다. '국제적인 통신기관의 지지'를 이끌어

---

26 국회도서관 입법조사국, 《각국의 공보기구, 기능 및 활동상》, 대한공론사, 1964, pp. 47-48.

낼 수 있도록 '특정한 계획'을 구사하는 '아젠다 주도' 전략과, 또한 '돌발적 사건 보도' 사안을 의도하는 대로 이끌어 갈 수 있도록 '특정 프로그램'에 '선별적'으로 자료를 제공하는 식으로 영향력을 구사하고 있는데, 이는 오늘날에도 그 양상은 다르지만 널리 활용되는 대표적인 미디어 PR 기법이다.

공공외교 수행기구로서 미국해외공보처는 외교 상대 국민의 인식변화를 목표로 하고 있었으므로, 그 방법론에 대한 논의가 끊이지 않았다. 공공외교의 중요성과 미국해외공보처의 역할에 주목한 케네디 대통령은 미국 방송저널리즘의 거목으로 추앙받던 CBS의 앵커 에드워드 머로우를 미국해외공보처의 수장으로 위촉하는 한편, 미국해외공보처의 역할과 방법론에 대해 기회 있을 때마다 구체적으로 지시했다.

1960년 12월 13일 케네디는 "외국 대중의 건설적 지지를 촉구하기 위해서 미국이 강하며, 민주적이고, 의욕적인 국가로 보이기 하기 위해, 또한 미국 외교 정책에 대한 적대적 왜곡을 맞서 폭로하고 저지하기 위해 그 업무들을 수행하라"고 미국해외공보처의 사명을 특정해주기도 했다.[27] 그는 외교 상대국 국민에게 미국이 어떤 모습으로 보이게 하기 위해, 어떤 목표를 세워야하는지, 또 그런 목표를 효과적으로 달성해야만 미국의 외교정책도 제대로 수행할 수 있다는 전략적 판단을 하고 있었던 것이다.

독립기구로 미국해외공보처를 창립한 아이젠하워 대통령은 타국민에게 근거제시를 통한 정보 전달 측면만을 강조했지만, 케네디는 그렇지

---

27 President John F. Kennedy's Statement of the U.S. Information Agency Mission, 23 Dec., 1960.

않았다. 그는 외교 상대국 국민에게 달성해야할 '심리적 목표' 설정을 주문했고 인식론적 전제 위에서 문제를 출발시켰다. 언론인 등 전문가들로 구성한 미국해외공보처의 자문 기능을 통해, 정교하게 다듬은 심리적 목표들은 미국과 외교 상대국 사이에 펼쳐진 매우 현실적인 현안들의 '설득'에 적용되었다.

이처럼 케네디는 다양한 커뮤니케이션 기법의 활용과 문화, 교육 프로그램을 강조함으로써, 초기 미국해외공보처의 사업윤곽을 잡는데 성공적인 이니셔티브를 행사했고, 결과적으로 미국해외공보처의 역할을 이전보다 격상시켰다. 공산주의 블록과의 데탕트를 시도한 닉슨 대통령을 거치면서 케네디 대통령의 강력한 이니셔티브는 다소간 훼손된 면도 있었지만, 미국해외공보처를 통한 미국적 아이디어와 가치의 이식을 통한 외교 상대 국민의 인식변화는 궁극적으로 상대국에서 미국의 외교정책을 쉽게 수행하는데 기여했다.

카터 대통령은 본질적으로 외교 상대국민의 '인식의 미국화'에 대한 필요성은 느끼면서도, 방법론으로 '설득'을 강조한 케네디 대통령에 비해, 효과적인 대화를 통한 상호간의 이해 및 공유감 증진에 더 많은 관심을 보였다. 정보와 이미지보다는 문화적 기능을 강조한 것으로 해석할수 있다. 이 같은 내용이 담긴 1978년 3월의 대통령 명령서를 보자.

> "우리 정부가 정책결정 의도를 위하여 타국의 여론 및 문화를
> 적절하게 이해할 수 있도록, 그리고 미국인 개개인 및 단체들이
> 이러한 타국의 문화를 배우는데 도움을 주기 위하여…… 미국해
> 외공보처는…… 조작적이며 선전적인 어떠한 활동도 행해서는
> 안 되는 것이다."[28]

비록 제한적인 차이는 존재하지만 이후의 공공외교 양상은 이전과 전략적 관점에서 일관성이 있다. 오히려 9.11 테러 이후 미국 정부가 보이고 있는 공공외교 전략은 '인식의 미국화'라는 이전의 목표를 보다 강화한 측면이 많다. 지금까지 미국의 공공외교는 크게 두 가지 목표를 가지고 진행되어왔다. 그중 하나는 외교 상대국 국민에게 미국의 외교정책과 그 정책이 결정된 과정을 알려줌으로써 신뢰와 이해를 얻고자 하는 것이고, 다른 하나는 미국의 문화나 생활방식을 친숙하게 만들어 맥락에 따른 이해를 도모해 미국의 외교정책에 대한 지지를 끌어내는 것이라고 정리할 수 있다.

미국공보원의 설립과 운영방식

미국의 공공외교가 추구하는 궁극적인 목표는 외교 상대 국민의 인식정렬을 통한 총체적 인식의 미국화였다. 이는 오랫동안 미국해외공보처에 의해 수행되어왔고, 1999년 이후 오늘날에는 국제공보프로그램에 의해 이어지고 있다. 과거든 오늘날이든 이 같은 전략은 전 세계 각지에 퍼져있는 신경망인 미국공보원을 통해 이뤄지는데, 지부인 미국공보원은 세계 124개국에 202곳의 사무실을 운영 중이다. 주한미국공보원은 미국해외공보처의 동북아 주요 거점으로 오랫동안 기능해왔으며, 한국에 대한 인식정렬 작업을 수행해왔다. 한국을 포함한 여러 나라에는 이미 제2차 세계대전 동안 심리전 수행을 위한 공보기구가 설치되어 운영 중이었으나, 1953년 아이젠하워 정부 출범 이후 기존의 조직들은 모두 미국해

---

28 Memorandum for Director, International Communication Agency, Jimmy Carter, March 13, 1978.

외공보처의 하부 조직으로 통합 관리되었다.

한국전쟁 이후 미국공보원은 영화와 전시물, 출판물 등을 대대적으로 생산해냈으며, 이를 통해 한미 양국 간 현안과 미국의 외교정책 목표를 한국인에게 설명했다. 1950년대 후반기 주한미국공보원은 중앙기구를 '공보국Information Branch'과 '문화국Cultural Branch'으로 양분해 여타 해외 미국공보원와 같은 수준의 조직 형태를 갖추었다. 또한 '북부지역 담당실'이 설치되어 1950년대 초반 조직의 한계 때문에 포괄하지 못했던, 경기, 충청, 강원 지역에 대한 활동도 강화했다. 주한미국공보원은 이밖에 영화제작소, 도서관, 영사 차량 등도 운영했다. 한국인이 참여하는 하부 지부와 출판물을 배포하는 보급소를 두어 공보 활동의 탄력성을 제고했다. 1950년대 들어 주한미국공보원은 지방문화원과 긴밀한 관계를 강화했다. 1960년대에 들어서면서 주한미국공보원의 활동은 매우 강화되었다. 그 결과 서울과 부산, 대구, 광주 등 네 곳에 지부가 설치되었다. 근무 인원도 20~30명에 달하는 미국 외교관을 포함해 약 150명에 이르는 한국인 직원이 고용되어 활동했다.

주한미국공보원의 인식정렬 작업과 그에 따른 인식의 미국화 양상은 매우 성공적으로 진행되어 미국화한 대외인식은 이후 오랫동안 한미동맹을 유지하고 강화하는 촉매제가 되었다. 미국의 인식정렬 작업은 대체로 북한에 대한 한국인의 인식을 형성하는데 집중되었다. 구조적으로 대북인식이야 말로 동맹상태를 유지하는 위협 인식의 근원이므로, 대북인식은 매우 신중하고 주요하게 다뤄진 인식정렬 대상이었다.

김태현이 《국가전략》에 기고한, 논문 〈대북인식의 이중구조와 북한 핵문제〉는 이런 점에서 매우 의미 있는 문제를 제기하고 있다. 한국인은 북한에 대해 '형제'이자 '적'이라는 이중적인 이미지를 가지고 있는데,

그 결과 한국인은 운명적으로 변덕스러운 이 양자적 이미지 가운데 끊임없이 흔들리며 인식적 일관성을 유지하는데 어려움을 겪을 수밖에 없으므로, 대북 위협인식을 끊임없이 강조해야 하는 미국의 공공외교는 한국인의 대북 '형제' 인식을 '적'의 인식으로 전환하기 위해 끊임없는 작업을 시도해야만 했다는 것이다.

공공외교를 통한 인식의 미국화가 성공했다는 점은 다시 말해, 한국인의 대북인식을 순수하게 '적'의 개념으로 전환시켜, 결과적으로 북한에 대해 '형제'의 이미지를 가지지 않은 미국인의 인식과 유사하게 재구성하는 데 성공했다는 것을 의미한다.

미국은 인식정렬 과정에서 시기별로 오피니언 리더들을 교육하고 교류시켜 활성화된 그룹을 통해 필요한 메시지를 전달했으므로, 거의 전 시기에 걸쳐 지식인들은 그 관리 대상이 되었다. 이와 관련해, 김태현은 지식인들이 대북인식에 있어 논리적이며 또한 경직되지 않아, 적과 형제의 이미지 중 어느 하나의 이미지를 선택하려는 현상이 지배적으로 나타나며, 소위 '인식적 일관성cognitive consistency'도 잘 유지된다고 설명한다.

군 관련 정보의 관리와 조정업무

주한미국공보원의 또 다른 기능은 미8군과 한미연합사령부 등에 다양하게 편재되어 있는 군 관련 정보 및 공보 기능에 대한 통합관리와 조정업무를 수행하는 것이었다. 해외에서 일어나는 미국과 관련된 모든 활동에 대한 책임은 궁극적으로 미국대사에게 있고, 대사는 일반적으로 이런 책임을 '컨트리 팀Country Team'이라는 조직을 구성하는 고위 군 간부와 공무원 등을 통해 수행한다. 한미연합사령부가 직접 펴낸《공보업무》에 따르면, 미국대사는 해당 국가에 대한 공보지침이 담긴 미 국무부 작성

'컨트리 플랜Country Plan'을 토대로, '컨트리 팀'의 업무분장과 사전 협조 관계를 거친다. '컨트리 플랜'은 '주둔국에서 일어나는 일상적인 혹은 비상시의 공보활동에 대한 협조절차를 소상히 규정'하고 있으며, 이와 관련해 '컨트리 팀'이 수행하는 '업무범위는 매우 방대하다'고《공보업무》는 밝히고 있다. 대사의 업무는 통상 주둔국 미국공보원의 최고 책임자가 집행하며, 이 책임자는 대사관의 공보부를 관장하는 동시에 주둔 육군 주요 사령부와 통합군 사령부의 공보업무 책임자와 협조하도록 되어 있다. 또한 미국공보원의 업무통제를 받는 각 육군 주요 사령부와 통합군 사령부의 공보 역량은 '사실 그 자체만으로는 긍정적인 여론이 형성되지 않는다'는 점을 상기, 비단 전시활동 만이 아닌 평시활동에 있어서도 '컨트리 플랜'에 입각한 다양한 공보활동의 필요성을 인식하고 있다. 한미연합군 사령부가 제작, 배포, 활용하고 있는《공보업무편람》은 미국 미국해외공보처의 활동과 미국공보원의 기능에 대해 보다 구체적으로 밝히고 있다. 이 책자는 미국해외공보처의 정보 교류 방법을 다음과 같이 밝히고 있다.[29]

첫째, 외국의 '여론지도자'들과 친밀한 인간관계를 맺는다.

둘째, VOA 방송과 같은 '전자, 통신매체'를 이용한다.

셋째, 외국에 '프레스 센터'를 설치하고 다방면의 출판, 인쇄 프로그램을 추진한다.

---

29 한미연합군사령부,《공보업무편람(Public Affairs Handbook)》, 서울: 제6지구 인쇄소, 1993, pp. 165-166.

미군의 공보조직은 미국해외공보처의 하부기관인 미국공보원으로부터 '문화적 조건이나 어느 일정 지역의 특수한 상황, 어떤 활동이 성공할 것인지, 그 이유는 무엇인지' 등에 관한 조언을 얻을 수 있으며, 특수한 목적을 수행하는 과정에서 미국공보원의 공보업무 수행자로부터 각종 장비, 즉 슬라이드 촬영 및 영사기, 카메라, VCR 등을 제공받을 수 있고, 신문 발췌나 번역, 사진 현상 등 다양한 기능을 의뢰할 수 있다. 이러한 미국공보원의 지원을 통해 주한미군의 공보활동은 그들의 목표대로, 한국인의 '의견 → 태도'로, 다시 '태도 → 신념' 수준으로 점차 파고들어가며, 미국의 총체적 외교목표 달성을 위한 인식정렬 기능을 수행해왔다.

2 공공외교와 미디어, 미디어 프레임

미디어의 기능과 수용자의 대외인식

외교 상대국 국민의 대외인식에 영향을 미침으로써 양국 관계를 자국의 국익에 부합하는 방향으로 이끌어가려는 공공외교의 실체를 분석하는 방법으로, 공공외교가 상대국 국민의 대외인식 형성에 중요한 정체성과 규범을 자국민의 그것과 세밀하게 정렬되도록 조정하는 과정과, 이때 동원되는 미디어 수단과 프레임에 대해 정의하고, 이들의 선택적 활용에 따른 상대국 국민의 대외인식 양상의 변화에 대해서도 분석을 시도한다. 이와 함께 정체성과 규범을 유지, 강화 또는 변화시키는 미디어의 특성도 살펴본다.

이 같은 분석 작업의 용이성을 위해 본 연구는 미디어를 정보전달의 주체와 객체간의 대면성 여부를 기준으로 정보전달의 주체가 직접 객체를 대면하게 되는 전시회, 강연, 공연, 대회, 인터뷰, 조사, 정보활동 등을 '직접적 미디어'라 정의하고, 정보전달이 전달 주체와 객체 사이의 대면에 의하지 않고 각종 매체들, 이를테면 출판, 신문, 라디오, TV, 영화 등의 전통적 매체와 인터넷, 휴대폰 등 뉴 미디어, 구전 또는 공동의 인식을 확대 재생산하는 인적 네트워크 등에 의해 이뤄지는 것을 '간접적 미디어'라 정의하고, 각각의 미디어의 특성과 활용과정에 있어서의 전략적 의미에 대해 분석해 본다.

미디어를 주체와 객체간의 '대면성 여부'를 기준으로 직접적 미디어와 간접적 미디어로 나누고 있는 이유는, 상대 국민의 인식정렬의 형식에 있어 성패를 결정짓는 가장 중요한 조건이 '은밀하고 신중할 것', 즉 '비밀성'의 확보이기 때문이다. 전달하려는 메시지가 외교 상대국의 국익에도 부합하는 내용이라도, 이행과정에 목적성이 드러날 경우 예상치 않은 부작용이 따르며, 심지어 강한 반발에 직면하기도 한다. 미국 공공외교사의 주된 논쟁 중, 미국해외공보처나 VOA의 독립과 관련한 논쟁 역시 비밀성 제고를 위한 방법론을 두고 이뤄진 것이었다. 대면도가 높아질 경우 비밀성은 깨지게 되므로, 공공외교 관리자 입장에서는, 대면도가 높아 은밀성이 보장되지 않지만 메시지의 직접적 전달이 가능한 직접적 미디어와 은밀성이 있되 메시지의 직접적 전달이 불가한 간접적 미디어로 자신의 미디어 자원을 구분해할 수 있으며, 양자는 전략적으로 배분, 혼용되고 있다.

마셜 맥루한Marshall McLuhan은 '미디어는 인간의 연장extension'이라고 정의했다. 그는 사람의 '감각'을 확대해주는 것은 무엇이든지 '미디어'라고 보았다. 사람의 손과 발도 미디어이며, 자동차, 텔레비전, 라디오, 신문, 잡지, 영화도 미디어다. 커뮤니케이션에 국한해보면 사람은 최소한 세 종류의 미디어를 가지고 있다. 첫째는 음성과 몸짓 등 '자신의 메시지'를 전달해주는 미디어이고, 둘째는 텔레비전, 신문 같이 '다른 사람의 메시지'를 전달 받는 미디어, 셋째는 전화나 인터넷처럼 앞의 두 가지 기능을 겸비한 미디어다.[30] 첫 번째 미디어가 인간의 원초적 미디어라면, 두 번째는 매스Mass 미디어, 세 번째는 뉴New 미디어를 의미한다.

미디어가 달라지면 커뮤니케이션의 유형도 달라진다. 대면적 또는 소집단 커뮤니케이션은 자신의 신체 기관을 주요 미디어로 사용하고, 공공적 또는 매스커뮤니케이션에서는 과학기술의 진보에 따른 별도의 미디어를 사용하게 된다. 대면적 또는 소집단 커뮤니케이션은 피드백의 기회가 많으며 상대방의 주의를 유지하기도 용의하고, 내용의 상당 부분을 비언어적 방식으로 전달할 수 있는 이점도 지니고 있다. 반대로 공공적 또는 매스커뮤니케이션은 피드백은 약하지만 공간과 시간을 초월한 메시지의 전달능력이나 보존능력, 그리고 전문화된 욕구를 충족시킬 수 있는 능력이 탁월하다. 하지만 이 두 커뮤니케이션이 반드시 상반되거나 상호 배타적인 것만은 아니다.[31]

국가체제 안에서 미디어는 사회제도social institution로서 기능한다. 미국 커뮤니케이션 연구의 선구자, 라스웰Harold Lasswell은 미디어의 사회적 기능으로 사회 구성원들에게 주위의 현실에 대한 정보를 주는 환경감시surveillance의 기능, 사회가 전체적으로 잘 작용하도록 하기 위해 사회 환경에 대한 정보를 구성원에게 알려주는 과정에서 정보의 선택과 해석을 병행해주는 상관correlation 기능, 한 세대에서 다른 세대로 정보나 가치관, 규범 등을 전수해주는 문화 전수transmission of culture 기능 등이 있음을 주장했다. 이어 라이트Charles R. Wright는 라스웰이 주장한 미디어의 세

---

30 배규한, 류춘렬, 이창현, 김도연, 손영준, 《매스미디어와 정보사회》, 서울: 커뮤니케이션북스, 2006, pp. 17-18.
31 Ibid., pp. 18-19.

가지 사회적 기능에 오락적entertainment 기능을 추가했고, 1984년 데니스 멕퀘일Denis Mcquail에 이르러 사회적 기능에 동원mobilization의 기능이 추가되었다.[32]

이 같은 기능들은 통칭 '미디어의 다섯 가지 기능'으로 부른다. 미디어의 사회적 기능은 미디어의 영향력을 통해 전 사회적으로 수행되는데, 미디어의 위력이 엄청나다는 사실은 모두가 동의하지만 '구체적으로 어떤 효과를 얼마나 나타내는지'에 대해서는 생각이 조금씩 다르다. 미디어 효과에 관한 관점은 미디어에 대한 인식과 주된 관심사가 시대에 따라 변화함에 따라 함께 변해왔다.

1920년대부터 1940년대 말까지 커뮤니케이션학자들은 미디어를 통해 사람들의 의견, 태도, 행동 등을 변화시킬 수 있다는 자신감과 기대에 부풀었다. 당시의 미디어 학자들은 미디어의 메시지가 미디어에 노출된 수용자의 뇌리 속에 깊숙이 총알이 와서 박히듯 직접적이고 즉각적으로 영향을 미친다고 믿었다. '탄환이론bullet theory' '피하 주사 이론hypodermin needle theory' '자극 반응 이론stimulus-response theory' 등이 이 시대 대표적인 미디어 효과이론이었다. 하지만 1940년대 들어 미디어에 대한 연구가 본격화되면서 미디어의 효과에 대한 과장된 믿음도 함께 무너졌다. 미디어가 어느 정도 영향력을 미치는 것은 사실이지만, 그렇다고 미디어의 효과가 전 시대와 같이 절대적인 것은 아니라는 조심스런 결론에 도달하게 된 것이다.

조셉 클래퍼Joseph Klapper와 같은 학자는 커뮤니케이션은 미디어 수용

---

32   Ibid., pp. 52-62.

매스미디어의 의제설정기능이란 미디어가 뉴스나 시사 프로그램 등을 통해 중요하다고 보도하는 주제가 공중에게도 중요한 주제로 인식되는 것을 말한다.

자들의 태도나 의견을 변화시키는 필요충분조건이 아니라고 주장했는데, 이는 미디어와 수용자 사이에 여러 가지 중간 매개체적 요소들이 있어서 미디어의 영향력이 '굴절 또는 제약'되기 때문이라는 것이다. 심지어 미디어가 기존 태도나 의견을 '변화'시키기보다는, 오히려 기존의 태도나 의견을 '강화'시키는 방향으로 작용한다는 이론도 제기되었다. '2단계 흐름 이론two-step flew theory'은 이 같은 제한적인 효과 이론의 근거가 된 이론 중 대표적인 것이다. 라자스펠트는 미디어의 영향력이 직접적으로 수용자에게 작용한다는 가설을 부정하고 미디어의 영향이 '의견지도자opinion leader'라는 중간 단계를 거쳐 수용자에게 전달된다는 2단계 흐름 이론을 주장했다.

또 다른 제한적 효과 이론은 '선택적 노출 이론selective exposure theory'이다. 이 이론은 미디어의 영향에도 불구하고 미디어 수용자들은 '기존의 태도를 변화시키기보다는 강화하는 쪽으로 반응한다'는 주장이다. 미디어 수용자들은 자신의 기존 태도와 의견에 일치하는 메시지를 전달하는 미디어에 노출되는 경우가 그렇지 않은 메시지를 전달하는 미디어에 노출되는 경우 보다 많으며, 또한 자신의 의견에 반대되는 메시지에 노출될 경우라도 그 메시지를 그대로 인식하는 것이 아니라, 자신의 기존 의견에 가깝게 '왜곡'해 해석한다는 것이다.

수용자의 인식을 변화시키는 미디어의 힘

시간이 흘러 1970년대가 되자 미디어의 막강한 영향력에 대한 믿음이 되살아나기 시작했다. 1973년 노엘레 노이만Elizabeth Noelle-Neumann이 '강력한 미디어 개념의 복귀return of the concept of powerful media'라는 표현을 사용하면서 개념화한 이 이론은 1950년대 등장해 일반화된 텔레비전의 출현에 힘입어 그 설득력이 높아졌다. 멕쿼일은 미디어 영향력에 대한 역사적 이견은 연구의 주제가 달랐기 때문에 발생한 것이라고 주장했는데, 제한된 효과이론들은 주로 미디어에 대한 노출의 정도와 수용자의 태도, 의견, 행동 변화의 상관관계를 연구했고, 막강한 미디어의 효과에 대한 연구는 단기보다는 '장기적'인 효과, 태도 변화보다는 '인식'의 변화, 집단적이고 '구조적'인 미디어의 영향 등에 관심을 가지고 있다는 것이다.

이 같은 관점에 따른 이론들로는 미디어가 누적성cumulation, 편재성ubiquity, 공조성consonance 등의 특성을 가진다는 노엘레 노이만의 '침묵의 나선 이론The spiral of silence', 맥스웰 맥콤Maxwell McComb과 도널드 쇼Donald Shaw가 1968년 미국 대통령 선거에 대한 연구를 통해, 미디어가 특정한 이슈에 대한 사람들의 변화보다 그 이슈의 중요성에 대한 인식에 미치는 영향이 훨씬 크다며 처음으로 주장하기 시작한 '의제설정 이론agenda-setting theory', 미디어의 이용이 수동적인 아닌 능동적인 행위이기 때문에 미디어의 효과는 개인의 특성에 의해 다르게 나타난다고 주장하는 카츠Katz et al의 '이용과 충족 이론use and gratification theory', 상류계층이 정보를 습득하는 정도가 하류 계층에 비해 상대적으로 높기 때문에 미디어가 계층 간의 지식 격차를 줄이기보다는 오히려 그 격차를 증가시킨다는 티치노Tichenor, Donohue & Olien 등의 '지식 격차 가설knowledge gap hypothesis', 텔레비전의 과도한 시청이 오랜 시간 동안 축적되고 이로 인하여 사람들의 현실에 대한 인식이나 가치관, 인생관 등이 텔레비전에 의하여 제공되는 것과 일치하게 변한다는 조지 거브너George Gerbner의 '문화계발 이론cultivation theory', 사람들이 미디어의 영향력을 평가할 때 일반 사람들에 대한 영향력과 자기 자신에 대한 영향력에 대해 이중적인 잣대를 사용하는 경향으로 일반 사람들에 대한 영향력 보다 자신에 대한 영향력을 과소평가하는 것으로 '제3자 효과 이론third person effect theory' 등이 있다.

대체로 이 책이 다루고 있는 미국의 공공외교 역시 시대의 변화와 함께 1920년대, 1940년대, 그리고 1970년대 미디어 학자들의 연구방법론에 따른 영향을 받아왔다. 한미동맹이 시작된 1950년대 미국 미디어학계는 미디어의 막강한 영향력에 대한 과신을 반성하는 비판적 학문 기류가 지배했고, 그 결과 대한 공공외교의 미디어 활용 기법 역시, 직접적이고 광범위하게 이뤄졌던 과거 미 군정시절에 비해 한층 정교해졌다. 특히 의견지도자 이론의 영향은 한국 사회의 오피니언 리더 그룹에 대한 체계적이며, 지속적인 관리가 이뤄지도록 했으며, 2단계 흐름 이론의 영향은 한국화한 토착적 여론 조성구조 확립의 필요성을 제기했다. 그리고 텔레비전의 성공에 힘입어, 과학-정보기술의 진화를 공공외교에 활용하려는 노력은 1970년대 이후, 한국에서도 가시화된다. 텔레비전과 라디오를 포함한 한국 현지 언론을 활용한 공공외교는 이전 시기 확보된 인적 네트워크에 힘입어 본격적인 성과로 이어진다.

간단히 살펴본 것처럼 미디어는 몸짓에서 목소리, 텔레비전과 인터넷에 이르기까지 다양한 수단을 매개로 환경감시와 문화전수, 오락 기능 등 다양한 사회적 기능을 수행하며, 사회 구성원들의 인식과 의견, 판단의 형성에 엄청난 영향력을 미치고 있다. 이 책이 상정하고 있는 공공외교의 실제적 이행과정, 즉 미디어정책의 수립과 미디어 수단 및 프레임의 선택적 활용 역시, 외교 상대국 국민의 대외인식 변화를 목적으로 하는 미디어 활용을 주요 수단으로 삼고 있다. 구체적으로 공공외교는 미디어에 대한 깊은 이해와 미디어의 효과에 대한 긍정적인 신념에 의존하고 있다.

미국의 공공외교가 대외적으로 큰 지배력을 보인 것은 물론 강력한 외교력에 힘입은 바 크지만, 커뮤니케이션이론에 대한 연구가 활발한 미국적 학문 풍토가 제공한 자신감에 힘입은 바 적지 않다. 호불호와 옳고 그름 등을 나타내는 정체성과 규범은 정보, 지식의 배분에 따라 후천적으로 형성되는 개인적 인식의 집단적 결과물이다. 오랜 시간 동안 은밀히, 그리고 체계적으로 각 분야에 걸쳐 인식 동조 및 정렬 작업을 벌이면, 종국에는 커뮤니케이션 주체와 객체 상호간 인식의 차가 작아지고, 인식 정렬도는 높아질 것이라는 공공외교와 인식정렬의 가정은 역사적, 실증적으로도 입증되고 있으며, 또한 지금까지 살펴본 커뮤니케이션 이론에서도 검증되는 대목이다.

한발 더 나아가, 다이애너 머츠는 궁극적으로 미디어의 효과란 '미디어의 영향력이 강력하다는 믿음에 의해서도 정책 결정자나 일반대중의 집합적 의견에 대해 지각하는 바를 변화시킬 수 있다는 설득력 있는 증거가 존재한다'고 주장한다. 다이애너는 할린Hallin과 크라우스Kraus의 〈텔레비전과 베트남전쟁, 케네디의 대중적 인기, 니카라과 반군 문제 등에 대한 미국 사람들의 태도 변화 연구〉와 〈미국은 텔레비전이 정치를 점령하고 삼켜버린 나라〉라는 《뉴요커The New Yorker》에 실린 기사 등을 인용해, 미디어의 영향력에 대한 믿음이 실제로 대중의 집합적 의견으로 반영되며, 특히 미디어에 대한 믿음은 정치적 사안을 인식하는 방식 자체를 지배한다고 지적한다.[33]

이 책에서는 커뮤니케이션이론이 제공하고 있는 미디어 효과와 관련 이론의 정당성을 재차 확인해야 하는 번거로움을 거치지 않고, 기존 미디어 관련 연구의 성과를 적극 활용해, 공공외교라는 틀로 국제정치 현장에서 벌어지고 있는 미디어정책의 이행과 그 결과물로써의 대외인식 변화, 그에 따른 양국 관계 변화의 전개 양상 분석에 집중하려 한다.

이를 위해 지금부터는 이 책이 활용하고 있는 미디어 관련 주요 개념들을 보다 정밀하게 정의, 검토하는 과정을 거친다. 공공외교의 성공적 집행을 위해 미디어정책은 독립변수로서 매개변수인 대외인식의 변화를 통해 양국 관계의 변화에 궁극적으로 영향을 미친다. 대외인식 변화를 위한 조작변수로서 미디어정책은 어떤 미디어를 선택할 것인지, 또한 어떤 프레임을 공략할 것인지를 선택한다. 이미 앞에서 미디어의 수단은 직접적 미디어와 간접적 미디어로 나누기로 했고, 프레임 역시 안보프레임과 시장프레임으로 나누기로 했으므로, 교차선택을 하는 경우 네 가지 유형으로 선택이 가능하다. 각각 두 쌍의 배합 정도에 따라 이론적으로

---

33 다이애너 머츠 저, 양승찬 역, 《미디어 정치 효과》, 서울: 한나래, 2000, pp. 80-81.

제 2 장 미국의 대외정책, 공공외교 그리고 한미관계 103

는 무수히 많은 순서쌍이 존재할 수 있게 된다. 또한 대외인식은 정체성과 규범 등 두 가지 주요 요소를 통해 분석할 것이다. 논의의 끝에서 한미관계에서의 공공외교와 양국관계 분석을 위한 틀과 몇몇 가설을 제시하게 될 것이다.

미디어 '수단'의 선택에 따른 인식변화

미디어를 '인간의 연장'이라고 규정한 맥루한은 '미디어는 메시지'라며 미디어의 매체적 성격을 정의하기도 했다. 이는 미디어 선택의 중요성을 강조한 말로, 이미 미디어 자체가 다양한 메시지를 품고 있기 때문에 '어떤 미디어를 선택할지'가 메시지 전달의 성패를 결정짓는 중요한 이슈라는 설명이다. 나아가 왈트는 인식정렬의 성패 조건으로 '은밀성과 신중성'을 제시한 바 있는데, 이 또한 인식정렬에 있어서 어떤 미디어를 선택할 것인지를 사려 깊게 다뤄야 함을 강조하고 있는 것이다. 이 책에서 공공외교의 수단으로서 미디어를 사용자와 수용자의 직접 대면성 여부를 통해 직접적 미디어와 간접적 미디어로 나눈 것은, 미디어의 전달방식과 효과 등에 따른 분류 보다는, 미디어가 곧 메시지라는 맥루한의 정의와 왈트의 '은밀과 신중성'의 원칙을 공히 적용해, 좀 더 은밀한 매체와 덜 은밀한 매체의 양자적 구분을 준용한 때문이다. 즉, 미디어 자체가 이미 고유의 메시지를 가지는데, 그 미디어가 공공외교의 목적성을 이미 드러내고 있는 종류의 것이라면, 콘텐츠의 내용 여하에 관계없이 이미 그 미디어가 가질 메시지는 적어도 공공외교의 성과 면에서 매우 성과가 낮거나 또는 역으로 반발에 직면하게 될 것이기 때문이다.

실례로 사용자와 수용자 간의 대면성이 낮은 간접적 미디어의 경우, 미디어 사용자가 미디어 수용자를 직접 대면해야 하는 직접적 미디어에 비해, 미디어정책 이행과정의 은밀성을 높일 수 있는 장점이 있는 만큼, 양국 사이의 인식정렬 단계가 완성된 단계에서 많이 활용됨을 알 수 있다. 반면 직접적 미디어는 은밀성이 낮음에도 불구하고, 직접적인 노출이 주는 단기적인 효과 때문에 통상 양국 관계의 초기에 주로 쓰임을 한미관계의 사례를 통해서도 확인이 가능하다.

직접적 미디어와 간접적 미디어에 대해 좀 더 구체적으로 알아보도록 하자. 먼저 '직접적 미디어'는 전시회, 강연, 공연, 대회 등 직접 이벤트, 사용자가 직접 수행하는 인터뷰, 조사, 출판, 신문, 방송, 영화 등이 있다. 또한 기관이 개입하는 정보활동도 여기에 포함된다. 인식정렬 작업에 있어서 직접적 미디어의 효과는 외교 상대국 국민의 인식에 구체적 의제를 공세적으로 이식, 구성하는데 적당하다. 단기적으로는 효과가 있으나, 은밀성과 신중성이 크게 떨어지는 만큼 장기적으로는 부작용이 우려된다. 직접적 미디어가 가지는 성격은 이밖에도 간접적 미디어에 비해 이행과 수용 과정이 다소 거칠고 공공연한 양상을 보인다.

이에 반해, '간접적 미디어'는 출판, 신문, 라디오, TV, 영화 등 전통적인 매체와 인터넷, 휴대폰, PDA, DMB, MP3 등 뉴미디어를 망라한다. 연수, 장학사업, 자금지원 등 자원의 선별적 배분에 따라 구성되는 각종 인적 네트워크도 그 자체로 매우 중요한 간접적 미디어를 구성한다. 인적 네트워크의 구성은 미국해외공보처의 활동으로 대별되는 공공외교의 승패를 가늠하는데 매우 중요한 판단 요소로 취급되어 왔으며, 인식정렬 작업의 안정성과 지속성 면에서는 매우 효과적이나 다른 문화 사회를 그 대상으로 할 때 그만큼 구성에 어려움이 있으므로 고도의 문화적, 인식적 전망 속에 진행하지 않으면 안 된다.

인식정렬을 위한 인적 네트워크는 한번 구성되면 일회적인 정규외교의 한계를 넘어서, 외교 상대국 대중과 지속적으로 커뮤니케이션을 수행해 나갈 수 있는 틀로 작용하며, 끊임없는 피드백을 발생시켜 나간다는 측면에서 공공외교의 목적 달성을 위한 중요한 인프라가 된다고 하겠다. 인적 네트워크의 효과로는 정보 및 자원의 획득을 용이하게 해주는 '정보획득 효과'와 네트워크 성원 간의 문화, 인식공유를 통한 '현상유지의 효과', 네트워크를 맺은 인적 구성원들 간의 고양된 정서적, 물질적 지원과 조언 및 충고 등이 가능해지는 '지원효과'를 들 수 있다.

특히 이 '지원효과'는 네트워크의 강도가 클수록 그 효과도 커진다. 이근은 이 '네트워크 효과Network Externality'에 대한 정의에서 "일정 네트워크에 참여하는 참여자의 수가 늘어나면서 네트워크가 창출하는 가치가 급격히 증가한다"고 규정하고, 그 결과 "중심국의 중심 담론에 네트워크 참여자를 체계적으로 묶어 중심국에 유리한 편견을 갖게 하는 일종의 '권력적 기제'를 가져와 정책결정자와 관련자의 사고틀, 국가 행동 및 외교의 기준, 대항 담론의 봉쇄 등의 영역에서 영향력을 행사하게 된다"고 주장한다.[34]

국제사회에서 미국의 헤게모니를 강화하는 방향으로 네트워크가 작용한다는 경향성도 이 이론을 통해 생각해 볼 수 있는데, 특히 세계 공용어로서 영어의 사용문제 역시 네트워크 효과를 통해 이해할 수 있다. 이화연은 이 네트워크 효과를 통해, 세계 공용어로서의 영어를 분석해보면, "영미적 사고와 영어를 공영어로 삼고 있는 학계와 언론 등이 하나의

---

34 이근, "국제 정치에 있어서 말, 상징의 연성권력 이론: 이론화를 위한 시론", 《국제지역 연구》, 13권 1호, 2004년 봄, pp. 11-12.

거대 네트워크를 구성해 영미 국가나 영어권 행위자가 중심 담론을 형성 하도록 전파, 압도하는 것을 용이하게 해주며, 이러한 중심 담론의 내용 에 치우쳐 타국의 행위자는 자연스럽게 때로는 주눅이 들어 행위 하도록 강제하는 효과를 내기도 한다"고 분석했다.[35]

네트워크 효과에 따르면 이처럼 간접적 미디어의 영향력과 작동 방식 에 대한 효과적인 설명이 가능해짐을 알 수 있다. 인적 네트워크는 이밖 에도 정보 전달을 일차적 목적으로 하는 미디어 수단에 의존하지 않고 관계 자체를 일차적 목적으로 하기 때문에 관계 속에서 무의식적으로 정 보에 노출됨으로써, 미디어 효과를 설명하는 다양한 이론이 설명하듯 인 식 동화의 효과는 더욱 큰 것으로 분석된다. 간접적 미디어의 일반적인 특징으로는 미디어 틀이 구성되기까지 상대적으로 긴 시간이 소요되고 직접적 미디어에 비해 단기적 효과에 밀리는 단점이 있으나, 은밀성과 신중성이 뛰어나 인식정렬 과정의 부작용이 적게 나타나며 소통구조의 지속성이 높은 장점이 있다. 간접적 미디어는 이밖에 직접적 미디어에 비해, 메시지 전달 양태가 보다 부드럽고 은밀한 특징도 있다.

미디어 '프레임'의 선택에 따른 인식변화

'프레임 이론'의 본래 영역은 커뮤니케이션학이지만 사회학과 정치학 분야 등 사회과학의 거의 전 분야에서 활발하게 차용되고 있다. 그러나 정작 프레임 이론의 정의와 그 자체에 대한 이론적 논의는 커뮤니케이션 학에서조차 아직 충분히 이뤄지지 않고 있다. 이와 관련해 김용호는 '프

---

35   이화연(2006), p. 39.

레임 이론을 차용하는 다양한 분야에서 각각 상이한 관점에 따라 프레임을 정의하고 있으며, 그 사용 역시 혼란스럽기는 마찬가지여서 보편적으로 받아들일 수 있는 프레임 이론에 대한 명확한 정의 역시 내리기 힘들다'고 지적하고 있다. 이는 '사회과학에서 인문학에 이르기까지 그 개념이 널리 존재하고 있음에도 프레임이 텍스트 속에서 어떻게 잠재되어 있고 어떻게 시현되는지, 프레임 설정의 결과가 인식 변화에 어떻게 영향을 미치는지 등을 명백하게 보여주는 프레임 이론에 대한 보편적 설명이 존재하지 않는다'고 한 엔트만의 주장과도 상통한다.[36]

엔트만은 1983년 구소련군의 대한항공 민간여객기 격추사건과 1984년 미군의 이란 민간항공기 격추사건이라는 유사한 사건에 대해, 미국 언론이 각각 냉전cold-war적 시각과 단순한 과실mistake이라는 서로 다른 시각을 부여함으로써, 미국의 독자나 시청자들이 그 사안을 이해하는데 직접적인 영향을 미쳤다며, '특정한 해석의 틀'을 제시함으로써 사람들이 상이한 의견을 가지게 하는 이른바 '프레임 이론'의 실제 사례를 제시한 바 있다. 분명한 것은 항공기 격추사건의 사례처럼 동일한 사안이라도 여러 가지 서로 다른 시각이 부여되고, 그 결과 사람들은 서로 다른 판단과 의견을 가지게 된다. 이때 특정한 해석적 틀을 '프레임frame'이라 하고, 미디어가 특정한 프레임을 제시하는 행위를 '프레이밍framing'이라고 정의한다.[37]

김현종은 한미동맹의 변화 요인을 한국 언론의 프레이밍을 중심으로

36 Robert M. Entman (1993), *Framing US Coverage of International News: Contrast in Narratives of the KAL and Iran Air Incident*, Journal of Communication, 43(4), pp. 86-89.
37 김현종, "한미동맹의 변화 요인에 관한 연구: 한국 언론의 프레이밍을 중심으로", 연세대 석사학위 논문, pp. 34-35.

이라크전쟁은 전쟁의 이면을 안보프레임으로 가리고자 미국이 공공외교를 수행한 대표적인 사례였다.

살피면서 "개인이나 집단이 서로 다른 프레임을 갖게 되는 이유 중 하나가 '개인 또는 국가이익이 개입'되기 때문"이라고 주장한다. 외교안보의 제반과정에는 국가이익의 개념이 개입되기 마련이며 프레임의 형성과정도 마찬가지라는 것이다. 이처럼 프레임은 특정 이슈에 대해 이를 보도하는 미디어의 핵심적인 조직화 과정의 아이디어로 정의되기도 하지만, 동서 냉전 시각의 사례에서 보듯 사회적으로 공유되는 문화적, 이념적 상징 체계로 이해되기도 한다. 또한 미디어는 프레이밍 과정을 통해 사회적 이슈의 특정한 측면을 특정한 시각으로 선택하고 부각시켜, 해당 이슈의 개념적 의미를 재정의할 뿐 아니라, 문제의 원인을 분석하고, 도덕적 가치 판단에 영향을 미치고, 나아가 문제를 해결하는 처방까지도 제시한다.[38]

---

38 Ibid., pp. 85-86.

상대국민의 인식정렬을 위한 미디어정책 이행 과정에는 주도국의 이해가 개입되기 때문에, 본질적으로 자연스러운 정보의 흐름을 왜곡한다. 프레임은 프레이밍의 주체가 운용하는 미디어를 통해 관철하고자 하는 구체적 목표는 물론 평소 신념과 종교, 이념 등 물질적이고 관념적인 모든 이해관계를 반영한다. 인식정렬 작업 과정에서 선택되는 프레임은 이같은 다양한 이해의 반영 결과로서 크게 안보프레임과 시장프레임으로 대별된다.

안보프레임은 적대국의 군사적 위협의 심각성을 중시해 그 위협성을 보다 더 부각시키기 위한 것으로, 특히 군사동맹의 유지, 강화를 위한 필요조건을 구성한다. 이에 대해 시장프레임은 직접적으로 안보적 관심을 배제한 나머지 이해관계의 합을 말하며, 크게 양국 관계에 있어 순수 안보적인 이익을 제외한 경제적 이익을 부각시키는 의제들로 구성된다. 양국 관계의 주도국은 상대국으로 하여금 자국과의 외교 관계를 통해 안보 증진, 민주주의 발전, 경제발전, 문화창달 등 다양한 기대 이익을 얻을 수 있다고 상대국과 국민을 설득하는데, 제반 세부 기대 이익들은 크게는 안보와 시장프레임으로 나뉘어 전달될 수 있다.

안보프레임은 반공 의제를 중심으로 정치, 사회, 과학 등의 현안을 포함하며, 안보프레임에 속한 이슈들은 대부분 정책관련 소재들로 구체적인 사안을 담고 있다. 반면 시장프레임은 경제 의제를 중심으로 교육, 문화 등의 이슈를 포함하고 있는데, 안보프레임에 반해 거대 담론을 담고 있으며 다소 추상적이다. 또한 같은 이슈라도 부각시키는 방법에 따라 안보프레임에 속할 수도 있으며 반대로 시장프레임으로도 분류될 수 있다. 양국 관계의 주도국은 급변하는 국제정세와 자국의 이익, 외교 관계 유지의 필요성에 입각해 안보와 시장프레임을 적절하게 선택하여 구사하며, 실제로는 동시에 두 프레임이 공존하지만 프레이밍과 이후 미디어를 통한 인식정렬 작업 과정에 투여되는 자원의 차별적 배분을 통해, 두 프레임은 다양한 혼재 양상을 보이게 된다.

프레임 이론의 연구방법론에 대해 이준웅은 모두 다섯 가지로 구분하고 있다. 첫째로 사회적 상호작용 접근법이다. 프레임을 사회적 상황에 대한 개별적인 해석이 아닌, 상황 그 자체에 대한 설명적 관점을 나타내는 '해석의 틀'로 규정하는 접근 방법을 말한다. 둘째는 텍스트 분석적 접근법이다. 미디어의 보도, 즉 뉴스를 단순히 있는 그대로 사실을 전달하는 하나의 '수단'으로 보는 것이 아니라 하나의 사실이 사회적으로 구성되고 그 구성을 받아들이는 사람에 따라서 해석의 여지가 달라지는 '담론 과정'으로 보는 관점으로, 뉴스 텍스트가 구성되는 과정에 초점을 맞춘 연구 분야로 규정된다. 셋째는 사회 운동론적 접근법이다. 사회 운동 조직에 가담하는 개인이나 집단의 참여 의식과 실천 활동을 연구 대상으로 하는데 이러한 개인이나 집단을 어떻게 조직해서 사회 운동 세력으로 발전시킬 수 있는가를 연구하는 분야이다. 넷째는 예상 이론적 접근이다. 메시지가 조직되는 방식에 따라 메시지가 제시하는 대안에 대한 개인의 선택과 판단이 어떠한 영향을 받는지 탐구하는 방법을 의미한다. 마지막으로 커뮤니케이션 효과론적 접근은 프레임의 작용과 함께 본격적으로 논의된 프레임 작용의 결과, 즉 프레이밍 효과에 초점을 맞춘 접근법을 말한다.

이 책은 이들 다양한 접근법을 전반적으로 활용하고 있지만, 저술 목적이 서로 다른 안보와 시장의 프레임을 적절하게 선택, 배분해 외교 상대국 국민에게 특정 메시지를 전달했을 때, 어떤 인지과정을 거치고, 그 결과 양국 관계의 발전 양상에 어떤 영향을 미치게 되는지를 분석하기 위한 것인 만큼, 프레임 이론의 연구방법 중 '사회적 상호작용 접근법'에 주로 의존하고 있다. 다만 한미관계의 시대별 대외인식의 주된 내용을 파악하고자 역으로, 당시 미디어를 매개로 한 텍스트 분석도 비중 있게 시도한다.

프레임의 관점에서 바라본 한미관계

프레임의 관점에서 한미관계를 바라보면 어느 한 프레임의 틀로 규정하기 어려운 면이 있다. 한미동맹은 본질적으로 군사동맹을 축으로 하면서도 군사동맹의 성격만으로 제한해 설명하려 할 경우 양국 관계가 쉽사리 납득되지 않는 면이 많기 때문이다. 지난 50여 년간 미국의 외교정책은 일차적으로 한국을 안보적으로 동북아에서 공산주의 남하 차단을 위한 자유세계의 교두보로서 삼고, 그 역할 강화를 목표로 상정했다. 하지만 미국은 동시에 전후 황폐화된 한국 경제를 부흥시켜 공산주의에 저항하는 자본주의의 확산지로 삼으려는 전략도 함께 유지해왔다.

이 같은 미국의 이중적인 외교정책은 본질적으로 지난 시기 기승을 떨친 '냉전'이 안보, 정치적인 대립과 갈등 양상을 보이면서도, 그 근저에는 공산주의와 자본주의의 대립이라는 경제논리의 대결이 깔려있었기에, 그만큼 불가피한 측면이 있었을 것이다. 특히 한국은 이 같은 두 가지 정치, 경제의 각축장 한 가운데 위치해 있었던 만큼 안보상 전략적 거점이라는 의미와 자본주의의 전시장이라는 의미가 동시에 충족되어야 하는 복합적 공간이었다.

전영재는 한미관계에 대한 통사적 접근을 통해, '미국의 대한對韓 경제정책이 초기에는 전후 경제 원조를 통한 간접적인 군사원조의 성격이

질었으나, 점차 시간이 지나면서 사회주의 경제체제에 대응하는 자본주의 시장경제체제를 완성하려는 방향으로 굳어져 나갔다'고 지적한다.[39] 프레임의 혼재 양상은 역사적으로나 논리적으로도 불가피한 것이었다. 전영재는 한미동맹 수립 이후 1990년까지의 한미관계를 양국 간 경제관계의 변화 양상에 따라 나누고 있는데, 전후 경제 원조가 이뤄진 '경제관계 태동기'(1950년대), 차관이 제공되고 수출시장이 제공된 '경제관계 밀착기'(1960~1970년대), 통상 마찰에 따른 수출 다변화가 이뤄진 '경제갈등 표출기'(1980~1990년대)로 나누어 설명하고 있다.

이 같은 시기 구분은 프레임 이론에 따르면 '경제프레임'에 입각해 한미관계를 나눠본 것이지만, 큰 틀에서 미국의 대한 미디어정책과 적용 프레임의 변화라는 측면에서 한미관계를 바라보고 있는 이 책의 문제의식과 방법론상에서 유사성이 깊다. 이 책은 미국의 대한 미디어정책 수립과 이행과정에 시장과 안보프레임이 혼용되어왔으며 프레임의 분할 비율은 양국 관계에 대한 미국의 이해가 각각 시기별로 안보와 시장, 어느 쪽에 맞춰져 있었는지에 따라 달라지며, 이행 목표 정책에 대한 한국인의 인식적 저항 강도에 비례해 저항을 최소화하기 위한 차원에서 특정 프레임에 대한 설정 자원이 배분되어 왔다는 사실을 전제로 하고 있다. 향후 논의과정을 통해 이 전제는 이론적이고 실제적인 확인과정을 거치게 된다.

미국 측의 프레임 선정, 배포의 필요성과 함께 신규 프레임 추진에 따른 한국인의 인식적 저항 양상에 따라 미디어정책의 이행 강도가 결정된

---

39 전영재, "한미 관계의 발전적 전환",《한미동맹의 미래와 한국의 선택》서울: 삼성경제연구소, 2005, pp. 25-31.

다. 이미 확보되어 안정적으로 구성되어 있는 한국인의 인식을 추가로 강화하기 위해 추가적인 이행 비용을 지불할 필요는 없을 것이다. 미국이 처했던 세계사적 상황 변화와 그 때마다 주력해야할 외교정책이 새롭게 수립될 때마다 미국은 조직적이고 체계적으로 미디어정책을 수립했고, 이를 성공적으로 이행고자 미디어의 수단을 선택함과 동시에, 적절한 프레임을 선정해 제시하고 뿌리내리도록 했다.

이러한 미국의 공공외교 관행과 주도적으로 선정, 제시된 프레임을 고려해 한미관계를 재구성해보면, 냉전초기 견고한 반공정책에 따라 한국인의 인식구조에 대한 초기적 연구와 함께 반공의제 구성과 유포에 진력을 다했던 안보프레임 구성기(1953~1963)를 통해 오늘날 한미관계의 인식론적 첫 단추가 채워졌다고 볼 수 있다. 이어 베트남전쟁 수행을 위한 전시동원체제라 할 수 있었던 이후 시기는 안보프레임 강화기(1963~1969)로 명명될 수 있을 것이며, 전 시기에 비해 보다 정교하게 가공된 반공의제가 설정되고 강도 높게 뿌리내렸다.

이와 함께 안보프레임 강화를 위한 보조적 프레임으로 경제발전 가능성을 강조하는 시장프레임이 동원되기 시작했으며, 이를 통해 확보된 인식 공간에 '한일 국교정상화'의 필요성을 강조하는 의제가 함께 주입되었다. 베트남전쟁 실패 이후 미국은 경제난을 거치면서 닉슨독트린과 중국방문 등 새로운 돌파구를 찾았다. 이 같은 미국의 변화된 국익을 국제정치 무대에서 확보하기 위한 미디어정책도 큰 변동을 겪었다. 안보관련 이해에서 시장관련 이해로 미국의 대외정책은 수정을 거쳤고, 한미관계도 시장프레임이 대거 유입되는 시장프레임 도입기(1969~1980)에 접어들었다.

새롭게 설정된 미국의 국익과 이를 쉽사리 받아들이지 못하는 인식부조화 탓에 한국 내 엘리트 세력과의 인식적 균열이 발생하면서, 미국은

인식정렬의 성공을 위해 새로운 지지세력 즉 인적 네트워크 조성의 필요
성을 인지하게 되는 때도 바로 이 시기다. 이처럼 한미관계의 전망이 불
투명해진 가운데 한국에서는 군부독재의 철권통치가 강화되고 그런 가
운데 다른 차원에서는 남북 간의 데탕트가 시도되는 등, 어수선한 사회
분위기 속에서, 미국은 매우 신중하고 조심스럽게 프레임 전환을 시도했
다. 다만 변화된 이해관계를 반영할 때, 이 시기 한국은 전 시기에 비해
미국에게 크게 매력적인 외교정책의 이행 대상은 아니었던 것으로 파악
할 수 있다. 상대적으로 약화된 안보프레임에 비해 시장프레임의 전개가
두드러졌던 것은 사실이나, 남한 내 민주화의 위축으로 미디어정책 이행
이 차질을 빚는 등 전체적으로 지난 시기에 비해 미디어정책의 이행 강
도는 약화되었다.

강력한 군사력을 내세우며 다른 한편으로 자유시장경제를 대내외적
으로 주창하고 나선 레이건 정부의 출현은 한반도에서 수행되어온 미국
의 인식정렬의 기조를 크게 바꾸었다. 시장프레임 강화기(1980~1990)에
접어든 것이다. 미국은 한국에 대해 시장 개방 압력을 꾸준히 제기했고,
이 과정에서 표출되는 한국 내 이견을 무마하고자 시장프레임을 강화하
면서도, 인식 동조 경향을 높이기 위한 차원에서 안보프레임 전파를 통
한 안보 위기의식을 꾸준히 제고했다.

이 책은 미국이 한국인에 대한 인식정렬 과정에서 사용한 주도적인 프
레임에 따라 방금 제시한 것과 같이 한미동맹의 진행과정을 모두 4개의
시기로 구분해 구체적이며, 실증적으로 프레임의 이행 양상을 분석한다.
또한 1990년대 이후부터 오늘날에 이르기까지의 프레임에 따른 내용 분
석은, 결론 부분에서 이에 앞서 검증될 역사적 사실에 기초해 대안적 차
원에서 논의할 계획이다.

변화하는 미국의 공공외교 전략과 한미관계

제3장

안보프레임 구성기 : 1953~1963

1 　대미 불신해소를 위한 미디어정책의 수립

미군정의 남한 내 미국 심기

한미동맹의 전제가 되었으며 그 자체로 한국 현대사를 규정하고 있는 1950년 한국전쟁은 남북 간 이념적 차이에 따른 것이기도 하지만, 따지고 보면 제2차 세계대전 이후 세계사적 흐름 속에서 조건 지워진 것으로도 볼 수 있다. 전쟁 발발 1년 전인 1949년 북대서양조약기구의 설립과 중국의 공산화, 라틴아메리카와 중동의 민족주의 운동의 신장 등으로 고조된 냉전의 징후들은 한국전쟁을 계기로 극대화한다. 미국의 독점자본과 군부가 대외적으로 숨통이 트일 만한 계기를 찾고 있었다는 여러 정황이 제기된 가운데, 박세길 등은 '미국이 한국전쟁 이전부터 새로운 전쟁을 필요로 하고 있었다'는 주장을 내놓고 있다.[40]

한국전쟁 발발 이듬해인 1951년, 미국은 일본과 전격적으로 '단독강화'를 강행함으로써 군사동맹 확대를 통한 냉전구도 조성에 한 발자국 가까이 다가섰다. 그런가하면 냉전을 구성할 인식론적 격랑도 있었다.

40　박세길, 《다시쓰는 한국현대사》 서울: 돌베개, 1988, pp. 175-190, 282-283.

한국전쟁 발발 직전인 1950년 2월, '국무부 안에 205명의 공산주의자가 있다'는 매카시 의원의 폭탄선언을 계기로 이른바 '매카시 선풍'이 일었다. 매카시 선풍은 미국 외교가는 물론 전 사회적으로 반공 신드롬을 일으켰다. 매카시 선풍의 결과 비리에 연루된 의원을 청문회와 같은 형식으로 조사를 하고, 그 조사 결과를 토대로 투표를 통해 의원을 축출하는 절차를 의미하는 상원의 사문결의査問決議가 이뤄졌다.

매카시가 의원직에서 물러난 1954년까지, 즉 한국전쟁의 전 시기를 거쳐 매카시 선풍은 사회 주도적 의제로 작동하며 냉전체제 강화를 위한 정서적 동력으로 작용했다. 민주당 트루먼 대통령에 이은 공화당의 아이젠하워 역시 '봉쇄정책containment policy' 등 이전 정부의 대한반도 외교정책의 큰 틀을 유지함에 따라 한반도를 비롯한 동북아에서의 냉전 틀이 고착화된다. 이 시기 한국에서는 이승만 대통령의 주도하에 미군에 대한 보다 강력한 반공 개입 촉구를 담은 한미동맹 강화 요구가 지속적으로 이뤄진다.

이승만 대통령은 한국전쟁 휴전 직후인 1953년 10월 1일 한미상호방위조약을 체결하고, 조약이 발표되기 4개월 전인 1954년 7월28일 미 의회에서 행한 연설에서 '제네바 회의가 실패했기 때문에 휴전을 종결해야 한다'고 역설하며 '한국군과 대만군, 미군을 동원한 연합공격으로 중국을 패배시킬 수 있다'고 주장한다.[41] 하지만 건국의 아버지이자 한미동맹 체결의 기수, 반공 통일을 주장한 이승만 대통령은 영구집권을 위한 사

---

41   차상철,《한미동맹 50년》, 서울: 생각의나무, 2004, p. 78.

사오입 개헌 등으로 이반된 민심에 직면해 결국 하야하고, 이어 윤보선 정권이 들어섰다.

국내 정치는 이내 혼미양상을 보이고 급기야 박정희가 쿠테타로 집권하면서 한국은 다시 극도의 혼란에 휩싸인다. 박정희 대통령의 취임은 미국의 공공외교 전반과 미디어정책에 커다란 장애가 되었을 뿐 아니라, 미국의 대한 동맹정책 역시 커다란 암초에 봉착했다. 하지만 국내적으로 반공 국시를 재천명하면서 권력기반을 다진 박정희 정권은 이후 베트남 전쟁 참여 과정에서 미국과 혈맹관계를 복원했으며, 그 대가로 본격적인 경제발전계획을 추진할 수 있는 외적 동력을 확보했다.

이 시기 미국은 냉전체제 유지를 위한 동북아 전진기지로서 한국의 전략적 중요성을 재차 인식하기 시작했으며, 그에 따라 초기 동맹 구조를 다지려는 각종 외교적 노력과 함께 초등적인 수준의 인식정렬 작업을 함께 전개한다. 공산주의의 위협과 동맹의 혜택 등을 강조한 전시회를 대규모로 개최해 한국인을 직접 설득하는 동시에, 장차 인식정렬을 위한 인적 네트워크 구축을 위한 사전정지 작업을 벌였다. 대국민 인식조사와 언론 실태 조사 등이 이 시기에 광범위하게 행해진 것도 그 같은 맥락에서다. 동맹체제 출범 이후 미국의 인식정렬 작업은 기본적으로 공산주의를 배격하고 한국인에게 미국적 가치를 심는데 치중했던 이전 미군정 공보정책의 틀을 계승한 것이다. 따라서 '안보프레임 구성기' 미국의 대한 인식정렬 작업의 실제에 대해 본격적으로 살펴보기에 앞서, 미군정기에 이뤄진 인식 미국화 실태를 우선 개괄적으로 살펴보기로 하자.

미국에 대한 진실

《미국은 우리에게 무엇인가》라는 책에 김균, 원용진이 쓴 〈미군정기

對 남한 공보정책〉에 따르면, 미군정의 미디어정책이 설정하고 있는 대한 인식정렬의 명백한 목표는 '한반도 남쪽에 미국을 심는 것'이었다. 미국을 심는데 필요하다면 과거에 집착하지 않아도 좋은 거추장스러운 존재였다. 당시 유일한 정치적 결집체였던 건국준비위원회나 상해임시정부는 남한 내 정치적 과정에서 제외되었고, 대신 친일세력이 적극 활용되었다. 조선총독부에 참여했던 관료들이 재기용되었고, 경찰의 85퍼센트가 다시 채용되었다. 남한 내 미군정에 대한 비판적인 여론이 곧 사회적으로 비등하게 되었음은 물론이다. 당시 중도계열의 신문인 《자유신문》은 1945년 10월 28일자 사설에서 당시를 이렇게 기술하고 있다.

> "아무런 혼란을 야기함이 없이 가능한 개혁, 개편조차 방치하는 것은 그 진의가 어디에 있는가를 의심치 않을 수 없다. 이러한 실례는 일일이 예를 들 수 없이 많다. (중략) 그것은 민족 반역자와 일본인에 대한 행정조치의 완만이다. 이 양자에 대한 군정당국의 행정조치는 미온적이라는 형용사의 한계를 넘어 자칫 잘못하면 민족감정이 비등점에 달하려 하고 있다."

당시 한국의 공보정책을 맡고 있던 OIC Office of International Information and Cultural Affairs는 초반 한국 내 민족적 반감에 대해 별다른 심각성을 인식하지 못했다. 다만 국무부의 윌리엄 벤튼William Benton 서기관보는 1946년 9월 25일 미군정 기자회견에서 '미국이 아시아에서 존경을 얻고자 한다면 미국에 대한 진실이 알려지도록 해야 한다'며 미국식 삶을 전할 수 있는 미디어정책의 수립 필요성을 강조했다. 벤튼 서기관보는 미국을 제대로 알리는 것이 향후 '새로운 시장을 개척하는 일이며 새로운 구매자를 양산하는 일임'을 드러내기도 했다. 이 같은 사실은 미국의 대한 이해가 비록 안보프레임이 주도하던 시기에도 내심 시장프레임을 염두에 두고 있음을 밝혀주는 대목이기도 하다.

현실적으로 미군정 초기의 공보정책은 '미군정의 보호가 정당한 것'이라는 일차적이고 단순한 메시지에 대한 일방적이고 직접적인 주입 차원에서 이뤄졌으며, 미군정의 CAD Civil Affair Division와 한국관계정보분과 KRIS · Korean Relations and Information Section에 의해 주도되었다. 업무수행을 위해 한국관계정보분과는 남한 내의 정보매체와 문화현장 등에 대해 절대적인 통제권을 확보하려 했으며, 남한 내 방송국을 접수했다. 한국관계정보분과는 미군정이 정보활동의 비중을 높여감에 따라, 1945년 9월 정보첩보부Information and Intelligence Section로 명칭이 변경되었다가 공공정보분과Public Information Section, 공공정보국Bureau of Public Information, 공공정보부Department of Public Information로 점차 그 위상과 역량이 강화되었다.[42]

미군정기 초반 미국은 공산권의 위협을 강조하는 안보프레임에 미국적 가치와 문화의 우월성을 주장하는 시장프레임을 나란히 추진했다. 미디어의 선택폭이 넓지 않았기 때문에 대부분 기존의 매체를 활용해 영향력을 전파했다. 특히 방송국은 미군정 체제하에 예속시키는 등 간접적

---

42 김균, 원용진, "미군정기 對 남한 공보정책", 강치원 엮음,《미국은 우리에게 무엇인가》, (서울: 백의, 2000)에서 재인용. "Organization of Military Government, Government General", September 20, 1945, RG 332, Box 75, File : Index US-USSR: Korean-American Activities.

미디어를 직접 관리했으며 인식정렬 작업에 이들 미디어를 아무런 거리 낌 없이 동원했다.

경성방송국JODK 라디오를 통해 군정뉴스와 각종 포고를 알렸으며, 한 글판 주간 신문도 미군정이 직접 만들어 무료로 배포했다. 주간신문은 도 시 시민에게는 주로 뉴스와 사설, 만화 등을 담은 내용을, 또 농민에게는 농사기술, 국내소식 등을 각기 달리 담아 전했다. 주간 신문은 1946년 초 이미 발행부수가 160만 부에 달했다. 언론사를 위한 보도자료도 미군정 이 배포했는데, 각각 한글과 일본어로 작성해서 신문과 방송사에 돌렸다. 1945년 말에는 이동교육단Mobile Field Educational Program Unit의 설치계획 을 수립했다. 교육단은 각 지방을 돌며 영화나 짧은 연극을 보여주거나 그림이 담긴 소책자를 배포했다. 내용은 민주적 정부 설립의 필요성 등 '안보프레임'이 주를 이뤘다. 당시 정보통신기술의 여건상 간접적 미디 어의 활용은 매우 제한적일 수밖에 없었고, 주로 전시회나 책자, 팸플릿, 연설 등 직접적 미디어가 주로 이용되었다. 민주주의에 대한 강연을 수행 할 한국인 연사도 비록 소수이기는 하지만 직접 선발하기 시작했다.

미군정 출범 뒤 약 1년 동안 직접적 미디어를 통한 일방적 안보프레임 전달이 계속되었다. 하지만 미국은 예상외의 난관에 봉착한다. 미군정과 미군정의 정책에 대한 한국인의 민족주의적 반발이 노골화되었기 때문 이다. 인식적 침투의 성공 요건으로 '은밀성'의 준수를 강조했던 왈트의 주장이 다시 확인되는 대목이기도 하다. 정보기술의 한계 때문에 인식정 렬 주체와 의도성이 드러나기 쉬운 직접적 미디어에 의존할 수밖에 없었 고, 그 때문에 인식정렬의 '은밀성'이 파괴되고 만 것이다.

미군정 사령관 하지J. Hodge는 한국의 지식인들이 미국의 '목적'에 의 혹을 보내고 있으며 한국의 분단에 상당한 불만을 가지고 있음을 인식했다. 하지 사령관은 1945년 9월 24일 맥아더 장군에게 보낸 보고서에서 '가장 큰 문제가 미국이 남한에서 좋은 평판을 받지 못하고 있는 것인 바, 이를 하루빨리 교정해야 할 것'이라고 적고 있다. 미국의 남한 내 평판을 점검하기 위해 이뤄진 1946년 8월 11일 미군정의 한국인 여론조사는 충격적인 결과로 이어졌다. 1946년 8월 12일《동아일보》가 게재한 여론조사 결과에 따르면 응답자의 무려 98퍼센트가 '미국의 대한 정책 중 잘된 게 없다'고 답한 것으로 나타났다. 또한 이념에 대한 질문에 대해서는 자본주의를 지지하는 사람이 14퍼센트에 불과한 반면, 사회주의와 공산주의를 지지한다고 답한 사람이 각각 70퍼센트와 7퍼센트에 달하고 있었다.

직접적 미디어 활용을 통한 안보프레임 전달은 강력한 반발에 직면했고 결과는 실패로 드러났다. 1946년 후반, 심지어 하지 사령관의 정치고문 윌리엄 랭던William Langdon은 국무부에 미국의 역할은 이제 거의 마무리되었으며 개입하면 할수록 손해만 돌아올 것이라고 보고하기에 이른다.[43]

미군정이 수행한 인식정렬 작업

미군정의 대한 인식정렬은 1947년부터 본격적으로 재정비되기에 이른다. 미국 정부 내 외교정책 결정권자들 사이에 대한 인식정렬의 중요성에 대한 합의가 형성되었으며, 이를 위한 미디어정책을 수립할 수 있는 전략적 개념도 도입되었다. 여기에는 트루먼 대통령의 특사로 한국을 방문한 바 있던 폴리E. Pauley가 1946년 7월 16일 제출한 보고서의 영향이 지대했다. 폴리 보고서는 "한국이 공산주의 이데올로기를 수용하기에 좋

---

43 FRUS, 1946, VIII, pp. 726-729.

은 조건을 갖추고 있는 만큼 하루 빨리 한국 내에서 강력한 홍보, 교육, 선전을 행할 것"을 주장했고, 트루먼 대통령은 이 같은 보고 내용을 받아들여 미 전쟁성에 특별지원을 지시했다.[44]

이에 앞서 1946년 9월 3일, 미군정 홍보담당관 로버츠R. Roberts 중령은 새로운 프로그램을 위한 제안서를 작성해 보고한 바 있으며, 1946년 말에는 미 전쟁성 민정홍보 담당관 스튜어트J. Stewart의 인솔에 따라 홍보와 정보수집에 능한 요원들이 속속 한국에 도착했다. 1947년 2월 스튜어트는 미군정 공보국 자문역을 맡는다. 그해 7월 1일 군정특별위원회는 '정책명령'을 통해, 남한 점령의 전반적 목적성취를 위해 '문화적 노력', 즉 인식정렬 작업을 통한 한국인의 인식 변화가 필수적이라는 점을 강조했다. 정책명령은 자유주의와 민주주의 촉진이라는 안보프레임 외에도, 미국의 역사, 제도, 문화와 미국의 성공에 대한 지식과 이해 등 시장프레임을 병행할 것을 강조하고 있었다.

미국에 대한 전체적인 이해가 부족했던 시기인 만큼 미국을 알리기 위한 다양한 시장프레임 의제들이 전파되었고, 인적 네트워크와 같은 간접적 미디어의 활용도 적지 않았다. 미군정의 책임 있는 자리에 한국인이 대거 기용되기 시작한 것도 좋은 예다. 한국인 오피니언 리더, 즉 여론주도층에게 다양한 보상을 약속하며 인적 네트워크 조직을 시도했다. 당시만 해도 아직 정보 습득할 때 신문, 방송 등 간접적 미디어 보다 구전口傳과 같은 직접적 미디어에 의존하는 사람이 많았으므로, 이들 오피니언 리더들의 활용은 매우 효과적이었다. 같은 이유로 한국인 연사들이 집중

---

44 FRUS, 1946, VIII, pp. 706-709

육성되었다. 1947년 5월까지 21명의 한국인 연사가 미군정의 교육을 받고 각지로 파견되었으며, 같은 해 10월 말에는 약 50여 명으로 늘었다. 이들은 미국적 민주주의의 추종자가 될 것을 한국인에게 강조했다.

사실상 준전시 상황 하에 있었던 미군정 시절, 대한 인식정렬 작업은 미군정의 핵심 사업 중 하나였다. 미국은 미군정의 주요 보직을 한국인에게 개방하면서도 유독 문화, 공보 기구만은 개방하지 않았다. 오히려 이 기구들을 미군의 직속 기구로 편재하고 매체, 조사, 현장, 운영 등 네 개 분야로 더욱 세분화했다. 매체분과를 특히 강화해 남한 내 신문에 대한 포섭을 강화했다. 라디오 방송국은 미군 홍보부서의 통제를 직접 받도록 했다.

1947년 5월 30일 미군정은 새로운 공보기관 설립을 명령해 민정공보국OCI · Office of Civil Information을 구성했다. 1947년 5월 30일 주한미군 사령부 일반명령 10호에 따르면 이 기관은 '궁극적으로 한국인으로 하여금 미국의 정책에 일치하는 태도를 갖도록 하는 일', 즉 인식정렬 작업을 본격적으로 수행하기 시작했다. 미군정 공보국 자문역을 맡은 스튜어트는 미국적 생활방식을 대중화시켜 궁극적으로 '한국에 미국을 심는 것'을 인식정렬의 중요한 목표로 삼았다. 이를 위해 그는 새로운 기법을 활용하기 시작했다. 미국적 방식을 수용하지 않는 한국인을 '적'으로 규정하는 이른바, 매카시즘적 방식을 동원한 것이다. 이를 통해 미군정은 민족주의적 색채를 띠고 미군정을 반대하는 사람은 간단하게 '공산주의자'로 분류해 쉽게 내몰 수 있었다. 1947년 11월 10일 미군정 공보국 자문역 스튜어트는 미군정에 보낸 보고서에서 다음과 같이 밝히고 있다.

"민정공보국은 한국에 대한 미국의 선전기관이다. 먼저 남한 내

미국 점령군에 대한 호의적 태도를 끌어내고 둘째, 미국의 대외
정책과 미국적 생활체계에 대한 폭넓은 이해와 수용을 발전시키
는 것이다. 셋째 임무는 미국이 물러난 뒤에도 미국에 대한 호의
적 태도가 남아있도록 하는 일이다. …… 이 같은 목적에 반하는
불순한 선전에 대해서는 '역선전'을 행하고, …… 다른 체제에
비해 미국적 체제가 우수하다는 것을 강조하는 강력한 캠페인을
진행시킬 것이다."[45]

안보프레임에 미국 문화를 덧씌운 시장프레임을 병행하되 인식정렬
주체가 뒤로 숨고, 현지 언론과 오피니언 리더들을 앞세우는 이른바 간
접적 미디어를 대거 채택한 미군정의 새로운 공보정책은 매카시즘적 몰
아가기 방식에 힘입어 적지 않은 성과를 내기 시작한다. 1948년 4월 총선
은 그 같은 인식정렬 방식의 실험장이었다. 비행기를 통한 전단이 대거
살포되는 동시에 한국 연예인 공연단까지 대거 구성되어 전국으로 파견
되었다. 무려 130여 명의 한국인 연사들이 민정공보국에 의해 차출되어
선전 활동에 들어갔으며, 속속 한국어 다큐멘터리가 제작되어 공공장소
에서 상영되었다. 이 같은 '물량전'은 미군정의 바람대로 총선을 우익의
승리로 끝낼 수 있었다. 민정공보국에 의한 새로운 인식정렬 작업은 짧
은 시기였지만 큰 성공을 거두게 되었다.

민정공보국는 4개월 뒤인 1448년 8월, 인식정렬 작업을 통해 총선 승
리를 통해 미국에 우호적인 정부를 수립할 수 있었고, 한국인 사이에 공

---

45 Memorandum, J. Stewart, November 10, 1947, RG 407, Box 2070, File #18, Military
Government-Korea, Office of Civil Information.

산주의에 대한 적대감을 형성시켰으며, 대부분의 언론과 정치지도자들이 미국의 사상과 이념에 상당한 믿음을 가지고 되었으며, 한국인 사이에 미국에 대한 관심이 증대되었다고 자평하는 내용의 보고서를 작성했다. 한국 내 언론인들과 국내 엘리트들의 대미인식도 이 시기 급진적인 양상으로 변화했다. 불과 2년 전 국내에 만연해 있던 미국과 미군정에 대한 반발은 어느새 미국에 대한 동경으로 바뀌어 있었다. 이 시기 여론 주도층의 급진적으로 이뤄진 대미인식의 전환은 향후 미국의 대한인식정렬 추진 과정에서 주요한 인프라로 작용했다.

한국 내 대미 불신의 역사

한국전쟁은 한국인에게 '공산주의'와 '북한', 그리고 '미국' 등에 관한 냉전적 인식을 확고하게 심어준 역사적 사건이었다. 전쟁기간 중 남쪽 사망자만 약 230만 명, 북쪽에서는 292만 명이 숨졌다. 남북 간 전쟁으로 500만 명 이상의 동족이 죽었고, 전 국토는 초토화되었다. 미국 역시 한국전쟁에서 5만 4000여 명의 전사자를 기록했으며, 이는 단위 시간 대비 미국이 개입한 역대 전쟁 중 최대 피해 규모에 해당한다. 한국인이 미국과 한미동맹을 '혈맹' '생존의 기반'으로 인식하는 현상은 이 같은 역사적 경험에서 기인한 것이다. 한미관계는 이처럼 정의적情誼的인 것이며 한국인은 양국 동맹에 간혹 합리성을 넘어선 '신의'와 '집착'을 보이는 것도 그 때문이다.

이승만 대통령은 한국전쟁 중인 1951년 9월, 미국이 일본과 상호협력 안보조약을 체결해 거리를 극적으로 좁히며 '친일화' 경향을 보이자 장차 일본에 의한 한국의 자주권 침탈에 대한 위기의식을 가지게 되었다. 한일합방 과정에 미국이 취했던 친일적 행보에 대한 기억은 한국인에게 일종의 트라우마로 남아있었기 때문이다. 차상철은 '우리 민족 전체의 생명과 희망이 한미 상호방위조약에 있다'며 '남한만의 독자적 북진 추진'을 공언하고 '반공포로 석방'을 강행하는 등 끈질긴 벼랑 끝 작전을 구사한 끝에, 결국 한미동맹 체결을 이끌어냈다고 적고 있다.[46]

동맹체결 과정은 물론 그 이후에도 '반공'은 한국이 미국과 함께 갈 수 있는 공감대로 작용했으며, 양국 간 인식을 이어줄 수 있는 연결고리였다. 향후 한미관계는 동맹을 토대로 한 굳건한 반공인식을 기초로 작동했다. 국내외적으로 반공 이니셔티브를 동원해 미국으로부터 국가 안전보장을 받아온 이승만 대통령은 한미상호방위조약 체결 이후에도 대내외적인 반공 이니셔티브를 지속했다. 이승만 정권의 고강도 반공 이니셔티브의 이면에는 이승만 대통령을 포함한 한국인의 역사적인 대미 '불신'이 적지 않게 작용한 것으로 보인다. 좀 더 자세하게 불신의 역사성을 더듬어 보자.

미국은 1882년 체결한 조미수호조약 제1조 즉, '분쟁 발생 시 서로 알린 후에 선처하도록 주선한다'는 조항을 두어 한국인으로 하여금 선린우호의 기대를 품게 만들고도, 러일전쟁이 채 끝나기도 전에 조선을 일본의 속방으로 인정하는 내용의 가쓰라-태프트 각서를 일본과 맺은 뒤 영사관을 철수한 바 있다. 미국은 1910년 한일합방 전후와 일제 강점기 동안, 그리고 1945년 해방 전후 정국에서도 한국인의 인식에 잇따라 '배신'의 아픔을 아로새겼다. 미국에 대해 한국인이 느낀 배신감이 그만큼 컸던 이면에는 미국에 대한 한국인의 오랜 '기대심리'가 있었다는 주장도

---

46 차상철(2004), pp. 45-65.

설득력 있게 제기된다. 미국은 조선과의 국교 수립에 가장 적극적이었던 '양이'로서, 많은 조선 지식인 사이에 러시아와 일본의 침략을 막아내기 위한 보루로 여겨졌다. 구한말 인기를 끌었던 '연미론' 역시 미국에 대한 깊은 기대가 반영된 결과였다. 물론 미국에게 대한 국교수립은 시장과 안보의 두 가지 프레임을 추구한 결과였다.

1878년 미 상원의원 사전트Sargent A.A.는 조선 개항의 필요성으로 "대 아시아 무역팽창 정책을 통한 경제적 이득과 러시아의 남진 저지를 위한 정치적 목적"을 내세웠고, 결국 청나라 북양대신 이홍장의 알선을 통해, 구미국가로는 처음으로 조선과 치외법권, 최혜국 대우 등이 포함된 파격적인 내용의 조—미 수호통상조약을 체결하기에 이른 것이다. 조선 후기 《해국도지海國圖志》는 '미리견(미국)이 영이(영국)의 학정에 항거하여 독립하였으며, 영이는 매년 아편 수천만으로 중국의 기름을 말리나 미국은 중국에 매년 백수십만금의 이익을 주고 있으며 부강하되 소국을 능멸하거나 중국에 교만하지 않다'고 칭찬하고 있다.[47] 그런가하면 1870년 초의 양요들을 경험하면서 일찍이 미국과의 수교를 구상하였던 박규수(1807~1876)는 《박규수 전집》에서 "내가 듣건대 미국은 지구 여러 나라 중에서 가장 공평하다 일컬어져 분쟁을 잘 해결하며, 또한 부富가 6주洲 가운데 으뜸이어서 영토 확장에 욕심이 없다"는 내용의 호의적인 인식을 지식인 층에 전파했다. 미국인에 대한 외적인 이미지는 다른 서양인들과 크게 다르지 않다. 《일성록日省錄》은 미국인이 '콧대는 높고 안청은 푸르거나 누렇고 몸에는 간혹 문신을 하고 있었으며 모자는 전립과 같은 모양이었

---

47   《해국도지(海國圖志)》(道光甲辰本, 1844) 권 38.

고, 옷은 소매가 좁은 저고리와 홑바지에 단추가 달린 것이었으며, 가죽으로 만든 신을 신고 있었고, 말은 새가 지저귀는 것 같고, 글씨는 구름이나 그림과 같으나 언문도 전서도 아니었다'고 적고 있다. 미국인은 한국에 대부분 표류해 도착한 경우가 많았기 때문에 영국, 프랑스, 러시아 선원들과 같이 조선 사람에게 난포한 행동을 하지는 않았다. 미국인이 조선인에게 난포한 행동을 한 것은 1866년 7월, 통상요청을 위해 대동강에 침입한 제너럴셔먼호가 처음이었다.

'공평하면서도 고괴한' 미국인에 대한 인식은 일부 층에 국한된 것이었고 사회 전반으로는 전파되지 않았다. 미국은 평화를 사랑하는 그저 '아름다운 나라'의 이미지로 유지되었다. 이를테면 하워드 진이《오만한 제국》에서 적고 있듯, 1897년 시어도어 루스벨트가 친구에게 보낸 "진실로 확신하건대…… 나는 거의 어떤 전쟁이라도 환영할 것이네. 왜냐하면 이 나라는 전쟁을 필요로 한다고 보기 때문일세"라는 편지에서 드러나는 미국의 모습은 상상할 수조차 없는 것이었다. 물론 일부 지식인들 사이에 미국에 대한 부정적 인식이 전혀 없었던 것은 아니다. 조선 후기 좌의정을 지낸 보수적 척화론자인 김병학에 의하면 미국인들은 미개인이요 해랑적海浪賊이었다.《승정원일기承政院日記》는 그가 '미국인들이 영위하는 바는 오직 이익을 추구하는 것이며, 해도 왕래에 즈음하여 흔히 겁략을 일삼기 때문에 과연 해랑적과 다름없다'고 말한 사실을 적고 있다. 몇몇 다른 학자들 역시 조선이 수천 년을 내려온 '예의지방禮義之邦'인데 반해 미국인들은 예의를 모르는 '견양犬羊', 즉 금수禽獸에 비유하기도 했다. 그러나 조선 후기 한반도를 둘러싼 열강의 각축은 기존 미국에 대한 대체로 긍정적 인식에 기초해 양국 간 수교로 이어졌고, 수교 과정에 미국이 보인 '조선의 자주국 인정' 입장 등은 이 같은 긍정적 인식에 신뢰와 더불어 더 큰 기대감을 심어주기 충분한 것이었다. 1883년 4월 조선 국왕의 속방조외에 대해 초대 주한 공사로 부임한 푸트Lucius H. Foote 편에 보내온 미국의 아더Chester A. Arthur 대통령의 회답국서는 다음과 같이 적고 있다.《구한국외교문서舊韓國外交文書 미안美案》에 실린 내용이다.

> "조선과 중국과의 관계는 미국 상민商民의 활동에 지장을 주지
> 않는 한 관여하지 않을 것이다. 미국은 귀 군주가 내치, 외교와
> 통상을 자주自主하고 있음을 잘 알고 있다. 국회는 조선과의 수
> 호에 동의하였으며, 본인도 이를 비준하였다. 조선이 자주국이
> 아니라면 미국은 조약을 체결하지 않았을 것이다."[48]

앞서 거론한 것처럼, 한미수교 이후 20여 년만인 1905년 미국은 조미조약을 일방적으로 폐기하고 친일 일변도의 정책을 따르게 된다. 류영익 등이 쓴《한국인의 대미인식》은 이 같은 미국의 배신행위를 목도하며, 그동안 미국에 호의적이었던 이른바 '지미파知美派' 인사들조차 미국을 백안시하는 경향을 보였다고 적고 있다. 1920년대 들어 한국 공산주의 운동가들 사이에는 이전에 찾아볼 수 없는, 미국에 대한 극도의 비판적인 인식이 자리 잡게 된다. 고려공산청년동맹의 초대 책임비서 박헌영은 1925년 11월《개벽》에 발표한,〈역사상으로 본 기독교의 내면〉이라는 논문에서 미국의 건국사를 다음과 같이 조소적으로 서술하며 기존 한국인에게 널리 호의적으로 전파된 미국상美國像을 뒤집었다.

---

48 《구한국외교문서(舊韓國外交文書)》미안(美案) 1, 고려대 아세아문제연구소, 1967,
pp. 18-19.

"세상은 미국 건국의 역사를 보고 청교도적 순도의 정신과 영웅적 행위가 충만하다고 찬미하나, 그것은 표면만 본 피상적 관찰이 아니면 거짓말로서 정확한 사실을 숨기는데 불과하다. 미국의 역사는 토인土人 학살로 그 첫 페이지가 열린다. 미국에 처음 이주한 구주인은 신영토의 삼림과 황야에 사는 토인을 방축하고 토민을 학살하고 토인의 임가를 약탈하는 일이 피등에게 상제가 준 '신성한 사업'이었다. 원래 토인은 구주인의 이주에 대하야 적극적으로 능동적으로 방해한 것이 아니었다…… 피등이 노예에게 대한 법률의 혹독한 것은 중세기 시대와 조금도 다를 것이 없었다. 교형, 화형은 물론이고 버지니아 교회에서는 17인, 신영란 교회에서는 12인의 노예를 일시에 사형에 처하였다는 사실은 결코 드문 일이 아니었다. 그 사형의 이유인즉, 백인의 노예로부터 약탈한 토지를 각금 노예가 범한다는 것이라 한다…… 화성돈은 미국 독립의 대인물로서 건국의 위인으로…… 재덕이 겸비한 성인군자의 권화와 가티 세상은 안다. 이와 같은 청교도의 1인 화성돈은 상제의 지시를 받아, 영국 정부를 위하여 토지 감독을 하고 있는 사이에, 3만 에이커의 토지를 도적하여 자기의 소유로 만들었다."[49]

이승만 정권의 반공 이니셔티브는 앞서 제기한 바와 같이, 수교 이후 잇따른 미국의 배신이라는 역사적 경험을 교훈삼아 한국전쟁을 거치면

---

49 류영익 외,《한국인의 대미 인식》, 서울: 민음사,1994, p. 127.

서 모처럼 양국이 공유하게 된 인식적 유대를 굳건히 함으로써 미국의
'배신' 행위의 재발을 막기 위한 절박한 행동의 표현으로도 해석된다. 이
승만 대통령은 1954년 8월 미국 해외참전 재향군인회 연설을 통해 '동맹
주도국 미국 정부의 반공정책이 미진함을 비판'하고, 나아가 '對 공산권
예방 전쟁의 필요성을 역설'하기에 이른다. 이 또한 미국에 대한 잠재적
불신의 표출로 볼 수 있을 것이다.

대미 불신해소를 위한 미 공공외교의 전략

미국의 대한 외교정책은 대아시아 정책의 틀 속에서 이뤄지는 하부 개
념이며, 양국관계의 발전을 위한 미디어정책과 인식정렬 기조 역시 미국
의 대아시아 미디어정책의 연장 선상에서 수행된다. 미국의 외교정책은
미국의 '국익을 극대화한다'는 목표에 따라 수립된다. 미국의 동북아정
책과 그에 따른 미디어정책의 기조를 파악하려면, 먼저 그 목표인 미국
의 국익 개념에 대해 살펴볼 필요가 있다.

미국은 국가이익을 크게 세 가지로 분류한다. 미국의 생존, 안전, 존속
에 최우선적으로 중요한 '사활적' 국가이익, 생존에 직접적으로 영향을
주지는 않으나 미국의 복지와 사회 성격에 영향을 미치는 '중요한' 국가
이익, 인도주의적 이익을 포함한 '기타' 국가이익이 그것이다.

통상 국가이익이란 사활적 국가이익을 지칭한다고 봐야 한다. 미국은
지난 2000년 1월 '새 세기를 위한 국가안보전략A National Security Strategy
for A New Century'를 통해, 한미관계에 있어 주목해야 할 미국의 주요한
국익으로 '파괴적인 공격으로부터 미국과 동맹국 영토의 물리적 안전 및
미국인의 안정, 미국 사회의 경제적 복지, 그리고 미국의 중요한 사회기
반시설을 보호하는 것'이라고 규정하기도 했다. 이처럼 미국은 국가 '안

전보장'과 '경제복지'의 추구라는 사활적 국익을 기초로, 외교정책은 물론 세부적으로 동북아정책과 나아가 한미관계에 따른 미디어정책을 입안하고 실행해왔다.

이 시기 미국은 우여곡절 끝에 한국과의 동맹관계 수립에 합의한 이래, 동맹 상대국 정부인 이승만 대통령 체제를 지원하고 관리하는 한편 적절한 수준에서 동북아에서 전쟁 억제력을 갖추면서도 추가적인 무력충돌을 회피하려는 개괄적 외교 목표가 있었다. 이승만 대통령의 반공포로 석방조치와 같은 예측이 곤란한 결정은 따지고 보면 북한과 일본 등 두 개의 위협에 직면하고도 미국을 전적으로 신뢰할 수만은 없는 인식적 갈등 속에서 드러난 것인 만큼, 이 시기 미국의 대한 인식정렬 작업은 먼저 한국인의 대미 불신을 해결하는데 중점을 두게 되었다. 다른 한편으로 이 시기엔 앞으로 양국 관계를 보다 효과적으로 이끌어 갈 수 있는 인식정렬 작업의 인프라로서 인적 네트워크 구성에 주력했다.

2 안보프레임 구성을 통한 불신극복 전략

직접적 미디어의 주도에 따른 공공외교

미국의 대한 안보 공약에 대한 한국인의 불신은 뜻밖에 대단했다. 미국으로서는 5만 4000여 명이라는 엄청난 전사자를 내며 수행한 전쟁이었지만 한국인은 한국전쟁의 발발 자체가 애치슨라인[50]으로 대별되는 미국의 대한반도 소외疏外정책에 상당 부분 기인했다고 생각했다. 수교 이후 국난의 상황마다 반복되어온 미국의 '배신적' 행태에 따른 한국인의 대미인식은 한마디로 '믿을 수 없다'는 것이었고, 이 같은 한국인의 대미인식은 미국으로 하여금 군사적 보장 즉, 한미동맹체제를 굳건히 유지해주기를 바라는 기대와 요구로 응집되었다.

한국인과 정부는 한국에 대한 확고한 안전보장과 한국군 증강 외에도 충분한 경제지원을 함께 요구하고 있었다. 1953년 미국은 주한 미군 2개

---

50 미국 국무장관 애치슨Dean Gooderham Acheson이 발표한 미국의 극동방위선. 제2차 세계대전 전후의 외교문제 해결의 중책을 수행한 애치슨은 스탈린과 마오쩌둥의 영토적 야심을 저지하고자 태평양에서 미국의 방위선을 알류산열도 − 일본 − 오키나와 − 필리핀을 연결하는 선으로 정한다고 발언했다. 방위선 밖의 한국과 타이완 등의 안보와 관련된 군사적 공격에 대해 보장할 수 없다는 내용으로 한국전쟁의 발발을 묵인하는 결과를 가져왔다는 비판을 받았다. _편집자

사단의 조기 철수를 발표했고, 이를 계기로 이승만 정권은 한국군의 대폭적인 증강을 다시 미국 측에 강력히 요청했다. 미국으로서는 한국이 필요 이상의 군사력을 보유하는 것을 원하지 않았다. 미국의 윌슨 국방장관은 철수하는 미군 4개 사단의 군사 장비를 한국군에게 넘겨달라는 손원일 국방장관의 요구에 대해, '솔직히 말해' 미국은 한국이 북한을 공격할 수 있을 정도로 '충분한' 무기를 제공하기를 원하지 않는다고 답변하기도 했다.

정욱식은《동맹의 덫》에서 미국은 인식정렬 과정을 통해 한국인이 미국의 한미동맹 준수 의지를 신뢰하도록 유도함으로써 군사적 무장 의지를 누그러뜨리려 했다고 주장한다. 미국이 한국에 미국주의를 심어왔으며, 그 과정에서 한미동맹 자체를 무엇을 위한 '수단'이 아닌 '목적'으로 인식시키는 데 성공했다는 것이다. 이 때문에 수단적 의미로서 동맹을 바라보는 '인식전환'이 없이 우리 안의 미국주의를 청산할 수 없다며, 인식전환의 중요성을 강조하고 있다. 하지만 아쉽게도 인식이 구성되는 인식정렬 메커니즘 자체에 대한 실제적 분석까지 병행하지는 않았다.

이 시기 미국은 안보 공약과 반공을 내세우는 전형적인 안보프레임을 강조한 인식정렬 기조를 유지했다. 이 같은 내용은 1961년 10월 16일, 미국해외정보국과 미국해외공보처가 서울발로 접수한 '아시아 국가에서의 전시회 개최 지침'을 보면 잘 나타나 있다. 이 문서는 직접적 미디어를 통한 반공전시회가 '공산주의의 위협'과 미국을 위시한 '자유세계의 지원 의지' 등을 생생하게 담고 있는 사진자료를 성공적으로 전달함으로써, 효과적인 인식정렬 기제로 활용되어야 함을 강조하고 있다.

이승만 정권의 강력한 반공 이니셔티브 때문에 미국의 대한 인식정렬 작업은 오히려 끌려가는 듯한 양상을 보이기도 했다. 미국의 인식정렬 전략은 한미동맹 체결 자체가 이승만 대통령의 '벼랑 끝 전략'에 의해 주도되어진 까닭에 처음부터 명확하게 이뤄진 것은 아니었다. 미국은 이 시기 중후반부터 본격적으로 양국 관계에 대한 한국인의 정체성과 규범 등에 대한 인식 조사를 벌여, 그 결과를 근거로 구체적인 인식정렬 작업을 위한 전략을 수립하기 시작한다.

1962년 6월 18일 주한미국공보원의 공보 담당관이던 데이먼G. Huntington Damon이 워싱턴의 미국해외공보처에 보고한 〈미국에 대한 한국인의 태도 조사 연구〉[51]에 따르면 대부분 한국인은 '미국이 한국을 돕고 있다'는 차원에서 미국에 대해 좋은 감정을 품고 있었으나, 일부는 미국의 원조 방식과 주한미군지위협정 문제로 부정적인 견해를 보였다. 이 프로젝트는 미국해외공보처의 직접적인 협조로 이뤄진 것으로, 설문조사는 사전에 조사대상으로 선정한 한국인 3150명에 대해 63개 항목을 별도의 교육을 받은 대학생 63명이 직접 조사대상자의 집을 방문해 묻는 형식으로 이뤄졌다. 조사대상 중 이사를 간 사람 등 426명을 제외한 2724명이 설문에 응답했다. 40여 년이 지난 오늘날의 기준으로 봐도 당시 여론조사는 매우 정교하고 광범위하며 분석적으로 이뤄진 것을 알 수 있다. 조사 작업은 1962년 5월 10일에 시작해 7일이 걸렸다.

당시 조사에 따르면 미국이 좋은 이유를 묻는 질문에 68퍼센트의 응답자가 '한국을 군사적, 경제적, 사회적으로 도왔기 때문'이라고 답했으며,

---

51 Study of Korean Attitudes Towards the United States, Public Affairs Officer, G. Huntington Damon, USIS Seoul to USIA Washington, Message No. 44, June 18, 1962 참조.

나머지 사람들은 '관대하고, 친근하며, 민주주의의 종주국이며 선진 과학국가'라는 이유를 들었다. 미국에 대한 한국인의 호감 이미지는 이후에도 주한미국공보원이 주도한 인식정렬 과정을 통해 지속적이며 집중적으로 관리, 강화되었다. 미국이 나쁘다는 답변은 미국에 대한 오랜 불신과 당시 한미 간 외교 현안에 대한 한국인의 불만이 뒤섞여 있었다. 미국의 나쁜 점으로 '미국인의 거친 성격 또는 인격'을 꼽은 응답이 부정적인 답변을 한 전체 345명의 절반 가까운 158명(46%)으로부터 나왔다. 구체적으로는 미국인이 '탐욕스럽다' '존중심이 부족하다' '한국여자들을 폭행한다' '한국인에게 총을 쏜다' '한국적 가치를 무시한다'는 것 등이었다.

당시 주한미군에 의한 범죄행위가 끊이질 않자 1962년 6월 고려대 학생들은 결의문을 통해 '한미양국이 주권국가로서 인간의 기본권을 옹호하는 합리적인 방법으로 한미행정협정을 조속히 체결할 것'을 요구했으며, 이 같은 끊임없는 요구로 인해 한미동맹의 다음 시기인 1966년에 이르러 SOFA를 체결한다.

미국에 대한 비판적인 답변 중 두 번째로 많은 답변은, 103명(30%)가 지적한 '미국 원조프로그램의 실행과 정부에 대한 비판'이었다. '미국의 원조 프로그램이 잘못'되었고, '한국에 지나친 내정 간섭'을 하고 있으며, '미국 상품을 한국에 덤핑하고 있다'는 것 등이었다. 나머지 답변자들의 불만은 '주한미군지위협정 체결의 연기' '약소국에 대한 미국의 제국주의적인 태도' '일본에 대한 미국의 편애' 등이었다. 데이먼과 주한미국공보원은 1962년 6월 제출된 조사 보고서에서 다음과 같은 결론을 내리고 있다.

"미국인들에 대한 한국인의 긍정적 태도에 대한 조사는 다른 외
국인들의 태도에 대한 여러 사회측량적 조사결과와 다르기 때문
에 특히 중요하다. 이 연구는 한국인과 미국인이 비교적 가까운
관계라는 전제에 기반하고 있다. 이 연구는 한국인들은 간접적
으로 들은 이야기들은 거의 반영하지 않고 있다. 한국인들은 한
국에서 '미국의 정책'이나 미국인들과 '직접적으로 접촉'한 결
과, 형성된 태도를 반영하고 있다. 하지만 현재 여론조사가 다시
실시된다면 지금 보고서가 보여주는 결과보다 미국에 대한 평가
가 덜 긍정적일 수도 있다."[52]

미국의 대한 미디어정책은 안전보장과 신뢰구축이라는 기본 안보적
목표에 경제발전과 문화창달이라는 시장적 요소까지 가미되어 한미동맹
의 다음 분석 시기인 '안보프레임 강화기'(1963~1969)에 이르러서는 〈한
국 국가평가보고 64~66, Country Assessment Report 64~66〉 같은 문건을 통
해 구체화되기에 이른다. '안보프레임 구성기'에 안전보장과 신뢰구축 외
에 한미 간의 주요한 외교현안은 '전후복구와 경제지원' 문제였다. 이 사
안은 전후 한국의 생존적 국가이익이 걸린 문제였으나, 양국 간 큰 의견
차이는 없었다. 다만 지원 규모와 방식을 놓고 부분적인 이견이 존재했다.
　임영태는 "미국이 잉여물자의 처리 문제를 해결하는 차원에서 원조
형식의 지원을 실시했는데, 이는 식량난에 시달리던 한국인을 돕는다는
가시적 효과와 함께 일반 대중으로 하여금 미국에 대한 경외심을 갖도록

52　Ibid., pp. 6-7.

하는데 크게 기여했다"고 분석했다.[53] 특히 지식인층 사이에 원조를 통한 잉여물자 처리와 물자의 분배 방법 등을 둘러싸고 비판적 주장이 제기되기도 했다. 이 시기 미국은 인식정렬을 위해 지난 미군정 당시 구성된 일부 네트워크를 통한 간접적 미디어 활용 작업도 병행했으나, 구체적인 사안에 대해 직접적 미디어를 동원해 직접 설득하는 방식을 주로 채택했다.

미국은 '우주개발을 홍보'(1961.7, 1962.1)함으로써 미국의 국력과 과학기술의 성과를 부각하거나 '소련 공산집단을 규탄'(1961.9, 1962.1) 하는 등 동맹 주적에 대한 위험을 부각시킴으로써 한국인에게 자유세력의 지도국가로서 미국에 대한 신뢰와 의존심을 높이는데 주력했다. 또한 미국은 미국 유학을 마친 한국인 인사들을 앞세워 미국적 생활방식과 가치가 작동하는 '국가건설Nation-building'의 시급성과 중요성을 강조하며, 다른 한편으로는 향후 장기적인 인식정렬 작업 수행을 위한 기초자료 수집도 병행했다. '한국인의 미국인에 대한 인식조사'(1962)나 '남한 언론실태 조사'(1963), 과거 몇 년 동안 벌여온 교육교류 등을 짚어본 '인적교류 효과 분석'(1962) 등 인적 네트워크 구성을 위한 각종 정지작업을 벌인 것도 이 시기의 일이었다.[54]

간접 미디어의 제한적 이용

이 시기 한국 사회는 직접적 미디어 수단이 주로 사용되었다. 오늘날 주로 사용되는 TV, 라디오, 영화, 신문, 잡지 등 간접적 미디어의 발달 정도가 매우 낮아 간접적 미디어는 매우 제한적으로 활용되었다. 간접적 미

---

53 임영태, 《북한 50년사 Ⅰ》, 서울: 들녘, 1999, p. 224.
54 차상철(2004), pp. 83-84.

디어 중 유용하게 다뤄진 것은 신문 매체뿐이었다. 신문사와 신문기자들에 대해서는 강도 높은 관리가 이뤄졌다. 방송으로는 라디오 매체가 초기단계의 방송을 실시하고 있었으며, 이 시기 말기인 1961년에 TV 방송을 시작했지만 대중에게 그 전파력은 미미했다. 미국은 한국의 방송 수준이 초기 발전단계에 불과했지만 향후 활용하게 될 간접적 미디어를 장려하고 촉진하는 차원에서 방송제작과 지원에 약간의 경비를 지원했다.

1958년 미국은 호주와 일본, 필리핀 등을 포함한 극동 지역 전 국가의 텔레비전 방송 실태에 대한 총체적인 조사를 벌였다. 〈극동 지역 텔레비전 실태 종합Television Facts Summary of Far Eastern Area〉이라는 조사는 1958년 당시 한국의 TV 수상기 수와 관련해 '한국에 있는 RCA 지점과 기타 정보들을 취합한 수치'인 만큼 다른 조사에 비해 정확도가 대단히 높은 것이었다. 이 조사에 따르면 당시 한국에 방송국은 한 곳 뿐이었으며, 수상기 대수는 2700대, 추정 시청자는 1만 6200명에 불과했다. 조사 결과 한국의 TV 인프라는 매우 미미한 상태로 결론 내려졌다. 이에 비해 라디오 수신기는 27만 9000대로 TV에 비해 월등히 많았으며 본격적인 라디오 시대의 개막을 앞두고 있는 상황이었다.

TV 시장이 미미했던 관계로 미국은 별도로 한국의 TV매체 수용자 분석은 실행하지 못했다. 미국은 '향후 한국의 TV 시장이 한 개 방송사에 의해 당분간 유지될 것이며 시청자도 매우 늦게 증가할 것'으로 전망했다. 미국은 이 시기 방송에 단돈 100달러를 지원하는 등 모두 15개 프로그램에 총 천1355달러를 집행하는데 그쳤다. 반면 미국은 이미 TV 매체가 본격적인 궤도에 오른 상태였던 일본에 대해서는 공공외교 차원에서 대일 인식정렬을 위해 TV 등 간접적 미디어 활용을 위한 전략을 강구하고 있었다. 당시 일본은 TV 방송사가 25개에 달했고 TV 보유 대수도 145

만 2200대, 추정 시청자는 800만 명에 달했다. 라디오 수신기는 무려 1432만 대가 보급된 상태였다. 미국은 '일본의 TV 시청층이 급속히 늘고 있으며 2년 뒤인 1960년에는 TV산업 규모가 현재의 세 배 가량으로 늘어날 것'으로 전망하면서도 '북한의 뉴스가 일본 TV를 통해 방송'되고 있으며, '공산권 국가들이 일본에서 TV 홍보 예산으로 연간 2000만 달러가량을 쓰고 있다'며 우려를 표했다.

미국은 동맹국 일본에 대해 동맹 초기 방송제작 과정에 직접 개입함으로써 좋은 효과를 내기도 했다. 실제로 미국해외공보처는 1958년 한 해 동안 일본 TV를 통해 60개가 넘는 프로그램을 공급하거나 제작 또는 제작지원을 해주었다. 예산은 약 10만 달러가량을 집행했다. 한국에 대한 지출과는 비교도 되지 않는 큰 액수였다. 특히 도쿄의 미국공보원은 〈산업의 행진〉이라는 30분 분량의 프로그램을 직접 구성하고 집필해 NHK에 6회에 걸쳐 방송했는데 좋은 평가를 받았다고 자평하고 있다. 미국은 1959년에 〈위대한 미국의 작가〉〈미국의 생활 예술〉 등 교양 프로그램 6개를 직접 제작 또는 제작 지원할 예정임을 밝혔다.

인적 네트워크를 활용한 인식정렬

이 시기 미국은 TV나 그밖에 매스미디어 등 간접적 미디어의 발전 수준이 낮았던 만큼 다른 쪽의 간접적 미디어 개발에 몰두했다. 미국은 인적 네트워크라는 주요한 간접적 미디어 개발과 구성을 위한 기초 작업에 본격적으로 착수했다. 미국은 지난 미군정기 적극 활용했던 인적 네트워크의 활용을 중시했다. 언론과 학계는 물론 정계와 문화계, 나아가 시민사회 등 여론형성 엘리트 군群과의 소통구조를 형성하고 강화해나가며 장기적으로 한미관계의 주축인 한미동맹의 인식체계를 지지할 인적 네트워크 조성을 위한 기반 구축에 나선 것이다.

안보프레임 구성기 마지막 해인 1963년, 미국 미국해외공보처는 〈남한 언론 실태 보고서〉[55]를 펴냈다. 이 보고서는 향후 언론과 언론인들을 통해 간접적 미디어를 활용, 정교하게 인식정렬을 진행하기 위한 기초 자료로 당시 한국의 다양한 인구통계학적 조사 내용과 신문 부수와 독자층의 내역, 신문별 정치적 정향과 기타 특성까지를 정밀하게 조사해서 기술하고 있다. 주요 정기간행물에 대한 평가에 따르면, 《사상계》는 '지식인'들이 자주 보는 '중도적' 정치 성향의 잡지로 "다양한 월간 주제를 다룬 기사로 지식사회를 선도하고 있다"고 적고 있다. 이 보고서는 "한국의 언론기관들이 설립된 지가 얼마 되지 않고, 모두 서울에 집중되어 있으며, 극장과 라디오 수신기 역시 서울과 여타 대도시에 집중되어 있다"고 지적한다. 전체적으로 "라디오를 중심으로 신문이 함께 지방으로 확산되고는 있지만 지방에 있는 사람들은 아직도 비공식적인 경로를 통해 뉴스를 접하고 있다"며 '비공식 경로', 즉 사람을 통한 '대면 소통 방식'이 아직은 절대적으로 중요하다는 사실을 지적하고 있다.

미국해외공보처는 '한국 사회가 도-농간의 생활차이가 큰데, 농촌은 일의 가치나 삶의 태도가 공통적이고 단일한 것에 비해 도시는 전통적 가치와 집단적인 공동체 의식에서 벗어나는 생활방식을 추구하고 있으며, 지방은 강한 보수주의로 남아있지만 도시는 불안정하고 과도기적인 사회'라고 파악하고 있었다. 간접적 미디어의 대표이자 공식적인 매체인 한국의 신문에 대해서도 미국해외공보처는 역사적으로 비교적 정확한

---

55 Communication Fact Book, South Korea, USIA, 1963, pp. 6-9.

흐름을 파악하고 있었다. 미국해외공보처는 '신문 부수와 관련된 안정성은 어느 정도 달성되었지만, 전쟁은 언론사의 시설과 직원들에게 상당한 피해를 주었다'며, '이승만 정부는 신문 부수를 자제하도록 했지만 1960년 4월 이후 신문 허가제가 폐지되면서 다시 신문 부수가 늘어났다'고 적고 있다. 미국해외공보처는 이승만 대통령의 하야 이후 성장세를 보인한국 신문이 '주요 이슈에 대해 대부분 정부에 반하는 입장'이었는데, 이런 현상의 이면에는 '자유당 정부가 언론을 통제한 탓도 있지만 다른 한편으로는 신문의 수입을 늘리기 위한 상업적 이유도 있는 것 같다'고 지적했다. 나아가 '한국의 언론은 객관적인 분석이 부족했고, 인기위주의 보도를 했으며, 기사는 사실보다는 추정을 바탕으로 과장 보도를 서슴지 않고 있다'고 평가하기도 했다.

본격적으로 간접적 미디어를 앞세운 인식정렬 작업 계획을 가지고 있던 미국과 미국해외공보처는, 한국 언론의 '객관 보도'를 제고한다는 명분으로 미국의 유명 언론인을 한국으로 불러들이는 한편, 한국 기자들에게 장단기 미국 연수 기회를 제공하는 등의 방법으로 한국 언론에 대한 통제력 강화에 나섰다. 미국해외공보처는 인식정렬 작업 과정에서 오피니언 리더 그룹에 대해 특별한 관심을 보였다. 미국이 판단한 초기 오피니언 리더들은 정부 공무원, 교원, 변호사, 경찰 간부, 판사, 정치인, 사업가, 언론인, 군부 지도자 등이었다.

주한미국공보원의 홍보 담당자였던 번스W. K. Bunce가 1966년 1월 21일 작성해 워싱턴으로 보고한 〈국가 평가 보고서〉[56]에 따르면, 한국의 오

---

[56] Country Assessment Report, USIS Seoul to USIA Washington, Message No. 15, Country Public Affairs Officer, W. K. Bunce, January 21, 1996 참조.

피니언 리더들은 간접적 미디어에 의한 본격적인 인식정렬이 시작되는 다음 시기부터 인식정렬 작업의 목표 그룹으로 분류되어 정교하게 설계된 관리 시스템 속으로 편입되었다. 중요한 간접적 미디어 시장인 출판계에 대한 접근도 이뤄졌다. 미국공보원은 전쟁 이후 침체기를 겪었던 출판 시장이 1958년 이후 다시 활기를 띠게 되었지만, '출판과 배포를 할 수 있는 자본이 없고 지나친 경쟁과 산업 윤리의 저열함과 낮은 도덕규범, 나아가 시장 구매력의 부족 등으로 총체적 어려움을 겪고 있다'고 판단했다. 질 낮은 서적의 생산과 한탕주의식 사업운영이 판을 치고 있다는 분석이었다. 1966년 8월 29일 번스가 워싱턴으로 보낸 잡지 《〈논단〉 출판과 관련한 조사 보고서〉[57]를 보면 이런 열악한 조건 때문에 한국 출판 시장에 직접 뛰어들어 각종 간행물을 발간하게 되었다고 적고 있다.

이 시기 후반, 방송에 대한 조사가 다시 이뤄졌다. 1960년대 중반 들어 라디오는 청취자 수가 800만 명, 하루 청취자가 400만 명에 육박해 주요한 매체로 다뤄지기 시작했다. 하지만 약 60퍼센트 정도가 서울에 집중되어 있었고, 서울 외 도시의 보급률은 17.2퍼센트에 그친 상태였다. 미국은 이 같은 현상에 대해 '지방 주민들의 구매력이 부족한 탓이며, 전기 부족과 산악지대로 인한 수신 불량도 부수적인 이유'라고 지적했다. 라디오를 통한 정보의 유통 경로도 도시와 농촌 사이에 차이를 보이는 것으로 분석되었다. 지방의 라디오 청취 우선순위는 뉴스〉오락〉음악〉문화〉사회 프로그램의 순서인데 반해 서울은 오락〉음악〉뉴스〉문화〉사회 프로그램 순인 점을 들어, 지방으로 갈수록 라디오를 통해 뉴스를 듣는 비

---

57 Research Survey on Publication NONDAN, USIS Seoul to USIA Washington, Message No. 12, August 29, Country Public Affairs Officer, W. K. Bunce, 1996 참조.

율이 높은 것으로 조사되었다.

미국해외공보처는 지방에서 라디오를 소유하고 있는 오피니언 리더들이 주로 '공무원, 상인, 농부, 그리고 화이트 컬러' 등인 점을 중시하고, 향후 지방 여론 조성을 위해 이들에 대한 관리 계획도 입안한다. 미국해외공보처는 지방의 오피니언 리더들 가운데 99퍼센트가 라디오를 소유하고 있으며, 이들은 '국내 뉴스를 라디오에서 먼저 들은 후, 사람들과의 대화를 통해 자신이 들은 정보를 나누는 식으로 뉴스를 파급'시키는 것으로 파악하고 있다. 라디오에 비해 TV는 대중적 영향력의 측면에서 이 시기 초반과 마찬가지로 별 비중을 차지하지 않았다. 보고서에 따르면, 미군은 서울에서 하루 30분 정도 한국말 방송 프로그램을 방영하고 있으며, 한국 내 방송국은 1959년 화재로 파괴되어 당시는 운영하지 않고 있다고 적고 있다. 전기 부족, 고가의 장비 및 기술력 부재 등으로 '한국의 TV 보급률은 낮으며, 향후 전망도 밝지 않은 것'으로 판단했다.

이 시기에 미국은 인식정렬 작업의 주요 수단으로 영화의 중요성을 포착하고 있었다. 1953년 이후 극장 수가 두 배로 증가하고, 영화 관람이 한국인의 중요한 오락 활동으로 자리를 잡았다. 외국 영화 중 약 4분의 3은 미국 영화였고, 내용은 뮤지컬, 코미디, 액션 등이 많았다. 한국 내 영화 제작은 매년 증가하고는 있지만, 영화산업은 여전히 미흡한 수준이었다. 국내 영화산업을 발전시키고자 한국 정부는 외국 영화에 높은 관세를 매겨 국내로 들어오는 외국 영화 편수를 직접 통제하고 있었다. 미국해외공보처는 지방의 극장 사정이 좋지 않아서 서울 미국공보원이 직접 후원해 영화를 상영하고 있다고 적고 있다.

이 보고서의 핵심은 간접적 미디어의 상황이 전반적으로 열악하기 때문에 비공식 대면 매체들을 통한 직접적 미디어의 활용을 강조한 데 있었다. 보고서는 '한국에서는 대중매체의 미약함 때문에 중앙도 그렇지만 특히 지방에서는 아직도 사람들 간의 대화가 주요 매체로 쓰이고 있다'고 강조했다. 미국해외공보처는 '대화와 라디오를 혼합한 소통방식'에 주목하고 있었는데, 1960년 4.19 당시 뉴스 전파 경로가 라디오를 통해 먼저 소식을 접한 교원, 상인, 공무원, 학생 등 식자층 오피니언 리더들의 구전을 통해 이뤄졌다고 파악하고 있다. 이 보고서는 구체적으로 4.19 당시 가장 많은 소집단인 42퍼센트가 '누군가로부터 전해 들었다'라고 답한 반면, 40퍼센트는 '라디오를 통해 직접' 들었고, 나머지 17퍼센트만이 '신문에서 확인했다'고 답했다. 이 같은 현상은 도시에서도 마찬가지였다.[58]

직접 대면 방식을 통한 인식정렬

이처럼 간접적 미디어를 활용하려는 기초 준비가 한쪽에서 진행되고 있는 가운데, 이 시기 미국의 대한 인식정렬 작업은 직접적 미디어에 의해 주도되었다. 미국은 주한미국대사관, 서울 미국공보원과 주한미8군 등 국내 공식, 비공식 기관을 총동원해 전시회나 연설회, 각종 경연대회 등 직접 대면 방식의 이벤트에 의존하는 직접적 미디어를 적극 활용했다. 직접적 미디어 활용을 통한 미국의 인식정렬 작업은 1953년 10월 21일, 스탠리 K. 빅맨이 작성하고 미국해외공보처 조사평가실이 펴낸 〈문화전시회 효과 측정을 위한 일반 절차 제안 보고서〉[59]에 잘 나타나 있다. 미국해외공보처 설립 2개월 만에 발간한 이 보고서는 당시 미국이 직접적

58 Communication Fact Book, South Korea, USIA, 1963, p. 24.
59 Evaluating the Effectiveness of Cultural Exhibits, A Proposed General Procedure, Prepared for Office of Research and Evaluation USIA, By Stanley K. Bigman, October 21, 1953 참조.

미디어를 활용한 대외 인식정렬 작업에 얼마나 큰 자신감과 그에 따른 비중을 두고 있었는지 잘 보여준다.

당시 미국은 커뮤니케이션이론의 연구 선진국으로서 불과 10여 년 전 발표되기 시작한 '탄환이론'과 '피하 주사 이론', '자극 반응 이론' 등 미디어의 즉각적이며 공격적인 설득 가능성을 주장하는 이론들을 대거 해외 홍보에 적용시켜 본격적으로 활용했다. 특히 1953년 보고서가 제출된 시점은 지난 1920년대부터 1940년대까지 미디어 효과론의 거품이 가시고 미디어 연구가 보다 정교해지는 과정 중에 있었다. 특히 미디어와 수용자 사이의 굴절에 착안, 오피니언 리더의 중요성을 강조하는 이른바 '2단계 흐름 이론'이 새롭게 각광받던 시절이었다.

이 보고서 역시 여론 흐름을 주도하는 '오피니언 리더'의 중요성을 강조하고 있다. 직접적인 미디어를 활용하면서도, 장기적으로는 오피니언 리더의 육성과 관리가 얼마나 중요한 지를 미 공공외교 당국은 충분히 인지하고 있었던 것이다. 보고서는 심지어 대면 접촉을 통한 인식정렬 작업의 소재로 미국의 그림, 인쇄물, 음악 등 문화적 콘텐츠를 적극 활용해 미국 문화에 대한 인지도를 높여 인식정렬의 효과를 제고하자는 전략도 구체적으로 서술하고 있다. 또한 문화작품 전시회에 대해서도 단순한 양적 평가를 떠나서 다양한 효과에 대한 구체적인 평가가 필요하다고 전제한 뒤, 그 같은 평가를 도출해내고자 아래와 같은 두 가지 지표를 제시하기도 했다.

"우리가 다른 나라 사람들에게 그림, 인쇄물, 음악 등을 보여주는 중요한 이유는 첫째, 미국에 대한 '정보를 전달'하기 위한 것이다. 이는 미국에 대한 잘못된 인식을 개선하고, 새로운 지식을 배우도록 하는 것이다. 둘째는 미국에 대한 '사고방식을 형성'하기 위한 것이다. 그리하여 미국의 외교 목표에 대해 동일감을 느끼게 하거나 미국 문화에 대한 존경심을 불어넣는다."[60]

'미국에 대한 사고방식을 형성'하고 그 결과 '미국의 외교 목표에 대해 동일감을 느끼게 한다'는 것은 사실상 인식정렬 작업의 가장 핵심적인 정의라고 할 수 있다. 미국적 사고를 통해 미국적 정체성을 주입한다는 것인데, 그렇게 되면 미국의 외교적 목표가 마치 자신의 목표인양 비판적 의견이 없어진다는 것이다. 앞으로도 공공외교의 비밀스러운 최종 목표는 바로 '사고방식과 정체성의 동일화'일 것이다. 굳이 정체성 동일화를 위해 '내선일체' 의식을 주입하고, 방법적으로 일본어 전용과 문화말살정책을 추진했던 일본 제국주의 집권정책을 상기할 필요조차 없을 것이다.

문화 전시 등을 통한 미국의 대한 인식정렬 작업의 목표는 미국에 대해 친숙도를 고양시키고 존경심을 불어넣어 한국인의 안보정체성과 규범에 영향을 미침으로써 안보인식을 포함한 제반 인식을 미국과 동일하게 하는 것, 즉 안보인식의 미국화를 지향한다. 미국해외공보처는 이 같은 인식정열 목표 달성을 위해 전시회 등을 통한 대민 접촉이 준용해야 할 일반 절차를 정교하게 규정해놓았다. 전시회를 누가 왜 방문했는지, 그리고 그들의 반응은 어떠했는지 등을 꼼꼼히 챙겨서 입력하고 자료로 만들 것을 주문했다. 또한 방문자의 계층과 성향을 파악하고자 방문자들의 학력과 독서내용, 예술적 취향은 물론 미국과 미국인, 미국 정보국 활

---

60 Ibid., p. 1.

동에 대한 태도와 접촉 빈도에 이르기까지 다양한 정보를 데이터베이스로 만들어 관리하도록 지시했다. 특히 '미국 문화에 대한 관심도'를 중시하고 있다.

이 과정에서 미국해외공보처는 참가자들이 어떤 경로를 통해 전시회 개최 사실을 인지했는지, 즉 '정보의 유통경로' 확인에도 관심을 쏟았다. 이는 향후 대한 인식정렬을 위한 뉴스와 정보의 흐름을 미리 파악하려는 의도로 분석된다. 흥미로운 것은 이 시기가 새로운 한미동맹의 초기인만큼 한국인의 대미인식에 대해 신중하고 조심스럽게 접근하고 있다는 사실이다. 보고서는 '전시회 개최 사실에 대해 한국인이 어떻게 받아들일지 유념해야 한다'고 주의를 촉구하고 있는데, 이는 직접적 미디어의 활용이 자칫 왈트가 침투의 성공을 위해 지켜야 한다고 강조한 '은밀성'의 원칙을 깨뜨림으로써 상대국 국민의 반발을 조장하게 될지 우려한 결과로 보인다.

보고서를 살펴보면 전시회 실무자들에게 한국인들이 '미국인은 역시 야만인이라는 편견이나, 부도덕한 미국에 대해 내심 가지고 있는 반미감정이 옳았다는 것을 확인하고 싶어할지도 모른다'는 사실까지도 사전에 인지시키는 준비성을 보였다. 은밀성 유지의 노력은 보고서의 또 다른 부분에서도 찾을 수 있다. '전시회가 미 정보국이 후원하는 행사임을 알리는 것은 그다지 도움이 되지 않았다'고 현지 미국공보원 직원들에게 전하고 있었던 것이다. 은밀성 노출과 현지 국민의 반발에 민감하게 대응하기 위한 세심함은 이밖에도 보고서의 곳곳에서 발견된다.

"방문객의 반응은 중요하다. 특히 가끔씩 방문객들에게서 기대
했던 것과는 정반대의 결과를 낳는, '부메랑 효과'를 발견하게

되는 것도 중요하다. 이는 다음 전시회를 준비함에 있어 중요한 정보다. '어떤 것을 하지 말아야 하는지'를 말해주기 때문이다. 이러한 평가는 전시회가 열리기 전 잘 적용해야한다. 한두 가지의 항목을 방문객들에게 보여줘서 '무엇이 그들로 하여금 혐오감을 일으키는가'에 대한 사전 조사 결과를 전시회에 앞서 알고 있는 것이 매우 중요하다."[61]

직접적 미디어는 공공외교 수행에 있어서 사용에 극히 조심해야 할 '위험한' 수단임이 분명하다. 미국은 직접적 미디어의 사용이 효과가 신속하고 큰 만큼 경계해야할 점도 많았기에 직접적 미디어를 공공외교에 활용할 때는 매우 조심스럽게 접근했다. 그 결과 전시회는 전국적으로 폭발적인 반응을 거둘 수 있게 되었고, 미국에 대한 불신과 거부감 역시 서서히 불식되기에 이르렀다.

미국해외공보처의 〈문화전시회 효과 측정을 위한 일반 절차 제안 보고서〉가 나온 지 만 9년 만에 발간된 미국공보원의 〈1961년 서울 미국공보원 전시회 활동평가 보고서〉[62]는 안보프레임 구성기 전 기간 동안 직접적 미디어를 활용한 미국의 대한 인식정렬 작업이 얼마나 성공적으로 이뤄졌는지를 자세히 보여주고 있다. 1962년 1월 25일 워싱턴 미국해외공보처로 보고된 이 보고서에 따르면, 1961년 한 해 동안 서울 한 곳의 미국공보원 전시활동에 350만 명의 관객이 모였고, 서울백화점에서 벌인 반

61 Ibid., pp. 4-5.
62 Special Report on USIS Seoul Exhibits Activities During 1961, USIS Seoul to USIA Washington, Message No. 33, January 25, 1962 참조.

공전시회에만 40만 명이 모인 것으로 기록되었다. 또한 538개의 모든 문화센터 전시회에 1년 동안 월 평균 20만 명이 관람했다. 미국공보원의 활동은 각 지부를 통해 전국적으로 이뤄졌는데, 서울에서 79개의 전시회 또한 광주, 대구, 부산 등 세 개 지부와 문화센터에서 총 25개의 사진 전시회가 열렸다. 세 개 지부 중 광주가 34만 1000명, 대구가 47만 4000명이 관람한 것을 감안할 때, 미국공보원은 1961년 한 해 동안 거의 500만 명의 한국인들이 미국의 주최한 전시회를 관람했다고 자체 분석했다.

미국공보원의 직접적 미디어 활용은 전시회의 개최에 그치지 않았다. 한국인을 대상으로 한 미국 연사들의 강연 주최도 주된 활동 중 하나였다. 미국공보원은 조셉 풀리처Joseph Pulitzer, 호레이스 그릴리Horace Greeley, 제임스 고든 베넷James Gordon Bennett, 찰스 A. 다나Charles A. Dana 등 미국 출신의 유명 편집인과 기자들을 초대해, 한국 기자들을 상대로 '기자의 능력'이라는 제목으로 연설회를 개최했다. 처음에 한국정보센터에서 작은 규모로 시작한 이 행사는 나중에는 명동국립극장에서 개최할 정도로 성황을 이뤘다. 미국공보원은 한국 기자들이 '민주주의 사회에서 자유언론인'으로 활약하고 있는 이들 미국 언론인들을 만나 깊은 인상을 받았으며, '최근 두 차례의 정치적 격변을 겪으며 언론자유에 상처를 입었던 만큼 강연 주제와 시기 등이 좋았다'고 행사에 대해 자평했다. 대면 과정을 통한 직접적 미디어의 활용은 그 자체로만 작동하지는 않았으며, 간접적 미디어에 의해 추후 보도됨으로써 행사 그 자체의 의미와 효과가 증폭되는 2중의 효과를 얻었다. 간접적 미디어를 통한 보도는 미국공보원에 의해 치밀하게 '준비'되었다.

"언론과 방송들이 모든 주요 전시회를 위해 '준비'되었다. 라디오 캠페인은 많은 관중을 이끄는데 기여했고, (반공물을 전시한) '베를린 전시회'의 경우에는 라디오 캠페인이 한국인들의 관심을 높이는데 매우 효과적인 역할을 했다. 뉴스 방송을 통해 개막식에 참석하는 모든 사람들에게 행사의 의미가 보도되었고, 보도 내용은 인쇄해 제공되기도 했다. 예를 들어, '미국이 강조하는 개발도상국에서의 민간자본의 역할'과 '아시아에서 늘어나고 있는 미국의 무역과 투자' 등의 행사에 대한 자료가 제공되었고, '외국자본 전시회'에는 영어와 한국어 보도 자료가 각각 제공되었다.[63]

직접적 미디어에 의한 미국공보원의 대면 접촉과정에서 특히 효과가 좋았던 미디어는 앞서도 잠깐 거론했지만 '영화' 매체였다. 미국공보원은 몇몇 반공 전시회에서 〈아는 사람들에게 물어라〉 등 영화를 상영했으며, 동독의 실상을 담은 다큐멘터리 영화 3편은 '베를린 전시회' 동안 한 시간마다 연속해서 상영했는데, 관람객의 이해를 도우려고 내용 팸플릿을 무료로 제공하기도 했다. 몇몇 전시회에서는 미국공보원 주최로 서적 전시회를 함께 열렸다. 미국공보원이 제공한 영어와 한국어, 일본어로 된 공산주의 관련 서적은 대부분 반공전시회에서 배포되었다.[64]

안보프레임의 구성과 한미동맹

콘텐츠는 크게 내용과 이미지로 구분된다. 내용이 없는 이미지는 단기간 소수에게 효과적으로 메시지를 전달할 수 있을지언정, 다수에게 지속

---

63 Ibid., pp. 3-4.
64 Ibid., p. 5.

력 있는 확신을 심어주기에는 역부족이다. 안보프레임을 통해 이슈를 제기할 수 있는 객관적 조건과 내용들이 이 시기 양국 간에 잇따라 발표되었다. 이른바 동맹구성을 위한 '거대 소재'가 잇따라 공개되었다.

1953년 '한미상호방위조약'의 체결은 조약의 실효적 이행을 위한 양국 간 '한미연합방위체제CFC · Rrepublic of Korea/United States Combined Forces Command'라는 '물리적인 틀'과 다른 한편으로 '한미안보협력회의 SCM · Security Cooperative Meeting'라는 '제도적 틀'로 이어졌다. 한미 군사동맹의 양대 지주라고 할 수 있는 한미연합방위체제와 한미안보협력회의는 '한반도에서 전쟁이 재발할 경우 미국이 한국을 지켜줄 것'이라는 믿음의 현실적 근거가 되어주었고, 다시 이 같은 믿음은 미국 주도하의 한미동맹이 유지, 강화되는 데 있어 인식론적 기초로 작용했다. 동맹은 이처럼 제도와 신념의 선순환 구조를 통해 유지, 강화되는 것이다.

'미국에 대한 불신을 해소하라'는 이 시기 인식정렬의 주요 목표는 이같은 동맹체계를 제도적으로 완성해가며 동맹 강화를 지향하는 안보프레임의 재현 과정에서 수행되었다. 한미동맹 체제의 제도적 완성이란 단지 군사, 안보상의 결속력 강화를 통해서만 이뤄지는 것은 아니었다. 한미연합방위체제를 중심으로 하는 연례 군사훈련은 양국 간 무기체계 호환의 필요성을 제기했으며, 그 결과 한국군은 거의 전적으로 미국 군체제와 무기체계에 의존하며 성장했다.

이는 단순한 군사, 안보적인 측면을 넘어서 양국 간 군수산업의 의존과 이에 파생되는 경제 협력 관계의 확대를 통해 상호 결속력을 다시 강화시키는 역할도 수행했다. 몇몇 학자들이 유사한 주장을 한 바 있으나, 김동춘은 미국의 대외정책을 명확하게 '전쟁'과 '시장'의 두 가지 프레임으로 나눠 설명하고 있다. 이 책은 이 같은 미국의 대외정책 목표에 따라 공공외교 정책 역시 전쟁과 시장, 두 개의 프레임으로 나뉘어 전달되고 있음을 논증하고 있다는 점에서 김동춘의 문제의식과 맞닿아 있다. 김동춘의 양대 프레임을 활용한 설명은, 미국의 한국전쟁 참전 배경에도 적용된다. 그는 한국전쟁이 온 세계를 '이익을 추구할 자유로 충만한 시장'으로 바꾸려는 국가안전회의 비밀각서 68호(NSC-68)의 정신에 따른 첫 번째 시험대였다고 주장하기에 이른다. 즉, 한국전쟁은 미국의 군수산업을 위한 시장을 조성해주었다는 것이다.

양국 간 군사 결속은 안보프레임 구성기 내내 제도적으로 완성도를 더해갔다. 미 국무부 외교기밀문서의 1954년 7월 29일자 국가안보회의 208차 회의록에 따르면 아이젠하워 대통령은 '한국에 10개 예비사단을 신설하고 그중 4개 사단은 철수할 미군 4개 사단의 장비로 무장시키며, 두 척의 호위 구축함과 200대의 전투기를 추가 제공함과 아울러 6개의 전투비행대대를 추가로 신설한다'는 방침을 결정했다. 또 이듬해인 1955년도 회계연도에 미국은 '10개 예비사단의 추가 신설과 79척의 군함과 약 100대의 제트전투기를 제공하는 조건'으로 한국군의 작전지휘권을 유엔군사령부 예하에 둔다는 내용의 1954년 11월 17일자 '한미합의의사록'을 정식 조인한다.[65]

이 시기 안보프레임의 윤곽은 이와 같은 동맹구성의 조건 위에서 반공의 필요성과 공산권 경제의 어려움, 미국 과학기술력의 우월성 등을 강조하는 내용으로 구성되었다. 대부분 전시회 등 직접적 미디어에 의해

---

65 《한미군사관계사: 1871-2002》, 서울: 국방부 군사편찬연구소, 2002, pp. 733-735.

전달된 안보 이슈들 중 백미는 '간첩'에 대한 경계였다. 1961년 '간첩 침공을 파괴하자'는 제목의 전시회는 화신백화점의 2개 층 전체에서 열렸는데 40만 명이 넘는 인파가 몰렸다. 전시장에는 '6.25 참전국 16개국의 만국기가 건물 입구 인도까지 뒤덮은 가운데' 매우 성대하게 열렸는데 참석자 유치를 위해, 30만 번째 방문객은 선물과 함께 특별 축하를 받았다. 주한 미국공보원측은 전달력을 높이기 위해 각종 시청각 자료를 총동원했다.

> "전시회에는 큰 만화, 벽만 한 크기의 실물모형, 특수효과(사람을 세뇌하는 장면, 서울에 있었던 공산주의자들의 잔학행위, 옥수수밭의 시체들, 피난자의 뒤를 쫓는 사냥개 짖는 소리의 음향효과)도 있었다. 식당에서 중국 공산당 노동자들이 한국 수준에 훨씬 못 미치는 수준의 김치를 먹는 사진과 부모를 상대로 증언하는 아이를 그린 만화 등도 있었다."[66]

미국공보원은 반공전시회의 전달효과를 높이기 위한 구체적인 매뉴얼을 제시하고 있다. 공산권 국가의 침공 이전과 이후, 북한의 휴전 이전과 이후를 대조해 명확하고 효과적으로 설명하도록 주문하고 있으며, 공산주의의 직접 공격과 게릴라전, 사보타지, 테러리즘 등에 대한 설명과 모르핀 용기, 간첩용 라디오, 비밀 활동 자금과 같은 시청각 자료들을 효과적으로 활용하고 어떻게 배치할 것인가에 대해서도 조언하고 있다. 안

---

66 Special Report on USIS Seoul Exhibits Activities During 1961, USIS Seoul to USIA Washington, Message No. 33, January 25, 1962, p. 6.

보프레임의 강조는 간첩의 위험을 알리고 공산권 국가의 경제, 사회적 어려움을 선전하는데 집중되었다.

1961년 9월 26일 워싱턴으로 발송한 〈베를린의 실상 전시회 보고서〉[67]를 보면 이 전시회가 직접적 미디어를 활용한 기획이었지만 만화책과 각국 언어로 준비한 서적 출판 자료, 방송제작 지원 등 다양한 간접적 미디어를 부수적으로 활용해 효과를 극대화한 사례였다고 평가하고 있다. 미국의 소위 '민주주의 지원 정책' 역시 인식정렬 작업의 주요 기조로 작용했다. 미국은 냉전체제에서 자유진영의 맹주로서 민주주의의 전파를 외교적 목표로 내세우며 동맹국들에 대한 인식 동원에 힘썼고, 이 같은 정책은 동북아시아의 중요 전략적 거점인 한국에 대해서도 예외가 아니었다. '민주주의의 지원 및 증진'이라는 미국의 외교적 목표는 미국 국익의 사활적 요소로 안보프레임 구성기에 한국에서 집중적으로 행해진 국가건설 과정은 물론 향후 국가 성장기의 제반 정책에도 큰 영향을 주었다. 미국식 민주주의의 한국 내 이식은 결과적으로 양국 간 체제 유사성이 커짐에 따라 한국의 대미 의존도를 여러 면에서 높여주었는데, 체제의 유사성은 이후 양국관계를 밀접하게 강화하는 방향으로 영향을 준 것으로 평가된다.

미국을 위주로 한 서방 세계의 경제와 과학기술의 발전상을 한국인에게 알리는 내용도 안보프레임을 강화하는 또 다른 이슈로 적극 활용되었다. 제2차 세계대전 이후 경제력과 군사력 우위를 배경으로 팍스아메리카나를 구가하던 미국은 이 시기 들어 소련으로부터 예상치 못한 과학적 도전에 직면한다. 냉전 초기 과학기술의 열세를 극복한 소련이 핵무기

---

67 Berlin Exhibit, USIS Seoul to USIA Washington, Message, No. 14, September 26, 1961.

개발에 진전을 거두면서 인공위성 발사에 성공하고, 1961년 4월에는 유인 우주비행까지 성공하는 등 우주항공 분야에서 미국의 일방적 우위를 흔들었다. 세계정세는 이른바 '핵의 상호억제' 또는 '공포의 균형'으로 불리는 본격적인 냉전으로 성큼 접어들었다.

주한미국공보원은 이에 대응하고자 미국의 머큐리 우주비행의 두 번째 성공의 효과를 극대화하는 전략을 세웠다. 1961년 7월 27일 워싱턴으로 제출된 보고서〈Astronaut Exploitation: New Exhibit Cases in City Hall Plaza〉에 따르면, 미국공보원은 서울 시청 앞 광장에서 전시회를 개최하고 출판과 방송을 적극 활용했음을 알 수 있다. 우주인 버질 이반 그리섬 Virgil I. Grissom의 인터뷰가 언론에 폭발적으로 보도되었다. 특히 그가 한국전 당시 100회의 전투비행을 했던 조종사 출신이라는 사실이 대서특필되었다.

안보프레임 위주의 인식정렬 작업이 주도적으로 진행되는 동안에도, 미국공보원은 미국에 대한 저항감을 해소하고 한국인의 정체성과 규범에 긍정적인 영향을 미치기 위한 미국의 문화나 교육제도 등 소프트한 이슈를 적극 제기했다. 또한 미국 자본주의의 장점과 경제발전상 등 시장프레임에 입각한 다양한 이슈도 직접적이거나 간접적 미디어를 통해 한국인에게 전달했다.

1962년 1월 25일 제출된 〈1961년 서울 미국공보원 전시회 활동평가 보고서〉는 '평화를 위한 원자력'이라는 전시회 개막식에는 윤보선 대통령을 비롯해 주요 한국 관료들이 모두 참석했다. 한국상공회의소는 미국공보원의 도움으로 '외국인 투자 전시회'를 열었다. 개막식에 상공회의소 간부들이 대거 참석했다고 기록하고 있다.

전시회에 대한 미디어의 간접적 지원 보도도 뒤따랐다. 일간 신문들은 '한국에서의 외국인 투자'라는 제목을 달아 전시회를 더욱 효과적으로 홍보했다. 같은 시기 미국의 원조도 집중적으로 홍보되었다. 미국공보원은 다른 전시회 홍보 패키지와 마찬가지로 서너 개의 홍보 패키지를 교체해서 활용했다. 안보프레임 구성기(1953~1963)와 안보프레임 강화기(1964~1969), 시장프레임 도입기(1970~1980)에 이르기까지 한미관계에서 경제적 측면은 큰 틀에서 보면 정치, 군사 분야가 주도하는 정치적 이데올로기에 종속되어왔다. 이후 1980년대 시장프레임 강화기와 그 이후에 즈음해 정치적 이데올로기와 경제적 이해관계가 대립하고 상충하는 양상이 일부 드러나기도 했으나 양국 관계는 본질적으로 정치, 군사 분야를 중요하게 생각하는 미국의 이해를 반영한 공공외교, 미디어정책의 직접적인 영향을 받았다.[68]

1953년부터 1963년에 이르는 안보프레임 구성기는 정치적 이데올로기가 한미관계를 철저히 좌우하던 시기였던 만큼 시장프레임에 입각한 인식정렬 작업은 크게 두드러지지 않았다. 한국은 동북아에서 공산주의 확산을 막을 전략적 요충지로서 안보적 의미가 있었다. 이 때문에 전후 한국의 피폐된 경제를 살리고 지속가능한 경제발전을 위한 토대를 마련해 주고자 미국은 정치, 경제, 군사적 보호와 함께 막대한 원조를 제공했다. 군사적 관계인 한미동맹은 동맹의 이행과정에 경제원조를 전제하고 있었다. 당시 미국이 행한 경제원조의 궁극적인 목표는 한국의 민생 안정과 경제 부흥을 통한 국가방위력 강화에 있었기 때문에, 전영재와 같

---

68 전영재(2005), pp. 25-26.

이 경제원조가 일종의 간접적 군사 원조의 성격을 띠고 있다는 분석을 내놓는 학자들도 있다.

한미상호안보조약 체결 이듬해인 1954년 11월 17일 한미 양국은 군사 및 경제원조에 관한 합의의사록에 조인했다. 그 결과 전후 복구와 경제 부흥을 위한 엄청난 경제원조가 가능해졌다. 한국전쟁 이전 주한 미국대사인 무초John J. Muccio가 군사적 지원이 결여된 한미 우호통상조약 체결 협의를 제의해왔을 때, 이승만 대통령이 이를 거부한 것은 군사동맹을 통한 이 같은 포괄적 지원을 염두에 두었기 때문이다.[69] 해방 이후부터 1950년대 말까지 한국이 외국으로부터 받은 원조는 총 27억 달러 규모였다. 그중 미국의 원조가 21억 달러로 전체의 80퍼센트를 차지했다.

동맹 초기 제공된 원조는 농산물, 최종 소비재 형태로 기계시설과 같은 고정자본은 아니었지만 국내 고정자본의 형성을 도와 한국 경제의 성장에 기여한 것으로 평가된다. 1954년에서 1959년까지 한국의 연평균 성장률이 5.1퍼센트에 달한 것이 증거로 제시된다. 잉여농산물에 대한 원조가 국민의 영양 상태를 높여줌으로써 인적 자본의 형성을 촉진했으며, 군사원조는 한국이 부담해야 할 방위비를 경감시켜줌으로써 국내 자원이 비국방 부문에 유입되고 축적될 수 있었다는 주장도 있다.[70]

미국의 잉여농산물 원조실적(단위: 1000달러)

년도	56	57	58	59	60	61	62	63	64	65	계
금액	32,955	45,522	47,896	11,439	19,913	44,926	67,308	96,787	60,985	59,531	487,265

한국은행, 《경제통계연보》, 각 해당 연도.

---

69   차상철(2004), p. 32.
70   Ibid., pp. 30-31에서 재인용.

반면 김희철 등은 원조물자 지원과 배분 과정에 대한 비판적 인식을 제기하고 미국식 자본주의를 통한 한국 경제의 발전가능성에 비관적 전망을 내놓기도 한다. 전쟁 발발 직후인 1950년 미군사령부 '한국민간구호계획Civil Relief in Korea'에 의해 시작된 구호물자 지원은 1956년까지 4억 55700만 달러어치가 지원되었으나, 3분의 2가 식료품과 의류 등이었고 1956년부터는 '농산물수출원조법Agricultural Trade Development & Assistance: Public Law 480'에 기초한 잉여농산물 원조가 주류를 이루었다. 하지만 직접적 미디어와 안보프레임의 주도하에 이 같은 이견들은 통제 범위 내에서 관리되었다.[71] 그 결과 미국은 어디까지나 부의 원천이며, 친절한 원조국의 이미지로 한국인에게 각인되기에 이르렀다.

공공외교 네트워크 기반 조성

주로 직접적 미디어를 통해 안보프레임을 강조하는 인식정렬 패턴이 구사된 이 시기에 눈에 띄는 현상은, 미국이 한국에 대한 인식정렬 작업에 주요한 인프라로 작용할 인적 네트워크 조성을 위한 기반 사업을 착실히 수행했다는 점이다. 인적 네트워크는 인식정렬 작업의 성공을 위해 없어서는 안 될 중요한 시스템으로써 미디어 수단에 따라 간접적 미디어로 분류할 수 있다. 인적 네트워크는 인식정렬 작업에 제기된 의제들을 전 사회적으로 퍼뜨리고 개인의 인식변화를 심화시키는데 매우 효과적이다. 인식정렬 작업의 주체를 미국인이 아닌 현지인들로 전환하는 것은 인식정렬 작업의 '은밀성'을 제고하고 혹시 모르는 현지 국민의 '반발 가

---

71   전영재(2005), pp. 26-27.

능성'을 최소화하는 장점이 있다.

　인적 네트워크의 구성은 주로 교육 분야가 담당했으나, 소통과 관리, 강화는 주로 정보교류와 동정보도를 맡은 언론이 수행했다. 미국은 안보 프레임 구성기 초반부터 한국 사회 각 분야의 오피니언 리더들을 발탁해 미국으로 장단기 연수와 유학을 보내는 이른바 '교육, 문화교류 사업'을 시행했다. 우선 안보프레임 구성기인 1953년부터 1963년 사이 주한미국 대사관이 본국 국무부로 보낸 네 차례(1957, 1962, 1963.1, 1963.12)에 걸친 〈교육, 문화교류 보고서〉에 대한 실증적 분석을 통해, 한미동맹 초반 미국의 대한 인적 네트워크 구성을 위한 작업이 어떤 전략하에 이루어졌고, 그 결과 한미관계는 어떤 양상으로 전개되었는지 살펴보자.

　1957년 8월 22일, 주한 미 대사관 공보담당관 헨리 F. 아놀드는 미국 국무부로 보낸 〈1957 회계연도 교육교류 연간 보고서〉 서두에 교육교류의 목적을 명확하게 밝히고 있다. 교육교류의 일차적 목적은 다름 아닌 한미관계 유지, 강화를 위한 '인적 네트워크 구성에 있다'는 것이다. 50년이 지난 과거에 미국은 이미 공공외교의 중요성과 개념에 대해 충분히 이해하고, 막대한 예산을 써가며 교육교류 활동을 벌여왔음을 알 수 있는 대목이다. 이런 교육교류 활동의 확실한 목적의식으로 말미암아 미국은 흔들림 없이 동맹국을 관리할 수 있었다.

> "한국에서 교육교류 목적은 1)한국인으로 하여금 미국인과 미국정부에 대한 이해도를 높여 미국의 목표와 정책에 대한 신뢰를 높이고, 2)한국의 민주화 발전에 기여할 수 있는 참여자들을 준비시키며, 3)본국에 있는 미국인들과 오랜 친분관계를 유지하고 주한미국대사관 요원들이나 USIS와도 원활한 관계를 유지함

으로써 서로 이해증진을 도모할 한국사회 주요부문의 핵심 인물 집단을 구성하기 위해서이다."[72]

교육교류는 미 국무부가 전 세계를 상대로 진행해온 공공외교 활동의 주요 수단이었다. 한국에서는 1957년 보고서가 나오기 7년 전인 1950년부터 미미하게 시작되었다가 한국전쟁이 발발하지 중단된 바 있다. 1953년 한미동맹 수립 이후 교육교류의 필요성이 제기되어 1956년부터 본격적으로 시작되었다. 이는 1948년 스미스-문트법에 의해 진행하던 인적교류 풀브라이트-헤이즈법의 통과로 미국해외공보처를 통해 본격적으로 수행한 결과로 분석할 수 있다. 안보프레임 구성기에는 미국에서 공부를 마치고 돌아온 전문 인력이 한국 내에 그리 많지 않았다. 교육계와 정부 등 일각으로 그 활동이 제한되어 있었다. 주한미국대사관은 교육교류 대상으로, 교육, 정치, 행정, 법조, 의학, 언론, 경찰, 노동운동, 문화계 인사 등을 뽑아 각 분야의 우수한 인적자원을 장학생으로 선발, 육성함으로써 이들이 한미동맹의 제반 사안들을 '미국의 관점에서 보도록' 유도함으로써 한미동맹체제를 유지하고 강화하는 방향으로 한미관계를 전개시키도록 하겠다고 향후 계획을 밝히고 있다.

"미국에서 공부한 한국인들은 귀국 후 더 큰 책임감을 가졌고, 이중 대부분이 지도자 역할을 훌륭히 수행해냈다. 많은 문제에

---

72 Educational Exchange : Annual Report, Fiscal Year 1957, American Embassy Seoul to the Department of States Washington, DESP. NO. 124, by Henry F. Arnold, Public Affairs Officer, August 22, 1957, p. 1.

있어서 미국의 관점으로 바라보게 되었고 자신의 분야에서 새로
운 지식과 민주주의적 관습을 퍼트렸다. 한국은 오랫동안 고립
되어 있었기 때문에 바깥세상에 대한 잘못된 정보와 단견短見을
가지고 있다. 미국에 대한 이해는 그들이 개인적으로 만나 온 미
국인들만을 통한 것이기 때문에, 편견과 잘못된 정보를 고치기
위해서는 그들이 직접 미국을 체험해 보도록 해야 했다."[73]

주한미국대사관은 한미동맹 수립과 함께 재개된 교육교류 프로그램
에 대한 보고에서, '벌써부터' 교육 프로그램이 충분한 성과를 내고 있다
고 자평하고 있었다. 보고서는 1956년과 1957년에 진행한 한국인 장학생
들의 복귀 후 활동상에 대해 분야별로 자세히 기록하고 있다. 먼저, 학계
에 대한 보고에서 '13개 대학에서 14명의 교수, 2명의 석좌교수가 도미했
고, 19명의 젊은 교수와 3명의 석좌교수가 내년 프로그램을 위해 선발되
었는데, 이들 한국인 학자는 학문적 발전과 과학적 성취의 원천이 미국
이라고 생각하고 있다'고 적고 있다. 당시 국내 학계는 일본 유학파가 주
류를 점하고 있었으나, 이 시기를 기점으로 교육교류 등을 통해 조성된
미국 유학파들이 급격히 들어왔다. 보고서는 미국 신학문의 국내 유입
거점 역할을 수행했던 연세대학교의 예를 들어 학계의 미국화 현황을 구
체적으로 밝히고 있다.

"미국에서 2년간 학업을 마치고 연세대학교로 돌아온 미국 선교

---

73   Ibid., p. 2.

사 출신 교수가 말한 바로는, 지난해 미국에서 공부를 마치고 돌아온 많은 젊은 교수들이 학교 발전에 혁혁한 기여를 하고 있다. 전쟁 전 연세대학은 총장과 교직원 3~4명 정도만이 미국 유학파였다. 하지만 요즘 연세대학교에서 전임으로 교편을 잡은 교수들 58명 중 절반가량인 26명이 미국 유학파이며, 강사 12명 모두는 미국 유학길에서 막 돌아온 사람들이다. 인문대 교수 20명 중 8명이 미국에서 공부했으며, 상대는 6명 중 1명, 공대는 16명 중 8명, 정치학과 법학은 7명 중 4명, 신학은 9명 중 5명이 미국에서 공부했다." [74]

정치계와 입법, 행정부에 대한 교육교류 지원자들은 엄청난 경쟁률을 보였다. 총무처는 최고위 관료가, 교육부와 보건부는 차관이 행정 전문가로 발탁되어 미국을 방문했다. 국회의원 7명으로 구성된 2개의 그룹이 미국 국회와 정부를 연수했다. 국회의원들은 출국 전 주한미국대사관 직원에게 매일 영어 수업을 받았다. 국회의원 4명은 각각 국회 상임위원회 위원장이었으며, 나머지 3명도 각 당의 주요 당직자였다. 이처럼 당시 주한미국대사관이 주최하는 미국무부 국비 연수 프로그램은 권력의 상징이었으며 미국을 통한 성공의 보증수표로 인식되기 시작했다. 이들은 귀국해서는 미국과 미국 문화의 예찬론자로 활동하며, 한미동맹 강화를 위한 전도사 역할을 자임했다. 아래는 교육교류 프로그램 수혜자들의 귀국 후 활동상에 대한 꼼꼼한 평가 실태를 파악할 수 있는 내용이다.

---

74 Ibid., pp. 2-3.

"이들이 귀국하고 난 뒤, 신문과 연설에 미국 정부와 미국인을 긍정적으로 표현하는 표현이 많이 보였다. 총무처 고위 간부인 신 모 씨도 내각에서도 역할을 하고 있다. 그는 공무원 채용을 발전시켰으며, 한국 고시 시험의 질과 범위를 넓혔다. 김용신은 또 다른 행정 전문가로 그의 책은 미국의 행정제도를 한국에 가르쳤고, 연수 동안의 생각을 담은 책 3000부를 찍어 지방 공무원들에게 나누어주었다."[75]

법조인 교육프로그램에 대해 보고서는 '미국에서 교육을 받은 한국인 변호사 2명이 미국인 전문가와 다수의 미국인 교수들의 도움을 받아 한국법학원Korean Legal Center을 발족했다'고 적고 있다. 이 단체는 향후 한국 법학계와 법조계를 아우르고 한국인을 상대로 개인과 사회, 국가 간의 관계를 규정하는 이른바 '리걸 마인드legal-mind'를 조성하는데 큰 몫을 담당했다. 한국법학원韓國法學院은 법조계와 학계를 포함 1만 명이 넘는 회원을 보유한 국내 최대의 법률 전문가 단체로 2006년 6월 22일에 창립 50주년을 맞아 대규모 학술대회를 개최했다. 이날 이재후 학국법학원장은 '한국법학원의 역사는 한국 법조의 역사'라고 규정하기도 했다.

반세기 전 미국이 효과적인 대한 인식정렬을 위해 착수한 인적 네트워크 조성 사업은 법조계와 법학계에서도 미국이 애초 내건 '미국의 목표와 정책에 대한 신뢰를 높이고, 서로의 이해증진을 도모할 한국 사회 주요 부문의 핵심인물 집단을 구성한다'는 목표 달성에 성공한 것으로 평

---

75   Ibid., pp. 3-4.

가된다. 보고서는 학국법학원이 한국 변호사들에게 매우 중요한 모임이며, '그들이 학습하고 성장할 수 있는 기회를 마련해 준다'고 기록되어 있다. 실제로 법부장관 김윤근과 현직 법무장관 민복희 씨가 이때 미국 연수를 다녀왔다. 귀국 이후 이들 역시 미국에 대한 '긍정적인 기사를 신문에 냈다'고 평가했다. 두 법무장관은 학국법학원은 물론 한미동맹 직후인 1953년 창립된 대한국제법학회의 회원이기도 했다. 대한국제법학회는 창립 당시 회원의 3분의 1이 미국인, 나머지 3분의 2가 한국인으로 구성된 단체였다.

이밖에 판검사들의 연수도 활발히 전개되었다. 9명의 판사가 1956년 11월 귀국했으며, 이어 판검사 8명이 선발되어 출국을 준비하고 있었다. 보고서는 이들이 교육교류 프로그램에 매우 적극적이었으며, '책임감을 완수하는 미국의 힘과 양심에 대해 놀라워했다'고 적고 있다. 동맹 초기인 이 시기에 미국은 한국 사회 시스템의 구축과 인식정렬의 기조 구성을 위해 법조계와 법학계에 많은 관심과 지원을 쏟은 것으로 분석된다.

의료 부문에 있어서의 교육교류 프로그램도 활발히 이뤄졌다. 1957년 봄 교포 2세이자 캘리포니아 대학의 병리학 교수인 헨리 문Henry Moon 박사가 한국의 6개 의과대학에서 병리학 발전에 대해 강의했다. 강의를 통해 각 대학 의대학장들은 대학의 커리큘럼, 교수법 같은 문제에 대해 협의했다. 보건부장관 출신으로 당시 이화여자대학교의 부총장을 맡고 있던 최재유 씨는 1957년 미국 연수를 마치고 귀국해 대한의학협회(현 대한의사협회)에서 유학 내용을 강연했다.

미국은 한국에서 인식의 미국화를 심화하는 인적 네트워크의 조성과 소통에 중요한 소임을 담당할 언론인에 대한 교육교류 프로그램 역시 중요하게 다루었다. 1956년에 이어 두 번째 연수단이 미주리 대학에 다녀왔는데, 이들은 연수의 목적으로 5개월 동안 미국의 신문사에서 일하기도 했다. 연수에 대한 반응이 좋아서 귀국 후 모두가 프로그램에 대해서 매우 좋은 평가를 했다며 언론인들의 '협조'가 기대대로 한국 내 인적 네트워크 조성에 큰 도움을 주고 있다고 미국공보원은 본국에 보고하고 있다.

> "연수를 다녀온 젊은 언론인들은 저마다 신문사에서 책임감 있게 일하고 있다. 또한 젊은 언론인을 뽑기 위한 '선발 위원회'는 한국편집협회와 그 밖의 언론단체 등과 소통하는 데 큰 역할을 했다. 많은 한국인 편집자들이 우리의 교류 프로그램에 대해 칭찬하고 있고, 한국에서의 전문가 그룹 양성에 큰 도움을 주었다."

방송 언론인에 대한 별도의 관심도 이어졌다. 라디오 프로그램 전문가들이 1956년 8월 첫 연수를 마치고 돌아왔다. 연수생 중 당대 최고의 라디오 방송작가로 꼽히던 조남사 씨는 연수 후 미국공보원의 특집 방송 대본을 수차례에 걸쳐 집필했으며, 마찬가지로 방송인 윤길구 씨는 연수 후 미국공보원과 긴밀하게 협조하며 라디오 프로그램 전체 책임을 총괄했다. 1957년에는 KBS의 라디오 부국장과 당시 유일하던 TV 방송의 편성국장이 교육교류 연수자로 선발되어 보스턴 유학길에 올랐다. 경찰 부문에 대한 교육교류는 1957년 교육교류 실시 이후 3번째로 4명의 경찰 간부에 대해 시행했다. 경찰 부문은 민주적인 사회질서를 고양하고 미국에 대한 이해를 높이고 한국 사회 통제와 치안수준을 높이려는 의도가 있었다. 장학생들은 연수 내용을 경찰 잡지에 실었고, 모두가 연수 프로그램이 큰 도움이 되었다고 평가했다.

이 밖에도 1957년에는 노동계에 대한 교육교류가 노조 간부 3명에 대해 처음으로 시행되었다. 이들 역시 연수 이후 미국에 대해 '특별히 우호적'으로 변했고 노조 지도자들이 연수생으로 선발되도록 도왔던 주한미국대사관의 경제 담당 요원들은 "이들 노조 지도자들로부터 협조를 받을 수 있었다"고 적고 있다.

문화계에 대한 인적 네트워크 조성도 시작되었다. 우선 지도적 문화계 인사 두 명에 대해 일 년간 연수가 이뤄졌다. 연수에 다녀온 당시 《사상계》 주간 김성한 씨는 연수 후 '미국공보원이 요구하는 기사를 매달 잡지에 실었다'고 보고서는 기록한다. 또한 그가 〈소련 공산당의 20번째 의회〉〈스탈린의 망령〉〈소련의 지도층〉〈불가리아의 국민 폭동〉〈전체주의〉〈새로운 지도자의 도전〉 등을 집필했으며, 미국에서 경험한 아주 긍정적인 경험들을 두 개의 잡지에 나눠 싣기도 했다고 적고 있다. 또 다른 문화계 인사인 시인 모윤숙 역시 귀국 후 미국의 문화적 성취와 민주적 활동 그리고 미국 문화 지도자들이 보여준 친절함 등을 상찬하는 기사를 서울의 6개 주요 신문에 게재하고 한국의 펜클럽과 서울의 여성단체 모임 등에서 연수 경험을 강연했다.

주한미국대사관이 본국 국무부의 전액 장학금으로 운영하는 연수 프로그램 외에도 주한미국 대사관이 부분적이지만 자체적으로 지원하는 교육교류 프로그램도 적지 않았다. 미국공보원은 1957회계연도에 두 명의 젊은 미국인 사회자들이 록펠러재단의 도움을 받아 한국의 지역개발 프로젝트를 수행하도록 지원해주었다. 극작가 유치진도 미국공보원의 추천으로 록펠러재단의 학비 지원을 받았다. 1957년 6월 귀국한 유치진은 미국의 연극과 미국인의 성품, 그리고 한미 간 문화교류의 필요성에 관해 서울의 여섯 개 신문에 무려 40편의 기사를 게재했다.

"귀국 후 유치진 씨가 게재한 기사들의 주요 내용은 미국인의 진정한 우정, 미국의 산업, 미국 문화에 있어서 미국인의 창의력 등에 관한 것들이었다. 또 유치진은 나아가, 다섯 개의 잡지에 기사를 게재하기도 했다. 유치진은 한국의 라디오 방송에서 미국의 연극에 관해 이야기했고, 한국의 문화단체나 자유당의 지도자들을 교육하는 연수원에서 이 같은 내용의 강의를 하기도 했다."[76]

대사관과 협조해 한미동맹의 핵심적 우호세력 육성에 앞장선 대표적 기관은 '풀브라이트재단'이다. 풀브라이트재단은 미국의 공공외교에 특히 지대한 소임을 담당했으며, 한국은 풀브라이트재단 활동의 대표적인 성공 사례로 꼽히고 있다. 실제 풀브라이트재단의 한국 관련 활동은 전세계 교육교류 프로그램 대상 국가 148개국 중 가장 성공적인 것으로 평가받고 있다.

1963년 한미교육위원회가 발족한 이후 이 재단은 양국 정부에서 대표성을 인정받아 적지 않은 재정 지원까지 받을 수 있었다. 한미동맹 반세기를 지나는 동안 재단은 한국인 1620여 명과 미국인 1470명을 포함해 총 3090명 이상의 장학생을 배출했다. 이들은 한미 양국에서 학계를 위시해 사회 각 분야에서 주요한 위치를 점하면서 한미동맹체제를 굳건히 유지하는데 주도적인 인적 네트워크로 작용해왔다.

1957년 미국공보원은 일본에 체류 중인 미국인 학자 10명을 초청했

---

76   Ibid., p. 8.

고, 풀브라이트는 그들에게 2주간 한국 내 강의 여행을 주선해주었다. 풀브라이트재단과 함께 한국인 교육교환 사업에 동참한 단체는 아시아재단으로 이 단체는 주로 재정 지원을 담당했다. 아시아재단은 1954년 샌프란시스코에서 본부를 발족함과 동시에 한국에도 지부를 구성해 한미동맹을 유지하고 강화하는 국민 간 협력관계 조성에 크게 이바지했다. 아시아재단은 아시아 국가의 개발과 아시아-미국 간 관계 향상을 위해 만들어진 비영리 재단이었다.

아시아재단은 설립 초기 인쇄용지 공급, 최초의 근대 화랑 설립, 스포츠 발전 등과 같은 사회, 문화 부문에 대한 지원에 집중했다. 아시아재단의 대한 지원 역시, 미국의 인식정렬 활동과 마찬가지로 프레임의 변화 과정과 유사한 활동 변화를 거친다. 아시아재단의 역대 활동을 개괄적으로 살펴보면, 문화 의제에서 구체적 의제로, 정치·사회 의제에서 경제 의제로 육성 및 지원 분야를 심화시켜온 것으로 분석된다. 아시아재단은 또한 정부와 사회기관의 제도 확립, 언론 및 정치 외교 전문가 연수, 여성의 권익향상 등으로 사업을 변화시켜왔다. 최근 들어, 아시아재단 한국 지부는 변화하는 한국의 대외적 위상과 대외관계의 변화를 고려해 각종 단체의 협력을 얻어 '한국의 대미 관계와 대아시아 관계 강화, 아시아 개발도상국에 대한 지원 확장, 북한의 경제 개방 지원' 등 세 가지 주제에 관심을 집중하고 있다. 1957년 아시아재단은 미국 학자들의 국내 방문 비용을 제공하였고, 이를 통해 미국 학자들이 미국 연수를 다녀온 한국인 장학생들과 만나 정보를 교류하고 서로 연대를 지속했다고 보고서는 기록하고 있다.

교육교류 프로그램은 귀국한 장학생들이 다시 한국 사회로 돌아와 인적 네트워크를 구성하며 대한 인식정렬에 주요한 소임을 담당했다는 측면에서 주목할 만하지만, 이 밖에도 미국 공공외교 당국은 장학생 선발 과정에서 귀중한 '성공의 기회'를 배분하는 주체로서 한국사회 내에서 위상과 권위를 함께 키워나갈 수 있었다. '기회의 땅 미국'에 대한 사회 각 분야 인사의 줄 서기가 경쟁적으로 이뤄졌고, 이 같은 미국에 대한 선망은 다시 미국에 대한 긍정적인 이미지를 확대 재생산해냈다.

대학 졸업생이나 연구원 교육교류 프로그램의 경우, 한국의 모든 대학으로 장학생 선발 공고가 났다. 관련 전문가 단체나 정부 부서도 이 선발 과정에 참여했다. 신문편집위원회는 언론인 연수를 공고했고 대법원과 한국변호사협회와 법무부 역시 계획 내용을 게재했다. 총무처는 공공행정기관의 장학금 대상자 선발공고를 관보에 게재했다. 당시의 장학생 선발 경쟁은 요즘보다 훨씬 더 과열 양상을 보였다. 미국대사관으로부터 낙점을 받지 않으면 장학생 후보 명단에 오르기도 쉽지 않았다. 한국 정부는 권력과 미래의 상징으로 점차 굳어지고 있던 장학생 선발 과정에 참여시켜주도록 미국 측에 끊임없이 요구했다. 미국으로서는 인적 네트워크 구성의 핵심 요소인 '장학생 선발권'을 한국 측과 나눠 가질 의사가 있을 리 만무했다. 아래는 보고서의 내용이다.

"최근에 한국 외무부는 교육교류 프로그램을 조정하고, 장학생을 선발하는 데 있어 한국의 관계부서가 참여할 수 있도록 요구해왔다. 과거 정부 부처들은 프로젝트 대상자를 선발하는데 협조요청을 해왔고 일부 협조에 응한 바가 있지만, 지도자급 장학생을 선발하는 데는 일절 관여하지 않았다. 대신 부서 장관들은 미국 국무부에 추천장을 보내기 전에 누가 지도자급 장학생으로

지명되었는지 미리 정보를 받았다. 우리 대사관은 한국정부 장
관들과 지도자들에게 장학생 선발과 관련해 지속적으로 협조를
요청할 것이나, 지도급 장학생의 선발은 미국대사의 책임하에
이뤄져야 한다고 전했다."[77]

장학생 선발은 한미관계를 이끌어 나갈 한국의 차세대 지도자를 선발
하는 과정이었던 만큼, 이 과정을 미국이 전적으로 장악하고 있었다는 사
실은, 어찌 보면 한국 미래의 주도권을 이미 상당 부분 미국이 선점하고
있었던 것으로 분석할 수도 있겠다. 장학생 선발 과정은 미국대사관의 전
체 업무 중 상당히 중요한 비중을 차지하고 있었다. 주한미국대사관은 정
치, 경제 부문의 선발 절차를 기획하고 국회의원, 지자체장, 행정 관료, 노
조 지도자의 선발 책임을 졌고, 미국공보원은 신문기자, 라디오와 텔레비
전 관계자, 문화 프로젝트를 위한 후보의 선정을 책임지고 있었다. 이렇
게 선발된 각 분야 장학생 중 정부, 언론, 법조, 공공 부문 지도자들은 미
국의 공공외교 기조와 대한 미디어정책에 따라 국제협력단체에 속한 미
국인과 밀접한 관계를 맺도록 주선되고 이후 장기적으로 관리되었다.

"장학생들은 떠나기 전에 대사관과 공보원의 집에 초청을 받는
다. 다섯 명의 대사관 직원들은 의원들에게 고도의 영어 훈련을
시키기 위해 2달간 일주일에 두 시간을 할애했다. 이러한 밀접한
관계에서 발생하는 친밀도는 참여한 세 명의 정치적 관료와 한

---

77   Ibid., p. 8.

명의 경제 관료의 경우, '장기적인 활용가치'로 나타났다. 한국인은 일반적으로 미국에 있는 VOA에서 인터뷰 출연을 청탁하면 아주 우쭐해 한다. 그래서 많은 수의 장학생을 미국 체류기간 동안 VOA에 출연시켰다. 또한 VOA와 미국공보국은 미국에서 고등교육을 마친 한국인의 프로그램을 많이 제작했다. 특히, 미국에서 공부한 뛰어난 한국인 음악가들을 다룬 일련의 프로그램들은 한국에서 큰 환영을 받았다."[78]

이듬해인 1959년 워싱턴으로 보낸 주한미국대사관의 〈교육과 문화교류에 관한 1958 회계연도 연례보고서〉[79]는 전해와 비교하면 왕성한 활동상을 반영하고 있다. 교육교류 전체에 대한 평가와 관련해 보고서는 서두에서 '한국에서의 교육교류가 독일이나 일본 등 안정적인 나라에서 보다 성취도가 높고 효과가 명백했다'고 평가하고 있다. 한국은 우선 교육교류 프로그램에 대한 열망과 수요가 매우 컸으며, 장학생들이 귀국 후 한국 정부에서 교육, 언론, 법학, 의학 등 사회 주요 부문에서 곧바로 중요한 보직에 임명되었다. 교육교류의 효과는 한국 사회를 구성하는 데 특히 중요한 법조계와 언론계 양대 부문에서 높았다.

미국의 관점에서 볼 때, 한국의 법률 시스템은 일본과 독일의 권위적이고 관료적인 시스템이었으나, 교육교류 프로그램은 이런 전통을 변화시켰다. 4년 전만 해도 미국에서 교육을 받은 한국인 법조인은 12명 내외

---

[78] Ibid., pp. 11-12.
[79] Educational and Cultural Exchange : Annual Report, Fiscal Year 1958, American Embassy Seoul to the Department of States Washington, 1959.

였으나, 1959년에는 약 100명 정도에 이른다. 이들은 앵글로-색슨 법적 전통하의 정부와 사회적 관계에 대한 이해도를 심화시켰다. 보고서는 '장면 부대통령도 이러한 사법부에 많은 의존을 하고 있다'고 분석하고 있으며, 당시 농림부장관과 측근들의 재판도 '교육교류 출신의 법조인들이 없었다면 불가능했을 것'으로 진단하고 있다. 미국 측이 '가장 눈에 보이는 결과'로 지목한 언론계의 교육교류 프로그램은 '질은 낮으면서 정부에 대한 비판에 몰두'해온 한국 언론의 발전에 이바지하고 있다고 보고서는 적고 있다.

1957년과 1958년 동안 이뤄진 교육교류 프로그램은 전해와 비교하면 규모 면에서 조금 확대되었다. 교육계에서는 19명의 젊은 교수들이 대학원 공부를 위해 미국으로 출국했으며, 속속 귀국하는 교수들에 대한 학계의 평가는 매우 좋았다. 점차 이들의 유학 경험이 서울을 벗어나 지방 대학과 지방대생들에게 '미국의 영향력을 알릴 기회'가 되었다. 풀브라이트재단과 아시아재단의 활동도 활발하게 이어졌다. 1958년 풀브라이트재단은 일본에 있는 미국인 교수 5명을 한국에 초청해 공보원과 아시아재단의 후원을 받아 성공적인 순회강연을 시행했다.

1958년 7월 14일에는 영미 문학을 지도하는 한국인 교수 40명과 미국에서 영문학을 공부하고 온 학자들이 참석한 가운데 미국공보원에서 영문학 세미나를 개최했다. 이러한 강연과 토론은 《사상계》에 번역되어 게재되기도 했다. 세미나에 대한 사회적 관심은 대단했다. 더 많은 세미나가 전국적으로 기획되었으며, 이때마다 연수에서 돌아온 장학생들이 최대한 활용되었다. 부산대 서양사학과 조민하 교수는 귀국 후 전임 교수로 임명되었는데, 그는 유학 시절 학생회 활동에 적극적이었고 귀국 이후에는 자신과 마찬가지로 미국에서 공부를 마치고 돌아온 한국 학생들을 조직했다. 1958년 3월 조 교수는 연세대학교에서 열린 세계반공의회에 한국 대표로 참여했다. 보고서는 조민하 교수를 지방대 출신 중 연수의 대표적 성공 사례로 꼽고 있다.

스미스-문트 프로그램에 따른 방문 교수로 고려대학교에 머무는 에손 게일Esson Gale 교수는 교육 분야 교육교류 프로그램 중 가장 성공적인 사례로 소개되었다. 그는 한국 민주주의가 직면한 사회, 정치적 문제들에 대해 신문에 기사를 기고했으며 고려대의 아시아연구센터 운영과 연구에 큰 도움을 주는 등 한국의 동양학 발전에 영향을 미쳤다. 보고서는 이 밖에도 하버드 옌칭Harvard · Yenching 연구소 연구원과 록펠러재단이 함께 하는 교육교류 프로그램이 미국의 학술적 연결망을 통해 한국 등 아시아 국가의 학문 발전에 영향을 미쳤다고 기록하고 있다.

한국의 고등학교 교장들에 대해 단체로 미국 연수 프로그램을 시행했는데, 이들의 연수는 감수성이 예민한 한국의 학생들에게 좋은 영향을 줄 것으로 보고서는 기대하고 있다. 미국 측은 교육교류 프로그램의 총체적인 가치가 언론에 보도되는 내용만으로 단순히 평가할 것이 아니라, 이미 수년 동안 프로그램을 지속하면서 그 성과가 누적되고 있다고 판단했다. 연세대학교 교수의 절반이 미국에서 유학했고, 이 같은 현상은 서울 소재 큰 대학뿐만 아니라 지방 대학에까지 퍼져 나가고 있었다. 보고서는 한국 학계에서 처음으로 지역 대학의 연구 풍토 전반에 걸쳐 미국의 영향력이 나타나고 있다고도 밝혔다.

전남대학교를 예로 들어, 총장인 최상채 박사가 1953년 처음으로 미국을 방문한 이후 다른 교수들에게도 미국 연수를 권해서 4년 만에 25명의 전남대학교 교직원이 미국에서 연수하고 있었다. 미 공공외교에 중요한 전기를 마련한 스미스-문트 프로그램의 연구 지원은 신생 대학교수들에게도 이뤄졌다. 미국공보원은 이들 신생 대학에 대해서도 교육교류 프로그램에 있어 우선순위를 두어 관리했다. 교육계와 마찬가지로 정치, 국회, 행정 분야의 교육교류 프로젝트는 매우 괄목할 만한 성과를 내고 있었다. 1959년 보고서가 작성되던 시점에 이미 한국 정부의 요직은 대부분 미국에서 공부를 마치고 돌아온 장학생들이 차지하고 있었다. 미국 공보원은 '미국 유학을 마치고 돌아온 사람들에게서 리더십과 명성, 자신감 등을 찾아볼 수 있었다'고 적고 있다.

신언한은 형법 행정관련 교육교류 장학생으로 미국으로 유학했다가 귀국 후인 1958년에는 검찰국장에서 법무부차관으로 승진했다. 세브란스의대를 나온 최재유는 1956년 의학 지도자 자격으로 교육교류 프로그램 대상자에 선정되었고, 이듬해 귀국 후인 1957년 11월 당시 문교부장관에 임명되었다. 손원일은 연수 후 국방부장관에 임명되었다. 국회의원 8명도 같은 기간 교육교류를 다녀왔다.

법조계에 대한 교육교류 프로그램도 강화되었다. 보고서는 한국 법조계에 한국전쟁 전에는 미국의 영향력이 전혀 없었으나 1959년 미국 연수를 마친 법조인이 100명이 넘는다고 밝혔다. 한국의 법률제도는 전적으로 미국의 영향하에 발전하고 있었다. 창립 3년 만에 한국법학원은 더 큰 조직으로 발전했다. 1959년 당시 25명이 넘는 법률전문가와 법대 교수들이 활발히 활동하고 있었으며, 《정의》라는 잡지를 격월간으로 발행했다. 이들은 외국회사와 외국인 사업가들을 위해 한국 법을 영어로 번역하는 작업도 벌였다. 외국인 사업가들은 한국법학원에서 만나 한국의 법률제도 개선을 위해 함께 노력했다. 이밖에 회원들은 한국 내 모든 사회적 이슈들에 대해 상시로 토론했다. 조봉남과 그의 측근들에 관한 재판을 논의한 결과 1949년과 1950년에 있었던 '정치적' 재판들이 검찰 측의 주장이 무리한 것이었다는 의견도 제시되었다. 서울대학교 법대 김기두 교수는 법학 분야 교류 프로그램을 통해 하버드 대학에서 형법을 수학했으며 이후 법대 학과장과 한국형법학회 활동을 주도하며 많은 한국 학생들에게 영향을 미쳤다.

법조계만큼이나 교류에 따른 효과가 높았던 언론계에 대한 교육교류도 계속되었다. 관훈클럽은 지난 1956년 11명으로 시작한 회원들이 1959년까지 41명으로 늘었으며, 모두 현업에서 활발하게 활동했다. 관훈클럽은 1955년 9월 24일, 미 국무부의 교육교류 프로그램에 의해 선발되어 노스웨스턴대학에서 6개월간 연수를 마치고 돌아온 11명의 한국 기자들이 발족했다. 회원들은 미국대사관의 시험을 거쳐 1958년에는 4차에 이르기까지 지속적으로 노스웨스턴대학으로 연수를 다녀왔다. 미국공보원(당시 Miss Ann Thomas, McKnight 등이 담당자)은 출판 자금은 물론 회의 장소를 마련해주는 것은 물론 언론 관련 강사를 초빙해주는 등 적극적인 지원을 아끼지 않았다. 이처럼 미국 연수자들이 중심이 되어 창립, 운영된 관훈클럽은 1981년부터는 신영기금의 도움으로 언론인 국외연수를 자비로 직접 실시하게 되는데, 역시 주요 연수 대상국은 미국이었다. 2006년 9월까지 해외연수를 다녀온 언론인 63명 중 82퍼센트인 52명이 미국을 다녀왔다. 관훈클럽은 자신들의 의도 여부와 상관없이 미국으로서는 공공외교상 대한 인식정렬의 주요 거점으로 작용해온 것으로 분석된다.

다시 과거로 돌아가 보자. 1958년 한 해 동안에도 11명의 장학생이 노스웨스턴대학의 언론 프로그램을 마쳤다. 귀국 후 장학생들은 적극적인 책임감을 보임으로써 프로젝트가 성공적이었다는 사실을 보여주고 있으며, 이들은 영향력은 언론, 사회 전반에서 감지된다고 미국 측의 보고서는 분석하고 있다. 이 보고서는 또 '신문의 역할을 제한하는 법률이 제정된 지 일 년이 지났지만 정부는 아직 언론에 간섭하지 않고 있으며, 언론도 민주발전에 힘을 기울였다'고 평가했다.

미 국무부가 주한미국대사관의 주관으로 시행하는 교육교류 프로그램 외에도 기타 단체들의 협조로 이뤄지던 각종 연수 프로그램도 계속이어졌다. 국제교육연구원이 한국인 장학생 5명에게 도움을 주었고, 하버드 옌칭 연구소나 밴더빌트대학교의 연수 프로그램도 계속되었다. 주한미국대사관 측은 《뉴욕 헤럴드 트리뷴》 포럼을 위한 한국인 고등학생 지원자를 선발하기도 했다. 이 포럼은 '미국의 이해를 증진하고 편견을 없애는데 좋은 기회를 마련'해주는 등 공공외교의 목적을 달성하는데 좋은 결과를 낳고 있다고 〈교육과 문화교류에 관한 1958 회계연도 연례보고서〉는 평가하고 있다.

4년 뒤인 1963년 1월 16일 주한미국대사관이 워싱턴에 보고한 〈교육과 문화교류에 관한 1962 회계연도 평가보고서Educational and Cultural Exchange: Final Report of the Exchange Program for the Period of 1 July 1961 to 30 June 1962〉를 분석해 보면 교육교류 프로그램은 이전보다 훨씬 고강도로 진행된 것을 알 수 있다. 안보프레임 구성기 마지막 해에 작성된 이 보고서는 한국 내 정치적 불안정 속에서도 전체적인 규모 면에서 교육교류 프로그램이 증가세를 유지하고 있다고 기록하고 있다.

1961년 5.16쿠데타로 집권한 박정희 정권이 출범하자 미국의 교육교류 프로그램은 한동안 정상적인 진행이 불가능했다. 특히 박정희 정권에 대한 미국의 불신과 민주적 제도의 실종으로 교육교류 프로그램을 거친 정치인과 정부 관료의 의도대로 긍정적인 효과를 산출할 수 없었다. 제도 정치는 억압되었고, 관료는 대거 군 출신자로 대체되었기 때문이다.

상대적으로 기존 인맥의 영향력도 줄어들었다. 결국 이 시기 미국의 공공외교정책은 급격히 변화한다. 교육, 문화 프로그램의 대상이 정치인과 관료 위주에서 학술, 문화, 예술 분야로 전환되었다. 미국은 한국의 정치, 사회적 변화를 예의주시하며 '침착하게 기다리는' 입장을 취하면서도 전체적으로는 교류 프로그램의 고삐를 늦추지 않았다. 박정희 정권의 출범은 기존 미국의 대한 공공외교의 근간을 흔드는 사건이었음은 분명하다. 미국 공공외교 당국은 한국 장학생 선발권을 두고 이전 정부와 신경전을 벌여왔으나, 단 한 번도 주도권을 잃은 적이 없었다. 하지만 그간 특권적 지위를 박정희 정부는 일거에 박탈했다. 장학생 선발권을 한국 정부가 환수한 것이다. 1963년 보고서는 박정희 정부에 대해 강력한 불만을 제기하면서 이렇게 시작한다.

"1961년 5월부터 시작된 군사정부가 계속 정권을 이어가고 있다. 교육, 문화교류 프로그램은 한국군 중장 1명과 육군대령 3명으로 구성된 국가재건위원회 산하 하부 조직에서 실행을 주도하고 있다. 국가재건위원회 위원장의 승인과 위원회 산하의 하부 조직들 사이에 의견 조정을 거치고 나면, 위원회의 정책은 비로소 각 장관실로 전해졌다. 시행단계는 장관 산하의 여러 부서가 맡게 되지만, 많은 경우 한국의 중앙정보부와 경제기획원의 협조가 필요했다." [80]

---

80 Educational and Cultural Exchange : Final Report of the Exchange Program for the Period of 1 July 1961 to 30 June 1962, American Embassy Seoul, 16 January, 1963, pp. 3-4.

미국이 예상하지 못한 박정희 정권의 출범은 기존 미국의 대한 공공외교의 근간을 뒤흔든 사건이었다.

그렇지만 '전체 교류 프로그램의 규모와 한국 내 미국 정부 활동에 대한 장학생들의 기여 측면에서 평가하자면 교육교류는 대체로 성공적'이라고 미 공공외교 당국은 자평했다. 1961, 1962 회계연도 동안 한국인 전문가 53명이 하와이대학 동서센터의 지원으로 미국 유학길에 올랐다. 동서센터는 지난 1960년 미국 국회가 미국과 태평양, 아시아 국가의 국민 사이에 이해와 관계 증진을 위해 설립한 연구 및 교육 기관이다. 미국 국회는 '아시아-태평양 공동체의 주요 의제에 대해 연구, 교육, 토론의 장을 제공함으로써 이 지역 공동체의 평화적 발전에 이바지하고자 이 센터를 만들었다'고 밝혔다. 이 단체는 미국 정부의 지원금과 개인 또는 단체, 기업 및 미국 내 주 정부들의 지원에 의존하고 있다.

그런가하면 미국인 각계 전문가 113명이 한국에 있는 미국교육위원회와 국무부, 대통령 프로그램의 지원을 받아 한국에 파견되었다. 보고서는 1963년 현재, 미국 정부가 미국 유학에서 돌아온 한국인과 미국에서 파견된 미국인으로부터 받은 도움의 정도를 쉽게 확인할 수 없다고 적고 있다. 한국의 교육정책을 군사정권의 최고 지도자들, 즉 국가재건위원회가 독점적으로 결정하고 있기 때문이었다. 주한미국대사관 측은 '모든 지시는 위로부터 내려오며, 교육 전문가나 대학 당국, 교수들의 자치권이 거의 인정되지 않고 있다'며 불만을 토로했다. 군사정권 출범 이전 미국 연수를 다녀온 장학생들이 박정희 정권 초반 각종 정책결정 과정에 거의 영향력을 미치지 못하고 있었던 것이다. 미국은 박정희 정권의 출범으로 자칫 한국이 동맹국으로서의 전략적 기능을 상실하거나 통제 불능 상태에 빠질 것을 염려하는 기색이 역력했다. 1961년 이후 미국무부의 지시를 받은 주한미국대사관 측이 한국 내 잠재적 지도자 그룹과 여론 지도층에 대한 정밀 분석을 수행하기 시작하고, 인식정렬 작업을 위한 한국 내 인적 네트워크의 포섭 대상을 재구성한 것도 바로 이런 이유 때문이었다. 이 무렵부터 한국 내 다양한 부문으로부터 미국은 한국 민주주의 발전을 위한 적극적 역할을 본격적으로 요구받았다.

이 시기 미국 연수는 한국 내 불안한 정치상황 탓에 귀국하지 않는 참가자가 발생하는 등 교류 프로그램 시작 이후 처음으로 운영상의 문제점이 드러나기도 했다. 특히 《사상계》에 글을 발표하던 함석헌은 일반 문화분야의 장학생으로 선발되어 미국 연수 길에 올랐으나, 이후 한동안 미국 측과 연락이 되지 않았으며, 미국 측은 그가 추가로 유럽 여행을 하고 있으며 앞으로 돌아올지 여부가 불확실하다고 추정하고 있었다. 심지어 함석헌은 미국 연수 중에 미국인과 미국의 문화, 외교 등에 대해 '비판적'인 내용의 기사를 기고하기도 했다. 해당 매체는 재미있게도 《조선일보》였다. 정부 측을 대표한 장학생인 이석기는 연수 후 일본으로 넘어가 박정희 정권에 대한 반정부투쟁을 벌이기도 했다.

　앞서 살핀 대로 정부는 물론 법조계 쪽의 장학생들은 박정희 군부정권의 출범 이후 별다른 영향력을 발휘할 수 없게 되었다. 전체 7명의 장학생 중 두 명은 변호사 개업을 했고, 서선규는 귀국 후 정부에서 자리를 얻지 못했다. 이석기는 일본으로 정치적 망명을 떠났는가 하면, 김동조는 미국에 그대로 눌러 앉았다. 황산덕은 수감되었다. 물론 훗날 황산덕은 문교부장관과 법무부장관을 지내며 군부정권의 핵심으로 부상한다. 남홍수도 은퇴해 강단에 서는 등 모두가 이전의 지위와 영향력에서 배제되었다. 보고서는 당시 여건상 '역대 장학생들 중 누구도 한미관계에 현저하게 좋은 영향을 줄 직위나 지도자 프로그램이 계획한 직위에 있지 않다'고 우려하고 있다. 이런 가운데 여성계 인사 2명에 대한 연수는 한국 여성의 잠재력 발전에 중요한 역할을 하게 될 것이라고 보고서는 적고 있다. 경제계 대표로 유학길에 오른 권혁소는 연수가 끝난 이후에도 한동안 미국을 여행하고 있었다.

　정치적 불안이 가중되는 탓에 한국 내 인식정렬 작업에 어려움이 계속되고 있는 가운데도, 미국은 언론에 대한 인적 네트워크 구성에 힘을 다했다. 보고서는 이 시기 '신문, 잡지계에 대한 교류 프로그램은 미국이 할 수 있는 가장 가치 있는 것들 중 하나'라고 적고 있다. 한미동맹 체결 이후 10년간 한국 언론인 50명 이상이 미국에서 교육을 받았다. 이들은 대부분 한국 언론계에서 영향력 있는 위치를 점했다. 이들은 시그마 델타 카이Sigma Delta Chi[81]의 첫 번째 극동지부를 설립하고자 미국 기자들과 협

81　1909년에 창설한 미국 언론인 연구 친목 단체로 1988년 직업언론인협회SPJ로 개편했다. 회원만 1만 명이 훨씬 넘는 미국 최대 규모의 언론 단체이다. _편집자

조하기도 했다. 보고서는 인적 네트워크를 만드는데 있어 언론이 그 구성과 소통에 있어 막강한 역할을 하는 점을 인식하고 '신문, 잡지계가 전 영역의 교육교류 프로그램에 대해 큰 영향을 끼쳐왔다'고 인정했다. 국무부 지원 프로그램 외에도 각종 외부 단체의 지원으로 영문학과 건축학 등 다양한 분야에 걸쳐 전문가들의 미국 연수가 진행되었다. 하와이 동서센터의 2년 단위 장학재단 프로그램에 6명의 유학생이 들어갔다. 동서센터는 짧은 시간에 급격한 발전을 거듭하고 있으며, 3년 동안 매년 모든 분야에서 25명 내지 40명의 유학생을 받을 수 있을 것이라고 보고서는 예상했다.

변화하는 미국의 공공외교 전략과 한미관계

제4장

안보프레임 강화기 :
1964~1969

냉전체제의 강화와 이념공세

한국 내 대미 불신의 극복 전략

냉전 초기에 소련은 힘의 열세를 극복하고 핵무기 개발에 진전을 이룬다. 나아가 인공위성 발사와 유인 우주비행까지 성공하는 등 전략과학 분야에서 미국의 일방적 우위가 위협받자 세계는 바야흐로 '공포의 균형'이라 불리는 냉전 속으로 성큼 빠져든다. 1964년 핵 개발에 성공한 중국도 미국에게는 가공할 도전으로 떠오르고 있었다. 중국의 남하를 통한 동남아시아의 연쇄 공산화를 우려한 미국은 급기야 베트남전쟁에 개입한다. 케네디 대통령 재임 중에 이뤄진 제한적 개입은 존슨 대통령 취임 이후 60만에 달하는 대규모 병력이 참전하는 전면전 양상으로 발전한다. 하지만 베트남전쟁은 미국에게 첫 번째 패전이라는 쓰라린 상처를 남겼고, 미국의 국내외적 지도력도 상당 부분 약화되었다. 미국은 이 시기 안보프레임을 강화하는 공공외교정책으로 한미동맹 관계를 국익을 반영한 특수한 국면으로 이끌어간다.

한미동맹기에서 이 시기는 안보프레임 강화기에 해당한다. 미국은 한국을 군사력 경쟁에 있어서 소련에 대항하는 전략적 교두보로 삼았다. 미국은 이데올로기 경쟁에서도 한국을 첨병으로 육성한다는 계획아래

한미관계 사상 그 어느 때보다 강력한 인식정렬 작업에 매진했다. 한국은 베트남전쟁의 최대 혈맹으로서 심리적 지원도 추가로 필요했지만, 이전에 비해 보다 새로운 역할이 부여된 만큼 정교한 인식정렬 작업이 필요했기 때문이었다. 한-미-일 3각 동맹축 구성을 위한 한일 국교정상화 추진은 대한 공공외교 분야에 새롭게 부과된 목표 중 하나였다. 이승만 정권 이후 줄곧 한국인의 극렬한 반대 여론에 직면해온 한일 국교정상화를 추진하는 것은 미국이 대한 인식정렬 역량을 확인해 볼 수 있는 시험대이기도 했다.

한국인의 대미인식은 안보프레임 구성기를 지나며 큰 변화가 있었다. 미국에 대한 국가적 신뢰를 크게 회복한 것도 대표적인 변화였다. 반공주의자 이승만 대통령의 주도로 지속된 일련의 친미정책과 맞물려 미국의 공공외교와 대한 인식정렬 작업의 결과는 양국 관계 양상을 실질적으로 주도했다. 하지만 제1공화국 말기의 사회 혼란기에 이승만 정권은 국민통합 능력이 결여되어 있어서 남한 사회 전반에 퍼져있던 민족주의적 성향과 일각에서 제기되던 미국에 대한 반발 의식을 완전히 잠재우지는 못했다.

한국인의 민족주의적 인식은 대외 인식에 정체성과 규범을 강화하는 자주성을 부여했고, 급기야 4.19 혁명과 제2공화국을 거치며 진보적이고 혁신적인 통일 논의를 재촉발하기에 이른다. 북한과 미국에 대한 민족적 관점에 따른 인식의 전환이 민족주의 경향의 지식인들 사이에 속속 결집되고 있었던 것이다. 하지만 민주당은 군부 내 쿠데타 세력을 막지 못했고, 이듬해 5.16 쿠데타로 정권이 무너지면서 한국은 국시를 반공으로 삼는 철권 반공체제로 전환한다. 그러나 군부 정권도 초반까지는 민족주의적 경향의 인식 흐름을 크게 꺾지는 못했다.

베트남전쟁은 미국은 물론 반공 이데올로기를 주입해 정권의 안정을 노리던 군부 정권에게도 좋은 기회였다. 박정희 정권은 베트남전쟁으로 고조된 국내외의 반공 열풍을 국내 정치 과정에 동원하기 시작한다. 여기에 미국 측이 화답함으로써 한국군의 베트남 참전은 현실화하기에 이르렀고, 반대 측의 민족주의적 반발도 고개를 들었다. 한반도를 둘러싼 제반 조건들은 안보프레임 강화기 초반, 일각에서 반미적 흐름을 보이며 양국 관계에 한때 이상기류를 형성하기도 했다.

"이제 남은 시간 이십 분. 이제 불과 이십 분 후면 말 그대로 지축이 흔들릴 것입니다. 우주가 동요하는 요란한 폭음과 함께 현란한 섬광은 하늘을 덮을 것입니다. 풍비박산하는 향미산의 종말. 그러면 끝나는 것이겠지요. 소위 그들의 성스러운 사명이 말입니다. 조상의 해골과 문화재와 그리고 이 향미산을 발판으로 하여 목숨을 유지하던 일체의 생물은 그 흔적도 없이 조용히 사라져주겠지요. 폐허와 침묵과, 어머니, 왜 진저리를 치십니까. 당신이 진저리를 치시는 동안, 펜타곤 당국에서는 그들의 성공을 자축하는 찬란한 축제가 벌어질 것입니다. 여인과 술과 그리고 터지는 불꽃 속에 춤은, 리듬은 전 미주를 감미롭게 덮으면서 저의 죽음을 찬미할 것입니다. 하지만 어머니, 저는 왜 그런지 조금도 떨리지 않는군요. 그렇다고 제가 지금 미국의 크나큰 힘과 약속을 신용하지 않는 것이 아닙니다. 하루에도 몇 갑씩이나 미국제 껌을 질경질경 씹어야만 직성이 풀리는 저의 형편에 원 그럴 리가 있겠습니까. 믿습니다. 수목과 바위와 야수와 그리고

인디언만의 복지였던 구백여만 평방킬로미터의 그 광막한 토지
를 개간하여 인간의 천국을 이루었다는 소위 그 아메리칸의 초
인적인 투지와 열지와 지모를 철저하게 믿는다는 말씀입니다."[82]

이 소설은 '어머니가 미군에 겁탈당하고 여동생마저 미군의 양색시로
보낸 한 남자가 적개심에 미군의 부인을 강간하기에 이르고 결국 향미산
에서 미군의 핵미사일 공격을 당해 죽게 된다'는 조금은 황당한 내용이
지만, 소설 보다 더 잔혹한 동맹편입국 국민의 민족주의적 자각을 담은
작품으로 꼽히고 있다. 미군범죄가 기승을 부리던 당시의 시대상을 배경
으로 하는 이 작품은 정치사회학적으로 보면, 한국군의 베트남파병이 본
격화하기 시작하던 안보프레임 강화기 초반, 미국이 이미 한국 내 사회
구성에 중심적 가치로 뿌리를 내리고 있었던 사회상을 반영하고 있다.

문학평론가 방민호는 《분지》에 대해 "1950년대 말에서 1960년대로 이
어지는 시대를 특징짓는 강압과 구속, 구악과 신악의 공생, 광기에 가까
운 반공 열풍, 대미 종속과 미국 지상주의, 서구 퇴폐문화의 범람, 시민정
신의 위축 등의 현상에 대해 날카로운 비판의 메스를 가했던 것"이라고
평가하고 있다.[83] 대미 자주권 이양에 따른 사회적 불평등이 하나둘 눈으
로 확인되기 시작하고, 미국의 경제력 앞에 나약한 한국인의 현실이 드
러나는 시기에, 《분지》는 이 책의 문제의식의 관점에서 분석하자면, 아
직 미국화하지 못한 한국인의 인식 갈등을 그대로 보여주고 있는 것이
다. 결국 이 소설은 한반도 주둔 미군의 탈선을 고발하며 한국인의 인식

---

82   남정현,《남정현 대표소설선집》, 서울: 실천문학사, 2004, pp. 11-192.
83   방민호,《행인의 독법》, 예옥, 2006 참조.

수준을 인식정렬을 통한 미국화 이전으로 되돌리고자 시도했으나, 1965년 이적성 시비에 몰려 중앙정보부의 조사를 받고 결국 반공법 위반으로 사법 처리되는 운명에 처하고 만다. 그리하여 남정현의 《분지》 이후 문학을 포함한 사회 전반에 걸쳐 미국에 대한 비판적 인식은 찾아보기 힘들게 되었다.

안보프레임 강화기를 거쳐 시장프레임 도입기로 이어지며 박정희 정권은 중앙정보부와 사법부 등을 앞세운 남한 내 인식통제 시스템을 가동한다. 이 같은 독재치하의 '무균영역' 안에서 미국의 인식정렬 작업은 보다 원활하고 효과적으로 작동하게 되었다. 베트남전쟁의 동원체제는 한국인의 대미인식에 남아있던 뿌리 깊은 갈등적 요소를 크게 해소해준 사회, 문화적 체험이었다. 비록 베트남 파병이 반공과 경제부흥을 기치로 내세운 박정희 정부의 이니셔티브에 의해 추진된 것이라고는 하지만, 베트남전쟁 전반을 거치며 미국은 동맹국 한국으로부터 군사력과 심리적 지지를 함께 이끌어내기 위해 과거 어느 때보다 강력한 인식정렬 작업을 벌였다.

이처럼 안보프레임 강화기의 인식정렬 작업은 사실상 전시동원체제 하의 긴박한 상황 속에서 이뤄졌다. 한국군의 파병에 따른 경제적 보상은 향후 근대화, 즉 한국 경제 발전을 위한 초석이 되어주었지만, 그렇다고 파병 논의 과정에서 한국인의 대미인식을 완전히 긍정적인 방향으로 돌리지는 못했다. 박정희 정권이 마지막까지 베트남 파병 한국군의 작전지휘권 독립을 위해 애쓴 것은 파병을 둘러싼 한국인의 자존심을 지키려는 면도 있었지만, 그 이면에는 한국인의 부정적인 대미인식을 무마하기 위한 의도도 담겨 있었던 것으로 분석된다. 박 대통령의 독자적인 작전지휘권 고수방침을 전달받은 이세호 베트남 지원단장은 주월미군사령관

윌리엄 웨스트멀랜드William C. Westmoreland 장군에게 "군사작전은 긴밀한 협조로 해결이 가능하며, 만약 미군이 한국군을 지휘한다면 월남 평화를 위해 자진 파월한 한국인의 자존심에 먹칠을 하고 미국을 위한 '청부請負 전쟁'을 한다는 국제적 비난을 면치 못할 것"이라는 논리를 제시해 결국 뜻을 관철하고 만다.[84]

이 시기 한국인의 대미인식에 가장 부정적인 영향을 미친 사건은 '한일 국교정상화'와 그 진행과정을 둘러싼 갈등이었다. 해방 이후 20년이 채 안된 상황에서 반일 감정은 여전했으나, 민족적 감정의 표현 자체를 불온하게 여기는 사회적 인식통제 분위기에 압도되어 출구를 찾지 못했던 집단적 인식이 정부의 한일 국교정상화 추진과정에서 폭발적 양상으로 분출하기 시작했다. 하지만 박정희 정권에 대한 반대 양상으로 발전한 집단적 인식 결과는 독재정권의 공권력 통제권 내에서 관리되었고, 미국의 개선된 이미지에 힘입어 국교정상화 추진 배후에 존재하던 미국에 대한 반대로까지 이어지지는 않았다. 이런 가운데 진행된 베트남전쟁은 한국의 군사력 강화와 경제적 발전은 물론 국교정상화 과정에서 약화된 박정희 정권의 정당성을 강화해주는 주요한 계기로 작용했다. 게다가 미군의 추가파병 요구가 계속될 무렵 발생한 1968년 1월 21일, 북한 무장공비의 청와대 기습사건과 이틀 뒤 북한의 미 해군 정보수집함 푸에블로호 나포사건은 한국인의 위협인식을 다시금 크게 강화시켰다. 이처럼 안보위협이 증폭되고 있음에도 미국은 한국의 국내적 안보 불안에 기대만큼 제대로 부응하지 못했다.

---

84 차상철(2004), p. 127에서 재인용.

김창훈은《한국외교 어제와 오늘》에서 당시 국내 학계를 중심으로 "①미국의 정찰 위성과 레이더의 발달로 푸에블로호가 북한 영해에 접근할 필요가 없었고, ②푸에블로호에 제대로 된 방어무기조차 없었으며, ③나포 당시 미 공군이나 해군의 즉각적인 구원 작전이 없었다는 이유 등을 들어, 푸에블로호 나포사건은 미국 정보기관이 푸에블로호에 소련의 침공계획을 알리는 비밀 서류를 실어놓고 의도적으로 나포시킴으로써, 간접적으로 그 같은 사실을 중국에 알리기 위한 공작적 차원에서 이뤄진 것이었으며, 그 결과가 71년 4월 7일 미국 탁구팀의 중국 방문이었다"는 주장마저 제기되었음을 환기시켜주고 있다. 당시 한국 내 미국에 대한 불신이 결코 무시할 만한 수준이 아니었음을 보여주는 대목이다. 두 차례의 한국 내 안보 위협상황에도 불구하고 베트남전쟁에 휘말린 미국은, 북한에 대한 강력한 제재를 요구하는 대다수 한국인의 여망을 외면했다. 대신, 한국과의 공조를 파기하고 북한과 막후 직접 협상을 통해 사태를 처리함으로써 '맹방' 미국에 대한 한국인의 신뢰는 다시 한 번 실추하고 만다. 베트남전쟁의 후반기에 일어난 이 같은 사건은 베트남전쟁 이후 미국이 추진할 외교정책 상의 기조변화를 미리 예고하는 한편, 다음 시기인 시장프레임 도입기를 거치며 자라나게될 한국인의 부정적 대미인식과 그에 따른 한미관계의 새로운 전개과정의 양상을 짐작케 해주는 대목이기도 하다.

전시 이념공세에 따른 한국인의 인식변화

베트남전쟁은 '봉쇄정책'과 '도미노이론' 등을 통해 자본주의 체제의 우월성을 강조하고자 미 동맹국 국민에 대한 인식정렬 작업의 주요 텍스트로 활용되었다. 안보프레임 강화기에 들어 미국은 한국에 대해서도 안보프레임 구성기에 조성된 남한 내 인적 네트워크와 직간접적 미디어를 총동원해 고강도 인식정렬 작업을 벌였다. 엄청난 양의 반공 의제가 직간접적 미디어를 통해 한국인에게 전달되었다.

이 시기 미국의 공공외교와 대한 미디어정책의 목표는 한국인으로 하여금 미국의 대한 안보공약 이행을 신뢰하도록 유도하며, 철저한 반공의식을 유지함으로써 미국의 전시동원체제에 함께 할 수 있도록 독려하는 한편, 구체적으로는 한국군의 베트남 파병에 동의하고 나아가 한미일 삼각동맹 실현을 위한 전제 조건인 한일 국교정상화를 받아들이도록 촉진하는 것이었다. 한일협정 추진을 위한 로드맵을 비롯해 안보프레임 강화기, 미국의 대한 미디어정책 기조가 고스란히 담겨있는 비밀문서인 〈한국 평가보고서Country Assessment Report, Korea 1964〉가 주한미국공보원에서 작성되어, 1965년 6월 4일, Message No. 23으로 워싱턴 미국해외공보처에 발송된 것도 바로 이 시기다. 박정희 정권 출범으로부터 안보프레임 강화기 내내 〈한국 평가보고서〉 또는 〈한국계획Country Plan for Korea〉이라는 이름으로 워싱턴에 연속 보고된 이 문건들은 '동맹'이라는 틀 속에서 사실상 한반도를 '통제'하려 했던, 미국의 외교 전략과 그에 따른 공공외교의 구체적 전략을 담고 있으며, 그 하부 전술로 인식정렬을 통한 한국인의 인식 미국화 의도를 구체적이며 치밀하게 담고 있다.

이 문건들은 한미관계를 우선적으로 자신들의 국익에 부합하도록 운영하고, 이를 위해 한국의 외교정책과 한국인의 관련 인식이 상호 정렬되도록 구성하기 위한 대한 인식정렬 작업의 중요성을 충분히 인정하고, 다양한 인식정렬 작업의 사례와 기법 등을 수록하고 있는 것도 특징이다. 먼저 1964년부터 1965년 초반까지의 한국 정세를 분석하고 대한 인식정렬 작업을 평가한 첫 번째 〈한국 평가보고서〉를 보면, 1961년 박정희 정권의 수립 이후 혼란기를 거치며 대한 외교정책은 물론 미디어정책의 수립에도 혼선을 빚을 수밖에 없었던 내밀한 사정이 기록되어 있다.

"1964년 동안 미국해외정보국은 적절한 틀 안에서 국가계획을 진행해왔으나 그 계획들이 시대에 맞지 않아 수정이 필요했다. 하지만 한국의 변화된 정치적 상황 탓에 새로운 국가계획을 세우기가 힘들었고, 그 계획을 세운다 해도 한해가 다 갈 때까지 지속될지도 확실하지 않았다. 이번 보고를 시작하기 2주전 박정희 군부정권이 문민정부로 바뀌었다. 처음에 한국 새 정부의 대미 태도가 알려져 있지 않아 변수로 남아있었다. 이런 상황은 64년 6월 초 시작된 학생운동 때문에 더 복잡해졌고, 64년 7월에는 폭동으로 이어져 불안정성이 절정에 이르렀다. 폭동은 곧 정부의 계엄령에 의해 진압되었다. 계엄령이 해제된 8월 이후에도 정부와 언론 사이의 막판 대립은 마지막에 이르러 불편한 휴전 상태로 이어져 국가안정을 위협하고 있었다. 연말이 되어서야 국가계획을 좀 더 의미 있고, 구체적으로 만들 기회를 만들 수 있게 되었다. 새로운 국가계획은 대사관과 관련 팀에 의해서 승인되었고, 1965년 3월 23일 정보국에 제출되었다."[85]

박정희 정권의 대미인식의 구체적 양상을 가늠할 수 없었던 미국으로서는 한미관계를 주도할 대외정책은 물론이고 한국인의 정체성과 규범

---

85 Country Assessment Report - Korea 1964, USIS Seoul to USIA Washington, Message No. 23, June 4, 1965, pp. 1-2.

에 영향을 미치기 위한 대한 인식정렬 작업의 기조 또한 설정할 수가 없었다. 미국으로서는 1961년 5.16 이후로부터 1964년 연말까지 공공외교 전략과 대한 미디어정책 수립에 어려움이 있었다. 박정희 정권은 초반기 혼란을 제압하고 안정화 기조를 보이자 미국의 대외정책에 협조적인 태도를 보이기 시작한다. 미국은 공공외교 전략을 다시 수립하고 점차 대한 미디어정책과 인식정렬 작업의 목표 등을 설정하기 시작한다.

인식정렬을 위한 미디어정책의 목표

미국이 수립한 대한 미디어정책의 첫 번째 목표는 '자유주의를 바탕으로 안정 사회 건설을 위한 한국인의 의지를 강화하는 것'이었다. 자유주의와 사회 안정은 주요한 안보프레임의 의제를 구성했으며, 사회적 책임을 강조하는 인적 네트워크를 통해 효과적으로 전파되었다.

미국공보원은 이러한 목표를 달성하고자 '경찰, 보건, 교통안전, 민주적 선거제도, 미국선거' 등의 안보 관련 의제들을 필름이나 책자 등의 매체에 담아 법조계와 언론계, 시민사회와 학계, 교육계 등에 광범위하게 배포했다.

두 번째 목표는 '한국이 자원을 효과적으로 사용해 경제발전을 이룰 수 있다는 자신감을 키워줄 것'이었다. 미국공보원은 한국의 언론이 '한국이 이룬 긍정적인 경제발전에도 불구하고 불평과 푸념을 그치지 않고 있으며 한국의 경제발전과 미국의 원조 활동에 대한 허위보도를 내고 했다'며 비판했다. 이에 따라 미국공보원은 본국에 원조사절단을 요청했다. 이들은 국내에서 한국인을 만나고 언론을 접촉하며 미국과 더 가까이 지내며 긍정적인 기사를 쓰도록 권장한 결과 부정적인 언론 보도가 줄었다고 보고했다.

세 번째 목표는 '자유세계 공동체에 한국이 더 적극적으로 참여하고, 일본과 관계개선을 하도록 한국 사람들이 깨닫도록 도와주는 것'이었다. 이 내용을 보면 1965년 6월 22일 한일협정 조인으로 국교정상화가 이뤄진 것이 박정희 정권의 단독 판단에 의해 주도된 것이 아님을 반증한다. 미국이 그들의 극동 전략, 즉 한미일 삼국동맹체제를 구성해 자유주의 블록을 강화함으로써 북중러 블록에 대응하는 전략으로 한일 국교정상화라는 외교적 목표를 달성하는 데 필요한 한국인의 사전 인식정렬을 시도해왔다는 분석이 가능하다. 한일 국교정상화는 애초에 미국에 의해 주도된 의제였으나, 일본 측으로서도 미일관계의 영향력을 이용해 미국으로 하여금 한일 양국 간 정상화를 강력히 추진하도록 바라고 있던 바였다.

이와 관련해 강봉구는 《한국과 국제정치》 22권 4호에 게재한 〈차가워진 피: 21세기 한미 동맹정치 시론〉이라는 논문에서 "미일은 한일 국교정상화를 통해, 일본이 전선의 제2선으로 물러나도록 조치해, 무력 분쟁 시 최초의 타격으로부터 회피하려는 의도를 가지고 있었다"고 지적하고 있다. 미국공보원은 한국 방송사들의 협조를 받아 관련 출판물과 홍보영화 등을 만들어서 일본과의 관계개선을 지지하는 의제를 전파했다. 한일 국교정상화와 베트남전쟁의 심리적 지지는 이 시기 미국공보원에 의해 동시에 추진된 최대 과제였다.

> "한일 국교정상화 문제는 좀 더 세심한 배려가 필요하다. 국교
> 정상화를 반대하는 학생들의 폭력시위가 있었다는 사실을 알고
> 있다. 그렇기 때문에 미국공보원은 기회가 되는 한 여러 방법을
> 동원해 한일협정이 '한국의 이익'에 부합한다는 것을 강조하되,
> 한국인의 감정이 상하지 않도록 조심스럽게 접근해야 한다. 강

력한 정부의 리더십과 한일 국교정상화에 대한 미국 고위 당국자의 조심스러운 발언, 한일 기업인들 사이의 빈번한 상호 방문 등이 한일 양국 관계 정상화를 둘러싼 난기류를 조금이나마 완화시켰다. 개선된 주변상황을 감안해, 공보원은 공보원 주최 강연이나 학생토론을 통해 한일 국교정상화에 대해 점점 더 자주 논의하도록 했다. 미국 연수를 마치고 온 동아일보 이동욱 논설위원은 강의에서 하루속히 '한일 국교정상화를 해야만 한국이 큰 혜택을 볼 수 있다'고 말했다. 이 위원은 공보원 직원에게 한국인이 얼마나 이 문제에 대해 오해를 하고 있는지 설명하면서, 이러한 오해는 정부의 적절한 정책으로 충분히 납득시킬 수 있다고 말했다." [86]

네 번째 목표는 전형적인 안보프레임 콘텐츠인 '공산주의 사상 척결 강화'였다. 보고서는 한국정부가 "공산주의에 지속적이며 강력히 반대하고 있고 유사한 사상에 대해 법으로 강력히 저지, 진압하고 있다"고 전제하고 "젊은층이 공산주의에 대해 많이 알지는 못하고 몇몇 공산주의 사상을 지지하는 사람들의 목소리가 젊은층의 배후에 있다"고 판단했다. 미국은 한국의 신문, 방송 등 간접적 미디어들이 반공의식을 고양하는 보도를 꾸준히 유지할 수 있도록 적극적으로 관련 자료를 제공했다. 이 시기에 미국공보원은 직접 책자를 발간하거나 전시회를 여는 활동도 병행했다.

---

86 Country Assessment Report - Korea 1964, USIS Seoul to USA Washington, Message No. 23, June 4, 1965, p. 11.

1965년에 작성된 안보프레임 강화기의 첫 번째 한국평가 보고서는 미디어정책의 마지막 목표로 '한국인과 미국인 특히 미군과의 친근감, 상호 이해관계 활성화'를 설정하고 있다. 이는 미군정 당시부터 지속적으로 유지된, 이른바 '친구 만들기' 작업의 연장선상에서 이뤄진 것으로 안보프레임이 주도한 지난 반세기 동안, 다른 한편에서 일관성 있게 진행된 시장프레임을 통한 미디어정책의 전형적인 내용이었다.

　미국의 '친구 만들기' 작업은 미국 또는 미국인과의 친근감이 한국인에게 규범과 관련해서는 '협조적'인 입장을, 정체성과 관련해서는 '의존적'인 입장을 가중시키는 주요한 바탕으로 평가되었다. 미국공보원은 그런 측면에서 미국인 공무원과 미국 군인, 일반 미국인이 한국 학생과 의견을 나누는 토론회를 장려하고, 이들이 함께 모일 수 있는 장을 지속적으로 제공했다. 공적인 모임 외에도 개인적인 인맥 형성이 장려되었으며, 이를 통해 미국공보원은 미국인이 '인간적이고 우호적이며 유익하고 관대하다'는 사실을 알리도록 독려했다. 보고서는 이 같은 미국과 미군의 이미지 제고를 위한 노력은 '홍수 이재민을 돕는 미군 병사의 모습이나 중요한 행사에 참여하는 미군의 모습, 나아가 미군의 한미 합동훈련 모습 등의 노출을 통해서도 진행되었다'고 밝히고 있다.

2 안보프레임에 따른 이념공세 강화

공공외교 수행을 위한 미디어정책의 4대 기조

첫 번째 보고서에 이어 반년 뒤, 서울 미국공보원의 공보담당 번스W. K. Bunce가 작성해, 1966년 워싱턴 미국해외공보처로 제출한 〈한국 평가보고서〉[87]를 보면 미국의 공공외교 목표에 따른 미디어정책이 이전 보고서에 비해 한층 세련되고, 대한 인식정렬 작업을 위한 여러 개념도 훨씬 정교하게 다듬어졌음을 알 수 있다. 이 보고서는 1965년 보고서가 단순히 '목표'로만 제시했던 미디어정책 기조들에 대해, 실제 목표의 관철을 위해 구체적 인식적 사안을 '심리적 목표와 요소the Psychological Objective and its elements'라는 이름으로 세분화해 그 내용을 하나하나 꼼꼼하게 밝히고 있다. 이 보고서는 인식정렬 작업의 대상이 개개인의 인식적 수준에 있는 것을 감안해, 인식정렬 작업 이행의 수준을 개인의 '심리적 영역'으로 끌어내리고 있다. 이 같은 심리적 수준의 인식정렬 작업은 미 당국이 스스로 밝히고 있듯 '총력적 대한 정책개입'을 통해 이뤄졌다.

---

87 Country Assessment Report, USIS Seoul to USIA Washington, Message No. 15, Country Public Affairs Officer, W. K. Bunce, January 21, 1966

"미국공보원은 한국인에게 다음과 같은 측면을 (심리적으로) 확신시킬 것이다. ①미국은 한국과의 관계를 소중히 여기고 있으며 한국이 자유세계로 인정받을 수 있도록 지속적으로 지지할 것이다. ②미국의 국제발전기구와 제3세계 경제지원, 개인 투자를 통해 한국은 자생 가능하고 발전할 수 있는 경제를 이룩할 수 있다. ③한국의 민주주의 발전은 시민의 요구를 반영하고, 시민적 책임감을 수용할 수 있는 조건이 되었을 때 달성할 수 있다. ④공산주의와 관련된 정치적 이념을 지속적으로 저항하는 것은 국가의 독립성과 정치, 경제, 사회 발전에 필요하다."[88]

보고서는 각각의 인식정렬 목표를 달성하기 위한 구체적인 이행 방향도 제시했다. 미국에 대한 신뢰 강화를 위해 미 당국은 '이미지 개선'이 제일 중요하다고 판단했다. 즉, 전반적으로 한국인은 '미국을 좋아하고 존경하지만 대부분의 지식인과 학생들은 미국이 우위의 입장에 있다는 이점을 가지고 한국 정부에 과도한 영향력을 행사한다'고 믿고 있다는 자체 분석도 감안했다.

김진웅의 《한국인의 반미감정》에 따르면 1965년 5월 주한미국공보원이 서울 일원에서 5백 명의 한국인을 대상으로 여론조사를 벌였다. '어느 나라를 제일 좋아하느냐'는 질문에 대해 68퍼센트가 '미국'을 답한 반면, '미국이 싫다'고 답한 응답자는 1퍼센트에 그쳤다고 한다. 하지만 주한미국공보원은 문제의 1퍼센트를 지식인, 학생과 같은 오피니언 리더 계

88　Ibid., pp. 1-2.

층으로 판단하고, 향후 인식정렬 작업에 보다 완벽을 기할 것을 주문한 것으로 전해졌다. 미 공공외교 당국은 대한 인식정렬 작업 과정에서 '미국의 대 한반도 정책이 가지는 진정성과 한국의 주권 및 개별성에 대한 존중'이라는 두 가지 개념을 유념할 것을 강조하는 것도 잊지 않았다. 이는 이후 안보-자주 교환동맹의 특성상 잠재되어 있는 외교 대상국 국민의 반발을 잠재우고 심리적 안정성을 높이기 위한 오랜 원칙으로 오늘날 미국의 대한 공공외교 원칙에도 유지되고 있는 것이다.

"1965년 5월 박정희 대통령의 방미를 계기로 미국공보원은 '미국의 이미지 향상과 한국의 주권적 지위를 강조할 수 있는 멋진 기회'를 가졌다. 모든 여론은 박정희 대통령의 방문을 활발하게 지속적으로 활용했다. 미국공보원의 긴급한 요청과 대사관의 요구에 의해 제작된 방미 관련 컬러 다큐멘터리 필름은 굉장한 효과를 가져왔다. 이 멋진 필름을 미국공보원의 시설과 장비를 활용해 16밀리 버전으로 50만 명이 넘는 사람에게 상영했다. 모든 극장은 35밀리 필름으로 상영했다. 한국 중앙정보부의 주도로 6백만 명에 이르는 관람객이 영화를 봤으며, 향후 1000만 명까지 보게 될 것이다. 박 대통령의 미국 방문을 특별 섹션에 포함해 한국 경제 발전과 관련된 중요한 전시회를 열었다. 이 전시회는 총 65만 명을 끌어들였다. 이밖에 네 개의 미국공보원 지부와 60개의 한국 문화센터에 박 대통령 방문과 관련된 개별 전시회를 개최했다."[89]

89 Country Assessment Report, USIS Seoul to USIA Washington, Message No. 15, Country Public Affairs Officer, W. K. Bunce, January 21, 1966, pp. 2-3.

1965년 박 대통령의 방미 소식은 반대 언론을 포함한 국내 모든 매체가 특별 보도했으며, 박 대통령의 방미와 관련된 총체적인 보도는 '한국 사람들이 아시아와 미국의 목적 실현에 있어서 더 큰 역할을 할 수 있다는 자신감을 주었다'고 보고서는 자평했다. 미 당국은 '박 대통령의 미국 방문은 한국과 미국의 정책에 대한 보다 나은 이해와 태도를 가질 수 있도록 선전할 수 있는 기회가 되었다'며 '미국공보원은 향후 이러한 성과를 어떻게 더 키워낼 수 있을 것인지를 고심하고 있다'고 밝혀, 당시 방미를 향후 인식정렬 작업의 주요 의제로 활용할 계획임을 밝혔다. 하지만 한일 국교정상화 추진 과정에서 보인 일부 한국인의 반미감정 자극현상은 힘들게 쌓은 한국인의 대미 신뢰에 먹구름을 드리웠다.

보고서는 미국공보원이 한국 학생들과의 접촉을 통해 알아낸 바에 따르면, '야당과 좌익성향의 학생들이 몇몇 시민의 오해를 증폭시켜 한일협정을 방해해왔으며, 미국이 한국 정부에게 (한일 국교 정상화를 추진하도록) 과도한 영향을 끼치고 있다는 인식을 심어주고 있다'고 분석했다. 이에 따라 미국공보원은 정상화에 반대하는 학생들을 설득하기 위해, 한국 교육 당국과 중앙정보부의 협조를 받아 비판적 학생들을 일본에 연수를 보내는 계획을 세워, 실제로 추진하기도 했다. 일본 연수에서 돌아온 몇몇 학생들은 일본인에 대한 변화된 태도와 평화세계에 살기 위한 열망을 담은 기사를 몇몇 대학신문에 기고하기도 했다. 보고서는 나중에 야당이 학생들에게 국교 정상화 반대 시위에 참여하도록 설득했을 때, 많은 학생은 친구들로부터 '소외당할까 두려워'하여 시위 대열에 참가했지만, 일본 연수를 다녀온 상당수 학생들은 '이제 시위에는 지쳤으니 학문에 전념하겠다'는 뜻을 밝히고 시위에 참가하지 않았다며, 일본 연수의 커다란 성과를 강조했다.

보고서는 인식정렬 수행에 있어 두 번째 구체적인 방향으로 '미국의 원조와 제3세계 경제지원, 외국인 투자가 한국을 생존가능하고 자조적으로 경제발전을 이룰 수 있도록 돕는다'는 인식을 한국인에게 심어줄 것을 주문하고 있다. 보고서는 미국의 '적절한 원조'를 바탕으로 한국이 '자생가능한 발전가능성에 다가갔을 뿐만 아니라, 벌써 이륙기를 뛰어넘었다는 것을 대중과 주요 인사들에게 확신을 심어주는데 있어 상당한 진전이 있었다'고 판단했다. 미국은 인식정렬 작업의 최대 우호세력이던 언론인, 교수, 학생들을 포함한 엘리트 그룹을 대거 산업현장으로 불러내 시찰시켰으며, 이들에 대한 경제 세미나도 함께 열었다. 이 그룹에 속해있는 인사들은 시찰 뒤 기사를 쓰거나 방송프로그램에 출연하도록 미국공보원에 의해 '장려'되었다.

미국공보원은 경제와 근대화 관련 프로그램을 '직접' 제작해 한국 신문과 방송에 제공하기도 했다. 또한 미국공보원은 같은 맥락에서 미국 대통령 경제특보였던 로스토우Walter W. Rostow 박사를 초청해 강연 일정을 추진했다. 미국공보원은 한국인 교수들을 전국에서 선발해 로스토우 박사와 면담을 주선했다. 로스토우 박사는 이들을 대상으로 '한국경제가 발전의 분기점에 다다랐다'는 메시지를 반복적으로 강조했다. 물론 신문과 방송, 학술 잡지는 박사의 주장을 연일 대서특필했다. 로스토우 박사의 낙관주의적 주장에 반대하는 학자들도 있었지만, 각종 경제지표와 발전의 조짐으로 반대 의견을 일소했다고 보고서는 적고 있다. 미 당국은 그의 한국 방문이 한국인에게 새로운 '발전 분기점'에 와 있음을 인식할 수 있는 발판을 마련해 주었으며, 한국인 스스로의 능력과 성취감을 긍정적으로 받아들일 수 있도록 해주었다고 분석했다.

이 무렵부터 한국의 신문과 라디오, TV 등 언론매체의 경제전망에 관한 긍정적인 보도가 눈에 띄게 증가했다. 미국공보원은 1964년과 비교해 한국 언론이 미국의 원조 프로젝트를 20퍼센트 가량 더 많이 보도하고 있으며, 논조 역시 미국의 경제원조에 대해 긍정적이라고 분석했다.

미국공보원은 미국의 원조와 경제지원을 통한 한국의 경제발전의 기대를 심기 위해 전국적 단위의 경제 세미나를 조직했다. 미국공보원의 지원으로 서울에는 상경대학 대학생들을 중심으로 11개의 경제 세미나 모임이 구성되었다. 지방대학에도 13개의 세미나 모임이 만들어졌다. 전체 회원은 700명에 달했다. 미국공보원은 대학생들의 경제 세미나가 어느 정도 목표를 달성했다고 평가했다. 구체적으로 '적은 수의 참여자를 활용하여 경제발전을 위한 미국의 노력을 한국의 전반적인 주요 계층에 전달할 수 있었다'며 매우 긍정적인 평가를 했다.

이 같은 미국공보원 측의 인식정렬 작업에도 불구하고, 여전히 상당수의 한국인은 미국의 원조나 외국인 투자 등의 역할과 향후 개선 가능성에 대해 의심을 품고 있었다. 미국공보원은 한국인의 비판적 인식 이면에는 미국의 원조에도 불구하고 몇 년 동안 극빈 상태가 지속되고 있으며, 대학을 졸업한 사람들이 적절한 일자리를 찾지 못하고 있고, 경제발전이 사람들의 일상생활에 그다지 큰 영향을 미치지 못하고 있기 때문이라고 파악했다. 경제부문에 대한 미국의 인식정렬 작업은 이 같은 부정적 인식을 공략하는데 맞춰졌다. 이를 위해 한국의 경제성장 가능성을 담은 사진과 자료 전시회를 전국적으로 개최했다. 미국공보원은 교사와 교수 등 교직원을 위시해 전국적으로 60만의 관람객을 동원했다. 교수와 학생들을 대상으로 하는 경제 강좌와 세미나도 지속적으로 개최되었다.

목표 달성을 위한 세 번째 기조는 '한국이 민주주의를 이루기 위해서는 정부가 국민의 요구를 받아들일 수 있어야 하고, 시민은 책임감을 가져야 한다는 인식을 심어줘야 한다'는 것이었다. 미국적 민주주의에 대한 신념을 이식하는 일은 안보프레임을 구성하는 주요의제인 정치적 이데올로기로서 대한 미디어정책 수행에 가장 우선적인 중점 사업이었다. 미국적 민주주의 이식이라는 인식정렬의 구체적인 이행을 위해 미국공보원은 인력과 예산을 민주주의와 미국식 정치제도 교육인, 이른바 '시민교육 프로그램'에 집중했다.

이에 따라 각종 세미나, 심포지엄, 토론 그룹이 조직되었다. 《민주시민 교육》책자가 13만 부 제작되어 국회의원과 전국의 교사, 사회 지도자 등에게 배포되었다. 자유주의를 지지하는 각종 기사와 에세이가 다양한 형태로 출판되었으며, 방송사와 공동으로 〈시민교육〉 시리즈를 방송해 큰 호응을 받았다. 시민운동 행사의 영상이 촬영되어 주간 단편뉴스 삽입되었다. 또한 시민교육 세미나 참가자들 중 귀국한 장학생들은 라디오 프로그램에 출연하거나 여타 세미나에 참가하도록 '조직'되었다. 관련 사진 전시회가 곳곳에서 개최되었고, 언론은 시민교육 프로그램을 지지하는 기사를 작년보다 더욱 많이 보도했다.

미국공보원이 시민교육에 이처럼 적극성을 띄게 된 것은 한국인의 '한국 내 민주주의 발전 가능성에 대해 비관적인 인식' 때문이었다. 보고서는 '상당수 한국인이 서구식 민주주의의 개념이 한국인에게는 낯선 이념이기 때문에 한국 문화와 정치, 경제 수준 등을 고려했을 때 적용하기에 적합하기 않다고 생각하고 있었다'고 분석하고 있다. 이 같은 미국식 정치 체제에 대한 거부감을 희석하는 방편으로, 미국공보원은 한국 내 여론 장악력이 있는 인사들을 설득하고자 인적 네트워크를 적극 활용하는 전술을 동원했다. 보고서는 '합리적인 민주지도자들, 솔직하고 열성적인 활동가 등을 앞세워 시민지도자들과 주요 공무원, 학생 등에게 시민운동 차원에서 접근하려는 노력을 했다'고 밝히고 있다. 세미나와 워크숍, 강연은 미국공보원의 직접적인 후원에 따라 전국적으로 이뤄졌다. 미국공보원은 한 해 동안 어림잡아 약 6천 명의 대학 교수, 고등학교 교장과 교사들, 공무원, 시민지도자들이 이 행사에 참여했다고 보고했다. 그 결과는 곧 확인되었다.

당시 문교부는 미국공보원이 지원한 시민교육 프로그램 세미나 내용을 초등학교 3학년과 4학년 교과서에 삽입하도록 승인했다. 물론 교과서 채택 과정에 중요한 역할을 한 교육부 직원은 미국공보원 후원의 세미나에 참가했던 사람이었다. 잡지와 신문 등을 통한 시민교육 프로그램의 재생산은 물론이고 군의 정훈교육을 통해서도 미국적 정치제도의 장점과 우수성이 널리 전파되었다.

고등학생과 대학생을 대상으로 전국적 규모의 영어 스피치와 에세이 경연대회도 개최되었다. 미국공보원은 프로그램을 가장 잘 선전할 수 있는 참여자와 지방민의 관심을 유도할 수 있는 후원자들은 물론 행사를 함께 함께 할 수 있는 대학교, 신문, 라디오 방송국, 지역 교육 연구원 등도 직접 선택했다. 보고서는 일부 학생들이 미국공보원 주도로 열린 이같은 대회가 '미국적 민주주의 전파에 초점을 맞춘 것이며, 대부분 에세이들이 서구 정치사상을 과도하게 인용하거나 지나치게 이론적 설명에 치중됐다'고 비판하기도 했다면서, 진행과정에서 제기된 한국인의 반발도 예의주시하고 있다고 보고했다. 하지만 시간이 지날수록 반발은 수그러들었다.

미국적 정치제도의 한국 내 전파에 앞장선 것은 한국의 언론이었다. 한국의 중앙정보부 부장이 참여한 '민주주의 사회에서 자유언론의 책임'이라는 토론회에서 1965년 니먼 펠로우 연수를 다녀온 한국 언론계 대표는 '한국 언론은 아직 한국 사회 변화와 경제 근대화를 뒷받침하기 위한 새로운 역할을 받아들일 준비가 되어 있지 않다'며 '의심과 불신의 시대에 살고 있는 한국 언론과 기자들은 이러한 의심과 불신에서 벗어나지 못하고 있다'고 발언하기도 했다.

마지막 네 번째로 강조할 기조는 '공산주의 관련 정치사상에 대한 지속적인 통제는 독립성과 정치, 경제, 사회 발전에 필요하다'는 것이었다. 박정희 정권의 반공 국시에 따라 공산주의는 한국에서 완전히 금지되어 있었지만, 북한은 끊임없이 남쪽에 그들의 영향력을 미치기 위해 기회를 노리고 있다고 미국공보원은 판단했다. 평양의 라디오 방송이 서울에서 청취가 가능하고, 여러 방법으로 공산주의 문학이 유입되고 있으며, DMZ나 해안으로 간첩들이 잠입해 한국인의 인식정렬에 영향을 미치고 있다는 것이었다.

미국공보원은 이 같은 북한의 직접적 대남 인식정렬 시도보다도 '더 다루기 힘든 것'이 한국 내 사회주의 경향을 띤 교수들이라고 지적했다. 이들 교수들이 '서구적 민주주의가 한국의 문제를 해결하지 못하고 있다'는 비판적 인식을 학생들에게 강력하게 전파하고 있다고 보았다. 미국공보원은 교수들을 따르는 학생들이 '대부분이 학생 지도자 그룹을 형성하고 있으며, 학생 지도자들은 저항의 상징이 되기 위해 신체적 피해도 마다하지 않고 경찰과 싸우기도 한다'고 기록하고 있다. 보고서에 따르면 특히 이들 학생들은 바로 미국이 한국정부를 강요해 한일협정을 맺었다고 믿고 있었으며, 한국의 분단 역시 미국이 1945년에 러시아와 협정을 맺는 바람에 결정된 것이라고 생각하고 있었다.

미국의 정책에 대해 이처럼 부정적인 인식을 가지고 있는 것으로 알려진 학생지도자들은 미국공보원에 의해 매우 심각한 공공외교 저해요소로 평가되어 중점적으로 관리되었다. 미국공보원은 앞서 거론한 세 가지 기조, 즉 '미국의 대한 이미지 개선' '경제 이슈 제기' '미국식 민주주의 전파' 등이 결국은 미국의 대한 정책에 대한 '한국인의 수용적이며 긍정적인 인식 유도'를 위한 것인 만큼 모두 이 네 번째 기조 강화를 위한 것이었다고 밝히고, 네 가지 기조를 수행하는 과정에서 일정 정도 사업이 상호 중복될 수밖에 없었다고 덧붙이고 있다. 더구나 베트남 전시동원체제에 따라 '친미반공 인식의 제고'는 가장 중요한 인식정렬의 작업 대상일 수밖에 없었다.

미국공보원은 직접 발간하고 있던 다양한 매체들을 통해 가능한 모든 반공 의제들을 쏟아냈다. 주간지《리뷰》는 공산주의의 문제점을 가장 중점적으로 게재했으며, 수많은 번역서와 영화, 월맹에 대한 각종 영상과 사진, 문서 등을 총동원해 미국공보원은 공산국가의 '음모와 거짓'을 최대한 폭로하려고 노력했다. '반공 의식화'는 철저하게 본국 국무부와 미국해외공보처의 직접적인 지원에 따라 이뤄졌다. 특히 미국해외공보처는 자체 작성한 국가계획에 따라 한국에 대한 인식정렬 작업이 여러 다양한 프로그램을 통해 실효적 활동으로 옮겨질 수 있도록 감독했다. 미국공보원은 실제로 미국해외공보처가 '(반공) 팸플릿 발간 등 추가 활동을 권고해왔고, 그 권고에 따라 팸플릿을 더 많이 찍어내는 한편 새로운 팸플릿까지 찍어내는 등 시민의 반공교육에 더욱 힘썼다'고 보고하고 있다.

1966년 1월에 제출된 〈한국 평가보고서〉의 대한 공공외교 수행을 위한 미디어정책의 4대 기조는 살펴본 것과 같이, '경제의제 설정'처럼 시장프레임 의제가 한 개에 그친 반면, 나머지 '미국의 이미지 제고' '미국식 민주주의 이식' '반공이데올로기 전파' 등 세 개가 모두 안보프레임에 해당되는 의제임을 알 수 있다. 이 시기의 인식정렬 작업이 1966년 1월 보고서를 통해서도 안보프레임에 집중되었던 사실을 확인할 수 있다. 미디어정책 이행의 4대 기조가 그렇듯 한국인의 인식정렬을 위한 모든 전략들은 미 국무부에 의해 그때그때 상황에 맞춰 구상된 것으로, 상위개념인 '국가 계획'에 의해 치밀하게 기획된 것이었다. '국가 계획'은 미 국무부가 대외정책 대상국에 대해 총체적인 대응 전략을 정리한 문서로 공공외교는 물론 하부적인 미디어정책 수립의 근거가 되었다.

여기서는 주한미국공보원의 공보책임자인 번스가 워싱턴 미국해외공보처로 보내 1966년 7월 6일 승인된 〈한국 국가 계획〉[90]을 토대로, 미국이 한미관계를 통해 얻고자 했던 궁극적인 국가이익과 자국의 이익 달성을 위해 세운 공공외교와 미디어정책과의 상관관계는 물론 미디어정책의 이행을 위한 구체적 인식정렬 전술의 양상까지 자세히 짚어보기로 한다. 1966년 〈한국 국가 계획〉 문건은 기존의 〈한국 평가보고서〉에 비해 전략적 완성도가 매우 높다.

우선 향후 5년 동안 한국에서 달성해야할 미국의 장기적 목표를 8가지로 설정한 뒤, 이의 달성을 위해 미국공보원이 인식정렬의 기조로 삼고 추진해야할 8개의 소목표를 상정하고 있다. 인식정렬 작업을 위한 소목표는 다시 각각 4개씩의 심리적 목표로 나뉘어 한국인의 인식변화를 주도했다. 중요한 것은 이 같은 인식정렬 작업을 완성하기 위해서 앞서

---

90 Country Plan for Korea, United States Information Agency, Reported by Country Public Affairs Officer, W. K. Bunce, Approved July 6, 1996

1966년 7월 한국 국가 계획에 나타난 문건의 개념도

5개년 8대 목표	인식정렬 8대 목표	4대 심리목표
① 정치적 안정	① 민주주의 강화	① 한미관계=국가발전
② 경제발전	② 대한 경제지원 각인	② 한미경협=자립경제
③ 외부방어	③ 반공의제 공급	③ 시민책임=민주발전
④ 국내안정	④ 준법교육/지도자양성	④ 반공=정치, 경제 발전
⑤ 사회발전	⑤ 시민교육 강화	
⑥ 통일향한 진전	⑥ 한미공영 강조	
⑦ 국제사회 지지	⑦ 한일교류 촉진	
⑧ 효과적 관계유지	⑧ 대미 이미지관리	

1966년 1월의 〈한국 평가보고서〉에서도 언급되었지만, 심리적 접근에 유의하고 본격적으로 박차를 가하고 있으며, 심리적 목표 도달을 위해 직접적 미디어 보다는 간접적 미디어인 인적 네트워크 구성에 전력하고 있다는 점이다. 미국공보원은 사회 각 부문 별로 인식정렬 작업 목표그룹을 500명에서 5000명씩 설정해 집중적으로 관리했으며 인식정렬 작업의 주력으로 활용했다.

한국에 대한 미국의 장기적 목표를 한 문장으로 축약하면 이렇다. '지속가능한 경제발전을 이루고, 자유세계의 목적과 필요에 부합하는 안정적이고 독립적인 민주국가 건설을 도우며, 제한된 외침을 방어하고 내적 안보를 유지할 수 있는 능력을 갖춘 통일 국가를 이루는 것'이다. 이러한 장기 목표 달성을 위해 미국은 향후 5년 동안의 대한 동맹외교의 목표를 아래와 같이 설정했다.

1. 정치적 안정: 튼튼하고, 안정적이며 스스로 성장할 수 있는 정

부의 발전, 국민 요구를 들어주고 목표와 제도 나아가 자유세계 이상과 부합할 수 있게 만든다.

2. 경제발전: 경제 자립능력을 키우고 실업을 줄여서, 최소 6퍼센트의 경제발전을 목표로 한다. 경제성장의 이익을 최대한 많이 나눠가질 수 있도록 한다.

3. 외부방어: 한국군의 강력한 방어능력, 국내안정 확보 능력, 북한의 침략을 막을 수 있는 능력, 침략을 막을 수 없다면 북한군의 공격을 격퇴시킬 수 있는 능력 강화. 중국군과 북한군의 공격에 대비할 수 있는 미-유엔군과 한국군의 조직 및 장비 준비. 만일 막을 수 없다면, 핵 사용 없이 외부의 공격을 성공적으로 막을 수 있도록 한국군의 증대. 그러나 핵 사용을 완전히 배제하는 것은 아님. 한국의 경제발전 목적에 해가 되지 않는 한 한국군은 국방비의 어느 정도를 부담하게 될 것이다.

4. 국내안정: 국민의 협력을 바탕으로 정부 전복을 막고 법체제를 유지할 수 있도록 국내 안보를 유지함.

5. 사회발전: 현대 자유국가에 필요한 태도, 가치, 제도의 발전

6. 통일을 향한 진전: 국내외적 관점에서 통일에 관한 진전은 최대한 필요하다. 남한과 국제사회에서의 북한 정권의 영향력과 위신을 최소화하고, 미 정책에 있어 어떠한 형태로든 북한 정권 약화를 가능하게 한다.

7. 국제사회 지지: 신속한 일본과의 관계정상화가 필요. 국제사회에서의 한국의 능동적인 정치, 경제적 역할 증대. 특히 극동아시아의 반공국가들과 가깝고도 넓은 관계 유지 필요. 한국 내 유엔의 지지와 역할 유지. '한일 국교정상화 이후'를 대비

한 한국의 지원과 발전을 위한 국제적 자문기구 구성.

8. 한미관계의 효과적인 관계유지: 미국의 위신 유지와 동맹국이
며 친구인 양국의 장기적 관계를 유지하기 위한 한국인의 신
뢰를 지속함.

위에 열거한 8가지 단기 목표 달성을 위해 미국공보원은 구체적으로
한국인을 대상으로 설득해야할 인식정렬 작업의 소목표 8개를 설정하고,
이어 자신들의 능력과 계획 등에 이르는 사항을 상세하게 적고 있다.

1. 정치적 안정: 미국공보원은 이 목표 달성을 위해 지지할 수 있
는 능력이 있으며, 특히 (a)민주주의 절차와 헌정을 강화, 지
속하도록 하고, (b)공산주의의 거짓과 실패, (c) 교조적 민주
주의와 그에 따른 정치적 위험을 강조할 것이다.

2. 경제 발전: 한국은 미국으로 부터 많은 경제, 군사원조를 받고
있다. 한국인들은 전반적으로 경제원조나 군사원조 프로그램,
군사원조 이전의 프로그램이 지향했던 점과 업적에 대한 이해
가 부족하다. 미국공보원은 이러한 목표와 업적, 또한 한국이
경험하고 있는 경제발전과 그에 따른 문제에 대해서 충분히
이해할 수 있도록 도와줄 것이다.

3. 외부 방어: 미국공보원은 이 목적과 관련해 간접적인 도움을
줄 것이다. 미국공보원은 공산주의자들의 의도를 폭로하고,
공산주의의 위험을 강조하는 일간지(《국방일보》의 전신인 《전
우신문》을 의미함)를 군인들에게 공급하고 있으며, 한국군 정
보 및 정훈 사무국과 협력을 유지하고 있다. 또한 영화를 통해

공산주의와 맞서 싸우는 한국군이 자부심을 느낄 수 있도록 해주며, 특히 베트남에서의 그들의 노고를 강조할 것이다.

4. 국내 안정: 미국공보원은 시민이 법질서를 따르도록 권하고, 특히 한국정부가 확립한 정통성에 반대하는 급진세력을 저지하기 위한 학생지도자들을 양성함으로써 국내안정에 간접적인 도움을 줄 수 있을 것이다.

5. 사회 발전: 미국공보원은 사회발전의 목표달성에 상당히 기여할 수 있다. 가장 중요한 접근은 시민교육 프로그램이 될 것이며, '세미나, 강좌, 작문, 스피치 대회' 등의 개최를 통해 목표를 달성할 것이다.

6. 통일을 향한 진전: 미국의 정책이 주시하는 중요한 문제는 한국 국민에게 '경제발전을 위해 북한의 광물과 산업 인프라에 의지하지 않아도 된다'는 사실을 설득하는 것이다. 한국인에게 자신들이 스스로 경제발전을 할 수 있으며, 현재도 지역적 제한은 있지만 실질적 발전을 이뤄내고 있다는 사실을 알려야 한다. 이러한 발전은 미래 통일문제의 진행 과정에서 북한에 대한 경제적 우위를 유지할 수 있다는 것을 보여줄 것이다. 통일과 관련해 미국공보원은 한국인의 이익이 미국과 자유세계의 이익과 일치한다는 점을 설득하는 노력을 지속하고, 자유세계의 협정이 바뀌거나 수정되지 않는 한 통일은 UN이 정한 정책을 따를 것이다.

7. 국제적 지지: 한일 협정이 맺어졌지만, 정부는 협정 성사 과정에서 반대세력을 억누르기 위해 강제적인 방법을 사용해야만 했다. 일본에 대한 뿌리 깊은 불신이 있지만, 일본의 영향력은

한국 내 많은 부분에 퍼져나가게 될 것이다. 문제는 한미동맹에 해로울 수 있는 일본의 좌파적 사상이 한국에 들어올 수도 있다는 것이다. 미국공보원은 한국과 일본의 지식인들이 생각을 나누고 인적교류를 증대할 수 있도록 촉매역할을 수행함과 동시에 한국이 그들의 문제점을 지역적, 세계적 관점에서 이해하고 접근 할 수 있도록 도움을 줄 수도 있다.

8. 효과적인 한미 관계: 미국공보원은 이 목적과 관련해 중요한 도움을 줄 수 있다. 미국공보원은 국가 전체와 지방 정부, 국민에게 존경과 좋은 평판을 쌓고 있다. 이 때문에 협력 프로그램을 잘 이행해 나갈 수 있게 되었다.

8개의 인식정렬 작업을 위한 8개의 소목표는 한국인이 인식전환을 통해 궁극적으로 동맹 맹주 미국에 대해 정체성과 규범이 보다 의존적이고 협조적인 양상으로 변화되어 한미관계가 미국의 대외전략에 순방향으로 전개되도록 하기 위한 것이다. 상기 6번째인 '통일을 향한 진전' 항이 밝히고 있듯 미국은 결국 '한국인의 이익이 미국과 자유세계의 이익과 일치한다'는 점을 '설득'하는데 주력하고 있는데, 이는 한국인의 정체성과 규범을 미국인의 정체성에 정렬시키는데 인식정렬 작업의 목적이 있음을 시사하고 있다.

미국은 한국인의 대외 인식의 변화과정이 결국 개개인의 심리적 수준에서 이뤄지는 현상임을 파악하고 인식정렬을 위한 심리적 목적까지도 명확히 설정하고 있었다. 집단적이며 추상적인 목표는 이 단계에 이르러 개인적이며 구체적인 수준으로, 나아가 심리적이며 감성적인 차원의 의제로 세분화한다. 친근감과 신뢰도가 높은 한국인으로 구성된 인적 네트워크 등 간접적 미디어가 주도하는 전달 방법에 의해, 잘게 나뉜 의제들이 한국인 개개인의 인식에 스며들어, 전체적인 인식체계의 변화로 이어지게 되었다. 문건은 이 같은 심리적 접근을 강조하며, 별도로 '심리적 목표'까지 함께 제시하고 있다. 미국공보원은 '한국에 대한 미국의 전반적인 정책 실현을 돕기 위해, 한국인이 아래 각 항의 심리적 목표들을 확신할 수 있도록 최선을 다할 것'이라고 명시하고 있다.

1. (미국은) 한국과의 관계를 소중히 여기며 한국이 자유세계 국가로 성장하기 위한 지속적인 도움을 주겠다.
2. 미국의 원조, 제3국 경제 원조, 외국인 투자 등은 한국의 생존 능력과 자생력을 키워줄 것이다.
3. 한국의 민주적 발전은 국민의 요구에 부합하는 것이며, 국민은 또한 시민으로서의 책임을 받아들여야 한다.
4. 공산주의와 관련된 정치사상에 대한 지속적인 통제는 정치적, 경제적, 사회적 발전을 위해 꼭 필요하다.

이 문건으로부터 다시 반년쯤 지난 1967년 1월 30일, 서울 미국공보원의 공보책임자 번스가 워싱턴 미국해외공보처에 제출한 〈한국 평가 보고서〉[91]는 보다 베트남전쟁의 진전에 따른 변화된 한미관계의 내용과 인식 정렬 진행상황이 보고되어 있다. 이 새로운 평가 보고서에는 1965년 10월 베트남으로 떠난 해병 2여단 청룡부대와 수도사단인 맹호부대, 이듬

---

[91] Country Assessment Report, USIS Seoul to USIA Washington, Message No. 24, Country Public Affairs Officer, W. K. Bunce, January 30, 1967

해인 1966년 4월 출발한 26연대 맹호부대와 같은 해 9월에 떠난 9사단 백마부대 등의 활약과 브라운 각서에 대한 내용 등이 첨가되어 있다. 베트남전쟁의 전개과정에서 결국 한국군의 베트남 파병을 수요할 수밖에 없었던 미국으로서는 한미동맹 체결 이후 안보 공동체로서 한국의 달라진 위상을 인정할 수밖에 없었다. 박정희 대통령은 베트남 추가 파병의 전제 조건으로 미국의 대한 안전 보장 등을 요구했고, 1967년 1월 30일자 〈한국 평가 보고서〉 작성 전해인 1966년 3월 7일, 미국의 브라운 주한미국대사는 한국과 전투부대 파병과 관련한 보상 조치를 약속하는 이른바 브라운 각서를 체결하기에 이르렀다.

브라운 각서는 총 14개 항으로 이루어져 있다. 주요 내용은 "①추가 파병에 따른 비용은 미국 정부가 부담한다 ②한국군 육군 17개 사단과 해병대 1개 사단의 장비를 현대화한다 ③베트남 주둔 한국군을 위한 물자와 용역은 가급적 한국에서 조달한다 ④베트남에서 실시되는 각종 구호와 건설 등 제반 사업에 한국인 업자를 참여시킨다 ⑤미국은 한국에 추가로 AID 차관과 군사 원조를 제공하고, 베트남과 동남아시아로 수출 증대를 가능하게 하는 차관을 추가로 대여한다 ⑥한국이 탄약 생산을 늘리는 데 필요한 자재를 제공한다"[92]는 것 등이다.

이 브라운 각서를 통해 미국은 한국에 추가 경제원조와 군사원조, 차관을 약속한 것은 물론 한국에서 군수품을 조달한다는 방침 등 전시戰時 산업 발전을 위한 획기적인 방침을 결정한다. 이 책이 주장하는 프레임의 관점에서 보면, 브라운 각서의 체결은 한국군의 베트남전 파병을 통

92 《서울신문》 2005년 1월 14일자 참조.

해 한미관계가 안보적 측면 일변도의 군사동맹관계에서 향후 안보적 이해와 경제적 이해가 함께 맞물리는 다원적 관계로 발전할 수 있는 역사적 동력을 제공한 것으로 평가할 수 있다. 베트남전 참전에 따른 미국의 보상적 경제지원은 지난 시기인 안보프레임 도입기에 이뤄졌던 간접적 군사원조 성격의 경제원조와 전후복구 지원과는 내용적으로 크게 달랐다. 미국은 한국을 미국식 자유주의 시장경제의 후발 개발국으로 편입시키는 정책을 취하게 된다.

이 시기 인식정렬의 주요 기조로 '미국의 원조와 제3세계 경제지원, 외국인 투자가 한국의 자조적 경제발전을 돕는다'는 인식을 심어주는 것으로 상정했던 미국은 이 같은 인식정렬 기조의 달성을 위해, 기존의 원조정책을 무상 원조에서 개발 차관 형식으로 바꾸는 한편, 섬유, 신발, 가발, 합판 등 한국 내 1, 2차 생산물의 미국 내 시장 접근을 대폭 개방하는 방향으로 대한 경제정책을 전환한다. 개발 차관의 한국 내 유입은 직접투자에 따른 외국 자본의 한국 기업 지배를 막기 위해 국가가 직접 해외자본을 차관 형태로 조달, 국책 은행들을 통해 기업에 분배하는 방식으로 진행되었다.

소련 등 공산권의 위협으로부터 자유진영을 보호하기 위한 첩경이 경제 발전이며, 무역의 확산과 시장의 확대가 경제 발전의 중요한 수단이라고 인식하고 있었던 미국으로서는 전략적 교두보인 한국에 미국 시장에 대한 접근을 허용함으로써 정치, 안보적 역할 수행을 보다 강화하려고 했다. 이런 미국의 입장은 한국의 베트남전쟁 파병 결정 과정에서 더욱 확고한 정책으로 굳어졌다. 한국인의 베트남전쟁 동원을 필요로 했던 미국으로서는 한국인에게 경제적 보상을 안겨줘야 했으며, 경제적 보상은 다시 한국인으로 하여금 미국의 대한 외교정책에 대한 굳건한 신뢰를 가능하게 했으며, 이 시기 한미동맹의 인식적 결속력을 극대화해준 조건이 되어주었다. 거슬러 올라가면 미국은 개발차관 기금으로부터 통신 시설 확충을 위해 1959년 4월 처음으로 3500만 달러의 차관을 제공한 이후, 공공차관을 중심으로 대한 차관 제공을 계속했다. 1965년 미국의 전략적 구도 속에서 추진된 한일협정도 한국에 상업차관 중심의 해외 차관을 지속적으로 공급하는 계기가 되었다. 미국과 일본의 차관은 1970년대 초까지 지속적으로 유입, 전체 차관의 60-70퍼센트를 차지하게 되었다.

브라운 각서에 따라 한국 내 군수품 산업도 전 산업에 파급력을 미치며 비약적으로 발전했다. 그 결과 1960년 11.1퍼센트에 불과하던 한국 총수출액 중 대미 수출 비중은 1965년 무려 세 배 이상 크게 늘어난 35.2퍼센트로, 1970년에는 총수출액의 절반에 가까운 47.3퍼센트에 달하게 된다. 총수입 대비 대미 수입 의존 비중도 지속되어 1960년 38.9퍼센트이던 수입 비중이 1965년 39.3퍼센트, 1970년에도 29.5퍼센트로 유지된다. 미국의 자유무역 정책에 힘입은 시장개방으로 한국의 수출입 규모는 급증했다. 1950년대 수출입 증가율은 연평균 수출 2.3퍼센트, 수입 7.6퍼센트에 지나지 않았으나, 안보프레임 강화기의 주요 시기를 점하는 1960년대는 수출입 증가율이 연평균 수출 38.7퍼센트, 수입 22.5퍼센트에 달했다.

미국은 한미동맹에 있어 대한 안보프레임 강화기를 거치며, 베트남전쟁의 성공적 수행을 위한 안보프레임에 의한 의제 위주의 인식정렬 작업을 벌였으나, 후반기에 들어 자유주의 시장경제의 탁월성을 강조하는 시장프레임의 의제화를 병행하는 양상을 보였다. 양대 프레임이 공존하는 가운데 시장프레임의 의제들은 안보프레임을 지원하는 형식으로 작동했다. 1967년 1월, 〈한국 평가 보고서〉는 이 같이 한 단계 깊어진 한미관계를 고려한 듯 다음과 같이 시작한다.

"지난 1966년 한해는 세계가 한국을 재발견한 시기였다. 한국으로서는 자국이 주권국임과 세계적 현안에 중요한 역할을 수행할 수 있다는 사실을 발견한 시기였다. 더 중요한 점은 심리적 관점에서 한국인에게 자신감이 자라고 있다는 사실이다. 이는 작년 한해 한국에서 열린 국제적 정치, 경제, 교육 행사와 베트남에서의 성공적인 전과로 이어졌으며, 나아가《이코노미스트》가 언급했듯 한국경제가 놀라운 성장을 기록하는 계기가 되었다."

1967년에도 전해에 수립된 인식정렬을 위한 8대 기조가 유지되었으며, '미국은 한국을 중시하며, 미국식 자본주의가 한국경제 발전에 도움이 되고, 시민 책임에 근거한 미국식 민주주의는 우수하며, 공산주의는 정치, 경제, 사회 발전에 무익하다'는 인식정렬 작업을 위한 4대 심리적 목표도 일관되게 공략되었다. 다만 미국의 공공외교 전략에 따른 대한 미디어정책은 전해에 비해 방송과 신문 등 간접적인 미디어를 부쩍 더 많이 활용하고 콘텐츠의 제작, 유통도 보다 현지화하는 등 한국인 사이의 인식적 저항감을 줄이려는 노력이 행해졌다. 미국은 이처럼 안보프레임 강화기를 거치며 대한 인식정렬 작업의 목적과 기조를 명확히 하게 되었으며, 베트남전쟁과 한일 국교정상화 추진 등 구체적인 인식정렬 과제 수행에 있어 한미관계 전 시기를 통틀어 볼 때 가장 적극적이며 공세적으로 나섰던 것으로 평가된다. 이 시기를 거치며 미국은 한국 내에 반공을 축으로 하는 인적 네트워크를 견고하게 구성하게 되며, 이 네트워크는 향후 두 차례 군부독재 정권을 거치며 안정적 틀 속에서 유지, 관리되었다.

간접 미디어의 집중 육성

이 시기 미국은 지난 시기인 안보프레임 구성기를 거치며 선발, 육성된 언론인을 조직적으로 활용해 간접적 미디어를 앞세운 대한 인식정렬 작업에 본격적으로 뛰어들게 된다. 라디오, TV와 같은 방송 매체와 신문, 각종 간행물 등의 인쇄, 출판 매체의 주요 부문의 오피니언 리더들을 대상으로 구성된 인적 네트워크를 유기적으로 결합시킨 간접적 미디어가 주도한 이 시기 인식정렬 작업은 전 시기에 비해 훨씬 정교하게 진행되었고 그 효과도 전면적이었다. 미국의 관점에서 볼 때 박정희 정권의 대미 정체성이 베일 속에 가려져 있던 만큼, 집권 초반 미국은 대한 공공외교 전략과 그에 따른 미디어정책을 수립하지 못하고 한동안 관망해야 했다.

미국해외공보처는 박정희 대통령의 집권 만 4년 만인 1965년 6월 4일, 〈한국 평가보고서〉[93]를 처음으로 발간했는데, 이 보고서는 이전과 달라진 시대상을 대폭 반영한 것이었다. 특히 한국사회에서 영향력이 부쩍 커진 언론의 위상과 그 영향력의 실제에 대해 기록하고 있다. 미국공보원의 언론에 대한 지속적 투자, 관심 그리고 조직화는, 언론인들의 대미 기대심리에 근거한 자발적 협조를 가능하게 해주었으며, 이후 안보프레임 강화기 내내 한국 언론을 대한 인식정렬 작업의 주력으로 활용할 수 있는 가능성을 열어주었다.

첫 보고서에서 미국공보원은 '자유주의 제도를 발전시키기 위해 한국인의 의지를 강화하는 노력의 중심에 한국 언론이 있다'고 평가했다. 그

---

[93] Country Assessment Report - Korea 1964, USIS Seoul to USIA Washington, Message No. 23, June 4, 1965

러면서 미국공보원으로서는 이 같은 현상을 관심을 가지고 지켜보고 있다고도 적고 있다. 안보프레임 강화기의 주도적 인식정렬 작업 수단은 지난 시기 직접적 미디어에서, 이제 바야흐로 언론과 인적 네트워크 등을 망라하는 간접적 미디어로 전환되고 있었다. 물론 박정희 정권 집권 초기, 전국에 계엄령이 내려지는 등 열악한 국내 정치상황에 따라 언론이 제 역할을 하지 못한 시기도 있었다. 특히 한일 국교정상화를 반대하는 학생들의 입장을 지지했던 신문과 라디오 기자들은 정부의 노여움을 사서 재판 없이 장기간 투옥되기도 했다. 폭동이 진압된 후에도 계엄령은 언론에 대한 검열제도를 여러 달 동안 지속했다. 언론의 영향력을 인식한 정부는 뒤늦게 언론윤리법을 제정하고 언론윤리위원회를 구성해 검열제도를 시행하려 했으나, 대중의 반대에 부딪쳐 무산되었다고 이 보고서는 적고 있다.

언론윤리위원회법 저지를 위한 투쟁 과정에서 투쟁의 구심체로 떠오른 것이 한국기자협회(이하 기협)다. 기협은 박정희 정권의 언론 장악 의도에 맞서 언론자유 수호를 주장하며, 1964년 8월 17일 창립되었으며 언론자유수호, 기자 자질향상, 기자권익 옹호, 국제교류 강화 등 4개 강령을 표방하며 오늘에 이르고 있다. 한국 최대 언론인 직능 단체로 현재 전국의 신문, 방송, 통신사 소속 현직 기자 7000여 명을 회원으로 확보하고 있다. 1964년 협회 창립 당시 4대 강령 중 '기자 자질향상'과 '국제교류 강화' 등 두 개의 강령에서 알 수 있듯, 기협은 미국의 '시민교육 프로그램'과 '미국식 민주주의의 확산'이라는 인식정렬 기조와 큰 틀에서 궤를 함께 하기도 했으며, 언론윤리위원회법 저지 투쟁과정에서 미국 측의 지원을 받고, 언론인 미국 연수의 창구로 활용되면서 미국의 대한 미디어 정책 이행을 위한 주요한 카운터 파트로 기능해왔다고 분석된다.

보고서는 '한국 정부가 언론윤리법의 이행을 보류하는 대신 정부기관인 언론윤리위원회를 강화해 언론활동을 감시하고 과잉보도를 줄이는 방향으로 내부 합의를 봤으며, 정부와 언론의 갈등 과정에서 미국공보원은 언론윤리법 제정 반대 운동을 하고 있는 언론인들에 대해 한국 정부가 모종의 부정적 행동을 가하지 못하도록 의견을 제시했다'고 적고 있다. 언론의 중요성에 대한 인식과 그에 따른 미국공보원의 측면 지원과 관리는 계속되었다. 미국공보원은 기회가 있을 때마다 언론인에게 '미국은 언론자유를 신봉하며, 기회가 있다면 대사관과 미국공보원 직원들이 이 같은 입장을 한국 정부 관계자들에게 알리겠다'고 공언했다. 미국공보원의 노력은 수차례 계속되었으며 실제 정부의 관련 법안 입법에 반대해 사퇴했던 두 명의 장관과도 만났음을 기록하고 있다. 언론윤리위원회 구성과 관련해 정부와 언론이 서로 어느 정도 명분을 챙기는 수준에서 타협이 이뤄지고 나자, 운동을 주도했던 언론인들은 미국공보원에 '그동안 미국의 노력을 알고 있으며, 미국공보원 직원들의 노력이 한국 정부의 강력한 의지를 조금 꺾을 수 있도록 도와주었다고 감사를 표해왔다'고 보고서는 적고 있다.

　　미국공보원은 언론의 다른 한 축으로 출판 미디어 분야에 있어서도 출판사들과 직접적으로 업무 협의를 할 수 있는 연락망 구축을 완비했다. 미국공보원은 특정 자료에 대해 한국출판사단체와 자주 협의했는데, 그 결과 학생 월간지 《학원》과 대학생 한영 잡지인 《영어학습》은 미국 관료들의 중요 연설들을 실었고, 비즈니스와 정치, 경제 잡지들은 미국 관료들의 정책발표를 자주 인용, 게재했다. 미국을 통한 한국의 경제발전 가능성에 대한 확신을 심어주기 위해 미국공보원은 특히 언론인들의 산업

시찰 여행을 적극적으로 기획, 실행하기도 했다. 미국에서 온 전문가들과 인터뷰를 하기 위한 식사, 미국 쪽 책임자와의 비보도전제의 저녁식사, 그리고 저명한 언론인들과의 간담회 등을 통한 프로젝트도 계속되었다. 시찰을 나갔던 언론인들이 라디오 프로그램을 통해 보도를 하기도 하고, 미국 쪽 관리들이 TV나 라디오에서 한국의 경제 발전에 대해 논의하기도 했다. 나중에는 언론사 편집국장, 경제부 기자 등 언론인들이 직접 미국공보원에 산업체 견학을 요청해오기 시작했고, 미국공보원은 이에 응하는 차원에서 지원을 계속 했다.

반년 뒤인 1966년 1월 21일, 번스가 작성해 워싱턴에 보낸 Message No. 15번의 〈한국 평가보고서〉는 한국 내 언론 환경의 변화에 한층 더 주목하고 있다. 간접적 미디어의 활용 가능성에 확신이 담겨져 있으며 실제 인식정렬 작업 과정에도 이를 보다 적극적으로 활용했다. 보고서는 '주간 단편뉴스와 다큐멘터리, 영화 등이 한국 내의 모든 극장에서 한국 대중에게 방영되고 있다'고 적고 있다. 다만, 라디오와 TV 매체에 대해 미국공보원은 이들 매체가 가지고 있는 대중에 대한 전반적인 영향력을 감안해서 수용자들에게 보다 신중하고 접근 중이라고 밝혀두고 있다. 미국공보원은 '언론을 통한 인식정렬 프로젝트의 성취도를 명확하게 측정할 수는 없지만, 상당한 가능성을 보이고 있다'고 강조했다.

1967년 1월 30일 번스가 제출한 Message No. 24번의 〈한국 평가보고서〉에 따르면 미국공보원이 한국 언론에 대해 두드러지는 투자를 하고 있음을 알 수 있다. 당시 미국공보원이 보고한 바에 따르면, 한국 언론이 1966년 한 해 동안 반공에 대해 다루거나, VOA의 논평을 인용하거나, 미국 측이 제공한 자료를 방송에 활용한 사례가 무려 678건에 달했다. 인식정렬 작업을 위한 이행과정에 심리적 목표가 정해지면, 미국공보원은 이를 위한 이벤트를 지원하기 위한 각종 프로젝트를 개발했으며 목표 달성을 위한 체계적인 전술도 함께 수립했다.

미국공보원은 점차 한국의 라디오와 TV 산업이 팽창하면서 미국 측이 제공하는 자료를 수용하는데 있어 언론사는 물론 언론 수용자들 사이에서 비판적인 인식이 커지는 점도 인식하고 있었다. 비록 한국의 간접적 미디어를 활용한다고는 하지만, 콘텐츠의 성격 자체가 미국이 미국의 이해에 근거해 제작한 것임을 한국인이 알 수 있도록 되어 있는 만큼, 인식 정렬의 성공적 수행을 위한 '은밀성'의 원칙이 훼손됨에 따라 나타난 결과였다. 이 같은 문제 해결을 위해 미국공보원은 한국 방송 언론 측에 제공하는 콘텐츠 자체가 날로 치열해지는 콘텐츠 경쟁에서 나름대로의 장점이 있어야 할 것이라고 지적했다. 이를테면 '가급적 최근 시사 문제를 TV용으로 수준 높게 제작한다면 방송사가 편성에 넣어줄 가능성이 높다'는 것이다. 그런가하면 '메시지가 과도하게 강조되거나 선전문을 읽어주는 형식은 설득력 있게 받아들여지지 않을 것인 만큼 피하라'고 명시하고 있다. 향후 대안으로 미국공보원은 한국 방송사 측과 합작 제작을 제시하고 있는데, 제작 지원을 한다거나 한국어로 대본을 써서 넘겨준다거나 하는 방식을 권하고 있다.

인적 네트워크의 활용

신문, 라디오, TV, 출판 등 언론-미디어 매체의 활용과 함께, 안보프레임 강화기에 두드러진 현상은 인적 네트워크의 적극적인 활용이었다. 인적 네트워크 구성을 위한 사전 조사 차원에서 이 무렵 미국은, 한국인의 대외 정체성과 규범 등을 파악해 안보 관련 인식 지도를 만들기 위한 대대적이며 광범위한 설문조사를 실시했다. 미국 국제 조사협회IRA ·

International Research Association 극동지부가 조사한 내용을 근거로 서울 미국공보원이 분석해 1965년 7월 14일 워싱턴 미국해외공보처로 제출한 파일번호 KS6501, 〈한국인의 일반 태도 조사World Survey III on General Attitudes of Korean〉 결과는 이와 관련된 총제적인 질문을 담고 있다. 한국인 5백 명을 상대로 벌인 설문조사에서 미 공공외교 당국은 특히 한국인의 대외 정체성 문제를 집중적으로 캐물었다.

'한국과 가장 친하다고 생각하는 나라가 어디냐'는 질문에, 응답자의 84퍼센트가 '미국'이라고 답했으며, 2, 3위는 각각 '대만'과 '서독'이 차지했다. 반면 '한국의 적국'을 묻는 질문에 37퍼센트가 '소련'을, 26퍼센트가 '중국'을, 그리고 12퍼센트와 9퍼센트는 각각 '북한'과 '일본'을 지적하고 있다. 미 공공외교 당국은 0.2퍼센트의 응답자가 미국을 적국으로 답한 것에 대해 이례적이라고 반응했다. '한국의 이념 지향'을 묻는 질문에, 8퍼센트가 '중립'을 주장한 반면, 무려 82퍼센트는 '반공'을 택하고 있다. '미국의 대외정책에 대한 입장', 즉 한국인의 미국 외교정책에 대한 규범적 반응을 묻는 질문에 26퍼센트가 '우호적', 26퍼센트가 '어느 정도 우호적'이라고 답한 반면, '모르겠다'는 답변이 40퍼센트, 대체로 '비우호적'이라는 답변이 2퍼센트, '아주 비우호적'이라는 답변도 6퍼센트에 달해 미국에 대한 전체적인 이미지가 상당히 개선되었지만, 아직 미국의 구체적 정책에 대한 이해와 지지도는 상당 수준 비우호 세력이 존재하고 있었던 것으로 분석된다.

이 같은 조사 결과에 영향을 받은 탓인지 주한미국공보원은 이 시기 미국의 구체적 정책에 따라 심리적 목표에 대한 인식정렬 강도를 높인 것도 바로 이 시기였다. 설문은 이어 미국에 대한 구체적인 호감도를 물었다. '한국 밖의 인물 중 누구를 존경하느냐'는 질문에 24퍼센트의 한국인 응답자가 '존슨 대통령'을 들었고 6퍼센트는 '드골 대통령'을 선택했다. 현재 '세계 최고의 강대국이 어느 나라라고 생각하느냐'는 질문에 대해서는 76퍼센트가 '미국'이라고 답한 반면, '25년 후의 강대국으로 미국이 남아있을 것'이라는 답변은 19퍼센트에 불과했다. 대신 '모르겠다'는 답변이 56퍼센트로 크게 늘었고 '중국'이나 '서독'이 최강대국이 될 것이라는 답변도 8.4퍼센트와 5퍼센트에 해당했다. 이는 미국이 미래에도 초강대국으로 남아 한국의 군건한 동맹주도국이 되어줄 것이라는 신념이 한국인 사이에 충분히 뿌리내리지 못했기 때문으로 보이며, 실제 주한미국공보원은 앞에서 살펴본 대로 이 같은 미진한 신뢰를 극복하기 위해 안보프레인 강화기 내내 '미국식 자본주의는 영속적으로 발전할 것이며 이것의 한국 내 적용이 한국의 지속가능한 발전을 보장해줄 것'이라는 심리적 소목표를 설정, 이행했다. '미국과 소련 중 어느 나라가 먼저 달에 착륙할 것 같으냐'는 질문은 우주과학 등 경제적 변수도 안보적 요인으로 판단되던 냉전시대의 맥락 속에서 던져진 것이며, 미국은 이후 우주경쟁에서의 우위를 알리기 위해 직간접적 미디어를 총동원했다.

1965년 7월 조사 당시, 한국인 500명 중 불과 24퍼센트만이 '미국'을 답했다. 21퍼센트는 '소련'을, 56퍼센트는 '모르겠다'고 답해 부정적인 시각을 밝힌 사람이 전체의 71퍼센트로 미국은 안보나 과학, 경제적 분야를 통틀어 신뢰 가능한 초강력 강대국의 이미지를 한국인의 인식에 아직 온전히 각인시키지 못한 것으로 나타났다. 질문은 본격화하고 있는 '베트남전쟁에 대한 한국인의 인식'으로 초점이 옮겨진다. 응답한 한국인의 75퍼센트가 '월남 정부를 지지'하고 있는 반면, '미국이 월남에 군사적 지원을 하고 있다'는 사실을 아는 사람은 여기에 크게 못 미치는 64

퍼센트에 그쳤다. 이 수치는 '월남에 대해 들어본 적이 있다'는 응답자 85퍼센트만을 대상으로 한 것이므로, 실제로 한국인 전체를 두고 환산하면 한국인의 절반에 해당되는 54.4퍼센트만이 '미국이 베트남전쟁에 참전하고 있음을 인식'하고 있었던 것이다. 더구나 '한국정부가 월남에 도움을 주어야 한다'는 답변 역시 46.75퍼센트에 그쳐 향후 한국 미국공보원으로서는 베트남전쟁 지지를 위해 한국인에게 베트남전쟁에 대한 추가적 정보제공과 인식정렬 유도가 매우 시급하고 강력하게 요구되고 있었던 것으로 보인다.

베트남전쟁에 대한 한국인의 지지 유도와 함께 안보프레임 강화기 미국의 중점 인식정렬 작업 대상이었던 '한일 국교정상화'에 대한 질문 역시 빠지지 않았다. 질문은 다소 완곡하게 변조되었는데, 한일 국교정상화를 직접 묻는 대신, '한국 정부가 일본과 다시 가까이 지내는 것에 대한 입장'을 물었다. 그럼에도, 불과 31퍼센트의 한국인 응답자들이 '긍정적'으로 답한 반면, '가까이 지내는 것' 조차 반대한 한국인이 27퍼센트, 모른다(29%)거나 거론 자체를 반대(13%)하는 등 부정적인 의견이 지배적이었다.

이와 함께 같은 시기 주한미국공보원이 발간하던 잡지인 《리뷰》가 실시한 여론조사는 훨씬 더 치밀하게 정교하게 이뤄졌다. 주요 정치인(40~50명), 언론인(관훈클럽 회원 등 40~50명), 정부 관료(80~100명), 교수(과학자, 연구원 포함 100~110명), 학생 지도자(170~180명), 초—중학교 교장(30~35명) 등 6개 그룹 총 500명을 대상으로 서울에서 일대일 면접 방법에 의해 작성된 설문조사는, 이듬해 인식정렬 작업 이행을 위한 구체적 인적 네트워크 구성을 위한 사전 정지작업의 성격도 함께 띠고 있는 것으로 분석된다.

같은 시기 행해진 또 다른 내용의 설문조사는 이례적으로 지난 5년 동안 북한을 탈출한 탈북자만을 대상으로 이뤄졌다. 한국의 중앙정보부를 통해 이들의 인적사항을 입수한 미국은 탈북자들에 대한 설문조사를 통해 많은 양의 정보를 입수할 수 있었다고 보고했다. 한국 미국공보원은 미 8군 당국에 협조한 탈북자들을 상대로 입수한 대면 조사 결과를 워싱턴 미국해외공보처로 넘기기로 하는 등, 향후 구체적인 계획도 함께 세웠다. 특히 주한미국공보원은 앞으로 탈북자들에 대한 대면 조사를 직접 수행하기 보다는 미 미국해외공보처의 자금 지원으로 아시아민족반공연맹APACL · Asian People's Anti-Communist League 등 국제 NGO를 통해 '간접적'으로 수행할 것임을 밝히고 있다. 이 또한 성공적인 공공외교 수행을 위한 '은밀성'의 보강 차원에서 이뤄진 시도로 분석된다.

이 시기 한국 내 여론주도층을 중심으로 본격적인 인적 네트워크 구성에 착수한 미국은 주한미국대사관의 공보 고문 윌리엄 필립스William Philips가 작성해 1965년 9월 14일 국무부로 제출한 〈1966회계 연도 교육 교류 프로그램 제안서〉[94]를 통해 인식정렬 작업을 수행할 구체적인 인적 네트워크 구성 로드맵을 수립했다. 로드맵의 내용은 한국 미국공보원이 우선 한미 양국 간 인적 자원을 모두 끌어들여 인재 풀을 만든 뒤 인력 활용을 위한 기본 운영체계를 수립, 이 체계를 구동할 각 분야 전문가들을 선발해 이들 전문가들을 기본 축으로 삼아 광범위한 한미관계 강화 프로

---

94 Educational and Cultural Exchange: Proposed Educational Exchange Program Fiscal Year 1966, Reported by William Philips, Adviser for Public Affairs, American Embassy Seoul to the Department of State, September 14, 1965

젝트를 개발, 시행한다는 것이다. 인적 네트워크를 동원한 공공외교의 시행의 전범이라 할 수 있는 본 제안서에는 대한 인식정렬 작업 수행을 위한 수십 개의 주요 프로젝트가 망라되어 있으며, 각 프로젝트는 인식 정렬 과정에 있어서 타 부문에 미치는 파급효과 등을 고려해 사업의 우선순위가 매겨졌다. 또한 프로젝트별로 각각 세부 이행 프로그램들이 수록되어 있으며, 세부 프로그램들 역시 프로젝트에 대한 기여도에 따라 보조금 우선 지급 순위가 별도로 매겨져 관리되었다.

우선순위	프로젝트 명	보조금 우선순위	프로그램
1	민주주의 발전	1	3 외국인 지도자 -공개 활동
		7	2 아시아 비교정치 미국인 강사
		9	3 외교 지도자 -공개 활동
		13	1 미국학 외국인 강사
		17	1 외국인 전문가 -하버드 노조 세미나
		20	1 미국학 외국인 학생
		22	1 외국인 전문가 -클리브랜드 프로그램
		23	1 미국인 법 관련 강사
		24	1 비교법 연구 외국인 학생
		32	1 비교정치 연구 외국인 학생
		34	4 외국인 전문가 -공개 활동
		40	1 법학 연구 외국인 학생

〈1966회계 연도 교육교류 프로그램 제안서〉는 인식정렬 작업을 위한 공공외교 전 분야에 걸쳐 필요한 사업과 사업의 중요성 등을 전체적인 구조 속에서 평가함으로써 자원 배분의 효율성을 극대화하기 위한 시도로 평가된다. 이들 프로젝트는 각각 세부 이행 프로그램의 집행을 통해 '민주주의 의식에 대한 강화, 책임 있는 시민의 육성, 개개인의 창의적 개발 지원' 등을 기할 수 있고, '경제, 과학, 기술 향상 등을 통해 튼튼한 경제구조를 창출'하고 '한미 양 국민 사이에 문화와 교육 등의 분야에 있어서 상호이해를 높여주는 가교 역할을 수행할 수 있는 인재를 육성'하되, 그 결과로 '양국 관계 강화를 위한 인적 네트워크를 구성할 수 있도록' 설계되어 있다. 이렇게 구성된 인적 네트워크는 '미국의 대한 외교정책이 제시하고 있는 목표들의 달성을 돕기 위한 자원'임을 본 제안서는 명백하게 밝혀두고 있다. 제안서가 명시하고 있는 분야별 인적 교류 프로젝트를 요약하면 앞의 표와 같다.

'민주주의 발전' 프로젝트는 '미국이 한국에 대한 외교정책 목표를 실현하는데 있어 필수적이며 중요하다'고 주한미국공보원은 지적하고 있다. 한국 내 민주주의 발전이 양국 관계의 발전을 위해 중요한 것은 물론이고, 특히 미국의 공공외교와 대한 인식정렬을 실현하는데 주요한 인프라로 작용할 것이라는 내용이다. 민주주의 제도 그 자체는 하나의 프레임으로써 미국식 사고와 삶의 방식을 한국인 사이에 확고하게 심어주는 효과가 있으며, 구체적으로도 안보프레임을 강화하는 많은 하부 의제들을 양산해주는 의제의 보고로도 활용되었다. 본 제안서는 민주주의 발전을 위한 프로젝트들을 통해 '미국에 대해 협조적인 한국 내 단체들과의 관계가 강화될 것'이라고 자신하고 있다.

한국 미국공보원은 한국의 지도자들과 학생, 그리고 전문가 그룹이 위에 열거된 시민 교육, 법학, 비교정치, 미국학 등 여러 분야에 대한 연구, 관찰을 통해 미국의 발전된 제도와 한국의 제도를 비교해 볼 수 있는 기회를 가지게 될 것으로 기대했다. 이 프로젝트는 민간기관에서 담당하고 있는 여러 프로그램과도 함께 추진되었으며, '아시아재단'측에서도 이 프로젝트에 보조금을 제의한 적이 있다고 미국공보원은 밝혔다. 아시아재단은 하지만 '아주 먼 미래를 보고 프로그램을 기획하는 것이 아니라, 특별한 사안이 있을 때 프로젝트의 보조금을 지원했다'고 제안서는 보고

우선순위	프로젝트 명	보조금 우선순위	프로그램
2	경제, 기술발전	4	2 과학, 기술 교육 미국인 강사
		5	4 과학, 기술 교육 외국인 선생 보조금
		6	1 경제, 경영 관련 미국인 강사
		11	1 외국인 전문가 －국제 마케팅 연구
		18	3 외국인 지도자 －공개 활동
		19	2 과학, 기술 교육 외국학생(G/BN)
		21	6 과학, 기술 교육 외국학생(TO-D/BN)
		37	1 과학, 기술 교육 미국인교사(G/BN)
		29	1 과학, 기술 교육 외국인 연구자(G/BN)
		30	2 경제발전 관련 외국학생
		31	1 외국인 지도자 －공개 활동

하고 있다. 미국은 정치적 인식체계가 제반 인식체계에 비해 상위에 속하며, 하위 인식체계를 조직해 내는 틀의 역할을 하고 있음을 중시했다. 주한미국공보원이 미국식 민주주의 체제를 한국에 심는데 대한 공공외교 재원의 상당 부분을 투여한 것도 바로 그 때문이었다. '민주주의 발전' 프로젝트에 최우선 순위를 매긴 이유에 대해 한국 미국공보원은 기회가 있을 때마다 '이 프로젝트가 성공해야 대사관이나 위원회가 중요하게 여기는 다른 프로젝트 역시 성공할 것이라고 믿는다'고 이 제안서는 명백히 밝히고 있다.

주한미국공보원은 위 프로젝트와 관련해 미국이 대한 외교 전략에 있어, 경제정책을 '원조'에서 '차관'으로 바꾸면서, 한국은 기술자, 과학자, 전문가, 경제학자, 경영학자 등의 새로운 직군을 필요로 하게 되었다고 밝혔다. 이 프로젝트는 한국의 안정적 경제발전을 위해 필요한 그 새로운 전문가들을 공급하기 위한 것이었다. 미국경제원조처USOM는 이 프로젝트와 관련해 가장 많은 프로그램에 걸쳐 지원을 해왔다. 특히 과학 분야에 걸쳐 미국경제원조처는 지속적인 활동을 해오고 있다고 본 제안서는 밝히고 있다. 주한미국공보원은 본 프로젝트 이행 원칙을 '과학, 기술, 경제 발전을 한국 사람에게 직접 가르쳐주는 것이 아니라, 한국 사람이 다시 한국 사람에게 이러한 분야를 가르쳐줄 수 있도록 하는데 있다'고 강조했다. 비록 경제, 기술 분야이기는 하지만 대한 인식정렬 작업의 주체를 미국이 아니라, 현지화하려는 노력은 정도 차이는 있지만 의식정렬 작업 전 분야에 걸쳐 일관되게 나타나는 현상이기도 하다. 언론을 통한 의제 설정 과정에 있어도 주한미국공보원은 이 원칙을 준용했다. 기술자에 대한 교육 역시 마찬가지였다. 기술자들에 대한 직접 교육보다는 교육자 양성에 초점을 맞췄다.

우선순위	프로젝트 명	보조금 우선순위	프로그램
3	영어 교육	2	2 영어를 제2외국어로 교육가능 미국인 강사
		3	4 영어를 제2외국어로 교육가능 외국인 강사
		15	2 영어를 제2외국어로 교육가능 외국인 학생
		6	2 영어를 제2외국어로 교육가능 미국인 학생

　영어 교육 프로젝트는 영어를 한국인에게 제2외국어로 가르치는 교원 양성을 위해 마련되었다. 한국의 현재는 물론 미래를 책임질 지도자들이 향후 미국 연수를 다녀올 수 있도록 준비하는데 최우선 목적이 있었다. 이들 한국인 지도자들을 돕는 것은 '미국 외교정책 목표 달성에 있어 중요한 역할을 한다'고 주한미국공보원은 강조했다. 한국 지도자들이 영어 공부를 좀 더 깊이 해야 '책임감 있는 정치적 리더십과 사회, 경제 발전, 자유주의 제도를 바탕으로 안정된 사회를 이뤄나갈 수 있다'는 것이었다. 하지만 영어는 이처럼 의도된 목적 외에도 매체 자체의 특성상 사용자의 신분에 따라 권위를 부여받게 되었으며, 머지않아 영어는 지식인과 권력층의 산물로 인식되며 영어를 중심에 두고 영어를 둘러싼 거대한 헤게모니를 구성하게 된다.

　영어의 헤게모니 획득은 미국의 공공외교와 대한 인식정렬 작업에 속도를 높여주는 소위 인식정렬의 작업의 고속도로가 되어주었다. 영어를 배우거나 심지어 접할 기회조차 희소하던 시절, 영어 즉 미국말은 대부분 한국인에게 또 다른 꿈의 상징이거나, 꿈을 추구할 수 있는 통로로 자리 잡게 되었다. 당시 한국에는 어떠한 기관도 영어 교육 프로젝트를 아직 진행하지 않고 있었으며, 미 8군 일부 자원이 근무 시간 외에 한국 학교에서 영어 강의 프로그램을 진행했다. 주한미국공보원은 비록 '한국의 사립대학을 포함한 많은 교육시설에서 영어를 가르치고 있었지만 제대로 가르치지 못하고 있다'고 진단했다.

우선순위	프로젝트 명	보조금 우선순위	프로그램
4	언론 매체	8	3 외국인 전문가 －다국적 저널리즘
		10	1 언론매체 미국인 강사
		33	1 외국 전문가 －라디오, TV 후원
		35	2 언론매체 외국인 학생

주한미국공보원은 신뢰성 있는 언론은 '사회제도에 대한 믿음' '성취에 대한 자부심' '자급자족 할 수 있는 결단력' '미래에 대한 희망' 등을 갖게 해주며, '국가 결속력을 강화'시키고 나아가 '공산주의 사상의 전파를 막는다'고 규정하고, 특히 이 모든 언론의 선뽑기능은 미국의 대한 외교정책 목표와 일치한다고 밝혔다. 한국 언론의 선기능과 미국의 외교정책 목표가 일치한다는 말은, 과정의 측면에서 보면 한국 언론의 기능이 미국의 외교정책 목표와 일치하도록 유도, 관리하겠다는 의지의 표명으로도 읽힌다. 한국 언론을 관리하려고 미국은 자국의 정부 기관은 물론 아시아재단과 같은 단체도 적극적으로 동원했다. 주한미국대사관은 오랫동안 저널리즘 전문가 프로그램을 지원해 왔고, 그간 이 사업을 프로젝트들 중 8번째 우선순위로 삼아왔다. 그러나 안보프레임 강화기에 이르러 미국의 공공외교는 간접적 미디어, 특히 언론에 대한 관리에 대거

유휴 재원을 증액시키기에 이른다. 실제 주한미국공보원은 〈1966년 교육 교류 프로젝트 제안서〉에서 '언론 매체 관리 프로젝트'와 세부 프로그램의 중요성을 감안해 기존의 8번째 우선순위에서 네 단계 상승한 4번째 우선순위로 지정하고 있다. 심지어 주한미국공보원은 어찌 보면 '언론 매체 관리 프로젝트는 우선순위 1번인 민주주의 발전 프로젝트를 보충하는 것'으로 '1번 안에 세부 프로그램으로 포함될 수도 있는 것이지만 별도의 프로젝트 항목으로 관리하는 것이 더 효과적인 만큼 분리한 것'이라며 중요성을 재차 강조하고 있다. '민주주의 발전'이라는 미국 공공외교의 대표적 안보프레임을 강화하기 위해 주한미국공보원은 언론에 대한 관리가 이토록 중요하다는 사실을 확고히 인식하고 있었던 것이다. 이 같은 사례는 안보프레임 강화기에 미국의 공공외교가 안보프레임의 집중적 강화와 간접적 미디어의 적극적인 활용이라는 특징적 양상을 극명하게 보여주고 있는 대목이기도 하다.

우선순위	프로젝트 명	보조금 우선순위	프로그램
5	교육 발전	28	1 교육 행정 미국인 강사(G/BN)
		38	1 교육 행정 외국인 학생(TO-D/BN)
		39	1 교육 행정 외국인 학생 (G/BN)
		41	2 교육 관련 외국인 전문가

이 프로젝트는 현재 개발도상에 있는 한국에서 효율적으로 학교 운영이 이뤄질 수 있도록 교육발전에 있어 방향을 제시해주기 위한 것이라고 주한미국공보원은 밝히고 있다. 그동안 이 분야에 있어 미국경제원조처

의 활동이 두드러졌다. 미국경제원조처의 프로그램을 통해 많은 한국인과 미국인이 보조금 지원을 받아 양국을 오갔다. 하지만 주한미국공보원은 미국경제원조처의 제안서가 기록된 시점을 기준으로 지난 30개월 동안 이 분야의 활동 내용을 줄여왔으며, 계약을 맺고 있던 미국 대학들과도 서서히 단계적으로 계약을 정리해왔다며 우려를 표시했다. 한국의 교육단체들은 이 프로젝트와 관련해 주한미국공보원과 미국해외공보처, 미국경제원조처 등 관련 부처와 지속적으로 협의했다.

우선순위	프로젝트 명	보조금 우선순위	프로그램
6	한국학 연구	12	1 한국학 연구 미국인 학생
		14	1 한국학 재교육 미국인 학생

이 프로젝트는 주한미국공보원이 지속적으로 맡아서 수행해온 사업이다. 미국공보원은 '미국 학생들이 한국 대학교에서 아시아 관련, 특히 한국의 정세, 문학, 역사, 문화 등을 연구하는 것이 양국 간 친밀감 조성을 위해 좋으며, 양 국민 사이에 상호 이해도를 높이는데도 기여한다'고 판단했다. 또한 '한국에서 장학금을 받고 공부한 미국 학생들은 미국에 돌아가 미국 학계에 한국에 대한 관심과 이해를 높이는데 도움이 되도록' 기획되었다. 다만, 하와이 대학의 동서연구센터만이 프로젝트에 소규모로 참여하고 있었을 뿐, 1965년 제안서 작성시점에 이 프로젝트는 중요성에 비해 아직은 초기단계에 머물고 있었다. 주한미국공보원은 이들 외에도 연세대학교에서 3년간, 한국 언어와 문화를 수강하는 선교사들과 그들의 향후 활동에 대해서도 주목해오고 있다.

다음은 주한미국공보원 제안서에서 밝힌 각종 교육 프로젝트의 우선 순위 리스트이다. 한국인에게 해당 분야의 지식을 직접 전달하는데 그치는 것이 아니라, 한국인을 가르칠 수 있는 한국인 교육자나 외국인 전문가를 양성하는데, 미 공공외교 당국이 치중하고 있다는 사실을 알 수 있다.

우선순위	보조금 대상	프로젝트 명	프로그램
1	3 외국인 지도자	1	공개 활동
2	2 미국인 강사	3	제2외국어로 영어 교육
3	4 교사	3	제2외국으로 영어 교육
4	2 미국인 강사	2	과학, 기술 교육
5	4 교사	2	과학, 기술 교육
6	1 미국인 강사	2	경제, 경영 교육
7	2 미국인 강사	1	비교정치
8	3 외국인 전문가	4	다국적 저널리즘 프로젝트
9	3 외국인 지도자	1	공개 활동
10	1 미국인 강사	4	언론 매체
11	1 외국인 전문가	2	국제 마케팅 연구소
12	1 미국인 학생	6	아시아(한국) 연구 프로그램
13	1 외국인 학생	1	미국학 연구 프로그램
14	1 미국인 학생	6	재교육-아시아 연구 프로그램
15	2 외국인 학생	3	제2외국으로서 영어 교육
16	2 미국인 교사	3	제2외국으로서 영어 교육
17	1 외국인 전문가	1	하버드 노동조합 세미나
18	3 외국인 지도자	2	공개 활동
19	2 외국인 학생	2	과학, 기술 교육
20	1 외국인 학생	1	미국학 연구
21	6 외국인 학생	2	과학, 기술 교육

22	1 외국인 학생	1	클리브랜드 국제 프로그램
23	1 미국인 강사	1	비교법
24	1 외국인 학생	1	비교법
25	1 미국인 강사	1	미국연구
26	1 외국인 강사	7	대학간 강사
27	1 미국인 교사	2	과학, 기술 교육
28	1 미국인 강사	5	교육 행정
29	1 외국인 학자	2	과학, 기술 교육
30	2 외국인 학생	2	경제 발전
31	1 외국인 지도자	2	공개 활동
32	1 외국인 학생	1	비교정치
33	1 외국인 전문가	4	라디오, TV 프로젝트
34	4 외국인 전문가	1	미정
35	2 외국인 학생	4	언론 매체
36	2 미국인 전문가	7	유명한 스포츠 인사
37	4 미국인 강사	7	USEC/K 국가간 강사
38	1 외국인 학생	5	교육심리, 행정
39	1 외국인 학생	5	교육심리, 행정
40	1 외국인 학생	1	법학
41	2 외국인 전문가	5	교육
42	1 외국인 강사	7	미정

교육교류 프로젝트와 같은 미 국부무 지원 프로그램 외에도 한국 내 자생적인 친목, 사회단체의 결성이 촉진되어 인적 네트워크 강화의 한 요인이 되었다. 600명에 이르는 '고위급 한국인 이중 국적자'와 또한 영향력 있는 인사들을 포함한 한미협회가 이 무렵 출범했다. 영어 학습을 위한 한국인의 열기는 인적 네트워크 구성의 중요한 동력으로 작용했다.

영어라는 언어의 헤게모니가 이 무렵 일반인에게까지 영향력을 미치게 되었다. TV 영어 교육방송이 주요 시간대에 방영되기 시작했으며, 니만 펠로우 프로그램 출신자들과 주한미국공보원 직원 부부, 미8군 장병 부부들을 앞장세워 미국공보원이 지원하는 각계각층을 위한 영어강좌가 확산되었다.

실무자급 언론인을 위한 영어강좌에는 주한미국공보원이 제작한 영화를 수업시간에 보여줌으로써 영어 청취능력을 향상시킬 뿐만 아니라, 영화를 통한 미국인 삶의 다양한 측면이 소개되었다. 영화는 영어의 문화권력을 강화시키는 중요한 사절이었다. 주한미국공보원 측은 특히 자유주의 경향의 학생들과 일반 교양학부생, 법학, 상경학 전공의 상위 학생 지도자들에게 '다가서기' 위한 목적으로 서울대학교에 특별 영어 수업을 편성하기도 했다.

이 시기 후반에 들어서는 한국 내 인적 네트워크의 세포 조직들 스스로 한미관계 강화를 위해 정책 관련 세미나를 열고 주한미국공보원 측에 후원을 요청하는 사례가 많았다. 주한미국공보원 측은 이 같은 현상이 안보프레임 강화기 초반만 해도 '미국공보원 측의 후원을 꺼리던 한국인의 부정적 정서와 비교해볼 때 매우 고무적인 것'으로, 다양한 인식정렬 작업의 결과로 '미국에 대한 이미지가 점차 개선되고 있기 때문'이라고 분석했다. 미국의 지속적인 교육교류 프로젝트에 힘입어 한미동맹은 양국 관계의 강화를 지지, 견인하는 거대한 인적 네트워크에 의해 주도되게 된다. 인적 네트워크는 미디어를 통해 상호간 정보를 교류하고 확보된 제도를 통해 기회와 가치를 공유하며, 서로 다른 차원의 인적 네트워크와 소통하게 되고 그곳에서 다시 새로운 인적 네트워크를 구성하면서 다면적인 거대한 인적 네트워크를 이뤄나가게 된다.

1966년 7월 6일, 주한미국공보원의 공보담당 책임자인 번스가 작성해 워싱턴 미국해외공보처로부터 추인 받은 〈한국 국가 계획〉[95]은 이전 공공외교 전략들에 비해 한 단계 더 구체화된 인적 네트워크 구성방안을 제시하고 있다. 인적 네트워크 구성을 위한 '부문별 핵심 관리 대상'의 범위를 명확히 한 것이다. 1966년 승인된 한국 국가 계획은 향후 인식정렬 작업은, 현재는 물론 미래에도 한국 내 정책수립에 가장 큰 영향을 미칠수 있는 집단에 집중될 것이라고 밝히고 있다. 이른바 '목표 집단Target Group'이라 명명된 이 인적 네트워크에 대한 선별기준도 명확히 제시되었다. 친 동맹적인 인식을 가진 사람뿐 아니라, 미국의 대외정책에 회의적인 입장을 보이고 있는 한국인도 집단 내에 반드시 포함시킬 것을 강조하고 있다.

주한미국공보원은 목표 집단에 대한 향후 관리 계획과 일정을 밝히는 한편, 이들 목표 집단을 기반으로 미국이 한국사회에서 더 넓은 영향력을 미치게 될 것이라고 분석하고 있다. 주한미국공보원은 공공외교의 인식정렬 목표 달성을 위해 앞서 제시한 4가지 심리적 목표 중 어떤 인적 집단이 어떤 심리적 목표 달성에 효과적인지 파악하고, 특정 해당 집단을 각각의 심리적 목표 달성에 지정하는 치밀함을 보인다. 각 인적 그룹과 함께 적시된 숫자는 집단별 선별, 관리 대상 인원의 숫자를 말한다. 다음은 주한미국공보원이 관심을 가지고 있는 그룹 중 중요도에 따라 정리한 순서다.

---

95 Country Plan for Korea, United States Information Agency, Reported by Country Public Affairs Officer, W. K. Bunce, approved July 6, 1966

1. 대학교수들, 특정 교육과 연구 전문가들, 학생 지도자들 5000명
   (이들 중 500명은 특별 관리를 받을 것임. 심리적 목표 1, 2, 3, 4)

2. 커뮤니케이션 종사자, 언론인(간부, 편집담당, 기자, 프로그래머)
   1000명(이들 중 150명은 집중 관리를 받을 것임. 심리적 목표 1, 2, 3, 4)

3. 정보부와 교육부 공무원, 중앙 및 지방 공무원, 사무국 직원
   500명(이들 중 100명의 직원들은 특별 관리를 받을 것임. 심리적 목표 1, 3)

4. 사회, 문화 지도자 500명(심리적 목표 1, 3, 4)

5. 국회의원과 기타 중요 정치인들 500명(이들 중 200명은 특별 관리
   를 받을 것임. 심리적 목표 1, 2, 3, 4)

6. 중·5고등학교 교원과 행정직 5000명(이들 중 400명은 특별 관리
   를 받을 것임, 목표 3)

1966년 승인된 〈한국 국가 계획〉에 따르면 미국은 교수 및 전문가 그
룹, 언론·커뮤니케이션 종사자, 공무원, 사회 지도자, 정치인 및 교원 등
을 주력으로 인식정렬 작업을 위한 목표 집단으로 상정하고 있었으며,
전체 목표 집단으로 선별된 인력 자원은 무려 1만 2500명에 달했다. 이들
중 핵심 목표 집단은 별도로 '특별 관리' 대상으로 분류되어 미 정부로부
터 직접 관리되었는데, 이들의 숫자만도 1350명에 달했다. 미국은 한번
목표 집단으로 선별된 사람에 대해서는 지속적인 확인과 지원 등을 통한
'관리' 외에도 인식적 차원에서도 그들에게 안정적으로 영향력을 미치
고자 했다.

이를 위해 1968년 9월, 국제조사연구소가 주한미국대사 필립 하비브
Philip C. Habib의 승인을 받아 수행한 〈한국인 목표 집단의 미디어 수용 실
태에 대한 여론조사〉[96]를 통해, 미 공공외교 당국은 한국 내 목표 집단이

일상적으로 처해있는 미디어 환경에 대해 철저한 조사를 벌였다. 목표 그룹으로 설정된 인사들 중 '특별 관리' 대상으로 분류된 1350명을 조금 상회하는 1623명을 대상으로 면접 조사한 여론조사 결과에 따르면, 목표 그룹 중 언론계와 정부 조직, 학계, 시민지도자 그룹이 다른 분야의 자원에 비해 미디어 노출빈도가 높은 것으로 나타났다. 주한미국공보원이 발간하는 각종 책자에 노출된 비율이 전체적으로 27퍼센트로 비교적 높게 나온 가운데, 언론계(37%), 정부관료(36%)의 순으로 주한미국공보원이 발간하는 책자에 노출되었다. 〈미국의 소리VOA〉방송을 한 달에 한두 번 이상 청취하는 경우도 전체가 25퍼센트로 높게 나타났다. 언론계나 학계, 정부관료 등의 청취율은 각각 35퍼센트, 29퍼센트, 27퍼센트의 순서였다.

당시 신흥 매체로 급부상 중이던 TV에 대한 전체의 노출빈도는 지난 한 달 동안 한두 번 이상 TV를 시청한 적이 있다고 답한 목표 그룹 평균 응답률이 절반이 넘는 54퍼센트를 보였으며, 특히 정부 관료(64%), 언론계(62%), 교수(57%) 등 소위 지식인들이 시청하는 비율이 상대적으로 높게 나타났다. TV는 대한 안보프레임 강화기에 지식인들이 애용하는 매체였으며, 이에 따라 향후 인식정렬 작업 과정에서 활용할 만한 매우 효과적인 매체로 떠오르기 시작했다. 미 군정기와 대한 안보프레임 구성기까지만 해도 높은 효과를 보였던 영화는 TV에 비해 상대적으로 효과가 떨어지는 것으로 조사되었다. 지난 몇 달 동안 한 편 이상의 영화를 봤다고 응답한 목표 그룹 내 응답자는 7퍼센트에 그쳤으나, 창조적 지식인 계열

---

96 Survey on Media Habits of Korean Target Group, Conducted by International Research Association, File No. KS6801, Approved by Ambassador Philip C. Habib

(9%)과 언론계(8%)와 정부관료(8%) 등은 타 부문에 비해 다소 높았다. 영화는 인식정렬 과정에 있어 여전히 매력적인 매체로 평가되었으며, 특히 베트남전쟁 과정의 반공 이데올로기 강화를 위한 다양한 영화의 극장 상영은 한국인으로 하여금 인상적인 효과를 낳았다.

언론매체와 인적 네트워크를 앞세운 간접적 미디어 활용과 관련한 미국의 대한 미디어정책은 안보프레임 강화기 후반기에 들어서자 일단 그 구성이 완성된 것으로 보인다. 1966년 존슨 대통령의 방한 직후, 당시 주한미국공보원의 공보담당이던 해리 허드슨Harry S. Hudson이 워싱턴의 미국해외공보처로 제출한 〈월례 보고서〉[97]에 따르면 미국은 인식정렬 작업 과정에서 이전 안보프레임 구성기에 주도적 미디어로 활용해온 전시회나 강연 등 직접적 미디어 활용 기법에서, 한국의 다양한 언론매체와 인적 네트워크 등을 적극적으로 활용하는 간접적 미디어 활용 기법으로 미디어정책을 크게 전환한 것으로 파악된다.

이 보고서는 존슨 대통령의 아시아 순방 소식이 한국의 모든 언론의 지면을 장악했다고 평가하고, 면밀히 그 보도 내용과 분량까지 측정해 본국에 제출하고 있다. 실제로 보고서에 따르면, 당시 존슨 대통령의 순방 과정에서 그의 연설문을 포함해 64개의 보도자료가 한국 내 언론사에 발송되었는데, 10월 1일부터 11월 5일 사이에 보도자료가 번역되어 모두 기사화되었다. 한국의 방송과 라디오는 대거 VOA 방송의 논평을 인용해 보도했다. 이와 함께 대구와 광주 등 지방에서도 미국공보원 한국 지부

---

[97] Monthly Report, USIS-Seoul to USIA Washington, Message No. 18, Reported by Harry S. Hudson, Acting Country Public Affairs Officer, October, 1996

들이 지방 언론을 위해서 존슨 대통령 방한과 맞물려 함께 방한한 평화사절단 자원봉사자들과의 인터뷰를 섭외해주었고, 그 결과 신문마다 장문의 인터뷰 기사가 실렸다.

한국 언론을 매개로 한국 내 인적 네트워크를 강화하고, 다시 강화된 인적 네트워크를 앞세워 인식정렬 작업을 간접적으로 수행하는 '현지화'한 의식정렬 작업 방식은, 각종 교육교류 프로젝트와 하위 프로그램 등을 통해 성공적으로 진행되었으며 안보프레임 강화기 후반기에 들어 왕성한 성과를 도출하기에 이른다. 주한미국공보원은 심리적 목표에 접근하는 인식정렬 작업들이 전반적으로 미국의 이미지 향상을 이끌었으며, 그 결과 1966년 1월 21일에 서울 미국공보원이 작성해 워싱턴 미국해외공보처로 송부한 〈국가 평가 보고서〉는 "한국인으로 하여금 한국 정치, 군사 문제 등에 대한 '미국의 개입'을 지지하도록 해주고 있다"고 평가하게 된다.

여전히 활용되는 직접적 미디어

이처럼 안보프레임 강화기 내내 주로 언론과 인적 네트워크를 동원한 간접적 미디어를 활용한 인식정렬 작업이 수행된 것은 사실이지만, 그렇다고 이전 시기 인식정렬 작업이 의존했던 직접적 미디어 활용 방식이 자취를 감춘 것은 아니었다. 주한미국공보원이 직접 주최하는 전시회나 외국인 초청 강연회가 전국에서 지속적으로 이어졌으며, 〈미국의 소리〉 프로그램의 한국 내 방송, 주한미국공보원의 한국 내 직접 출판 방식에 따른 서적 간행 등 직접적 미디어 활용도 적지 않게 이뤄졌다. 특히 〈미국의 소리〉는 한국 내 방송들의 초기 발전 과정에서 큰 영향을 미쳤다. 1965년 6월 4일에 워싱턴 미국해외공보처가 접수한, 주한미국공보원의

1964년 〈공공외교 평가 보고서〉[98]는 포괄적인 설문조사를 시행하지 않아, 〈미국의 소리〉 방송의 매체 영향력을 정밀하게 평가하기는 힘들다고 전제하고 있다. 하지만 모든 한국의 방송들이 〈미국의 소리〉 프로그램의 내용을 한국인에게 전달해주고 있다며 매우 긍정적인 평가를 내렸다. 주한미국공보원은 많은 라디오 관계자와 청취자가 한국의 발전상을 〈미국의 소리〉를 통해 들을 수 있어 좋다는 반응을 보이고 있다며, 이들은 〈미국의 소리〉가 국제 문제나 한국 관련 보도를 내놓는 것에 대해 아주 긍정적으로 받아들이고 있다고 보고했다.

출판과 관련해 주한미국공보원은 다양한 형식의 정기 간행물을 직접 펴냈다. 미국을 중심으로 한 서구의 민주주의 이념을 소개하는 한편 반공 이데올로기 강화에 앞장섰던 주간《리뷰》와 월간지《자유세계》, 한국 지성인들을 대상으로 1965년 창간한 계간지《논단》 등이 대표적이다. 특히 월간지《자유세계》는 1960년대 중반, 열악한 한국의 정기 간행물 시장에서 무려 3만 부 이상을 찍어내던 영향력 있는 대중적 권위지로 자리 잡았다.

박정희 정권 출범 이후, 첫 번째로 제출된 1965년 〈국가 계획 보고서〉는《자유세계》를 대한 인식정렬 작업 수행을 위한 매체 상의 주요 거점으로 상정하고 다양한 '의도'가 녹아든 기사들을 이 매체에 게재했다고 밝혔다. 창간 초기《자유세계》는 무료로 배포했으며 발행 부수가 많게는 3만 8000부에 달했다. 주한미국공보원은 한국의 상업적 잡지 판매망을 통해 보다 더 많은 관심과 유효 독자를 확보하기 위해, 한국의 지역 출판사

---

98 Country Assessment Report - Korea 1964, USIS Seoul to USIA Washington, Message No. 23, June 4, 1965

와 배급업자들과의 협의를 거쳐, 《자유세계》를 유가지로 전환해 판매하기로 결정했다. 판매가는 10원으로 당시 물가에 비추어 그다지 싼 가격이 아니었음에도 1964년 8월의 첫 판매부수가 9000부를 기록했으며, 12월에는 판매량이 무려 2만 5000부에 달했다. 이 같은 폭발적인 매출과 관련해 주한미국공보원은 《자유세계》의 콘텐츠에 '한국의 젊은층이 반응을 보이기 시작했다'며 긍정적인 분석 결과를 내놓았다. 이듬해인 1966년 1월 워싱턴으로 보고된 〈한국 국가 평가보고서〉는 전년도 발간된 지성인 대상 계간지 《논단》의 출판이 '미국에 대한 이미지 제고에 도움'이 되며, '한미관계에 매우 긍정적인 기여를 하고 있다'고 평가했다. 월간지 《자유세계》의 유가지 전환에 영향을 받은 계간지 《논단》은 출간 당시부터 아예 유가지로 발매했는데, 두 번째 출판된 책이 3800부가 팔렸으며 시중 판매상들은 발행부수를 늘려달라고 주한미국공보원에 요구해왔다. 주한미국공보원은 《논단》 판매를 통해, 미국공보원이 많은 한국인이 느끼고 있듯 '미국을 선전하는 기관이 아니라, 미국의 문화와 지식을 전파하는 단체라는 이미지를 가지게 해주는데 성공했다'고 평가했다. 다른 매체들의 경우도 그렇지만, 지성인 중심의 계간지 《논단》의 성공은 한국의 지식, 정보시장에 대한 주한미국공보원의 치밀한 조사와 시장에 대한 정교한 접근이 이뤄낸 성과물이었다.

1967년 8월 29일 한국 미국공보원의 공보 담당자인 번스가 작성해 워싱턴 미국해외공보처로 보낸 〈《논단》에 관한 조사보고서〉[99]에 따르면, 주

---

99 Research Survey on Publication *NONDAN*, USIS Seoul to USIA Washington, Message No. 12, August 29, Country Public Affairs Officer, W. Keneth Bunce, August 29, 1966.

한미국공보원은 당시 3000여 부에 머물고 있던 《논단》 출판 사업을 확대, 강화하기 위한 정밀한 기초 조사를 벌였다. 주한미국공보원은 독자의 직업과 교육수준, 연령, 성별 등을 꼼꼼히 조사하는 한편 계간지 《논단》의 콘텐츠에 대한 경쟁 잡지들과의 양적, 질적 비교 등을 철저히 병행한 것이다. 그런가하면 지역조사센터RRC · Regional Research Center가 1966년 12월 28일 작성해 워싱턴 미국해외공보처로 보낸 〈1967년 3, 4월 활동 보고서〉[100]는, 주한미국공보원이 당시로서는 거액인 4100달러의 예산을 들여서 고려대학교 사회조사연구소 홍성식 교수로 하여금 《논단》에 대한 추가적 여론조사를 벌이게 될 예정임을 보고하고 하고 있다. 미국의 대한 공공외교정책은 외교 상대국에서 발행될 잡지 한 권의 출판을 놓고도 수정과 보완이 지속적이며 치밀하게 이뤄졌음을 한국과 본국 사이 오간 수 많은 문서들을 통해 알 수 있다.

이듬해인 1967년 2월 3일 필리핀 마닐라 미국공보원의 공보담당자인 툴이 작성해 워싱턴 미국해외공보처에 보고한 〈계간지 《논단》에 관한 연구보고서〉[101]는 미국공보원이 향후 《논단》을 인식정렬 작업의 효과적 도구로 활용하기 위해 어떠한 내용의 콘텐츠를 취급해야 하는지, 또는 《논단》이 '목표 집단'들을 어떤 방법으로 설득해야 할지 등에 대한 분석을 거듭해왔음을 보여주고 있다.

---

100 Activity Report for March 22-April 21, 1967, Regional Research Center, Field Message No. 54, USIA CA 1296, December 28, 1966.

101 Study of *NONDAN* Magazine, Message No. 43, USIS Manila to USIA Washington, Reported by Jamon N. Tull, Public Affairs Officer, Feburary 3, 1967.

안보프레임의 강화

안보프레임 강화기에 미국의 공공외교가 대한 인식정렬 작업에서 보여준 괄목할 만한 현상은 이전 시기에 비해 안보프레임의 선택이 지배적이었다는 점이다. 이 시기 한미 양국의 주요 현안이 베트남전쟁의 공동수행과 극동아시아 지역의 안보 공백을 메우기 위한 한미일 삼각동맹의 완성과 같이 대부분 안보프레임에 포함되는 내용이었기 때문이다. 동맹의 한 축으로 한국의 안정적인 역할 수행이 중요했던 만큼, 미국으로서는 한국 내 여론의 강력한 '심리적 지지'가 필요했다.

안보프레임 강화기에 들어 처음으로 발간된 〈1965년 한국 평가 보고서〉[102]는 KBS와 동양TV 등 한국의 공중파 TV와 라디오가 베트남 관련 소식을 매우 빈번하게 다루고 있다고 적고 있다. 다만 주한미국공보원은 일부 라디오 진행자들이 공산주의에 대한 보도를 너무 솔직하고 사실적으로 전달하는 바람에 오히려 여론의 반발이 우려된다며 방송사 측에 지나치게 '직선적'인 반공 방송은 오히려 '역효과'를 가져온다고 주의를 주는 등, 방송 내용은 물론 전달 방식에까지 개입했다. 주한미국공보원은 방송 프로그램 제작을 간접적으로 지원하는 경우도 많았다. 동양TV가 오락 프로그램인 〈난 3개의 삶을 살았다〉를 제작하도록 지원했는데, 시청자들의 반응이 좋아 KBS도 방영할 수 있게 해달라는 부탁이 주한미국공보원으로 들어왔다고 보고서는 밝혔다.

전 시기와 마찬가지로 영상물에 대한 주한미국공보원의 직접 제작도 이어졌다. 제주도청과 한국 해병대의 도움을 받아, 공산군의 제주도 침

---

102 Country Assessment Report - Korea 1964, USIS Seoul to USIA Washington, Message No. 23, June 4, 1965.

략과 그에 저항하는 모습을 담은 영화 〈산〉을 제작했다. 주한미국공보원은 '공산주의의 침략에 사람들이 함께 대항해 싸움으로써 더 나은 삶을 살아간다'는 영화의 메시지가 관객들의 긍정적인 평가를 통해 성공적으로 달성되었다고 평가했다.

주한미국공보원이 발간하던 정기간행물 주간 《리뷰》와 월간지 《자유세계》도 베트남 관련 기사를 자세히 보도했다. 그런가하면, 베트남과 관련한 사진 전시회도 주한미국공보원 주관으로 전국적으로 이어졌다. 주한미국공보원은 인식정렬 작업을 위한 인적 네트워크를 구성하는 교육자들과 강연자들에게도 반공 선전에 앞장서 줄 것을 지속적으로 요청했다. 〈1965년 한국 평가 보고서〉는 당시 주한미국공보원이 행한 구체적 요청 사항들과 각계에 지원한 편의제공 내역 등을 아래와 같이 꼼꼼히 적고 있다.

> "《조선일보》 간부에게 공산주의에 관한 책 5권을 주며 연구를 부탁했고, 국방대 교수에게 공산주의와 정치학 관련 서적 61권을 참고도서로 활용하게 해주었고, 중앙대 언론학 교수에게는 《국제 공산주의 다양화》《자유의 바람》《미국의 연방정부》 등의 서적을 건네주었고, 한국 국방부 도서관에 공산주의 관련 서적 19권을 기증했으며, 경희대 중문과 교수에게 학교 수업에 사용하도록 《열린사회》 100권을 기증했다."

1965년 보고서를 통해 미 당국은 '대한민국 육군의 훈련, 정보, 정훈 등의 기능 등이 모두 여론의 중요한 형성기제로 작동했다'고 평가했다. 한국 육군은 55만 명 정도의 전체 부대에 정기적으로 반공영화를 보여주었다. 또한 미국은 이들에게 《전우》라는 병영 신문을 만들어 배포했다. 《전우》는 주한미국공보원의 방대한 뉴스, 만화, 사진 자료 등을 게재함으로써 군인들의 동맹의식 정렬에 크게 기여했다.

이듬해인 1966년 7월 6일, 주한미국공보원 공보담당 번스가 작성해 워싱턴 미국해외공보처로 보고한 〈한국 국가 계획〉에는 안보프레임 강화 전략이 한층 더 구체적으로 제안되어 있다. 이 시기 안보프레임의 전달은 앞서 거론한 대로, 언론매체와 인적 네트워크 등의 복합적 상호 작용을 통해 간접적 미디어에 의해 주로 이뤄졌다. '미국이 한국의 안보와 경제성장을 약속할 것'이라는 인식정렬의 주된 심리적 목표를 달성하기 위해, 1966년 7월 작성된 〈한국 국가 계획〉은 동일한 내용의 '지속적인 반복'을 강조하고 있다.

이를 위해 주한미국대사, 미국경제원조처 총책임자, COMUS·KOREA, 그리고 그 밖의 미국 공무원들이 '기회 있을 때 마다' 성명을 발표하도록 주한미국공보원은 조직화했고, 이들 입장을 지지하는 미국인 전문가와 풀브라이트 교수의 주장을 적극적으로 유포하도록 지시했다. 주한미국공보원은 이 같은 메시지를 유포하는데 한국인과의 개인적인 친분을 적극 활용하거나, 한국 언론을 최대한 활용할 것을 권고했다. 특히 '주한미국공보원을 통하면 한국 언론을 다각적으로 활용함으로써 효과를 극대화할 수 있다'고 알렸다.

베트남전쟁과 관련된 반공 의제 정립은 자유주의 제도의 우수성을 알리는 이데올로기 교육으로 이어졌다. 베트남전쟁 이후부터 교육부 공무원과 교사, 주한미국공보원에 의해 선발된 연수 언론인, 학생 지도자 등의 적극적인 지지를 이끌어냈다. 연수 프로그램에 참여했던 한국인 교육자들이 민주주의 이념에 관한 강의 내용을 중앙교육조사원CERI과 함께 출판하기도 했다. 주한미국공보원도 미국에서 미디어 관련 연구를 마친 한국인이 저술하거나 편집한 언론 관련 교재를 제작했다. 중앙교육조사원은 수집된 시민교육 프로그램 세미나 보고서를 작성, 한국 미국공보원의 편집과 승인을 거쳐 책으로 발간하기도 했다. 이 책은 대학과 전문대학교, 중·고등학교 교원, 교수, 시민 활동가 등에게 널리 배포되었다.

미국식 정치제도에 대한 지속적인 홍보에 나서는 한편, 좌파 성향의 학생과 소장 정치인 등에 대한 실태 파악도 아울러 실시했다. 주한미국공보원은 특히 좌파 성향의 학생과 소장 정치인들을 교육문화 교류 프로그램을 통해 미국 연수에 참가시키기 위한 노력을 지속적으로 벌였다. '아시아 민족 반공연맹APACL' 본부와 함께 격월간 출판되는 《공산주의의 문제들》을 번역해서 출간했는데, 아시아 민족 반공연맹은 이 책자를 지방 협회를 동원해 교육자, 언론사 간부, 학생 지도자 등 여론 주도층에 널리 배포했다.

1960년대 중반 이후 베트남전쟁의 전황이 점차 불리해지고 전쟁이 장기화되면서 지루한 소모전 양상에 빠지게 되었다. 전시동원체제의 긴장감을 고조시키고 전쟁 수행을 위한 심리적 지원을 유지하기 위한 미국의 공공외교 전략과 대한 인식정렬 작업 계획은 1966년 8월 10일, 주한미국공보원의 공보담당자 번스가 미국해외공보처에 보낸 〈정보 보고〉[103]에 핵심적으로 담겨져 있다. 이 정보 문건은 베트남전쟁을 치르기 위해 동

---

[103] CONFIDENTIAL SEOUL746, 909-705a: SD 164, Action: PP RUEHIA, Reported by Country Public Affairs Officer, W. K. Bunce, August 10, 1966.

맹국 한국에 대한 인식정렬 강도를 높일 것을 매우 구체적으로 제안하고 있다. 또한 한국전쟁 이후 반공국가로 자리 잡은 한국을 반전여론이 일고 있는 미국은 물론 제3세계에 베트남전쟁의 지속적 수행 필요성을 설득할 수 있는 중요 사례로 활용할 것도 권고하고 있다. 아래는 〈정보 보고〉 내용 전문이다.

1. 국무부가 이미 인지하고 있듯 한국 정부와 한국인은 월맹이 침략을 멈추고 월남에 대한 점령 기도를 포기하도록 계산된 미국의 정책과 조치들을 전적으로 지지하고 있음. 이곳의 정보 상의 문제는 정책 집행 수단과 관련이 있으며, 공산주의자를 패퇴시킨다는 목표를 성공적으로 달성하기 위해 사안 자체를 어떻게 볼 것인지 충분히 협의해야 할 것임. 미국 정부의 우유부단한 입장은 미국정책을 공식적으로 발표하는 것보다 더 많은 문제를 키울 수 있음. 미국 내에 반전 움직임이 존재하는 것은 부정적인 요소를 구성하지만, 최근에는 6개월 전보다는 덜 중대해 보임.

2. 한국에는 베트남으로 한국 군대를 파병하는 데 대한 대체적인 동의가 형성되어 있으나, 이 중차대한 사안에 대해 우리 측이 '심리적 강화책'을 계속 공급할 필요가 있음. 주한미국공보원은 이것을 주된 과제로 여기고 있음. 한국 정부도 이 문제를 알고 있음. 한국 중앙정보부장도 베트남전쟁에 관한 영화를 한국 전역에 상영하기를 원하고 있음. 꼭 그렇지는 않지만, 전쟁 자체에 대한 것보다는 베트남과 베트남 사람들을 다룬 영화가 선호되고 있음. 강조되어야 할 점은 베트남인이 스스로

문제를 해결하기 위해 무엇을 하고 있는지 임. 아마 한국에서
처럼 잘 통하지는 않겠지만, 이런 영화는 다른 나라에서도 유
용할 것임.

3. 한국과 같이 멀리 떨어진 곳의 경우를 다른 나라에 적용할 수
있을지 모르지만, 모든 사람은 월남의 미래가 대책도 희망도 없
는 것이 아니라는 확신을 하기 위해, 월남에서 충분한 진전의
증거가 있다는 것을 찾고 싶어 한다는 사실을 알아야 할 것임.

4. 공산주의자들이 결코 이길 수 없다는 점을 강조한 미국인의
진술 결과는 대체로 양호하지만, 대부분의 사람이 혐오하는
처참한 참상이 유지되고 있다는 생각을 하게 만듦. 우리는 다
음과 같은 점들을 강조해야 한다고 봄. 정치, 경제, 사회, 군사
적 영역의 발전, 토지개혁, 농업, 교육, 선거, 정치적 안정 등
이 그것임. 라오스와 태국, 베트남 등의 전복과 게릴라의 유래
등에 대한 관심을 도출하는 노력이 필요함. 방콕에서 열리는
국제 해사문제 세미나에서 지역문제의 특성에 대한 이해를 고
양하는 것도 좋을 듯함.

5. 베트남이 때로 북한과 대조됨. 종종 전쟁에 대한 미국의 동기
와 개입에 따른 비용에 대해 많은 곳에서 질문을 받게 됨. 우
리는 이런 점에서 한국인과 정부가 자신들의 경험에 대해 말
할 매우 유용한 이야깃거리를 가졌다고 봄. 그러므로 중립국
이나 다른 나라들의 학생이나 교수, 언론인들을 한국에 초청
해 한국인들의 경험을 직접 보고 들을 수 있도록 조치바람.

미국의 베트남전쟁에 대한 심리적 지지와 한일 국교정상화 추진 등 안

보프레임 강조를 위한 대한 인식정렬 작업은 1966년 존슨 대통령의 한국 방문을 통해 극대화되었다. 1966년 10월, 주한미국공보원의 공보담당자였던 허드슨이 작성해 워싱턴 미국해외공보처에 제출한 〈월례보고서〉[104]는 '간접적 미디어'를 통한 안보프레임 주도가 자리를 잡아가는 모습을 여실히 보여준다. 보고서는 한국의 모든 매체가 여전히 베트남전쟁 이슈를 중시하고 있으며, 베트남의 선거가 주간 뉴스로 선정된 사실 등을 조목조목 기록하고 있다. 또한 베트남의 연합군 병사를 찍은 100장의 사진이 사진 잡지인《동화》에 공급되었으며, 잡지 출판량의 3분의 1이 다시 베트남 현지의 한국 장병에게 보내졌다. 베트남 선거는 방송에서도 잘 다뤄졌으며, 주한미국공보원은 다시 이 테이프들을 사이공과 대만, 홍콩에서 현지 인식정렬 작업을 위해 재사용했다.

베트남전쟁에 대한 한국인의 심리적 지원이 강조된 안보프레임 강화기에 반공, 안보교육은 다른 한편으로 한국인에게 오랫동안 예민한 문제로 남아온 한일 국교정상화 추진을 위한 인식정렬 작업과 병행되었다. 거슬러 올라가면 미군정 때부터 시작된 미국의 한일 국교정상화 추진 이니셔티브는 한국인의 강력한 심리적 저항 때문에 그동안 표면화되지 못했으나, 한미동맹 체결 이후 수면으로 드러나기 시작해 이 시기 절정을 이루게 되었다.

1961년 11월 15일 케네디 대통령은 미국을 방문한 박정희 국가재건최고회의 의장에게 군사원조와 경제원조의 집행을 동결하며, 조속한 시일 내에 선거를 통한 민정이양을 요구함과 동시에 조속한 시일 내에 한일회

---

104 Monthly Report, USIS-Seoul to USIA Washington, Message No. 18, Reported by Harry S. Hudson, Acting Country Public Affairs Officer, October, 1966.

베트남전쟁과 관련된 반공 의제는 자유주의 제도의 우수성을 알리는 이데올로기 교육으로 이어졌다.

담 재개를 통해 한일 국교정상화를 실현하라고 요구한 바 있다. 명백한 내정 개입적 언사였으나 헌법적 정통성이 없는 군부정권으로서는 따를 수밖에 없었다. 다만, 국민 여론에 정면으로 반하는 한일 국교정상화를 추진할 동력이 당시에는 부족했다.

베트남전쟁은 반공을 국시를 표방한 박정희 정권으로 하여금 헌법적 정당성을 보완할 수 있게 만들어준 세계사적 사건이었으며, 파병을 통해 미국으로부터 확보한 경제성장 동력은 박정희 정권으로 하여금 한일 국교정상화 추진을 감행하도록 마음먹기에 우호적인 조건을 조성해 주었다. 주한미국공보원은 이처럼 한반도 안팎의 분위기가 무르익기 시작하자 다시금 한일 국교정상화를 통한 한미일 3각 동맹체제 구축을 위한 인식정렬 작업에 본격 매진했다. 주한미국공보원은 1966년 7월에 승인된 〈한국 국가 계획〉에서, "한국정부와 민간 기관들이 새로운 일본에 대한 '균형 잡힌' 시각을 가지게 하고, 한국 정부도 일본인이 한국에 대해 새로운 시각을 가질 수 있도록 적극적으로 권장했다"고 워싱턴에 보고하고 있다.

미국을 통한 한국의 경제발전에 대한 전망

한미동맹에 있어 1960년대 중후반은 살펴본 것과 같이, 미국의 대한 인식정렬 작업이 주로 간접적 미디어에 의해 안보프레임이 강력하게 주도한 시기였으나, 다른 한편으로 한미동맹을 강화하고 나아가 한미 간에 '브라운 각서' 체결을 통해 드러나듯 한국 경제발전의 기대를 심어주기 위한 시장프레임 의제들도 동시에 전달되었다. 미국을 통해 '한국은 경제발전을 기대할 수 있다'는 내용의 대한 인식정렬 목표는 시장프레임의 대표적 의제였고, 이런 의제는 1960년대 중후반 한국에 대한 미국의 공공외교 지침에 빠지지 않고 등장했다.

1966년 7월 작성된 〈한국 평가 보고서〉에 따르면, 주한미국공보원은 교수, 지식인, 학생 지도자, 언론인 특히 경제담당 기자, 국회의원, 정부 관료 등을 인적 네트워크에 편입시켜 활용하면서, 이들에게 '미국과 미국인의 후원과 투자가 한국의 경제발전에 도움이 될 것'이며, 이러한 도움에 힘입어 한국인은 '자신들이 원하는 경제적 목적을 달성하기 위한 기술과 능력을 갖출 수 있을 것'이라는 내용의 인식이 각인되도록 다양한 프로그램이 전개되었다. 이 시기 구성된 인적 네트워크는 이처럼 안보프레임뿐 아니라 시장프레임의 확산에도 적극적으로 활용되었다. 미국대사관 직원과 미국경제원조처 책임자, 미국공보원의 성명을 간접적 미디어를 통해 최대한 홍보하는 동시에, 유능한 미국 전문가의 성명이나 글, 풀브라이트 교수의 성명도 시장프레임 유지를 위해 함께 홍보했다.

앞서 거론한 존슨 대통령의 방한은 안보프레임 이슈는 물론 시장프레임의 이슈도 함께 확산시켰는데, 주한미국공보원은 박정희-존스 정상회담을 통해 발표된 한미 산업기술과 응용과학 연구소 설립 목적을 설명하기 위한 전시회를 별도로 개최하기도 했다. 산업 시찰 투어를 계속하는 한편, 국제 통상의 이점을 강조하는 영문 서적 번역도 지원했다. 미국의 경제원조로 나타난 한국경제 성장의 강점을 자료로 만들었으며, 각 지역 미국공보원에서 서울 미국공보원에 보낸 단편뉴스를 모은 〈자유뉴스〉를 통해 이 같은 내용을 집중적으로 보도했다.

한국경제의 장밋빛 미래에 관한 전망은 연극과 TV 매체 등 다양한 매체를 통해 최대한 널리 홍보하도록 계획되었다. 미국이 활용해온 직접적 미디어 중 그 효과와 규모 면에서 가장 돋보인 것은 역시 주한미국공보원이 전통적으로 구사해온 공개 전시회였다. 안보프레임 구성기에 집중적으로 활용했던 전시회를 통한 인식정렬 작업은, 현지화, 정교화한 간접적 미디어 활용이 본격화된 안보프레임 강화기에도, 제한적이지만 꾸준히 이용되었다.

이 시기 전시회는 전 시기에 개최된 전시회가 주로 반공 교육에 집중된 것과는 달리 안보와 경제프레임의 동반 확산을 위해 활용된 점이 두드러지는 특성으로 꼽힌다. 1966년 9월 23일부터 10월 3일까지 서울시내 시민회관 근처에서 열린 실제 크기의 우주선 제미니 모형 전시가 대표적인 사례다. 1967년 1월 16일, 서울 미국공보원이 워싱턴에 보고한 〈제미니 모형 전시 보고서〉[105]는 "6만 명이 넘는 서울 시민이 전시회를 다녀갔으며, 이들은 미국공보원이 제미니의 비행모습과 제미니 6, 7호의 성과

---

105 Gemini Model Exhibit, Message No. 23, USIS Seoul to USIA Washington, Reported by Country Public Affairs Officer, W. Kenneth Bunce, January 16, 1967.

를 편집한 영화, 〈우주에서의 만남〉을 관람했고, 제미니와 아폴로 계획에 대한 사진도 둘러보았다"고 기록했다. 서울시장 김현옥 씨와 함께 테이프 커팅을 한 미국대사관 간부 조지 뉴만은 제미니 프로젝트가 달 착륙을 위한 유인 우주선 연구를 위해 대단히 중요하며, 미국은 이 계획을 평화적 목적에 사용할 것이라고 강조했다. 현장에서는 서울 공대생들과 이대 물리학과 학생들이 이 행사의 안내를 맡았으며, 4만 부의 소책자가 배포됐다. 보고서는 시민의 반응은 매우 뜨거웠으며 주한미국공보원은 향후 보다 발전한 전시회를 기획할 것이라고 적었다.

> "제미니 11호를 발사한 지 불과 8일 만에 시작한 이번 전시는 시의성 면에서 대단히 효과가 좋았으며 한국 언론도 큰 관심을 나타냈다. 제미니 모델과 부가 자료들은 한국인에게 1964년 이후 관심을 고조시키고 있는 아폴로 계획을 한층 손에 잡히는 이슈로 인식하게 도와주었다."

냉전이 위력을 발휘하던 1960년대, 우주경쟁은 단지 과학기술의 경쟁을 넘어선 국력 대결의 장이었다. 1957년 소련의 스푸트니크호의 우주비행에 이어 뒤늦게 출발한 미국의 우주계획은 국가적 사업으로 강력하게 추진되었다. 1958년 NASA가 설립되면서 미국은 본격적으로 소련과 우주경쟁에 뛰어들었지만, 한발 앞선 소련은 1961년 4월 유리 가가린의 첫 우주비행과 첫 우주 랑데부, 우주 유영 등을 연속적으로 성공해 앞선 기술력을 과시했다.

미국의 제미니 계획은 1965년부터 2년 동안 지속한 사업으로 1969년 아폴로 11호의 달 착륙을 성공하게 한 아폴로 계획에 이르는 중간 단계의 우주 개발 계획이었다. 안보프레임 강화기의 미국은 우주개발 사업에 엄청난 자금을 쏟아 부으며 서서히 소련을 따라잡기 시작했고, 과학 선진국으로서의 저력과 경제부국의 이미지를 함께 보이며 냉전체제 하 자유진영의 맹주로서의 위신을 지킬 수가 있었다. 제미니 모형 전시는 미국이 과학, 경제면의 주도국임을 과시함으로써 맹주의 지위를 강화고자 안보프레임의 관점에서 시행한 행사였다. 주한미국공보원은 〈제미니 모형 전시 보고서〉를 통해, 이 같은 행사가 앞으로 대한 인식정력 목적의 달성에 이바지할 것이라고 평가하고, 본국에 앞으로 더욱 매력적이고 첨단의 과학기술과 우주개발 자료를 보내줄 것을 제의했다.

변화하는 미국의 공공외교 전략과 한미관계

제5장

시장프레임 도입기 :
1970~1980

1. 미-중 데탕트와 시장프레임의 제기
2. 공공외교 인적 네트워크 구성의 재검토

1 미-중 데탕트와 시장프레임의 제기

대미 불신의 재연과 한국인의 안보 불안

미국은 1969년 닉슨 대통령 취임과 함께 베트남전쟁에 대한 중대한 정책 변화를 겪는다. 헤링Herring의 《America's Longest War》에서 차상철은 닉슨 대통령의 연설을 재인용하고 있다. 취임 직후 최초로 베트남전쟁의 종전 방침을 밝힌 것이다.

> "나는 존슨처럼 되지는 않을 것이다. 나는 (베트남) 전쟁을 끝낼
> 것이다. 그것도 빨리……."

같은 해 7월 25일, 닉슨 행정부는 본질적으로 중요한 면에서 과거와의 완전한 단절을 드러내는 접근에 착수하게 된다. 제임스 E. 도거티는 《미국외교정책사》에서 이 접근을 '미국 외교정책에 대한 깊은 분열'이라고 묘사하고 있다. 미국 괌 해군기지에서 닉슨이 행한 '괌독트린'(나중에 '닉슨독트린'으로 불림)이 그것이다. 닉슨은 괌독트린에서 다시 한 번 베트남전쟁에 대한 종전 입장을 재확인하기에 이른다.

"우리는 아시아 국가들이 우리에게 의존해 지금 베트남에서 겪고 있는 전쟁에 (또다시) 휘말리게 되는 정책은 피해야 한다."

미국 정부는 이듬해인 1970년 2월 18일 공표한 '외교교서'에서 '아시아 방위는 1차적으로 아시아 국가 자신이 져야 한다'는 괌 독트린 전략을 전 세계 규모로 '확대 적용할 것'이라고 발표하기에 이른다. 미국 닉슨 정부는 베트남전쟁의 실패를 인정하고 소모적인 군사지출을 줄이는 한편, 전쟁으로 인한 경제난을 극복하고자 소련, 중국과의 경쟁 관계의 틀은 기본적으로 유지하면서도, 제한적인 협력관계를 형성하는, 이른바 '봉쇄'에서 '협상'으로의 전환을 모색하기에 이른 것이다. 미국 외교정책의 큰 흐름을 뒤바꾼 이 같은 시도는, 공산권 국가로의 '도미노 현상'을 획책할 우려의 대상으로 경계해왔던 중국과의 '데탕트'로 나타났다. 미국의 외교정책이 안보프레임에서 시장프레임을 중시하는 실리 정책으로 전환하기 시작하는 순간이었다. 이 같은 닉슨의 새로운 외교 구상이 아시아의 안보정책으로 외화된 것이 바로 닉슨독트린이었다. 닉슨독트린은 아시아 국가들에게 군사적, 경제적 지원은 제공하겠지만, 전투 병력은 파병하지 않고 핵우산만을 제공하는 수준에서 큰 틀의 외형적 봉쇄전략을 이어가겠다는 것이다. 여기서 닉슨독트린의 주요 내용을 간단히 살펴보면 다음과 같다.

① 미국은 앞으로 베트남전쟁과 같은 군사적 개입을 피한다.
② 미국은 아시아 제국諸國과의 조약상 약속을 지키지만, 강대국의 핵에 의한 위협의 경우를 제외하고는 내란이나 침략에 대하여 아시아 각국이 스스로 협력해 대처해야 할 것이다.

③ 미국은 '태평양 국가'로서 그 지역에서 중요한 역할을 계속하지만 직접적·군사적인 또는 정치적인 과잉개입은 하지 않으며 자조自助의 의사를 가진 아시아 제국의 자주적 행동을 측면 지원한다.

④ 아시아 제국에 대한 원조는 경제중심으로 바꾸며 다국 간 방식을 강화해 미국의 과중한 부담을 피한다.

⑤ 아시아 제국이 5~10년의 장래에는 상호안전보장을 위한 군사기구를 만들기를 기대한다.

이중 제④항은 '미국의 불필요한 군사적 개입을 배제한 상태에서, 경제논리 중심의 상호 경제협력 관계를 지향한다'는 의미로 향후 미국의 시장지향 동맹전략의 단면을 보여주고 있다. 그러나 닉슨독트린은 아시아의 방위는 아시아인의 힘으로 수행해야 하며, 향후 아시아에 대한 지원은 경제중심으로 할 것이라는 기본 인식을 전제로 한 것으로, 기존 군사 본위의 운명체로서 한미동맹 역시 장차 경제 본위의 관계로 그 성격이 다원화할 수도 있음을 시사하고 있는 것이었다. 미국의 대한 공공외교에 있어 프레임의 중심 이동은 미디어정책 전환을 통해 이내 현실화되었다.

미국은 독트린 발표로부터 불과 2년 만에, 6만 1000명이던 주한미군의 3분의 1에 해당하는 2만 명을 감축하기에 이른다. 한미동맹은 급속하게 약화되고 양국 간 외교정책과 주요 의제에 대한 인식이 이전처럼 상호 긴밀히 정렬되지 못하는 시기가 한동안 지속되기에 이른다. 미국 공공외교의 대한 인식정렬의 최대 목표는 '시장프레임 도입기'로 명명된 이 무렵의 시기 구분이 보여주듯, 한국전쟁 이후 일관되게 강조된 안보프레임이 시장프레임에 의해 도전받기 시작하면서, 한국인 사이에 점차 고개를 들기 시작한 미국에 대한 회의와 실망감 등 부정적 인식의 형성을 최대한 억제하고, 기존의 신뢰수준을 어느 정도 이상으로 유지하는 것이었다.

닉슨독트린을 경제적 관점에서 보면 경제 분야가 아닌 군사 분야에서도 '최소의 비용으로 최대의 효과'를 노리는 시장의 논리가 적용된 것으로 분석된다. 이처럼 시장 논리를 전면에 앞세운 닉슨의 대외정책 기조는 포드와 카터 대통령을 거치면서 일관되게 이어진다. '군사부문에까지 적용된 미국의 시장 논리와 이를 토대로 펼쳐진 경제정책'은 1975년 포드 정권이 들어서며 한국에 대한 무상군사원조 조치를 종료하는 결과로 이어진다. 이어 1977년 카터 후보의 당선과 함께 주한미군 철수 공약이 현실화되는 단계에 이르게 된다. 이 같은 군사, 안보부문에서의 시장 논리 적용은 뒤이어 1980년 레이건 대통령의 취임 이후, 양국 관계 전 영역에서 시장 논리의 확장으로 이어진다. 1970년대 조정기를 거치며 다소 불안한 양상을 보이던 한미동맹은 다시 1980년대 들어서며 외형적으로는 안정성을 회복한 것처럼 보였으나, 실제 1980년대 이후 한미동맹은 시장부문이 경제 시스템을 통해 양국관계를 구조적으로 지지하며 아울러 상당한 영향력을 미치게 된다. 이는 시장프레임 도입기와 이어 시장프레임 강화기를 거치며 한미동맹이 군사, 경제 등 다양한 영역으로 침투해가며 심화하는 것을 의미한다.

시장프레임 도입기를 거치며 미국은 장차 한미동맹의 장기화, 구조화에 시금석이 될 수 있는 '프레임의 전환'을 성공적으로 관철하기 위해, 직간접적 미디어를 총동원한 대한 인식정렬의 시험대 위에 오르게 되었다. 이는 기본적으로 한미군사동맹이 북한에 대한 한미양국의 공통적 위협 인식에 근거하고 있는 한시적 체제이기 때문이기도 하다. 동맹파기의 파국을 피하고 양국관계가 보다 구조적이며 항구적인 관계로 발전하기 위해 미국은 동맹이익이 상호 호혜적이라는 사실을 강조하기 위한 공공외교적 노력과 함께, 최근에는 한미 자유무역협정과 같은 경제적 협력이 양국 간 필수적 국익을 구성한다는 점을 강조해야 한다는 지적도 제기되고 있다. 안보일변도에서 경제공동체로의 동맹전환이 필요하다는 주장인데, 이 같은 주장은 미국 국방부 산하 국방분석연구소IDA와 국가전략연구소INSS를 중심으로 한 정책연구그룹에 의해서도 제기되고 있다. 이책이 지양하고 있는 양국관계 진단과 해법에 있어 인식론적 궤를 함께하고 있는 미 국방분석연구소와 국가전략연구소의 주장은 결국 대한 공공외교와 미디어정책을 통한 '안보에서 시장으로의 성공적인 프레임 전환'을 요구하고 있는 것으로 분석된다.

닉슨독트린의 궁극적 목적은 재정 지출과 미군의 희생을 최소화하는 범위 내에서 아시아에서의 미국의 역할을 유지하기 위한 것으로, 재정 지출을 최소화하기 위해 해외 주둔 미군의 감축은 필연적인 조치였다. 한국에 대해 미국은 주한 미군을 2만 명 감축하는 대신, 방위산업 육성을 지원한다는 입장을 확정했다. 1970년 7월 6일 미국은 주한미국 대사인 윌리엄 포터William J. Porter를 통해 주한미군 1개 보병사단, 2만 명 철수 결정을 한국정부에 '일방적'으로 통보했다. 북한의 대남 도발 위협에 대한 한국인의 안보인식 변화가 충분히 선행되지 않은 상황에서, 미국의 이 같은 일방적 감군계획 통보는 한국인의 안보불안을 자극하기에 충분했다.

안보불안은 맹주인 미국에 대한 원망과 그에 따른 인식변화로 이어졌다. 한국전쟁 이후 수면 밑으로 가라앉아 있던 대미 불신이 다시 고개를 들기 시작했으며, 일반인 사이에 안보 위기감이 크게 고조되었다. 이윽고 불안에 빠진 한국인을 위무하기 위한 미국의 립서비스가 시작됐다.

정규 및 비정규 외교 수단을 동원한 공공외교 활동이 본격화된 것이다. 기존 한미 군사동맹의 신의를 지키겠다는 직간접 설득 작업이 병행됐다. 닉슨독트린 발표 직후인 1969년 7월 31일과 8월 1일, 윌리엄 로저스 William P. Rogers 국무장관의 연이은 방한도 이 같은 목적으로 이뤄진 것이었다. 마셜 그린Marshall Green 차관보가 이보다 앞서 닉슨독트린을 설명했을 때 한국의 지도자들은 독트린에 반대하지 않았다.

문창극은 "한국의 지도자들은 닉슨독트린이 한국의 안보에 해악을 미치리라고 생각하지 못했을 뿐만 아니라, 주한미군의 감축과 연결되리라고는 상상 조차 하지 못했다"고 적고 있다.[106] 한국은 다만 미국이 베트남에서 얼마나 더 오래 버틸 것인지, 또는 북한의 빈번해진 무장침투에 대한 미국의 입장이 무엇인지 등 당장의 한미관계 현안들에 대해 더 관심이 있었을 뿐이었다. 이어 실제 로저스 국무장관이 방한했을 때도 양국간에는 주한미군 철수문제가 일체 거론되지 않았다. 물론 당시 한국 내에는 베트남에서처럼 미국이 주한미군도 궁극적으로 철수하거나 규모를 줄일지 모른다는 불안감이 존재하기는 했다. 이 같은 국내 사정을 알고 있었던 미국은 마치 007 작전을 하듯 감군 계획에 대해 철저히 보완을 유지했다.

1969년 8월 2일자, 《뉴욕타임스》는 '로저스 장관이 한국을 떠나며 가진 기자회견에서, 혹시 모를 미군의 감군에 대한 우려를 부정했다'고 보도하고 있다. 또한 약 20일 뒤에 열린 박정희 대통령과 닉슨 대통령 간의 샌프란시스코 정상회담에서도 주한미군 문제는 명시적으로 거론되지 않

---

106 문창극, 《한미갈등의 해부》, 서울: 나남, 1994, p. 114.

았다. 감군하지 않겠다던 미국의 립서비스는 하지만, 얼마 가지 않아 거짓으로 드러나고 만다.

1970년 3월 20일 미국은 국가안보회의 정책 결정각서 48(National Security Decision Memorandum 48; NSDM 48)에 의해 주한미군 1개 사단, 2만 명의 감축을 전격 결정한다. 이 같은 방침을 포터 주한미국대사를 통해 통보받은 박정희 대통령은 포터에게 "당신들은 미군을 데리고 나갈 수 없다" "당신들은 그럴 권리가 없다"며 매우 강하게 반발한 것으로 전해진다. 사태의 심각성을 인식한 박 대통령은 떠나는 미군에게 한국군의 증강을 요구하는 현실적 입장으로 선회한다. 즉, 박 대통령은 "한국의 동의 없는 철수는 상호방위조약을 위반하는 것"이라며 "한국군의 증강 없는 철수는 불가능하다"는 주장을 펼친다. 미국의 동아시아 정책 변화에 따른 주한미군 철수가 불가피하다고 판단한 한국 정부로서는, 미국이 주한미군 철수의 전제로 제시한 한국군의 현대화 계획 지원 약속의 이행여부에 관심을 집중하게 된다. 하지만 미국의 한국군 현대화 지원 계획 역시 시행과정에서 일정 부분 차질이 발생했다.

국방부는 〈율곡사업의 어제와 오늘 그리고 내일〉이라는 논문을 통해, 미국이 한국군 현대화를 위한 비용으로 당초 15억 9600만 달러를 무상지원하기로 약속했지만, 결국 9억 8800만 달러만 무상으로 지급하고 나머지는 차관으로 변경했다고 지적했다. 그러자 미국은 1970년 8월, 다시 스피로 애그뉴Spiro Agnew 부통령을 한국에 보내 박정희 대통령과 회담을 갖게 하고 '미국이 결코 한국을 배반하지 않을 것'임을 약속하도록 했다. 그런가하면 이듬해인 1971년 2월 6일에는 공동성명을 통해 양국이 향후 한국의 군사적 위협을 분석, 평가하기 위해 외교, 국방부의 고위관리가 참석하는 '연례 안보협의회의'를 개최하기로 합의하는 등 한국인의 위협

인식 불식을 위한 일련의 추가적 장치를 제공했다. 이 같은 미국의 노력에도 불구하고 불과 20년 전 전쟁의 참화를 경험한 한국인의 생존적 요구로부터 촉발된 안보불안을 해소하기에는 역부족이었다.

미국에 대한 오랜 불신이 되살아나면서, 대미 신뢰는 여기저기서 급속도로 흔들리게 되었다. 국무부의 교육교류 프로그램 대상자였던 함석헌 선생은 미국의 프레임 변화에 대해 비판적인 입장을 견지한 지식인 중 한 사람이었다. 함 선생은 한때 '자유의 기수로 자임'하던 미국이 이제 '기업국가로 전락' 했으며, 이는 '황금족이 순례족을 덮어 눌러버린 것'이라고 지적했다. 최진섭의 《한국언론의 미국관》은 함석헌 선생의 대미 인식의 단면이 담긴 아래와 같은 내용을 인용하고 있다.

> "그리하여 그 물질과 사상이 다 닳고 바닥이 나와야 그 때에 새 문화의 탑을 쌓기 시작할 것이다. 하나는 돈이요. 하나는 칼이다. 둘이 다 민주주의를 주장하지만, 그것은 간판에 불과하며 사실은 돈과 칼의 싸움이다. 둘이 다 없어져야 정말 민주주의가 살아나올 것이다."

미국의 대외정책의 핵심을 '안보'와 '시장'으로 양분하고, 다시 '안보'와 '시장'의 프레임 이동을 통해 한미 양국의 동맹을 살펴보고 있는 이 책의 문제의식과 정면으로 조응하는 지적이라 할 것이다. 다시 당시로 돌아가면, 박정희 정권은 미국에 대한 한국인의 신뢰 저하라는 인식론적 국면을 보완, 대체하기 위해, 자주국방 의제를 한국인의 인식 전반에 걸쳐 광범위하게 전파시켰다.

김덕은 《약소국 외교론》에서 이 같은 '한국인의 대안적인 안보인식이 양국관계를 통해 형성된 그간의 對美 의존적 안보인식을 크게 완화시켜 줌'으로써, '한국 외교사상 처음으로 신축적이고 실용적이며 다소간 탈이념적인 성향의 대외 관계를 구축할 수 있는 촉매가 되어 주었으며, 나아가 이후 남북 대화를 추진할 수 있는 정서적 동력이 되었다'고 지적했다. 이런 가운데 미국은 한국에서 자체 핵개발 프로젝트를 시작했다는 정황을 포착, 미국 정보 당국과 한국 정부 사이에 긴장 상태가 발생해 양국 간 적지 않은 긴장이 유지되기도 했다.

1972년 국내외의 급변하는 정세 속에 박정희 대통령은 정권 안보를 이유로 자신의 영구집권을 담보할 유신헌법을 통과시키기에 이른다. 독재정권에 의해 각종 기본권이 제한되면서 한국인은 미군 철수에 따른 실망과 불신감에도 불구하고, 안보프레임 강화기에 집중적으로 인식정렬이 이뤄진 탓에, '민주주의와 인권의 나라'인 미국에 대해 막연한 기대를 유지하고 있었다. 한미동맹 관계가 닉슨 정권 말기 들어 소원해지면서, 안보불안과 대미 불신을 겪던 한국 정부는 본격적으로 대미 로비를 시작하게 된다. 미국 공공외교의 대상이었던 한국이, 대미 외교사에서 처음으로 비정규 외교를 통한 영향력 증대를 기도했던 시기도 이 무렵이었던 것이다.

1976년 10월 24일, 《워싱턴 포스트》가 보도한 이른바 박동선 사건은 당시 한미동맹의 성격과 내용의 단면을 드러내는 상징적인 사건이었다. '코리아 게이트'로 불린 이 스캔들은 미국 정계를 뒤흔들며 자라나다가, 종국에는 박동선 씨의 송환을 요구하는 미국 의회와 국무부에 대해 한국 정부가 오히려 미국 측이 청와대를 도청한 사실을 문제 삼아 이를 거부하는 등 외교 갈등으로 비화되었다. 한국인의 안보불안과 대미 신뢰의 균열은 박정희 정권이 추진해온 대안적 안전보장책 확보를 위한 자주국방은 물론 남북회담 추진 등을 위한 동력을 제공하기도 했으며, 다른 한편으로는 수출을 통한 경제건설에 국민적 동원체제를 유지, 강화하는 기제로도 활용되었다.

시장프레임 중심의 공공외교 전략

안보와 시장은 이렇듯 동전의 양면처럼 서로 다른 얼굴을 가진 단일체로 움직인다. 한국인은 미국의 군사적 지원이 약화되는 만큼, 반대급부로 경제적 보상을 받기를 원했고, 베트남전쟁 파병과 관련한 미국의 대한 경제지원 약속의 이행을 보다 적극적으로 요구하게 되었다. 시장프레임 도입기 내내 시장을 중시하는 미국의 대외정책과 공공외교 기조는 계속됐고, 닉슨 대통령에 이어 1977년 1월 취임한 카터 행정부 역시 정책 기조를 이어받았다. 카터 대통령은 취임사에서 자신의 선거공약이었던 주한 미군 철군정책을 재천명하기에 이르렀고, 주한미군 철수 정책은 또 다시 이내 현실화되었다. 1977년 5월 5일 '대통령 검토 각서'를 통해 1978년 말까지 1단계로 1개 여단 6000명을, 2단계로 지원부대를, 그리고 3단계로 1982년까지 마지막 전투여단들을 철수한다는 감축계획이 세워졌다.

이와 관련해, 김명섭 등이 쓴 《1970년대 후반기의 정치사회변동》은 미군 감축계획과 함께 한국인들의 대미 불신을 더욱 자극한 요소로, 카터 행정부 외교 라인의 면면을 들고 있다. 즉, 카터 행정부의 외교팀을 구성하고 있던 관료들이 대부분 이례적으로 젊은 나이에 책임자가 된 사람들이어서, 미 정부 내에서 그동안 한국의 입장을 옹호해온 사람들의 입지를 상대적으로 약화시키는 결과를 낳게 되었고, 이에 따라 한국 정부와 한국인으로서는 그만큼 대미 소통에 있어 단절감을 느낄 수밖에 없었다는 것이다. 카터의 철군 정책은 주한 미 8군 참모장인 존 싱글러브John K. Singlaub 소장을 비롯한 미 군부 내 반발마저 야기했다. 미 하원 군사위원회가 주한 미군 철수 타당성에 대한 전반적인 검토를 위해 청문회를 개최했고, 미 합참도 주한미군을 철수시키려면, 한미 상호방위조약의 계속과 한국이 자위력 제고를 위한 군사적·경제적 지원이 필요하다는 취지의 보고서를 제출했다.

1977년 7월 13일, 청문회에서 당시 미 합참 의장이던 버나드 W. 로저스 장군은 "한국에서의 급격한 철군은 바람직하지 않으며, 대신 기존 계획에 잡혀있던 것처럼 1982년까지 7000명 선의 병력 감축을 진행하는 게 어떠냐"는 의견을 밝혔다. 군부 내의 반발이 점차 설득력을 얻게 되자, 카터 대통령은 결국 1979년 7월 20일 브레진스키 백악관 안보보좌관을 통해 주한미군의 감축을 "1981년까지 중단한다"며 한 발짝 물러나게 된다. 이런 과정을 지켜보며 한국인 사이의 위협인식은 지속적으로 고조되었고, 다시 이 같은 위협인식의 고조는 박정희 정권의 자주국방 의지를 더욱 북돋았으며, 그 결과 한국 정부는 미사일과 핵무기 같은 전략 무기 개발에 본격적으로 뛰어들게 되었다.

박정희 대통령은 자주국방을 위한 군수산업 육성에 나서, 대우정밀과 금성사, 한국화약, 대우중공업 등 군수산업체를 중심으로 한 중화학 공업발전을 발전시켜 나갔다. 하지만 한국은 전략 무기 획득을 제지하는 미국과 추가적 갈등을 겪게 되며, 다시 한 번 국가 운영의 자율성과 군사주권 회복 문제를 놓고 딜레마를 겪게 된다.

홍석구는 지난 2000년 4월 7일부터 양일간 한국정치학회와 고려대 평화연구소가 공동 주최한 〈박정희시대의 한국: 국가, 시민사회, 동맹체제〉 세미나에서 발표한 논문, 〈The Search for Autonomy: Park's Nuclear

Weapons and Missile Initiative〉에서 '대미 불신과 그에 따른 부정적 동맹 인식이 바야흐로 한국인의 정체성과 규범을 상당 부분 자주적이며 갈등 적인 양상으로 재조정하였음'을 시사하기도 했다. 한미관계는 시장프레임 도입기를 거치며 내면적으로 안보프레임에서 경제프레임으로 무게중심이 점차 이동하기 시작한 것이다. 한미동맹에 있어 군사, 안보적 의제의 우선순위가 과거에 비해 상대적으로 약화되자, 박정희 정권은 시장적 측면의 이해를 강화해 미국의 반특혜관세GSP 제도를 적극 활용하게 되었다.

한국 측의 실리추구에 입각한 이 같은 시장프레임에 대한 적극성은 1980년대에 들어서면서 미국의 경제주의에 입각한 강력한 이시셔티브와 맞아 떨어지면서, 한미동맹에 있어 새로운 시대를 열어가는 원동력이 된다. 안보적 측면에서 한미관계는 주한 미군의 감축과 향후 감축 예고가 이어지는 등 최악의 상황으로 접어들고 있었지만, 시장적 측면에서 본다면 양국 관계는 전 시기에 비해 상대적으로 긴밀하게 발전해 나가고 있었다. 미국과 일본의 차관 제공과 미국의 대규모 시장 접근 허용에 힘입은 한국의 수출산업 발전은, 전 시기에 비해 괄목할 만한 것이었다. 총수출입에 있어 대미 수출입의 막중한 비중과 해당 기조도 유지되었다.

1970년에 47.3퍼센트로 급상승세를 보였던 대미 수출은 1975년과 1980년에도 각각 30.2퍼센트와 26.3퍼센트로 큰 비중을 유지했고, 대미 수입 비중도 1970년 29.5퍼센트에서 1975년 25.9퍼센트, 1980년 21.9퍼센트로 유지되어, 한미관계는 경제적 측면에서 가히 '밀착기'라 할 만한 상태를 지속했다.[107] 미국은 다른 한편으로는 공공외교와 대한 인식정렬

---

107 전영재(2005), pp. 32-35.

시스템을 동원해 '미국식 시장경제 도입을 통해 한국도 지속가능한 경제 발전을 이뤄낼 수 있다'는 오랜 의제를 전파하는데 진력했다. 그 사이 한국은 1973년 11월 14일 호남고속도로가 개통됐고, 1977년 12월 22일에는 수출 목표 100억 달러 달성을 이뤘다. 이듬해인 1978년에는 국민 1인당 GNP가 최초로 1117달러 고지를 넘어섰다. 시장프레임 도입기를 거치며 한국인도 서서히 안보와 시장이 한미동맹이라는 하나의 틀 속에서 상호 배타적으로 상충되지 않으면서도 함께 추구될 수 있는 공동 이익의 가치 영역일 수도 있음을 인식하기 시작했다.

홍현익은 〈부시 행정부의 한반도 전략과 한미동맹의 장래〉라는 논문에서 '한국의 경제발전과 수출입 증대에 비례해 양국 간 시장의 상호의존성은 지속적으로 증대되었고, 한국은 미국에게 안보적 측면, 즉 자본주의 이념의 전시장 역할 외에도, 새롭게 자본주의의 성공적인 시장이라는 측면에서도 주요한 협력 국가로 부상하고 있었다'고 지적하기도 했다.[108]

프레임 전환을 위한 미국 공공외교의 모색

닉슨독트린 이후 한국 이슈는 미국의 대외정책 우선순위에서 한동안 뒤로 밀리는 양상을 보인다. 미국 외교정책 당국자들의 관심이 모두 중국에 쏠린 사이, 한국에서는 안보 불안이 고조되는 동시에 미국에 대한 불신이 가중되었다. 미국 없는 독자적 생존을 모색하기 위해 한국 정부는 대북 접촉을 서두르면서, 다른 한편으로는 자주국방을 위한 군수산업

---

108 홍현익,《남북 화해시대의 주한미군》, 서울: 세종연구소, 2003, pp. 50-54.

을 발달시키고 심지어 핵 개발 계획도 검토하기에 이른다. 정권 기반 강화를 위한 영구집권 기도가 집약된 1972년 유신헌법은 언론매체와 인적 네트워크를 활용한 간접적 미디어를 활용한 미국의 대한 인식정렬 작업을 심히 제한하는 내용이어서, 미국의 공공외교는 적지 않은 어려움에 봉착하게 된다.

이 시기 미국의 인식정렬 작업 목표는 대미 '신뢰 유지'와 '평상적 수준의 안보위협 인식 공유', 그리고 '민주주의의 확산'과 '미국식 경제체제 도입을 통한 경제발전의 신념 이식' 등을 꼽을 수 있다. 한국 내 정치 불안과 군부정권 치하의 경직된 사회분위기, 민주주의 제도의 훼손 탓에 대한 인식정렬을 위한 한국 내 인적 네트워크의 주력인 지식인, 관료, 학생, 시민 사회의 활동이 크게 위축되고, 언론 활동을 위한 영역 역시 이전과 달리 여러 제한에 직면하게 되었다. 따라서 인적 네트워크와 언론 매체 등 간접적 미디어의 활용을 통한 대한 인식정렬 작업은 정도와 효과의 양측 면에서 전 시기에 비해 크게 위축된 양상을 보이게 된다. 대신 주한미국대사관과 미군의 정보요원들의 비밀 활동과 미 대사관과 주한미국공보원에 의한 대면 인식정렬 등, 안보프레임 구성기 이후 제한적으로 사용해온, 직접적 미디어를 다시 중요한 인식정렬 작업 수단으로 활용하게 된다.

한미동맹의 미래가 불안정하고 양국 간 불확실성이 크던 시기, 향후 인적 네트워크 구성을 통한 인식정렬 거점을 선점하기 위해, 한국 내 잠재적 지도자 파악에 주한미국대사관과 미군 정보기관 등이 공을 들인 것도 이 시기 눈에 띄는 현상이다. 시장프레임 도입기에 미국은 민족주의 성향을 띠며 자주적 노선을 취하려는 박정희 정권이 국내적으로 독재체제를 강화하는 양상을 보이자, 최우선적으로 유신체제의 실체에 대해 분석하려고 노력하는 한편, 프레임 중심 이동의 근거가 된 닉슨독트린에 대한 한국인의 인식 현황에 대한 면밀한 조사의 필요성도 절감하게 된다. 당시 억압적 사회상에 비추어 일반 대중을 상대로 한 광범위한 여론조사는 물론 언론보도를 통한 일상적인 여론 동향 파악에도 제약이 많았던 만큼, 주한미국공보원은 지난 안보프레임 강화기에 교육교류 프로그램 등을 통해 구성된 인적 네트워크와 인적 네트워크의 중점 하부 단위인 언론인 조직을 적절히 활용해, 조심스럽게 한국 상황에 대한 직접 조사에 나선다.

이 시기 후반기에 들어 미국 공공외교 당국은 카터 대통령의 취임과 더불어 안보프레임으로부터 스스로 벗어나려는 경향성이 눈에 띄게 도드라졌다. 제임스 E. 도거티와 로버트 L 팔츠그라프가 저술한 《미국외교정책사》은 카터 행정부가 포드와 닉슨 행정부의 외교정책이, 동서 문제 특히 소련을 대칭축으로 하는 안보 위협에 그동안 지나치게 사로잡혀 있었다고 비판한 사실에 주목했다. 카터는 대통령 취임 직후 첫 번째 대외정책과 관련한 연설에서, 자신의 행정부는 '공산주의에 대한 두려움을 갖고서 우리와 합류했던 모든 독재자들을 포용하도록 했던, 공산주의에 대한 적절치 못한 두려움을 떨쳐버렸다'며 만족감을 표시했다. 바야흐로 장차 시장프레임을 전진 배치하기 위한 전환기적 공공외교의 기조와 그에 따른 미디어정책이 착착 진행되고 있었던 것이다.

2 공공외교 인적 네트워크 구성의 재검토

직접적 미디어의 재부상

유신체제가 선포되고 한국 사회가 철권통치 속으로 접어들고 있던 1972년 11월 13일. 당시 주한 미 대사관 공보 보좌관을 역임했던 마이클 브랙스턴Michael Braxton은 자신이 직접 1년간 《동아일보》에서 영어 수업을 진행해온 언론인 3인(남시욱, 김승환, 우성용)을 공관에 불러들인다. 브랙스턴은 이들로부터 비밀리에 양국 간 현안에 대한 한국인의 인식에 대해 광범위하게 청취한 뒤 이를 토대로 보고서를 작성한다. 이 보고서는 같은 해 12월 5일, 필립 C. 하비브 주한미국대사의 승인을 받아 〈한국 언론인의 최근 상황에 대한 견해〉[109]라는 제목으로 미 국무부로 보고되었다. 이 자리에서는 '한국인의 유신헌법에 대한 태도'에 대한 분석이 집중적으로 이뤄졌고, 참석 언론인들은 박정희 체제를 '파시스트'와 '독재'라는 말을 사용해 규탄했다.

브랙스턴 보고서는 언론인들의 표현까지 하나하나 정확하게 기록하

---

109 Korean Journalists' View on Current Situation, American Embassy Seoul to Department of State, Approved by Ambassador Philip C. Habib, December 5, 1972.

고 있는데, 이를테면 남시욱은 '한국 사회가 폐쇄적으로 변하고 있으며 정부가 지식인들에 대한 규제를 강화하고 있다' '이제는 대낮에 외국인과 접촉하는 것조차 위험할 정도가 되었다'고 말하고 있다. 독재 치하 언론을 포함한 한국 사회의 진면목이 고스란히 담긴 이 같은 유형의 보고서는 당시 미국으로서 거의 유일하게 접할 수 있는 한국 내정에 대한 참조 자료가 되었다.

이 무렵 주한미국공보원은 박정희 정권의 독재가 심화될수록 외국인 접촉에 대한 한국 정부의 감시가 강화되고 그 결과에 대한 책임 추궁도 점차 강경해지고 있는 것에 우려를 느끼고 있었다. 브랙스턴 보고서에서 주한미국공보원은 한국 정부의 강경 입장 배후에 미국식 민주주의에 대한 동경을 가지고 있는 지식인들에 대한 한국 군부의 오랜 불신이 작용한 것으로 분석하고 있었다. 언론인들은 '미국이 한국의 독재 정권을 견제하기 위해 보다 능동적인 행동을 수행해줄 것'을 주문했지만, 주한미국공보원 측은 보고서에 '이렇다 할 입장을 가질 수는 없었다'고 적고 있다.

브랙스턴 보고서는 끝으로 당시 한국인의 동맹 안보인식을 포함한 제반 인식정렬 수준과 양국 관계의 결속도가 최악의 상황으로 곤두박질치고 있다고 평가했다. 이처럼 동맹 강화를 위한 공공외교의 역할이 절실한 가운데서도 대한 인식정렬 작업을 이행할 수 있는 현실 조건은 매우 열악했다. 전 시기인 안보프레임 강화기에 언론이나 인적 네트워크를 통해 효과적으로 활용되던 간접적 미디어는 박정희 유신체제하에서는 더이상 원활하게 작동하지 못했다.

주한미국공보원은 한국 내 미디어 환경에 대해 박정희 정권이 적용한 '보도 지침서'를 거명하며, 지침서에는 심지어 '어떤 내용을 담은 간행물을 출판하면 안 되는지' 구체적으로 규정하고 있다고 지적했다. 또한 새 헌법은 정부에 반대하는 내용에 결코 관용적이지도 않고, 반대로 언론이 침묵하거나 냉담하게 반응하는 것 역시 용인하지 않았다고 밝히고 있다. 실제로 유신헌법은 군부 내의 공개 투표와 같이 비민주적인 절차의 국민 투표에 의해 가결되었으며, 그 결과 언론인들은 유신체제에 동참하도록 강요를 받거나 유신헌법을 찬미하는 기사를 쓰도록 강제되었다고 주한 미국공보원은 본국에 보고했다.

언론매체와 인적 네트워크 등 간접적 미디어에 의한 공개적인 인식정 렬 작업이 어려워지자, 주한미국공보원은 앞서 거론한 언론인 소모임과 같은 인적 네트워크를 활용해 비밀리에 한국 내 정세 변화 정보를 지속 적으로 취합하여 본국으로 보고했다. 1972년 12월 27일 유신헌법이 공포 되고 이듬해 봄, 박정희 체제하의 새로운 인적 네크워크 구성이 절실했 던 미국은, 결국 새로운 계획에 착수하기 시작한다. 학생지도자나 시민 사회 지도자, 학계 인사 등 교육교류를 통해 육성된 기존 인적 네트워크 의 주력군이 대거 제거되고, 그 자리를 군부와 정부 관료, 시장 주도세력 등이 대체하기에 이른 것이다.

잠재적 리더의 발굴과 육성

주한미국대사관을 통해 선정, 지속적으로 관리된 한국의 부문별 '잠 재적 리더' 조사는 이 같은 인적 네트워크 주도세력의 변화를 그대로 보 여준다. 미 대사관은 유신헌법이 통과한지 100일 만인 1973년 3월 30일, 〈한국의 잠재적 지도자 리스트 개정본Revision of Potential Leader Biographic Reporting List〉을 필립 C. 하비브 주한미국대사의 승인을 받아 국무부로 보고한다. '개정본' 이라는 말이 의미하듯, 주한미국공보원은 한국의 잠재적 지도자 명단을 지속적으로 개정해왔으며, 이 리스트는 장기적으로 한미동맹 강화를 위한 인적 네트워크의 상위 그룹을 형성하는 데 유용하게 활용되어 왔다.

1973년 3월 개정된 '잠재적 리더' 명단에는 83명의 한국 사회 주요 인사들이 직업 별로 적혀있다. 정부 관료가 27명으로 제일 많았으며, 정계 인사가 19명으로 뒤를 이었다. 박정희 군부정권의 특성상 장성급이 8명으로 새롭게 그 뒤를 이었으며 간접적 미디어의 발달을 반영해 언론계도 8명의 이름이 올랐다. 달라진 시대, 달라진 사회 영향력이 그대로 반영된 것이다. 그밖에 경제계 인사가 7명을 차지해 시장프레임의 도입 이후, 경제계 인사들도 미 당국의 달라진 대우를 받기 시작했음을 보여주고 있다. 이밖에도 전 시기까지 교육교류를 통한 인적 네트워크 구성 및 강화 과정에서 최우선 주력 네트워크로 활용됐던 학계 인사는 7명에 그쳤다. 잠재적 리더들은 시장프레임 도입기 이후 시장프레임이 상대적으로 중시된 한미동맹을 실질적으로 이끌어가는 주요 인사로 성장해갔다. 미 대사관은 정치지도자의 경우, 당내에서 상당한 영향력을 발휘하고 있어도 전국적으로는 아직 그렇지 못하거나, 군 인사의 경우 중장급 미만 중에서 상당한 정치력을 발휘하고 있는 사람 등에 한해 엄선하고 있다. 그 명단은 다음과 같다.

● 정치인

민병기(국회의원), 장기영(국회의원, 한국일보 발행인) 한병기(전 공화당 의원), 지종걸(국회의원), 김영도(국회의원), 김영태(공화당 원내총무), 길전식(공화당 사무총장), 박준규(국회의원), 이해원(국회의원), 이범준(국회의원, 前 이대 정치학과 교수), 소영희(국회의원,

前 경희대 신방과 교수), 고흥문(국회의원), 이철승(국회의원), 김영
삼(국회의원), 엄영달(국회의원), 조윤형(前 공화당 의원), 김대중
('71년 대선후보), 이중재(국회의원), 김수한(국회의원)

● 정부인사

노신영(뉴델리 총영사), 장상문(외무부 차관), 지성규(외교부 아시아
국장), 박경원(국가통일자문회의 사무총장), 조동원(국방부 해외정보
국장), 함병춘(대통령 정치특보), 김정렴(대통령 비서실장), 최광수
(교통부 차관), 박종규(대통령 비서실장), 홍성철(대통령 정무수석),
김성진(대통령 언론비서관), 정소영(대통령 경제수석), 김만재(한국
개발연구원장), 이재술(경제기획원 부원장), 박필수(상공부 부국장),
김원기(한국개발은행장), 김용환(재무부 차관), 김동수(수산부 국
장), 양윤세(대통령 경제비서관), 김형기(과학기술부 국장), 황병태
(경제기획원 차관), 이선기(경제기획원 국장), 한성준(한국과학기술
원장), 이재성(한국개발은행 부행장), 이건개(경찰청 1차장), 강인덕
(국정원 처장), 이규헌(문화정보부 차관)

● 언론인

박태영(코리아타임즈 주필), 심범식(서울신문 사장), 서인석(코리아
헤럴드 사장), 박권상(동아일보 편집국장), 남재희(서울신문 편집국
장), 신상초(중앙일보 논설위원), 김상만(동아일보 사장), 진철수(동
아일보 부국장)

● 학계

한배호(고려대 아시아연구센터 정치학과 교수), 한기천(대통령 경제
자문, 연세대 경제학과 교수), 권두영(연세대 경제학과 교수), 김영원
(서강대 학장), 이영희(서울대 정치학과 교수), 김옥길(이화여대 총

장), 이한빈(서강대 총장)

● 군부

서종철 대장(대통령 안보담당 자문), 채석천 소장(합참 작전계획과
장), 강창성(육군 보안대장), 진종채 소장(수방사령관), 최성택 준장
(한국대학 ROTC 단장), 전두환 준장(육군 공수단), 김복동 준장, 조
종성 소장(육군 특전대장)

● 그 외

이동원(전 외무부 장관), 이범석(대한적십자사 부총재), 한기수(한국
광부노조), 이명환(한국조선노조 부산지회장), 김말룡(한국 수출노조
고문), 이종영(대림건설 회장), 박성일(두산개발 회장), 조정식(한일
개발 부회장), 정조수(대하실업 회장), 강원용(크리스천 아카데미 목
사), 남궁윤(한국 조선 회장), 이건희(중앙일보 전무), 정인영(현대건
설), 김수환(추기경)

경제적 이슈를 강조하는 인식정렬 작업

이 시기 미국은 닉슨독트린으로 대별되는 대 아시아 외교정책의 변화
를 계기로 대외정책에 있어 이념 갈등 보다는 경제적 이익과 같은 실질
적 이해를 추구하려는 양상을 보인다. 한반도 정책에 있어서도 미국은
대한 인식정렬의 기조를 기존의 안보프레임에서 시장프레임으로 이동하
는 전향적인 변화를 시도한다. 냉전의 영향과 북한의 위협이 상존하는
만큼, 여전히 주도적 프레임은 안보프레임이었지만, 기저로부터 무게중
심이 서서히 시장프레임으로 이동하고 있었던 것이다. 그런 만큼 이 시
기에는 1980년대 이후를 풍미하게 될 미국의 자유 시장 정책의 단면을
곳곳에서 미리 엿볼 수 있게 된다. 시장프레임의 본격적인 도입으로 인

식정렬을 위한 인적 네트워크 역시 기존의 학생, 시민사회, 교사, 교수 등 비시장적 지식인 중심에서 행정관료와 기업인, 정치인, 군부 등으로 대거 개편된다. 시장프레임의 확산과정에서 이 같은 구성의 인적 네트워크는 경제개발과 시장확대 과정에서 파생되는 각종 이권을 나눠가지며 안보프레임의 강조되던 시절에 비해 고효율의 인식정렬 효과를 보인다.

시장프레임 도입기 초반 공공외교에 있어 주한미국공보원의 주된 관심은 한미관계의 질적 변화를 초래한 닉슨독트린과 그에 따른 한국인의 반응에 모아졌다. 주한미국공보원은 언론인과 교수, 학생 등 지식인 그룹과의 접촉을 통해 한국인이 닉슨독트린에 대해 어떻게 받아들이고 있는지에 탐문했다. 미 당국은 한국인이 미국의 닉슨독트린을 한국이나, 한국과 비슷한 작은 나라들을 희생시키면서 혹시 '아시아 지역의 4강 협정four-power agreement을 실현해 나가기 위한 것으로 생각하고 있는지' 물었고, 실제로 브랙스턴 보고서에 의하면 이 같은 질문에 대해 한국의 당시 대표적 언론인들은 '한국인들이 그렇게 생각하고 있다'고 답하고 있다. 한국인은 닉슨독트린과 그에 따른 후속 조치로 인해 미국에 대한 오랜 불신을 다시 품기 시작하고 있었던 것이다. 이에 따라, 주한미국공보원의 주된 인식정렬 작업의 기조는 닉슨독트린과 함께 이미 제시된 미국의 대 아시아, 대 한국 정책 변화에 따른 아시아인, 특히 한국인의 갈등적 규범을 방치하기 위한 인식정렬 작업에 집중될 수밖에 없었다. 미국의 대한 인식정렬 작업의 기조는 안보 이슈가 과거에 비해 유효성을 상실한 만큼, 경제적 이슈가 강조될 수밖에 없었고 그 결과는 시장프레임의 본격적인 도입으로 나타난 것이다.

변화하는 미국의 공공외교 전략과 한미관계

제6장

시장프레임 강화기 : 1981~1990

1 레이건 정부와 실용주의 외교

힘 있는 미국을 향한 레이거노믹스

한미동맹을 미국의 대한 공공외교와 실행 프레임의 관점에서 이른바 '시장프레임 강화기'로 나눌 수 있는 기간은 1981년부터 1990년까지 10년간의 시기이다. 이 시기는 1979년에 발생한 아프가니스탄 사태가 해를 넘기며 계속되면서 세계적으로 긴장감이 고조되는 가운데 시작되었다. 다시금 고개를 든 국제적 안보 위협과 내부적으로는 인플레이션이라는 불황의 늪에 빠진 미국은 보수화 경향이 두드러지게 나타났다. 이런 가운데 1980년 대통령에 당선된 로널드 레이건 공화당 후보는 대외정책 면에서 대 공산권 신봉쇄정책의 강경기조로 회귀한다.

레이건 정부는 베트남 철군 이후 실추된 미국의 대외 위상과 안보역량을 강화하기 위해 거액의 국방예산을 증액해 '스타워즈Star Wars' 계획으로 불린 미사일방어체제MD를 추진했으며, 아이러니컬하게도 다른 한편으로는 소련과의 핵감축 협상도 진행했다. 소련의 고르바초프 정권의 호의적 반응에 힘입어 미국은 소련과 상당한 수준의 화해에 도달함에 따라, 냉전 구도의 일정 수준 와해를 이끌어 냈지만, 대신 중남미 문제에 직접 개입하는가 하면 중동지역의 새로운 불안에도 직면했다. 이런 국제정세 속에서 미국은 안보적으로 '긴장'과 '해소'라는 강온 양면정책을 통해 국제사회에서의 주도권을 되찾으려는 노력을 경주하는 동시에, 경제적으로는 이른바 '레이거노믹스'로 불리는 경제 재활성화 정책을 점화했다.

경제 활성화를 통해 '힘 있는 미국'을 재건하겠다는 이 정책은 국내적으로는 세출의 삭감, 소득세의 대폭감세, 기업에 대한 정부 규제의 완화, 안정적인 금융정책으로 대별되며, 대외적으로는 이른바 자유시장 논리에 입각한 수입개방 요구 등으로 나타났다. 이와 관련해, 앨런 그린스펀 전 연방준비제도이사회FRB 의장도 그의 회고록《격동의 시대》에서, 역대 대통령 중 로널드 레이건 이야말로 '자유시장 논리'를 가장 확신했던 사람으로 기록하고 있다. 이어 3명의 대통령을 거치며 레이건의 소위, '자유시장 논리'는 미국 대외정책의 대표적 기조로 굳어졌다.

미국은 고실업과 인플레이션 등 경제 문제가 일부 개발 도상 국가들의 수출 증대 때문이라는 인식을 하게 되었다. 이에 따라 개발도상국에 대한 자유무역을 강조해온 이전의 기조와는 반대로 보호주의 경향을 강화하게 되었고, 다시 보호주의 경향은 자국 시장에 대한 공격적인 수출을 막는데 그치지 않고 적극적인 통상 압력의 형태로 나타나게 된 것이다. 박정희 대통령 암살 사건에 뒤이어 20년 만에 또 다시 군사 쿠데타로 집권한 한국의 전두환 정권은 이전 정권과 마찬가지로 반공 국시를 모토로 미국의 신봉쇄정책에 강력하게 화답함으로써, 군사정권의 정통성을 인정받는 동시에, 미국의 시장개방 압력에 응하며 대한 경제정책에 순응, 협조하는 양상을 보인다.

두 정상은 1981년 2월 2일, 레이건 대통령의 초청으로 백악관에서 만나 지난 기간 동안 지속된 한미동맹의 약화와 양국 간 긴장상태에 종지부를 찍었다. 레이건 행정부는 주한미군 병력수를 카터 전 대통령이 철군정책을 실시할 시점 보다 3000명이 많은 4만 3000명으로 증가시켰으며, 지금까지 연기되어온 한미 간의 군사, 경제협력 논의를 즉각적으로 재개했다.[110]

　한미동맹과 미국의 공공외교, 구체적으로는 인식정렬의 인과관계를 천착하고 있는 이 책은 특히 시장프레임 강화기에 벌어진 두 가지 사건에 주목한다. 바로 1980년 신군부의 출현과 5.18 광주민주화운동, 이어 1987년 6월에 일어난 6.10 민주화 항쟁이 그것이다. 이 두 사건은 1980년 신군부의 출현과정에 미국이 보인 '의심스러운' 행보를 바라보며, 지식인과 학생 등 이른바 386 세대를 중심으로 한국의 권위주의적 정권의 배후에 혹시 미국이 있는 것이 아닌가 하는 질문을 품게 만들어 주었으며, 그 같은 문제제기가 민주화운동과 결합하는 과정에서 6.10 항쟁이 발생될 수 있었다는 분석도 있다.

　정종욱 등이 저술한《미국은 우리에게 무엇인가: 한국관계-오늘의 실상과 장래》은 시장프레임 강화기인 이 시기 한미동맹은 지식사회의 비판적 대미인식으로 인해, 이전 시기와는 다른 한미동맹의 긴장 양상이 전개되고 있다고 지적한다. 미국 역시 이 시기 기존의 대한 인식정렬 전략에 중대한 전술적 변화를 겪게 된다. 이 책이 근거하고 있는 1980년 주한미 대사관과 국무부, 백악관 사이에 오고간 각종 외교문서와 전문을 종합적으로 분석해보면, 적어도 레이건 후보의 당선 이전까지 미국은 비록

---

110 차상철(2004), pp. 191-193.

시장프레임의 확산에 열중하기도 했지만, 근본적으로는 대체로 안보프레임에 근거해 공공외교와 대한 인식정렬 활동을 펼쳤던 것으로 판단된다. 하지만 이 시기 앞서 제기한 두 사건을 거치며 미국은 지난 30년 가까운 인식정렬 작업 과정에서 구성해온 이미지, 즉 '민주주의의 수호자로서 한국을 자유세계의 일원으로 육성한다'는 명분을 상당부분 훼손당한다. 지난 시기 박정희 정권의 철권통치에 대해 명시적으로 반대하지 않으면서도 오히려 은밀하게 민주세력의 배후를 자처했던 모습과는 크게 다른 것이다.

김진웅도 이 책의 문제제기와 궤를 같이 하고 있는 바, 그는 미국이 ① 1961년 5.16 쿠데타를 지지하고 ②1979년 박정희 암살 직후 군부의 계엄체제를 인정했으며 ③1980년 신군부의 광주 진압을 방임하고 ④그 뒤 신군부의 집권을 인정한 이른바 '4대 잘못'을 민주주의 수호자로서의 미국에 대한 한국인의 불신을 가중시킨 역사적 사건으로 거론하고 있다. 물론 '민주주의의 수호자'로서의 이미지를 유지하여 미국은 마지막까지 애를 쓴 흔적은 있다.

1980년 4월에서 8월 사이, 주한미국대사관이 국무부에 보낸 보고서 등(Memorendum and Reports from American Embassy Seoul to Department of State)을 살펴보면, 신군부의 출현과정에서 미국은 물론 마지막까지 최규하 대통령을 통해 군부를 견제하려는 자세를 보이기도 했다. 하지만 레이건 후보의 당선과 함께 미국은 시장 중심의 실용주의 노선으로 급격히 전환, 군부독재의 정당성을 인정해주는 방향으로 대한 외교정책을 선회한다.

광주항쟁 당시 주한 미국 대사였던 윌리엄 글라이스틴은 후일 자신의 회고록에서 "레이건이 쿠데타의 주역인 전두환을 처음 만나는 자리에서 무비판적인 태도를 취한 것은 잘못된 것이었다"고 회고하고 있다. 대미관계에 있어 안보-자율 교환정책에 수용적인 입장을 보일 수밖에 없었던 전두환 정권은 대외적으로는 시장개방을 요구하면서 다른 한편으로는 미국 시장에 대한 보호정책을 기조로 하는 레이건 정부의 새로운 시장주의 이니셔티브의 공조 대상으로 훌륭한 파트너가 되어주었다.

이 같은 미국의 대외정책 변화는 공공외교와 인식정렬 기조에도 적지 않은 영향을 미쳤다. 1960년대와 1970년대 대한 인식정렬을 위한 인적 네트워크의 주력군으로 앞세운 학생, 교사, 교수, 시민사회 등 지식인층과의 불신이 깊어지고, 나아가 이들이 시장논리 확산에 효과적인 도움을 주지 못한다고 판단한 미국은 지난 시기 군부 등을 중심으로 접촉해온 새로운 인적 네트워크를 대거 확대해, 이전 시기와는 확연하게 구분되는 새로운 인적 네트워크 구성에 돌입한다. 그 결과 신군부 장성과 기업인, 경제관료, 보수 언론, 정치인 등 시장주도 세력을 중심으로 하는 새로운 네트워크가 성립되었다. 미국에 의해 새롭게 인적 네트워크에 뽑혀, 관리된 한국인들은 역시 신군부에 의해서도 동등하거나 그 이상의 혜택을 입게 되었고, 이 같은 새로운 인적 네트워크의 이중적 이득 구조는 궁극적으로 미국과 한국의 공동이해의 영역을 실제로 확대시켜주거나, 또는 그렇게 느끼도록 강제해주었다.

한미동맹은 한국과 미국의 이중적 구조다. 이 시기 한국은 이전과는 달리 처음으로 미국 내 한미동맹 지지 세력을 위한 조직적인 지원에 나서게 된다. 브루스 커밍스Bruce Cumings 교수는 2007년 5월 16일, 전남대에서 열린 국제학술대회에서 신군부가 한국의 신군부를 지지한 미국의 엘리트들에게도 금전적 보상을 해줬다고 밝혀 관심을 모으기도 했다. 그는 "전두환 전 대통령의 권력 장악에 대해 미국의 광범위한 정관계 엘리트들이 지지를 보냈으며, 대우 그룹에 고문으로 고용돼 연간 5만 달러의 자문료를 챙긴 스칼라피노 교수 등, 일부 인사들은 상당한 경제적 보상을 받았다"고 주장해 파문을 일으켰다.

미국 엘리트들에 대한 신군부의 경제적 보상은 한국 내 대한 인식정렬을 위한 미국 쪽 인적 네트워크에 대한 보상을 통해 양국 간 공통의 이익을 넓히는 또 다른 계기가 되었다. 미국의 이 시기 미디어정책은 새로운 인적 네트워크의 자발적 도움으로, 한층 정교하게 발전한 간접적 미디어 세트를 통해 보다 현지화된 방식으로 진행되었다. 안보프레임을 앞세운 시장프레임의 확산이 물밑과 지상에서 파상적으로 진행되었다. 그러나 새로운 인적 네트워크의 구성과 기존 네트워크와의 갈등은 향후 미국의 대한 공공외교와 인식정렬 작업에 있어 장기적 관점에서 부정적 영향을 미쳤다.

주한 미 대사관의 대변인이며 민주계로 분류되는 인사인 로버트 W. 오그번 씨는 이 책 저술을 위한 2006년 3월, 대면 인터뷰에서 "미국이 한국의 민주화를 지속적으로 돕지 못한 것이 장기적으로 대한 인식정렬 작업의 정당성을 크게 실추시킬 것"이라고 공감을 표시하기도 했다. 그는 "미국이 1960년대 베트남전 상황에 밀려 이후 한국의 민주화를 적극적으로 돕지 못했으며, 심지어 박정희 정권의 독재를 용인함으로써 결국 이후 신군부에 대해서도 타협이 가능하게 되었다"고 스스로 돌아봤다. 미국은 역대 한국의 군부독재를 배후에서 인정하거나 노골적으로 지지함으로써 '민주주의의 주창자'라는 공공외교 상의 주요 명분을 크게 상실했으며, 그 때문에 인식정렬 작업의 효과 역시 점차 낮아지게 되었다. 특히 안보프레임의 확산을 통한 인식정렬 작업은 심대하게 그 성취도가 훼손되었다. 민주화 주도세력으로 친미 인적 네트워크의 주력이던 지식인층은 미국의 잇따른 독재 지지정책 이행 과정에서 배제되었고, 1980년대 이후 결국 반미 인식의 구심점으로 자라나게 된다.

미국의 통상압력과 신군부의 집권

1983년 KAL기 격추사건과 아웅산 테러는 한국인에게 매우 큰 안보 위협을 인식하게 해주었다. 사건의 충격파는 국민적 안보인식의 시계를 냉전 이전으로 되돌릴 만큼 실로 강력한 것이었다. 전두환 대통령은 국가안전기획부와 각종 사정, 권력 기관을 동원해 이들 사건을 정권 안보강화를 위한 중대 계기로 적극 활용하기도 했다. 안보위협 강조를 통한 안보인식의 제고는 미국의 군사력 지원에 대한 수요를 더욱 강화시켰고 그 결과 한미동맹은 한층 두텁게 유지되는 듯했다. 하지만 미국의 보호주의적 보복 조치가 연속적으로 발표되면서 우호적이던 전통적 한미동맹 관계에 불신을 제기하는 한국인이 늘어나게 되었다. 시장에서의 반발은 신군부에 대한 미국의 직간접적 지원에 실망한 지식인 계층의 비판적 인식과 만나 상승작용을 일으키며 향후 한미동맹에 있어 잠재적 불안 변수로 자라나게 되었다. 미 공화당 레이건 대통령은 취임 이후 레이거노믹스가 실시되고, 이내 슈퍼 301조를 앞세운 자유무역 요구가 한반도에도 불어닥쳤다. 통상압력의 형태로 나타난 미국의 경제정책 이행이 불가피했던 것은 사실, 1970년대 들어 증가하기 시작한 미국의 무역수지 적자 규모가 천정부지로 치솟고 재정적자도 눈덩이처럼 늘어나는 등 거시경제 지표에 비상이 걸렸기 때문이었다.

실제 미국의 무역수지 적자규모는 1980년대 시장프레임 강화기 중반 이미 1000억 달러를 넘어섰고 1986년에는 1562억 달러 규모에 달했다. 마찬가지로 1980년 738억 달러였던 미국의 재정적자 역시, 1986년에는 무려 2207억 달러까지 도달했다. 이 같은 미국의 거시지표 악화의 원인으로는 1980년대 전반 미연방준비은행의 긴축정책과 행정부의 팽창재정에 의한 달러화의 급등, 미국의 경기회복 호조와 경쟁국의 내수침체, 미국 내 산업의 국제경쟁력 저하 등이 원인으로 분석되었다.

한반도와 동북아 지역 국가들에 대한 미국의 경제외교는 시장프레임에 의한 인식정렬 작업과 함께 강도 높게 진행되었다. GATT를 거쳐 WTO에 이르는 미국 주도의 국제 단일시장 전략 완성을 위한 인식정렬 작업이 본격화되었다. 다자간 무역협상으로 강제성이 없었던 GATT는 사실 동경 라운드(1973~1979년)에서 9개 비관세협정을 체결하는 등 7차에 걸친 관세협상을 통해 세계 제2차 세계대전 직후 30퍼센트를 넘던 선진국의 관세율을 평균 5퍼센트로 인하하는 등 관세 및 비관세 장벽 완화에 크게 기여했다. 그러나 GATT는 1973년, 1979년의 1, 2차 석유파동으로 세계 경제의 불황이 장기화됨에 따라, 미국과 EC 주요 선진국들의 '신보호무역주의 정책'으로 난항을 거듭해왔다. 뒤이어 서비스와 투자, 지적재산권 등 새로운 분야의 무역량 증대와 통상마찰 발생에 따른 국제적 규율제정의 필요성을 다시 제기했고, 결국 시장프레임 강화기의 한복판인 1986년에는 우루과이 라운드UR가 공식 출범하기에 이른다.

이 시기는 바야흐로 비록 협상의 형태로 진행되었지만 내면적으로는 시장이 모든 의제를 선도하는 경제전쟁의 시대였던 것이다. UR는 관세인하, 비관세 장벽완화, 새로운 이슈 등에 대한 규범마련 등 1990년대와 2000년대에 적용될 세계무역규범의 정립을 목표로 꾸준하고도 끈질긴 협상을 진행한 결과, 다음 시기인 1994년 4월 모로코 마라케시에서 열린 UR 최종협정문 서명을 위한 각료회의 결과 WTO라는, GATT를 대체하는 새로운 다자간 국제무역기구로 이어지게 된다. 하지만 1980년대 무역적자와 재정적자는, 다른 한편으로는 미국으로 하여금 다자간 협정에서 쌍무협상으로 입장을 급변하게 만들었다.

1983년부터 시작된 미국의 대한 시장개방 요구는 시장프레임 강화기의 후반인 1988년, 제정된 종합무역법, 즉 '종합무역 경쟁력 강화법 Omnibus Trade Competitive Act'의 제정으로 본격화된다. 특히 종합무역경쟁력강화법의 제301조는 내용이 포괄적이고 시장개방 유발 효과가 큰 만큼 '슈퍼 301조'라고도 불렸는데, 한국에서도 그 '악명'이 높았다. 종합무역법의 제301조는 결과적으로 미국무역대표부USTR의 권한을 크게 강화시켰다. 미국무역대표부는 미국의 국제통상교섭을 담당하는 대통령 직속 기관으로 1963년 1월 통상교섭특별대표부로 발족해, 시장프레임 강화기 개시 전해인 1980년 1월 카터 대통령에 의해 명칭이 교체되었다.

법이 통과됨에 따라, 무역대표부는 우선협상관행Priority Foreign Practice과 우선협상대상국Priority Foreign Country을 선정, 의회에 보고하고 우선협상대상국과 1년에서 1년 6개월의 범위 안에서 협상을 하되 해당 기간 중 만족할 만한 협상이 이뤄지지 못했다고 판단되면 언제라도 협상을 중단하고, 불공정 무역관행으로 미국이 손해를 입었다고 추정되는 양만큼 보복조치를 취했다.

이 시기 한국에서 개방된 품목들은 1986년 '담배'와 '지적재산권', 1988년 '쇠고기' 시장, 1989년 '주류' 등으로 당시 한국인에게는 국부적 성격이 강한 품목들이었던 만큼 시장개방이 무척 꺼려지던 대상이었다. 시장프레임에 동의하는 상당 세력조차도 '국가의 부'와 '민족의 생존' 차원에서 미국의 시장개방 압력을 위협적 요소로 받아들였고, 그만큼 동맹 맹주 미국에 대한 기존의 인식이 흔들리게 되었다.

미국과 한미동맹에 대한 '인지 부조화'와 대미 갈등이 불가피했고 그런 만큼 미국의 대한 인식정렬 작업도 시장프레임 쪽에 집중될 수밖에 없었다. 실제 1980년대 한미 간 통상마찰은 양국 관계의 핵심 현안이자 미국의 주요 관리 대상 의제로 부상했다. 그동안 한국의 수출 주도 정책에 관대한 입장을 보이며 스스로 미국 시장 접근을 확대시켜 주기도 했던 미국은, 반대로 한국의 내수 시장에 대한 진입 장벽에 대해 불만을 제기하기 시작했다. 이런 가운데 한미 간 통상마찰이 전면화되기에 이른 것이다. 상품시장과 서비스 시장에 대해 함께 닥쳐온 시장개방 압력은 1987년까지 모두 379개 품목에 걸친 시장개방과 433개 품목에 대한 관세 인하 요구로 이어졌다.

미국의 압력은 파상적으로 이뤄졌으며, 앞서 거론했듯 신군부가 출범시킨 5공화국은 이를 전폭적으로 수용했다. 시장개방 요구의 86퍼센트가 관철되었고, 관세도 평균 39.4퍼센트에서 27.8퍼센트로 인하되었다. 이와는 반대로 자국 시장에 대한 미국의 방어는 매우 적극적으로 이뤄졌다. 수입규제 조치를 담은 통상법 제337조를 동원해 1983년 이후 5년 동안 무려 14건에 대해 불공정 무역 시정이라는 명목으로 수입 규제조치를 내렸으며, 1988년 슈퍼 301조 통과 이후에는 종합무역경쟁력강화법을 통해 본격적으로 수입규제에 나섰다. 이밖에도 1986년 원화 절상압력이 처음으로 가해져왔으며, 1988년과 1989년에도 잇따라 원화절상 압력이 이어졌다. 그 결과 1985년 1달러에 890원이던 원화의 가치는 1989년에는 무려 680원으로 급격히 절상되기에 이르렀다.

백종천은 《분석과 정책: 한미동맹 50년》에서 국내의 수출관련 산업 전반에 걸쳐 미국에 대한 비판적 인식도 함께 절상된 점을 지적했다. '안보 프레임 강화기'(1981~1990)로 명명하고 있는 이 시기에 미국은 대한 인식 정렬 과정에서 안보공약 제시를 통해 안보프레임을 확산시키면서도, 그에 못지않게 시장프레임에 집착하게 된 것은 모두 자국의 경제정책과 전략의 변화에 따라 증폭된 한국인의 부정적 인식을 해소하기 위한 것이었다.

1980년대 초반 한국 경제는 안정의 바탕 위에 빠른 경제 성장을 이뤄

미국의 한국 상품에 대한 규제 (1989~1990)

	구분	규제형태	건수	품목
1989.10	규제 중	반덤핑	5	컬러TV, 앨범, 황동판, 컬러TV브라운관, 가단주철관 이음쇠
		301조(특허침해)	3	코킹 건, 플라스틱백
		자율규제	1	보통강
		총량쿼터	1	특수강
		쌍무쿼터	1	섬유류
		반덤핑-상계관세	1	금속제 양식기
	조사 중(2건)	반덤핑	1	전화교환기
		301조(특허침해)	1	철제 캐비넷 부품
1990.10	규제 중(14건)	반덤핑	8	컬러TV, 앨범, 황동판, 컬러TV브라운관, 가단주철관 이음쇠, 전화교환기, 니트로셀룰로스, 아크릴스웨터
		301조(특허침해)	2	플라스틱 백
		자율규제	2	보통강, 특수강
		쌍무쿼터	1	섬유류
		반덤핑-상계관세	1	금속제 양식기
	조사 중(1건)	반덤핑	1	폴리에스터 필름
1991.10	규제 중(13건)	반덤핑	9	컬러TV, 앨범, 황동판, 컬러TV브라운관, 가단주철관 이음쇠, 전화교환기, 니트로셀룰로스, 아크릴스웨터, 폴리에스터 필름
		자율규제	2	보통강, 특수강
		쌍무쿼터	1	섬유류

자료:무역협회, "미국의 대 한국 수입규제현황", 《무역》

냈고, 수출 구조 역시 점차 고도화되고 무역 흑자도 크게 늘고 있었다. 사실 한국의 대미 흑자 수출 기조는 스태그플레이션을 겪는 미국을 자극하기 충분한 요소로 작용했다. 1980년 미국에 대해 2억 달러의 적자를 기록했던 한국은 1985년 무려 42억 달러의 흑자를 내기에 이르렀다. 이 같은 흑자 행진은 일관되게 진행되어, 1981~1986년 간 연평균 19.7퍼센트라는 높은 증가세를 보였다. 반면 대미 수입은 같은 기간 연평균 1.4퍼센트 늘어나는데 그쳐 큰 대조를 보였다. 대미 수출 산업의 구조도 1970년대 노동집약적 상품에서 자동차, 컴퓨터 등 자본집약적이고 기술집약적인 상품으로 전환되며 고도화되었다.

전영재는《한미동맹의 미래와 한국의 선택》에서 이와 관련해 '한국의 대미 무역수지 흑자가 확대될수록 미국의 통상 압력의 강도가 높아지는 패턴이 1980년대 중반 이후 확실하게 자리 잡게 되었다'고 분석하면서 '미국의 반덤핑, 상계관세 제소 건수 추이가 한국의 대미 무역흑자가 늘면 함께 증가하고 줄어들면 함께 줄어드는 상관관계를 보였다'고 덧붙였다. 무역 장벽에 대한 규제도 잇따라, 1988년과 1989년, 미국은 한국을 환율 조작 국가로 지정하고 환율 절상 압력을 강화하기도 했다.

한미동맹 시장프레임 강화기에 한국은 이미 특정산업 분야에 있어서는 미국에게 '지원해야 할 개발도상국'이 아니라 '경쟁해야할 대상국'으로 전환됐다. 시장프레임 강화기의 말기인 1989년, 미국은 한국에 대해 무역보복법안인 '슈퍼 301조' 상의 우선협상 대상국 지정을 검토하기에 이르렀고, 한국은 '농산물 시장개방' '외국인 투자 규제완화' '국산화 정책 포기'등 세 개 분야의 양보를 통해 가까스로 우선 협상 대상국 지정을 면할 수 있었다.

이 같은 미국의 일관된 시장개방과 미국식 자본주의로의 개혁 요구에도 불구하고 한미관계는 큰 틀에서 안정적으로 유지되었다. 특히 농산물 시장개방은 지식인과 학생층을 비롯해, 재야단체와 시민사회, 운동권으로 하여금, 미국이 경제발전의 은인이 아니라 '한국 농민과 토착경제를 파탄으로 이끌어갈 수도 있는 존재'라는 위기의식을 가지도록 유도했다.

농산물 개방이 이뤄진 1985년을 기점으로 이듬해부터 주한미군 철수 요구를 비롯한 다양한 반미주장들이 거세게 제기되었다. 1986년 5월 3일 인천의 대통령 직선제 개헌촉구 대회에서는 '미 제국주의'에 대한 규탄을 요구하는 구호와 유인물이 살포되었다. 김진웅은《한국인의 반미감정》에서 이날 집회가 '반미 구호가 처음으로 일반인 대상의 대중 집회에서 외쳐진 날로 기록되었다'고 밝혔다. 한국 언론의 전반적인 보도 태도에도 이전과 달리 비판적인 논조가 나타나기 시작했다. 황우권이《한미관계와 커뮤니케이션》에서 1945년부터 1990년까지 45년간《조선일보》와《동아일보》의 '미국 관련' 사설의 내용을 분석한 결과, 미국의 군사와 안보 등에 관한 의제, 즉 '안보프레임'에 입각한 사설은 1980년 5.18 광주민주화 항쟁을 기점으로 할 때, 그 이전이나 이후에 큰 변화가 없었으나, 경제, 사회, 문화 분야 등 '시장프레임'과 관련한 '비호의적' 기사들은 1980년 5.18 이후 이전에 비해 크게 증가한 것으로 나타났다. 5.18 이전 26건에 그쳤던 이던 사설은, 5.18 이후 149건으로 5배가량 늘어났다.

1980년 이후 시장프레임의 증가에 대해 황우권은 한미 간의 다각적인 교류의 증가로 미국이 한국에 대한 '요구 사항'이 늘어남에 따라 갈등 요소들이 늘어났기 때문이라고 지적하고 있다. 안보프레임에서는 이견이 있을 수 없으나, 시장프레임으로 넘어오면 이해 충돌의 영역이 발생하는 만큼 갈등의 여지는 늘어난다. 1980년대 이후, 한미동맹은 새로운 이해의 영역에서 공동의 이해 요소를 극대화하기 위한 격렬한 인식정렬 시기를 거치게 되는 것이다.

닉슨독트린 이후 시장프레임 강화 전략을 지속해온 미국이 1980년대 초 레이건 대통령의 취임 이후 자국 시장보호와 해외 시장개방을 본격적으로 추진하면서, 한국 내 기득권층의 반발과 국민적 저항에 직면하면서, 이를 극복하기 위해 시장프레임을 전략적으로 강화해왔다는 이 책의 문제의식은 현상적으로 1980년대를 바라보는 여러 연구의 문제의식과 대체로 상통함을 확인하게 된다. 하지만 전두환 정권과 미국 사이의 군사, 안보 본위의 협력적 동맹관계의 재건은, 이후에도 오랜 시간 인식정렬의 기본조건으로 자리잡아온 안보프레임과 안보프레임을 근거로 작동하는 인적 네트워크를 상호간 유기적으로 맞추면서, 다른 한편으로는 시장프레임을 통한 설득의 효율을 높여줄 수 있는 계기가 되었다.

시장프레임 강화기의 한미동맹은 안보프레임이 시장프레임을 견인하고, 다시 시장프레임이 동맹의 새로운 양상을 구성하는 선순환적 구조로 내면적으로는 균열이 싹트고 있었으나, 겉으로는 비교적 통제가능한 안정적 작동이 이뤄졌다.

시장프레임 강화와 안보프레임의 활용

한미동맹은 시장프레임 강화기를 거치면서 미국은 한국의 군사, 전략적 중요성은 유지하면서도, '시장' 자체로서의 의미와 향후 동북아 '시장' 진출을 위한 교두보로서의 경제적 가치에도 크게 주목하게 된다. 이 같은 미국의 대한 국가이익의 전환은 한미관계를 다원화시키고 상호의존성을 높여줌으로써 안전보장과 함께 경제발전을 추구하려는 한국 측의 입장과도 대체로 부합하는 결과를 낳았다.

한국 정부는 실제로 대남 간첩단 사건과 국내 반체제 활동 등을 적발,

공표함으로써 안보위협을 고조시키고 이를 통해 확보된 국민적 안보위협 인식을 정권의 정통성 강화를 위한 동력으로 활용해 나갔다. 2007년 10월 24일, 국정원에 대한 진실과 화해를 위한 과거사정리위원회의 3년간의 조사결과는 인민혁명당 및 민청학련 사건, 남한조선노동당 사건, 동백림 사건, 송 씨 일가 간첩단 사건 등 신군부 치하에서 발생한 대표적인 간첩 조작 사건에 대한 진실을 밝혀냈다.

국방부 과거사 진상규명위원회도 재일동포 간첩단 사건 73건 가운데 4건을 무작위로 선정, 조사한 결과 이중 김양기 씨 간첩사건 등 3건이 '조작됐거나 조작됐을 가능성이 높다'고 밝혔다. 전두환 정권은 이처럼 집단 안보 인식 강화를 통한 정통성 강화 작업을 진행하는 사이, 경제 발전을 통한 외형 증대에 집중했다. 5공은 산업 고도화에 따른, 신규 사업권 인허가와 각종 자원배분 과정에서 특혜를 통해 한미동맹을 지지하는 시장, 군부의 기득권 카르텔을 키워 나갔다. 이 과정에서 일부 정권유착적 비리 양상이 다음 정권에서 이른바 '5공 비리'의 양태로 드러나기도 하였다.

레이건에 이어 등장한 부시 정부를 통해서도, 일관되게 관철된 미국의 대외정책 양상은 불필요한 대립관계는 청산하되 자국의 중대한 이해가 걸린 사안에 대해서는 직접 개입하며, 나머지 역량은 경제적 의제에 집중한다는 것이었다. 레이건 정부는 끊임없이 반복적으로 대한 안보공약 이행을 약속했고 그 약속만으로도 대개 충분한 효과를 발휘했다. 레이건 대통령은 1983년 11월 방한한 것을 비롯해 재임기간 중 총 4차례에 걸쳐 한미정상회담을 가졌으며, 그 때마다 한국인이 원하는 한미상호방위조약에 따른 방위공약의 성실한 이행을 반복, 강조했다. 양국 간 연례안보협의회에서도 방위공약은 지속적으로 재천명되었다.

특히 1983년 15차 협의회에서는 '한국이 미국의 안보에 필수적임'을 명시함으로써 한국을 사활적 이해관계 지역으로 승격시켜 상호의존 체제를 강조했다. 이 같은 안보공약 이행 약속은 부시 정부 때에도 전 정권과 마찬가지로 계속되었다. 시장프레임 강화기 미국의 안보인식은 철저하게 경제적 가치들과 연결되어 있으며, 이전 시기에 비해 보다 노골적 양상을 띠게 된다. 다음은 1981년 한미정상 회담 직후인 2월 5일, 존 위컴 주한 유엔군사령관이 미 하원 군사위원회에서 발언한 내용이다.

> "전략적, '경제적 이유'로 한반도의 평화와 안전의 유지는 미국의 국가안보에 필수적이다 … 한국의 경제적 성장과 번영은 군사적 안정이 확보되는 환경에서만 가능한 것이다."[111]

위컴 사령관의 이 같은 발언은 미국의 대한 이익이 한국과의 경제적 관계도 있음을 명시하고 이를 보장하기 위한 조건으로 군사적 안정이 필요하다는 견해를 밝힌 것이어서 주목할 만하다. 주로 안보적 이해를 통해 양국관계를 규정하던 지난 시기의 미국의 대한정책 기조와 비교할 때, 안보와 시장을 명시적으로 동등하게 평가하고 있는 이 발언은 시장프레임 강화기의 미국의 대한 외교정책의 현주소를 드러내주는 중요한 자료다.

앞서 제기한 것처럼, 미국의 경제적 이익추구가 표면화된 보호무역주의를 특징으로 하는 레이거노믹스는 시장중심주의적 외교노선으로 이어져 한국을 비롯한 여러 동맹국들에서 부정적인 반응을 유발했다. 레이건

---

111 차상철(2004), pp. 194-195에서 재인용.

에 이은 부시 정권은 레이거노믹스를 한 단계 더 발전시켜 신자유주의적 시장 질서를 전 지구적 적용을 관철시켜 나갔으며, 미국의 새로운 이니셔티브 구현에 있어 한국은 성공적 케이스로 취급, 관리되었다.

이 시기 미국의 대한 인식정렬은 안보프레임이 미디어정책의 기조를 유지하는 가운데 한미양국의 경제이슈가 제기될 때마다 그때그때 시장프레임이 눈에 띄게 강조되는 양상을 보였다. 남북 간 대립과 긴장관계는 전두환 정권 들어 고조되는 양상을 보였다. 남북 양측의 정전협정위반 사건이 급증하면서 1982년 처음으로 1만 건을 돌파해 1만 1826건을 기록했으며, 이어 미얀마 아웅산 묘지 폭파사건이 발생해 남북 간 일촉즉발의 위기감이 고조되었다. 대북 위협인식의 제고는 미국의 안보방패에 대한 수요를 제고하기 때문에, 필연적으로 한미동맹의 결속력이 커지게 된다.

1984년 실시된 한국인의 대외 안보인식 조사를 보면, 무려 93.6퍼센트가 '한국전쟁이 재발하면 동맹국 미국이 지원해줄 것'이라고 기대하고 있다.[112] 이 결과는 강도 높은 안보차원의 인식정렬이 이뤄지던 1960년대 안보프레임 강화기에 비해 오히려 상승한 것이어서 주목된다. 경제 발전에 대한 사회적 열망이 크고, 시장주의에 대한 전 국민의 교육효과로 이른바 시장 세력이 주도하는 한미동맹의 당위성이 잘 설득되어진 결과로 해석된다. 이른바 안보프레임이 주도하고 시장프레임이 동맹 강화를 재구성하는 선순환 구조를 통한 동맹의 다면화가 빠른 속도로 이뤄지고 있었던 것이다. 생존을 위한 전쟁방지, 즉 안보 욕구에서 경제발전을 위한

---

112 최강, "주한미군의 '전략적 우위성'에 관하여", 2007년 1월 26일 현재 미래전략연구원 홈페이지(www.kifs.org) 참조.

안보 욕구로 한미동맹의 소구가 진화된 것이다.

안보프레임의 관점에서 보면 1980년 5.18 광주민주화항쟁 이후 1987
년 6.10 항쟁, 시장프레임의 관점에서는 1988년 제24회 서울올림픽의 개
최 등은 이 시기 한국인의 대미인식 변화를 대표적으로 규정한 사건들이
다. 1980년 신군부의 집권 이후 광주민주화 항쟁으로 이어지는 노정에서
전두환을 축으로 하는 신군부에 대한 미국의 암묵적 동조를 넘어선 지지
는 이후 한국의 지식, 시민사회 일각에 '미국의 국익과 한국의 국익이 서
로 일치하지 않을 수도 있다'는 불신을 심어주기에 충분했고, 1987년 6월
항쟁은 그 같은 의혹이 학생, 교수, 교사, 시민운동가, 노조 내부의 논의
에 그치는 것이 아니라 전 사회적으로 미국에 대한 재평가의 필요성을
환기시켜준 중대한 계기가 되었다. 1988년 서울올림픽의 개최는 미국 중
심으로 강도 높게 재편되고 있던 '세계화' 경제시스템이 한국에 착근하
기 위한 사회, 경제적 기반을 확충해준 결정적 계기가 되었다.

2 공공외교 인적 네트워크의 재구성

간접적 미디어의 주도

한미동맹을 프레임의 관점에서 나눌 때, '시장프레임 강화기'라 칭할 수 있는 이 시기에 들어 한국은 정치적 불안정성이 제거되면서 박정희 정권 치하에서 제 기능을 상당 부분 상실했던 간접적 미디어의 역할과 중요성이 다시 부상하게 됐다. 이 시기 들어 미국은 시장프레임을 중시해, 인식정렬을 위한 새로운 인적 네트워크를 구성, 발전시키기 위한 광범한 현안 및 한국인 인식 조사를 벌였다. 그 결과 이 시기 중반을 거치며 미국의 대한 인식정렬을 위한 인적 네트워크는 학생, 교사, 교수, 시민사회 등 지식인을 주축으로 한 기존의 핵심 집단에서 행정, 경제 관료나 기업인, 언론인, 정치인 등 시장프레임을 주도할 새로운 인적 네트워크로의 기본적 전환이 사실상 완성되게 된다.

이 시기 완성된 시장프레임 주도의 인적 네트워크는 그로부터 20년 이상된 오늘날까지 그 틀을 유지하며 그 결속력을 다져온 결과 정치, 경제, 사회, 문화를 연결하는 거대한 담론 형성 구조를 이루게 되었다. 그 구조는 다시 미국의 대한 이해와 자신들의 인식을 동조시킴으로써 한미 동맹 체제하 한국 사회의 응집력을 강화하는 주류, 기득권층을 이뤄왔다. 세계화 이후 한세대가 지나며 자체적으로 '인식의 미국화'를 이룬 이들 집단은 주한미국공보원을 축으로 하는 미국의 공공외교와 대한 인식정렬 작업의 용이성을 높여줌으로써 한미동맹에 영향을 미치는 것은 물론 국내적으로도 한국 사회를 실질적으로 구동하는 주체가 되었다.

한미동맹의 심화 및 동맹 이익영역의 확대를 주도할 집단도 이들인 만큼 향후 한미동맹의 미래를 전망하기 위해서는, 이들 집단에 대한 보다 정밀한 분석과 고찰이 필요할 것이다. 국내적 기득권 네트워크와 미국의 대한 인식정렬 인적 네트워크가 사실상 일치됨으로써 더 이상 둘 사이의 구분은 불가능해지고, 양대 세력 간 구분이 모호해질 정도로 관계가 심화됨으로써, 인식정렬의 결과로써 나타나는 인식의 미국화 정도를 한국인 스스로도 자각하기 어려울 정도가 되었다. 주체와 타자가 인식정렬을 통해 서서히 하나가 되어온 것이다. 인식정렬을 위한 인적 네트워크는 정치, 경제, 사회, 문화, 그리고 언론 등 한국 사회 전 영역을 압도하며, 동맹의 양상과 이익을 국민 대중에게 내면화, 재구성하고 있다.

시장프레임 도입기로부터 강화기에 이르기까지 인적 네트워크의 전환에 영향을 미친 것은 이전과 동일한 미국의 교육교류 프로그램이었다. 다만, 시장프레임 도입기에 이르러서는 양국 간 경제, 문화, 사회 교류가 시장 수준에서 더욱 활성화함에 따라 이전과는 달리 보다 전면적인 인식정렬이 이뤄졌고, 특히 미국 내 자비 유학생과 한국인 이민자들의 역할이 두드러지게 되었다.

시장프레임 강화기 직전인 1979년 9월 21일 부터는 대통령령이 제정되어, 자비 유학과 국비 유학이 활발해진다. 민간의 자발적 유학이 본격화한 셈인데, 유학 대상지는 단연코 미국이었다. 1985년 4월 6일 현재 정부 집계에 따르면 '국민유학에 관한 규정'이 제정된 1979년부터 1983년 말까지 총 386명이 국비 유학생으로 외국에 나갔다. 이들의 95퍼센트에 해당하는 367명이 미국에서 공부를 했다. 특히 신군부가 들어선 1980년에는 49명 전원이 미국으로 유학을 떠난 것으로 나타났다. 1986년에 이르러 한국은 대만에 이어 세계에서 두 번째로 많은 유학생을 미국으로 보내는 나라가 되었다.[113]

시장프레임 강화기 초반인 1983년 12월, 미국해외공보처 동아태 지부 랄프 그린 하우스가 작성한 〈한미 간 주요 현안에 관한 한국인 인식조사 보고서Research Report of Korean Public Opinion on Key Issues Relevant to US-Korean Relations〉는 인적 네트워크 재구성을 위해 나이, 성별, 교육수준에 따라 한미관계에 대한 그룹별 인식양상을 매우 정교하게 측정한 자료다. 이 보고서는 조사의 정확도를 높이기 위해 1980년 수행된 한국 인구센서스 결과에 최대한 부합하는 표본을 추출했다. 그 결과 남녀 비율은 각각 51:49로 연령대는 18~23세 15퍼센트, 24~29세 24퍼센트, 30~39세 26퍼센트, 40~49세 18퍼센트, 50세 이상을 17퍼센트로 선발했으며, 교육수준에 따라 대졸 이상이 17퍼센트가 되도록 조정했다. 이 같은 정교한 인수통계학적 변수통제로 본 조사 보고서는 한국 내 인적 집단 간 인식 분포와 차이를 극명하게 드러냈고, 이후 인적 네트워크 개편과 관리에 근거 자료로 활용되었다.

조사 결과 과거 안보프레임 도입, 강화기에 주요 인적 네트워크로 활용되었던 학생, 교수, 교원, 시민사회 활동가 등 식자층은 이른바 '문제집단'인 것으로 조사되었다. 특히 학생층이 미국에 대해 비판적인 인식

을 가지고 있는 것으로 나타나 '특단의 관리'가 필요하다고 지적되었다. 사실 이 시기 들어 학생 운동권을 중심으로 미국의 대한 이해와 본질에 대한 자각적 논의가 끊임없이 이어졌다. 당시 학생들의 인식은 사회과학적 논리와 구조 등의 측면에서는 적잖게 떨어지는 것이었다. 하지만 정해구가 지난 1986년 《경대문화》에 기고한 소논문, 〈80년대 한미관계의 인식〉에 나타나듯 이미 미국에 대한 비판적인 인식은 신념 수준으로 굳어지고 있었다. 정해구는 소논문에서 "미국이 국내 지배세력과 결합해 민중을 수탈하는 구조를 만들었으며, 이 같은 구조 하에서 민중은 미국과 국내 지배계급으로부터의 이중적 지배를 받고 있다"고 주장했다. 정교한 논증은 결여되어 있지만 정해구의 이 같은 주장은 '미국'과 '국내 지배세력'에 대한 2원론적인 구분과 '이중적 지배' 등의 표현에서 나타난 것처럼, 국내 인적 네트워크를 통한 미국의 대한 동맹전략과 운용에 대한 비판적 인식을 초기적인 형태이기는 하나, 완성하고 있다는 점에서 유의할 대목이다.

초기의 반미 인식은 1980년대를 지나며 안보와 시장프레임 양측에서 비교적 정교한 논리체계를 구성해가며, 반미감정에서 반미론으로 자라나게 된다. 83년 12월 보고서에 따르면, 당시 대부분 한국인은 한국의 대외정책이 미국의 대외정책에 지나치게 종속되어 있다고 느끼고 있었다. 특히 군사, 안보 분야에 있어서 한국인은 '한국이 미국에 매우 의존적'이라고 판단하고 있었다. 보고서는 한국인 사이에 퍼져있는 이 같은 대미인식이 대학교육을 받은 젊은이들과 지식층의 경우로 가면, 훨씬 비판적인 양상으로 나타나고 있다고 파악하고 있다. 이들 지식층은 한미관계의 미래에 대해서도 다른 집단에 비해 '회의적'인 입장을 보였다. 이들은 한미동맹에 대해 덜 호의적이었으며, 한국이 대외정책, 군사안보, 경제적 번영 등 모든 면에서 대미 의존도가 높다는 점을 지적하고 있었다.

이 같은 비판적 인식은 한미동맹을 구성하는 미국의 대한 동맹 공약에도 회의적인 시각으로 이어졌는데, 이들은 만일 북한의 남침한다면 미국이 한국을 지원할 것이라고 보느냐는 질문에 대해서도 상대적으로 낮은 신뢰를 나타냈으며, 일본의 자위대 증강이 동아시아에 미칠 영향을 어떻게 보느냐는 질문에 대해서도 기대보다는 '우려' 쪽의 반응을 보였다. 한국 미국공보원은 조사 표본으로 선정된 학생들의 수가 상대적으로 적기는 하지만, 학생 응답자들의 답변이 조사과정에서 비교적 '일관'되게 나타난 만큼, 조사 결과가 나타내는 전반적인 '인식의 방향성'에 더욱 중요한 의미가 있다며 조사 결과에 중대한 의미를 두었다. 이 같은 주한미국공보원의 관점은 미국 공공외교 당국이 한국의 학생 집단을 더 이상 한미동맹을 지지하는 협조자로 인식하지 않고 있음을 나타내며, 오히려 인식정렬 작업을 통해 적극적으로 관리해야할 대상으로 파악하고 있음을 보여주고 있다. 학생 집단 외에도 과거 대한 인식정렬을 위한 주요 인적 네트워크 자원이었던 교수, 연구자 등 학계와 교사 집단 역시 학생 집단과 마찬가지로 한미동맹에 대해 비판적인 시각을 키워가고 있었으며, 보고서와 한국 미국공보원은 이 같은 양상에 대해 우려하고 있었다. 보고서는 이들 집단 외에도 세대 간에도 미국에 대한 인식차가 분명한 점을 중시하고 있었다.

> "한국은 매우 젊은 국가다. 전체 인구의 평균 나이는 22세다. 대략 70퍼센트 인구가 35세 이하고, 이 인구는 대략 전후 세대와 일치한다. 이는 미국에 대한 한국인의 인식을 나누는 기본적인 분수령이다."

세대 간 대미인식 차이와 관련해 보고서는 '한국전쟁이나 과거 미국이 한국을 대신해 전쟁에 개입했던 역사적 사실에 대한 기억이 전혀 없거나 사라져가는' 젊은이들은 장년층 세대가 가지고 있는 미국과의 '혈맹' 이미지와 친밀 의식을 공유하지 않고 있기 때문이라고 분석하고 있다. 실제로 젊은 층의 경우, 미국에 대한 '태도'와 '신뢰'에 관한 응답의 강도에 있어서 일관되게 장년층에 비해서 덜 긍정적이었다. 그러나 젊은이와 지식인층에 대한 미국의 인식정렬 노력은 지속되었고, 오히려 더욱 정교하게 다듬어졌다.

1983년 12월 보고서가 작성된 이듬해인 1984년 3월, 미국해외공보처의 동아태 지부 조사부의 호세 아밀라가 작성한 〈도시거주 식자층의 미디어 이용 실태 보고서〉[114]는 한국의 젊은 지식층에 대한 미국의 인식정렬을 위한 노력의 일단을 잘 보여주고 있다. 이 여론조사는 한국 갤럽이 대면 조사방식으로 1983년 5월에서 6월 사이 이뤄졌으며, 중등교육을 마친 표본 집단 1477명 중 서울에서 745명, 부산 231명, 대구 255명, 광주 246명이 조사되는 등 전국적으로 행해졌다. 미디어 이용실태는 인구사회학적 특징과 관련이 있으므로, 전년도에 수행된 여론조사 때와 마찬가지로 나이, 교육수준, 직업 등이 고려되었다. 이 보고서는 식자층이 신문과 방송의 영향을 크게 받으며, 특히 향후 활용 매체로 '방송'의 중요성을 강조하고 있는 것이 특징이다.

보고서는 구체적으로 10명 중 8명의 도시 식자층이 정기적으로 TV를 시청하며, 3분의 1은 《조선일보》를 읽고, 또 2분의 1은 KBS와 MBC의 메

---

114 Research Report on Media Use by the Better-Educated Urban Koreans, Jose Armilla, East Asia and Pacific Branch, Office of Research, USIA, R-9-84, March, 1984.

인뉴스를 시청한다고 적고 있다. 특히 주말에는 도시 식자층의 무려 4분의 3이 KBS와 MBC 메인뉴스를 시청하고 있는 것으로 나타났다. 이 보고서는 한국인에게 미국의 언론을 직접 공급하는 방법을 대안으로 제시하고 있다. 보고서는 한국에서 영어를 하는 사람은 미국 언론을 이용하지만, 전체적으로 보면 극히 적은 숫자라는 사실을 적고 있다. 하지만 식자층 자체로만 보면 무려 11퍼센트가 외국 잡지를 읽고 있고, 교수들 중 대부분은 《뉴스위크》나 《타임》을 읽고 있으며, 도시에서 대학을 나온 사람은 2개 정도의 외국 잡지를 읽고 있는 것으로 조사되었다. AFKN도 식자층 중 12퍼센트가 시청하고 있는 것으로 나타났다. VOA 청취율은 식자층에서조차 1퍼센트로 이전 조사에 비해 아주 낮게 나왔다.

한국 지식인층 사이에 이 같은 미국 언론에 대한 수요 급증은 과거에는 한국 내 정치상황과 법제상 제한, 언론시장의 미성숙, 한국인의 저항소지 등의 이유 때문에 미국의 미디어 콘텐츠를 외교 상대국에 직접 제공하는 방법이 여의치 않았으나, 시장프레임 강화기 들어 한국 내 제반 상황이 변하고 급격한 세계화의 추진으로 미디어 콘텐츠 유통의 장벽이 크게 낮춰진데다, 주한미국공보원으로 대별되는 미국 정부 기관과는 달리 한국인이 미국 언론에 대해서는 별반 불신감을 갖지 않는 등의 이유 때문에 가능해진 것으로 분석된다. 이 시기 검토되기 시작한 미국 언론의 직접 공급계획은 향후 프레임 전환기 VOA와 RFA 등의 활동을 통해 본격화된다. 이와는 별도로, 직접 한국 언론 매체를 동원한 인식정렬 작업도 시장프레임 강화기에 들어 전 시기에 비해 완성된 모습을 볼 수 있다.

이 시기에는 이제 TV와 신문이 주요 매체로 등장한 가운데, 주한미국공보원은 라디오와 잡지를 보완적 매체로 활용했다. 상대적으로 적은 영향력(10%)을 가지고 있었지만, 라디오는 국제 문제에 있어서 신문과 함께 '가장 유용한 정보의 출처'로 조사되었기 때문이다. 앞서 간단히 언급한 것처럼 이 시기 미국의 출판, 영상 매체들이 한국 언론 시장에 직접 진입하기 시작했는데, 지식인들 사이에 적지 않은 영향을 미치게 된다. 보고서는 《뉴스위크》는 식자층의 4퍼센트, 전문인 그룹의 경우 무려 16퍼센트가 읽고 있었으며, 《타임스》는 식자층의 5퍼센트가 읽고 있으나, 대학생들은 7퍼센트가 읽고 있는 것으로 조사되었다. 《리더스 다이제스트》는 한국어와 영어판을 합쳐 식자층의 4퍼센트가 읽고 있는 것으로 나타났다. 미국 매체의 한국 언론시장 직접 진입현상은 인식정렬 작업 과정에서 한국 언론에 주로 의존해온 미국으로서 신뢰도가 점차 떨어지고 있는 한국 언론 외의 대안적 매체를 확보해야 한다는 고려가 반영된 측면이 강한 것으로 분석된다. 보고서는 당시 한국 언론이 군부 정권의 언론통제 길들여져 사실상 언론으로서 제 역할을 다하지 못하고 있다고 신랄하게 비판하고 있다.

"한국 언론은 정부의 언론 통제 때문에 비판이 집중되고 있다.
민간 신문들은 정부의 기분을 상할 만한 기사를 쓰지 않으려 하고 있고, 정치뉴스와 관련해 언론들은 모두 한 목소리만을 내고있다. 이러한 제한적인 언론 환경에서 미국 등의 외신은 식자층에게 비록 적지만 중요한 정보의 원천이 될 수 있다."[115]

결국 한국의 언론은 한미동맹의 시장프레임 강화기에 이르러, 한국인

---

115 Ibid., pp. 4-5.

들로부터도 또한 오랜 인식정렬의 공동 작업 수행자인 미국과 미국공보원, 미국해외공보처로부터도 신뢰성 위기가 제기되며 점차 배척당하고 있었던 것이다.

시장프레임의 강화

시장프레임 강화기 초반에는 한미 간의 동맹강화와 신뢰회복을 위한 일련의 정치 일정이 진행되는 한편, 미국은 한국인에게 한미동맹의 중요성과 한국 측의 동맹이 이익 인식을 강조하기 위해 시장프레임을 통한 본격적인 설득작업을 강도 높게 펼쳤다. 1983년 12월 작성한 〈한미 간 주요 현안에 관한 한국인 인식조사 보고서〉는 과거 안보 본위에서 시장 중심으로 변모한 미국의 대한 공공외교와 그에 따른 인식정렬 작업의 주된 관점을 극명하게 보여주는 자료다.

한국 미국공보원이 지난 1983년 9월 9일부터 19일까지, 갤럽 협력사인 Korea Survey Polls에 의뢰해 18세 이상의 한국 성인 1500명을 대상으로 조사한 이 보고서는 한국인이 양국 간의 쌍무적 경제관계에 대해서는 긍정적인 인식을 가지고 있지만, 미국의 자유무역주의에 대해서는 한국 내 산업 보호를 이유로 대체로 불만을 가지고 있음을 적고 있다.

이 같은 조사결과는 향후 시장프레임 강화 과정에서 구체적인 인식정렬 목표로 재설정되어 자유 시장경제에 대한 한국인의 인식을 강화시키는데 사용되게 되었다. 보고서는 한국이 자국의 경제적 번영을 위해서 미국에 의존하고 있다는 믿음이 널리 퍼져 있으며, 많은 한국인들은 외국인 투자를 수용하는 입장이지만, 한국이 보호주의적 입장을 지닌다고 보는 반면 미국은 자유무역주의자라고 생각하는 입장이 현저했다고 적고 있다. 실제로 미국인은 54퍼센트가 자유무역을 선호하는데 반해, 한국인은 35퍼센트만이 자유무역을 선호했고 한국인의 절반 이상인 52퍼센트가 보호무역을 고집했다. 하지만 이런 이견은 상호간의 인식 차이를 인정하는 수준에 그쳐, 아직 일반 대중 사이에서는 미국에 대한 전반적 반감으로 이어질 단계는 아니었다. 한미동맹 체결에 따라 한국이 미국에 안보 문제를 의존하는 것이 당연했던 만큼 경제발전을 위해서도 어느 정도는 양보할 의사가 있었기 때문이다. 안보-자치 교환 동맹의 생리에 대해 한국인은 이미 잘 체감하고 있었던 것이다. 실제 보고서는 한국인이 '대외 정책, 군사 안보, 경제적 발전' 등 안보와 경제측면 모두에 걸쳐 미국에 대해 매우 의존적이라고 분석하고 있다.[116]

보고서는 한국의 주 교역국이자 투자의 원천인 미국은 물론 일본과 일본인에 대한 인식 양상에 대해서도 묻고 있다. 대부분의 한국인은 외국인 투자에 대해 긍정적(56%)이었지만, 14퍼센트에 해당하는 사람들은 '한국의 경제 발전에 오히려 해가 된다'고 반응하고 있다. 부정적 답변을 한 집단은 주한미국공보원으로서는 시급한 인식 조정이 필요한 대상이었다. 외국인 투자에 대해 '해당 투자의 성격에 따라 다르다'며 유보적으로 답한 나머지 24퍼센트에 해당하는 사람들 역시 인식정렬이 필요한 집단으로 간주되었다. 주한미국공보원은 한국의 무역 역조와 미국의 막대한 투자 때문에 '한국이 경제적으로 미국에 의존하고 있다'는 인식을 한국인에게 심어줬으며, 외국인 투자에 대한 한국인의 적극적인 수용 의지

---

116 Research Report of Korean Public Opinion on Key Issues Relevant to US-Korean Relations, Office of Research of USIA, by Ralph Greeenhouse East Asia and Pacific Branch, R-9-84, December, 1983 참조.

는 주요 개발 프로젝트에 외국업체의 참여가 용이하도록 환경을 조성해준 한국 정부의 노력에 힘입은 바가 크다고 분석했다. 주한미국공보원은 한국 정부의 자발적인 시장개방 의지를 긍정적으로 평가하면서 가일층 시장프레임 강화에 나섰다.

보고서는 한미관계에 대한 안보프레임과 관련된 질문들도 빼놓지 않고 담고 있다. 미국을 바라보는 한국인의 정치적 태도에 특히 중점을 두고 있는데, 답변은 대체로 한국인의 안보정체성과 규범이 매우 미국에 친화적인 양상으로 나타났다. 보고서는 이 같은 호의적인 결과가 '설문조사 일주일 전에 발생한 KAL기 격추사건과 관련해 미국이 보여준 대한 공조가 인상적이었던 탓도 있을 것'이라고 분석하면서도, 그간 진행해온 인식정렬 작업의 성공적 결과로 판단하고 매우 만족스런 반응을 보였다.

> "미국에 대한 인식은 전반적으로 긍정적인 분위기다. 양국 관계
> 에 있어 한국이 미국에 대해 의존도가 높다는 사실이 한국인 사
> 이에 강하게 인식되고 있다. 압도적 다수가 미국에 대해 긍정적
> 인 인상을 보이고 있으며, 현재 한미관계는 매우 좋은 상태에 있
> 다. 국제적인 사안에 대해 미국이 책임 있게 대처할 능력이 있다
> 는 점도 신뢰하고 있다."[117]

이 같은 분석은 시장프레임 강화기에 적은 노력으로도 충분한 수준의 안보 인식을 제고할 수 있었던 미국이 인식정렬 대상으로서 바라보던 한

---

[117] Ibid., pp.14-15.

국에 대한 시각이 반영된 것으로 보인다. 보고서는 북한이 남침을 감행할 경우 한국인 대다수(93%)가 '미국이 한국 방어를 위해 군대를 파견할 것'이라고 믿고 있으며, 다수(67%)가 '미일 안보 연계가 한국의 안보 강화'에 도움을 주고 있다고 믿고 있다고 적고 있다. 또한 일본의 방위군 조성이 '동아시아의 긴장을 조장할 것'이라고 보는 사람들(29%)보다 '동아시아의 안보 유지에 도움을 줄 것'이라고 답한 사람들(42%)이 더 많았다고 적고 있다.

보고서의 내용에 따르면 지난 시기 일본에 대한 불신과 재무장에 대한 우려가 크게 해소되고 있다는 것을 알 수 있다. 대한 공공외교의 오랜 목표가 끈질긴 인식정렬 작업의 결과 상당 부분 관철된 것으로 분석된다. 전두환 정권과 레이건 행정부하의 한미관계는 프레임의 무게중심이 이동했음에도 불구하고 안보 관련 정책 분야에서 과거 어느 시기보다 높은 정렬 양상을 결과로써 보여주었다.

변화하는 미국의 공공외교 전략과 한미관계

제7장

탈냉전기 미디어 프레임의
변화와 한미관계의 함의

1. 미디어 프레임과 한미관계 변동의 패턴
2. 탈냉전기 미디어 프레임의 반전

1 미디어 프레임과 한미관계 변동의 패턴

한미동맹 전개과정과 미디어정책

한미동맹은 인식적 측면에서 볼 때 이질적인 문화와 인식체계가 상호 유기적으로 결합되어 동맹 결속력이 반세기가 지나서도 크게 변하지 않고 여전하다. 미국의 공공외교와 대한 인식정렬에 따른 결과로 나타나는 '인식의 미국화'는 두 나라 국민 상호간 인식체계의 유기적 결합에 결정적으로 기여해왔다. 태평양을 사이에 두고 멀리 떨어져 있는 이질적인 두 나라가 북한에 대한 공동의 위협 인식이라는 하나의 합의에 근거해 동맹체제를 수립하고, 변화하는 세계사적 흐름 속에서 한반도 문제를 놓고 숱한 오해와 불신을 헤치고 오늘날까지 혈맹의 관계를 돈독히 유지하고 있는 것은 동맹의 물리적 조건만큼이나 인식적 교감이 작용했기 때문이다.

이 책은 미국의 공공외교 활동을 고찰하는 것을 목적으로 하고 있으므로, 안보적 측면에서 인식정렬 작업을 '상대국의 대외 인식 양상을 자국의 외교정책 목표에 정렬하고자 상대국의 안보 인식을 조작하는 것'으로 정의하고, 안보 인식을 넘어 전 사회적 영역에서 대미인식을 제고하기 위한 정렬작업을 비정규 외교로서의 공공외교 활동이라 전제했다. 또한 공격적 공공외교 활동의 결과 대상국 전 분야에 걸쳐 나타나는 성공적

320

인식정렬 결과를 인식의 미국화 현상이라 규정했다. 미국의 역대 대한 인식정렬 작업은 주로 미 국무부의 주도하에 공공외교의 주된 업무로 집행되어 왔다. 한미관계와 같이 대북위협 등 인식의 문제가 양국관계에 구속력이 강할 때는 상대적으로 정규 외교에 비해 비정규 외교인 공공외교의 영향력이 커진다고 볼 수 있다. 반세기를 넘어 한미동맹을 뒷받침해온 미국의 대한 공공외교는 그런 의미에서 전 세계적으로 유래를 찾아보기 힘들 정도로 성공적이었다는 평가를 받고 있다. 비록 최근 들어 양국 동맹에 균열조짐이 포착되고는 있으나 현재의 결합도를 고려할 때, 치명적인 것으로 보기는 어렵다.

미국의 해외 공공외교의 책임 기관은 미국 국무부이며, 수행을 위한 담당기관은 독립기구로 창설된 미국해외공보처다. 주무 기구인 해외공보처는 각국에 나가있는 미국공보원을 통해 지시를 하달하고 이행 보고를 받는 등 긴밀한 연락체계를 유지해왔다. 미국공보원은 업무적으로는 미국해외공보처의 지시를 받지만, 구조적으로는 해당국에 주재하고 있는 미국대사의 지휘를 받으며 총체적으로는 다시 지역에 산재해 있는 미국공보원 지부를 포함한 각종 조직과 밀접하게 협조하는 체계로 운영되었다. 인식정렬의 결과로 미국화한 인식 양상은 한미동맹의 전개에 있어 미국에게 매우 중요한 변수로 기능했다. 인식정렬을 위해 주한미국공보원은 미디어의 수단과 프레임의 종류 등을 다양하게 배합하면서 전면적으로 미디어를 활용해왔다.

미디어는 활용 주체와 객체 사이의 대면성 정도에 따라, 대면도가 높은 직접적 미디어와 대면도가 낮아 미디어 활용 주체의 의도가 객체에게 상대적으로 낮게 전달되는 간접적 미디어로 나눌 수 있다. 또 미디어를 통해 전달되는 메시지는 그 내용에 따라 프레임의 종류를 크게 안보프레임과 시장프레임 두 종류로 나눠 보았다.

우선 직접적 미디어는 전시회, 강연, 공연, 대회 등 직접 이벤트, 사용자가 직접 수행하는 인터뷰, 조사, 출판, 신문, 방송, 영화 등이 있으며 기관이 개입하는 정보활동도 여기에 포함된다. 반면 간접적 미디어는 출판, 신문, 라디오, TV, 영화 등 전통적인 매체와 인터넷, 휴대폰, PDA, DMB, MP3 등 뉴미디어를 망라하며 연수, 장학사업, 자금지원 등 자원의 선별적 배분에 따라 형성되는 인적 네트워크도 포함한다.

안보프레임은 반공 의제를 중심으로 정치, 사회, 과학 등의 현안을 포함하며, 각각의 이슈는 대부분 정책 관련 소재로 구체적이다. 반면 시장프레임은 경제 의제를 중심으로 교육, 문화와 같은 이슈를 포함하고 있는데, 상대적으로 거대한 담론을 담고 있으며 정책 수준에 비해 다소 추상적이다. 커뮤니케이션 영역의 연구 업적은 인식정렬의 효과적 수행을 위해 기획과 집행과정에서 다양하게 활용되었다. 특히 메시지 전달자 측의 의도성이 피전달자에게 노출되어서는 안 되는 공공외교 활동의 특성상, 커뮤니케이션 이론 중 '2단계 흐름 이론'이 제시한 '오피니언 리더'를 활용한 미디어 전달 방법이 인식정렬 작업 현장에서 빈번하게 활용되었다. 이 같은 정교한 커뮤니케이션 방법론의 활용은 물론, 공공외교 전략에 따라 선택적으로 배분할 수 있는 인적-물적 자원이라는 현실적 수단까지 갖춘 미국은 장기간 정교하게 대한 인식정렬 작업을 성공적으로 수행할 수 있었다.

실증적 분석을 위해 이 책은 외교 상대국 국민의 인식변화를 목적으로 하는 공공외교 활동을 독립변수로, 인식의 반영에 따른 결과로 나타나는 양국관계의 양상을 종속변수로 설정해보았다. 공공외교 활동이 양국관계의 변화에 미치는 과정은 상대국 국민의 인식변화를 통해 이뤄지는데, 이 책에서는 '이 과정'을 보다 미시적으로 관찰하기 위해 매개변수와 조작변수를 추가로 상정했다. 구체적으로 공공외교의 미디어정책에 따른 인식정렬 활동을 매개변수로 삼았으며, 매개변수에 영향을 미치는 두 가지 세부변수로 미디어의 수단과 프레임의 종류를 상정해 이 두 세부변수의 변화에 따라 매개변수의 변동과 나아가 양국관계의 양상을 추적해보았다. 여기에 검증 자료로 활용한 것은 이미 앞서 살펴본 대로, 미국 정부 문서보관소의 대한 미디어정책 관련 기밀자료와 국무부의 외교기밀문서, 역대 한국 내 언론 매체의 보도내용과 여론조사 결과 등이었다.

실제 분석결과 제시된 주요 가설은 대체로 충족되었다. 즉, 공공외교의 인식정렬 작업은 대상국 국민으로 하여금 주체국의 의도성이 노출되어 반감을 조장할 수 있는 직접적 미디어보다는 현지화한 인적 네트워크가 현지 언론 매체를 통해 주도하는 간접적 미디어에 의해 이뤄질 때 작업의 은밀성과 안정성이 높아져, 상대국 국민의 대외 인식이 협력적이며 의존적인 양상으로 전환됨으로써 양국 관계를 의도된 방향으로 변화시키는데 효과적인 것으로 나타났다.

군사동맹을 주축으로 하는 양국관계는 초기에 안보프레임에 의해 강화되나, 장기적으로는 시장프레임을 거치며 이해 구조의 심화과정이 이뤄지게 된다. 그 결과 동맹은 보다 다원적인 양상으로 유지, 관리되는 현상도 확인할 수 있었다. 이처럼 이 책이 한미관계를 미국의 공공외교의 관점에서 살피기 위해 제기한 가설이 만족됨에 따라, 본 가설에 근거해 설정한 '미디어 프레임의 분석을 통해 나눠본 한미관계의 시대 구분' 역시 논의의 설득력을 얻게 됨을 확인했다. 한미동맹의 전개과정을 미국의 대한 미디어정책 관련 기밀자료 등을 통해 실증적으로 분석해본 결과 역시 시대 구분의 타당성을 확인해주었다.

안보프레임 구성기(1953~1963)에는 한국 내 오랜 대미 불신이 미 공공외교 당국의 직접적 미디어의 주도적 활용으로 안보프레임의 구성과 인식정렬 망의 기반 조성을 통해 극복되기 시작했으며, 안보프레임 강화기(1964~1969)에는 베트남전쟁 수행에 따른 한국 측의 심리적, 군사적 지원이 간접적 미디어의 육성과 안보프레임의 강화를 통해 도출될 수 있었던 것으로 나타났다.

시장프레임 도입기(1970~1980)에는 닉슨독트린과 미군 철수 때문에 발생한 대미 불신 극복과 프레임 전환의 모색이 직접적 미디어의 주도하에 이뤄졌으며, 이 같은 과정은 시장프레임의 적극적인 도입과 함께 실행된 것을 확인할 수 있었다.

시장프레임 강화기(1981~1990)에는 실용주의 노선에 따른 미국의 시장개방과 그에 따른 국내적 갈등이 간접적 미디어가 주도하는 가운데 시장프레임의 강화를 통해 통제가능 수위에서 관리될 수 있었던 것으로 나타났다. 본 연구의 각 시기별 분석내용을 장기적으로 펼쳐 좀 더 단순화해보면 주목할 만한 현상이 목격된다. 미국의 공공외교적 기조가 반영된 대한 미디어정책은 한반도에서 장기적으로는 미디어 환경변화에 따라 직접적 미디어에서 간접적 미디어로 진화해왔다는 것과, 안보와 경제 환경의 변화에 따라 큰 틀에서 보면 안보프레임에서 시장프레임으로 무게중심이 이동해온 것을 알 수 있다.

주도적 프레임의 역전 현상

김대중 정부에서 노무현 정부에 이르기까지 남북화해와 경협증대, 북미수교와 평화체제 전환 조짐 등에 힘입어 한미동맹의 균열이 가시화되고 있는 가운데 한미관계의 전환기적 현상들이 목격되고 있고, 신자유주의 체제하 한미 간 상호 경제의존 양상이 깊어지면서 과거 미국의 대한 미디어정책의 근간을 이루던 안보프레임 주도의 원칙이 흔들리는 것은 물론 도처에서 '동맹전환'또는 '동맹심화'의 시급성이 무게 있게 제기되고 있다. 물론 이명박 정부 들어 대북정책에 있어 일련의 변화가 시도되고 있고, 나아가 한미동맹복원 및 강화를 위한 다양한 이니셔티브가 진행되고 있으나, 큰 틀에서 보면 미국의 대한 공공외교의 변화를 이끌 정도의 질적인 변화를 이뤄내지는 못하고 있으므로 학문적 연구를 위해서는 좀 더 시간을 두고 분석해야 할 필요가 있다.

한미동맹의 진행과정을 프레임의 관점에서 살펴볼 때 안보프레임에서 시장프레임으로 무게중심이 이동됨에 따라 전개된 양상의 결과로 파악하고 있는 이 책은, 현재 한미 간에 주된 의제로 논의되고 있는 '동맹전환(심화)'이 궁극적으로 주도적 프레임의 '역전'을 의미하는 것은 아닌지 묻게 된다. 즉 한미동맹 체결 이후, 동맹의 성격상 주도적 프레임이 줄곧 안보프레임이었으나, 이제 그 주도적 프레임이 시장프레임으로 전환함으로써 동맹의 질적 심화가 이뤄지게 되는 것이 아니냐는 것이다. 이 같은 동맹의 변화를 동맹의 일반론적 수준으로 거론하기는 부족하겠지만, 적어도 한미동맹의 역사적 전개과정을 통해서는 일반적 모델로 거론해볼 수 있지 않을까 하는 게 이 책의 문제의식이다. 한미 동맹은 안보프레임에서 시작해 시장프레임으로 꾸준히 무게중심을 이동해왔으나 동맹유지를 위한 안보 의제로 부터의 동력이 현격히 저하됨에 따라 시장프레임을 주축으로 한 프레임 전환이 모색되고 있으며, 프레임의 전환이 실질적으로 이뤄졌을 때 한미동맹은 적어도 이전과는 다른 새로운 시기를 맞게 될 것이라는 주장이다. 이때 한미동맹은 이전의 한미동맹과는 무엇이 다를까? 각각의 동맹을 구동하는 동력은 어떻게 다르고, 동맹의 구성과 성격은 또한 어떻게 다를 것인가? 동맹전환 이후 한미동맹은 이밖에도 수많은 질문들을 필요로 하게 될 것이다.

동맹전환에 대한 가설을 검증하기에는 공공외교와 관련한 미국 측의 비밀자료나 공개 자료가 충분하지 않다. 그 때문에 이 책은 공공외교와 한미동맹의 상관관계의 연구 기간을 1990년까지로 한정하고 있다. 다만, 이 책이 확보한 공공외교와 미디어정책에 있어 나름대로의 패턴을 한미동맹의 미래에 투사해 볼 수는 있을 것으로 생각한다. 즉, 미국의 대한 미디어정책에 있어서 안보프레임에서 시장프레임으로의 일관된 무게중심 이동이 레이거노믹스 이후 미국의 자유무역 기조가 유지되는 가운데 IMF 사태를 겪고 이후 일관된 부시정부의 신자유주의 경제시스템의 세례를 받은 점, 2000년 이후 두 차례의 남북정상회담 이후 급기야 2007년 한미 FTA 체결이 이뤄진 점 등을 그래프로 이어보면, 이 같은 흐름은 한국에 대한 주도적 프레임의 전환을 예비하는 전조가 아니었느냐 하는 추론이 가능하다. 이 장에서는 앞에서 본격적인 분석 대상으로 삼지 못한, 문민 정부와 국민의 정부, 그리고 참여정부 등 3개의 정부에 걸쳐 이뤄진 미국의 대한 미디어정책의 일단을 현상적으로 정의해보고, 그 결과 한미관계에 있어서 동맹전환이라는 것이 결국 프레임의 '역전'을 수반하는 국제 정치현상을 의미하는 것인지 확인해 봄으로써, 향후 한미동맹을 포함해 국제관계를 프레임의 관점에서 고찰해 보려는 또 다른 연구자들에게 논쟁거리를 제공함으로써 이 책에 부여된 작은 소임을 대신할까 한다.

위협인식의 완화

과거 군사, 안보, 경제, 사회, 문화 등 양국관계 거의 전 영역에 걸쳐 미국의 수혜자 위치에 머물러 있던 한국은 1996년 OECD 가입 이후 세계 11위권의 경제 대국의 위치에 올랐다. 2000년과 2007년 두 차례의 남북 정상회담 성사로 남북 간 긴장관계 또한 급속도로 완화되면서, 한미동맹은 동맹 수립 이후 반세기 만에 가장 급격한 전환기를 맞이하고 있다. 밖으로는 냉전구조의 해체와 시장경제의 세계적 단일화에 의해 촉발된 한반도 내 변화상은 한국인 사이에 한미관계의 근본 축인 한미동맹의 비대칭성에 대한 비판과 나아가 양국 관계를 대등한 수준으로 전환하라고 요구하는 비판적 인식을 크게 강화하고 있다.

이 같은 비판적 인식 제기의 필연성은 여타 동맹이론을 통해서도 확인된다. 김우상은《한국과 국제정치》제20권 1호에 기고한 논문 〈한미동맹의 이론적 제고〉에서 세력전이론적 관점에서도 비대칭 동맹의 대칭화 경향을 지적했다. 즉, 한미동맹의 경우도 "약소국 파트너가 강대국 파트너에 비해 '상대적'으로 국력이 증가할 경우 약소국 파트너가 이런 비대칭적 동맹관계를 청산하기를 원할 가능성이 높다"고 지적한 것이다. 이런 변화는 1970~1980년대 성공적인 경제성장으로 한국의 국력이 신장했고, 공산권의 몰락과 남북 화해로 동맹의 전제가 되어왔던 위협 인식이 크게 완화된 탓이다.

실제로 대미인식을 포함한 한국인의 대내외 인식은 큰 폭의 변화를 거쳤으며, 이에 따라 한미동맹의 유지 기제로 작동해온 대한 인식정렬의 효율이 부분적으로 떨어지고 인식의 미국화에 대한 자각과 그에 따른 반성적 인식도 학계를 비롯한 사회 곳곳에서 제기되고 있다. 특히 파주 여중생 압사 사건으로 고양된 자주의식을 집권의 동력으로 활용한 노무현 대통령의 재임 동안, 친일·반민족행위 진상 규명을 위시한 과거사 재평가와 그에 따른 역사 재인식을 통해 고양된 '내셔널리즘'의 영향으로 한국인의 대미인식은 정체성과 규범의 측면에서 이전 시기보다 눈에 띄게 자주적이며 비판(갈등)적인 양상을 보이게 되었다. 이숙종은 한국인의 대미인식전환의 요인으로 한국인의 '국가적 자신감과 내셔널리즘'의 고양을 꼽았다. 그는 이 같은 추세가 '한국인의 정체성 문제를 본질적으로 포함하며, 한국 사회의 세대교체와 민주화에 힘입어 향후 더욱 강화될 것'으로 보고 있다.

이 장에서는 탈냉전 시대 변화하는 국제환경 속에서 나타난 양국 간 주요 현안과 그에 따른 미국의 대한 인식정렬 양상에 관해 살펴보고, 앞서 도출된 미국의 공공외교와 대한 미디어정책에 있어, '미디어와 프레임 선택에 따른 한미관계 변화의 패턴'에 입각해 앞으로 가능한 한미관계의 변화를 전망해보려고 한다. 다만 여기서는 미국의 한미관계 관련 외교정책의 내부 기조와 대한 공공외교 및 미디어정책 자료, 주한미국해외공보처와 미국공보원의 기밀자료 등 실증적 연구의 토대가 되는 1차 자료가 아직 공개되지 않고 있는 이유로, 지금까지 드러난 양국 간 언론

보도와 그 밖의 공개된 외교문서, 관계자 인터뷰 등 2차 자료에 한정해 접근했다. 이에 따라 본격적 차원의 실증적 고찰은 이뤄지지 못했으나, 앞서 도출된 '프레임과 한미관계의 변화' 패턴을 적용해 봄으로써 관련 연구 활성화를 위한 제안에 무게를 두고 있음을 재차 밝혀둔다.

시장프레임 심화기 : 1991~2002

냉전 해체를 전후한 세계사적 전환기를 맞아, 국제사회는 이전 시대에는 찾아볼 수 없었던 다양한 정치적, 경제적 현상들이 역동적으로 드러나게 되었다. 1989년 동유럽 공산주의의 몰락과 연이은 1991년 소련 연방의 붕괴, 그리고 1990년에 발발한 미국 주도하의 걸프전 수행 등 일련의 정치적 상황 변화는 기존 미-소 양극체제에서 미국 위주의 단일체제로 극명한 변환을 보여준 국제정치적 사건이었다. 동북아에서는 1970년대 미-중, 미-소 데탕트 이후 수면 아래에서 꾸준한 변화가 진행되었지만, 대외적으로는 핵의 공포와 미국의 헤게모니하에서 양극체제의 구조가 다른 지역에 비해 비교적 지속적으로 유지된 지역이었다. 그런 만큼 탈냉전기 미국 단일체제 하의 상황 변화가 동북아에서 더욱 급진적으로 진행될 수밖에 없었다. 한미관계 역시 양국이 전환기적 현상을 보이며 재조정기를 거쳤으나, 동북아 다른 나라들은 그 속도와 내용 면에서 상대적으로 완만하게 진행되었다.

이 같은 변화의 완만한 진행 속도는 미국의 공공외교와 대한 인식정렬 노력과 그에 따른 인식의 미국화 결과에 따른 것으로 분석된다. 이른바 '팍스아메리카나의 재흥'으로 불리는 이 시기의 문을 연 미국의 지도자는 1992년 취임한 빌 클린턴 대통령이었다. 그는 취임 이후 오랜 경제 침체에서 벗어나 자본과 첨단기술 관련 기업들을 중심으로 미국경제를 성장시켰다. 경제성장의 다른 한편으로 클린턴 대통령은 지역 분쟁에 대한 미국의 군사력 개입을 최소화하며, 신경제질서 수립을 위한 노력을 기울여 이전 정부로부터 진행되어온 신자유주의 국제질서를 심화시켰다.

클린턴 집권기는 안보프레임에서 시장프레임으로 큰 틀의 변화가 이뤄진 시기로서, 미국은 안보 헤게모니에서 벗어나 경제 헤게모니를 통해 다시금 국제사회에서 주도권을 행사하게 되었다. 한국은 미국의 대외정책 변화에 따른 프레임의 변화가 가장 직접적으로 닥친 곳이었다. 조희연은 《우리 학문 속의 미국》에서 1990년 이후 '세계화 = 미국화'라는 등식과 함께 '한국사회에서 미국적 세계관과 패러다임이 다시금 헤게모니적으로 확산할 수 있는 계기로 작용'했으며, 동시에 '미국적 표준과 미국적 패러다임을 새롭게 부각시키는 것은 물론 재지배화하는 계기로도 작용하고 있다'고 지적했다. 이 책 또한 시장프레임 강화기 이후, 시장주도 세력으로 교체된 미국의 한국 내 인적 네트워크가 세계화를 전면에 내세워 인식정렬 망을 강화하는 한편, 동맹유지 및 강화를 위한 합목적적 콘텐츠의 확대 재생산 구조를 갖추게 되었다고 지적한 바 있다.

시장프레임 심화기에 들어 한국에서는 오랜 군부독재 시대를 마감하고 문민정부 시대가 열렸다. 1993년 김영삼 정부는 미국 주도의 경제 개방에 조응하는 시책을 주요 내용으로 하는 '세계화 전략'을 수립해 시행했다. 김영삼 정부의 이 같은 기조는 이후 김대중 정부에서도 일관성 있게 이어졌다.[118] 김영삼 정부 말기에 터진 IMF 사태는 이후 김대중 정권으로 하여금 경제 이슈에 치중하도록 임무를 부여했고, IMF 극복 과정에서

---

118 학술단체협의회,《우리 학문 속의 미국》, 서울: 한울, 2003, pp. 4-5.

한국은 급속히 미국 주도의 신자유주의적 시장논리를 깊숙이 받아들이게 되었다. 실제 1993년 김영삼 정부와 1998년 김대중 정부의 출범 이후, 미국의 대한 인식정렬은 이전 시기와 마찬가지로 일관된 양상으로 강력하게 이뤄졌다. 특히 미디어 시장 환경의 발달에 힘입어 언론매체 활용도가 높아졌으며, 시장주도 세력 위주의 인적 네트워크가 제 역할을 하는 등 인식정렬 작업은 간접적 미디어가 주도하는 세련된 단계로 접어들었다.

'미디어가 곧 메시지'라는 커뮤니케이션이론의 저명한 언명처럼, 이같은 시장주도세력이 전면에 나선 간접적 미디어 망의 완성은 이미 그 자체로 시장프레임을 강화할 수 있는 구조적 조건으로 평가되었다. 이 시기 미국은 레이건 정부의 단일시장 이니셔티브를 모범적으로 승계한

IMF 사태로 한국은 국제통화기금에서 요구하는 조건들을 수행해야 했다. 이 과정에서 많은 회사가 부도 및 경영위기를 초래했고, 대량해고와 경기악화로 온 국민이 큰 어려움을 겪었다.

클린턴과 부시 정부의 신자유주의 시장논리를 한국인에게 설득하고자 다양한 시장 관련 의제를 양산했다. 이 시기를 실험적으로 '시장프레임 심화기'로 규정하고 그에 따른 설명을 시도하는 것은 한미 관계에서는 물론 미국이 전 지구적으로 행한 시장중심주의적 외교정책을 반영하기 때문이다.

'세계화' 담론을 통해 신자유주의 경제체제가 비교적 순탄하게 뿌리를 내리기 시작한 김영삼 정부에 이어, 1997년 외환위기 이후 경제난 극복을 모토로 집권한 김대중 정부 역시 IMF가 권하는 일련의 시장주도형 경제개혁을 미룰 수 없었다. 국가 경제의 위기를 체험한 한국인은 시장프레임에 대한 거부감에서 비로써 벗어나게 된다. 특히 1997년 IMF와 '금 모으기'와 같은 국민운동은 '세계화'와 '경제발전'의 의미를 국내외 정책의 주요 의제로 끌어올리는 데 필요한 국민적 인식을 고양한 계기가 되었다. 이런 가운데 시장프레임 심화 전략은 기업인과 학계 등 시장주도 세력은 물론, 한국의 양대 정권과 국가 행정관료와 정치인, 주류 언론 등의 지지 및 협조적 자세에 힘입어 비교적 원활하게 시행할 수 있었다.

최장집 교수는 2007년 3월 15일, 아세아문제연구소 주최 국제학술회의에서 대한 인식정렬을 위한 인적 네트워크를 '신자유주의 엘리트 동맹'이라 칭하며, 이들이 시장프레임 심화에 결정적 소임을 했음을 인정했다. 최 교수는 주제발표에서 "90년대 말 금융위기 이후 여야, 관료, 재계, 주류 언론, 지식인 전문가 등 한국 사회의 거의 모든 주요 엘리트집단을 포괄하는 신자유주의적 발전 동맹이 형성되어 이에 대항하는 어떤 대안적 이념이나 프로그램의 형성도 어렵게 되었다"고 지적했다.

최 교수는 나아가 다음 시기 프레임의 역전을 염두에 두고, 시장프레임 심화 현상의 일환으로 "한미 FTA가 한국경제를 미국의 신자유주의 경제체제에 수직적으로 통합시키는 것을 가속화할 것"이라고 지적했다. 또한 시장프레임 심화를 위한 전 사회적 인적 네트워크의 강력한 작동 탓에 한국의 양대 정당은 이렇다 할 비판이나 대안을 내지 못하고 있다고 꼬집었다. 정치적으로 남북관계는 크고 작은 마찰이 끊이지 않는 가운데 전체적으로는 꾸준한 개선의 흐름을 보였다. 한미관계는 안보보다는 경제 부문의 여러 의제와 사회, 문화 등 제반 영역의 이해에 더 민감한 구조로 변이되었다. 그렇지만 시장 부문의 영향력 확대는, 다른 어떤 시기보다도 한미동맹의 결속력을 강화했다.

2000년 6월 15일 이뤄진 남북정상회담은 이 시기의 성격을 규정하는 중요한 사건으로 꼽을 수 있다. 정상회담은 한미동맹 50년 이래 최대 사건으로 동맹의 목적과 양상에 작지 않은 충격을 던져주었다. 북한에 대한 위협인식이 많이 줄어들었으며 이는 다시 국민의 동맹 안보인식 변화에 영향을 미쳤다. 북한에 대한 위협인식에 근거한 한미동맹의 정당성은 당장은 전략적 효용가치 때문에 수용되는 데 무리가 없었지만, 다음 시기의 문을 연 여중생 압사 사건과 같이 단 한 차례 사건만으로도 그 정당성이 크게 흔들릴 수밖에 없는 취약한 구조에 노출되어 있었다. 남북정상회담과 이후 활발한 교류를 통한 남북한 간의 소통 증대는 이후 노무현 정권에 들어 한미동맹에 대한 전환기적 논의를 촉발하게 했다.

미 공공외교 인적 네트워크의 완성

이 시기 대한 미디어정책은 간접적 미디어를 활용해 강도 높게 이뤄진 것으로 보인다. 미국의 대한 인식정렬을 위한 인적 네트워크가 최고조로 성숙한 양상을 보여주기도 했다. 시장주도 세력이 장악한 인적 네트워크는 이 같은 매체 환경변화 역시 주도하며, 전체 한국인의 대내외 인식 지형을 구성하는 데 앞장섰다. 정치민주화의 급진전에도 경제민주화나 양극화의 문제나 시장개방과 같은 의제들은 아직 중심적 논의에 포함되지 못했다.

한미 양국 간 다양한 연구기관이나 비정부 기구들이 새롭게 생겨났고, 이들은 상호 이해를 증진시키고 인식 공유의 폭을 넓혔다. 기존의 기구들은 더욱 정비되었다. 한미 양국 간에 존재하며 기능 하는 단체들은 이루 헤아릴 수 없을 정도로 방대하지만, 주요한 단체들을 살펴보면 먼저 한국 내 설치된 기구로, 주한미국상공회의소, 아시아재단, 한미우호협회, 한미협회, 한미문화재단, 한미교육위원단, 한미친선국민협의회, 한미경제협의회 등의 활동이 두드러졌으며, 미국 내 한국 관련 민간단체로는 아시아 소사이어티, 한미경제연구소, 한국무역협회, 코리아 소사이어티 등이 대표적이다. 미국 내 한국 연구기관으로 컬럼비아대학 한국법연구소, 컬럼비아대학 한국연구소, 노스파크대학교 한국학연구소, UC버클리 한국학연구소, UCLA 한국학연구소, 하와이대학교 한국학연구소, 예일대학교 동아연구소, 하버드대학교 한국학연구소, 남가주대학교 한국학연구소 등이 대표적이다.

이 시기 인적 네트워크를 구성한 시장주도 세력 중 핵심은 기업의 이윤추구와 안정적 발전 토대를 확보하기 위해 미국식 신자유주의 경제제도의 강력한 국내 파급이 필요했던 CEO군과 경제관료들이다. 상당수가 미국식 경영이론으로 채워진 MBA 등의 교육과정을 이수한 이들은, '세계화'를 정책적 모토로 삼은 김영삼 정권 출범과 동시에 새로운 파워 엘리트 군을 형성하며 전면으로 부상한다. 한미 양국의 긴밀한 경제교류와 의존에 힘입어 이들은 양국을 오가며 한미관계의 양상을 다변화하고 심화시킨다.

시장프레임 심화기, 간접적 미디어의 중점적인 활용이 돋보인 가운데 특히 눈에 띄는 대목은 '언론' 부문에 대한 세련된 활용이다. '정치, 안보적' 이슈를 '직접적'으로 전달하는데 언론 매체를 활용하는 방법은 앞서 살펴본 인적 네트워크를 이용한 간접적 전달 방법에 비해 그다지 효과적인 방법이 되지 못했다. 정치적 이슈를 직접적으로 전달하는 것은 이성적 차원의 정보 전달에는 효과적이라 할 수 있겠으나, 보다 근원적 차원의 인지 과정에 호소하는 인식의 정렬 측면에서는 효과도 적을뿐더러 오히려 위험이 크다. 직접적이며 이성적인 정보는 그 전달 과정에서 의식화의 목적성이 노출될 것이고, 그렇게 되면 효과는 크게 반감하거나 반대로 역효과를 내기 때문이다.

미 공공외교 당국이 포스터 게시나 전시회 유치, 전쟁영화 상영, 반공 영어 웅변대회 개최 등 이념 지향의 메시지를 직접적으로 전달하던 방식은 베트남전쟁이 끝나는 1970년대를 거치며 사실상 찾아보기 어렵게 되었다. 대신 시민사회 교육과 인적교류를 활용한 우회적이고 간접적인 전달 방식을 주로 활용하게 되었다. 과거 인식정렬 과정에서 직접적 정보 전달 목적만 수행했던 언론 매체는 인적 네트워크 구성과 유지, 강화를 위한 각종 정보가 소통되는 매체로 발전한다. 학술, 문화, 시상, 처벌, 동정, 부고, 인사 등의 인적 정보가 끊임없이 교류되며 정보의 선후와 상하가 메겨지는 이른바 가치배분 과정이 언론 매체를 통해 이뤄지며 궁극적으로 네트워크는 확대, 재생산의 자기 구조를 공고히 할 수 있게 되었다.

이처럼 과거 인식정렬에서 하나의 수단에 불과하던 언론은 시장프레임 심화기에 이르면 인적 네트워크의 기간망으로서 기득권을 점하게 된다. 언론은 언론 자본과 언론인, 언론 매체 등으로 분석할 수 있는데, 특히 언론인의 역할이 지대했다. 스스로 언론 매체이면서 인적 네트워크의 주요 세력으로 자리 잡았기 때문이다.

1950년대 교육교류의 첫 사례로 미국에 다녀온 언론인들에 의해 구성된 '관훈클럽'은 이후에도 언론계 핵심 인사들을 꾸준히 미국에 연수를 보냄으로써, 한미동맹 강화를 뒷받침하는 안보, 시장프레임의 기사들을 양산해왔다. 미 공공외교 당국은 관훈클럽에 대한 연수 지원 외에도 크고 작은 일들에 대해 보이지 않는 후원자 역할을 자임해왔다. 관훈클럽의 언론인들은 한국 사회 언론 소사이어티의 핵심 인자로서 전체 언론사회를 이끌어왔다. 한국기자협회 등의 언론단체들 역시 박정희 정권 치하의 언론탄압을 거치는 과정에서 미국 공공외교 당국으로부터 교육교류 기회를 받는 등 직간접적 지원을 받으며 오늘날에 이르기까지 꾸준히 성장했다. 오랜 기간 유지된 언론의 역할은 시장프레임 심화기에 이르러 질적 변화가 시작된다. 앞서 언급했듯, 언론은 인식정렬의 주요 수단이자 인적 네트워크의 핵심 인자로 발돋움하면서 동맹 구조를 통해 스스로 자기 이익을 공고히 하게 되는 기득권의 재생산구조를 본격적으로 가동하기 시작했다는 것이다.

이전 시기에도 언론은 정부와 미국과의 관계에서 사적社的 이해의 극대화를 위해 일정 수준의 소통을 시도한 바 있으나, 안보프레임에서 시장프레임이 심화된 사회, 경제적 여건 속에서 자사의 이해 극대화를 위한 소통은 이전보다 훨씬 원활하게 진행될 수 있는 조건이 되었다. 미국의 대한 인식정렬 양상이, 이념적 내용이 주를 이루는 안보프레임에서 실익을 논하는 시장, 경제적 이슈를 간접적으로 전달하는 방향으로 심화되자, 기성 언론들도 역할을 극대화하기 시작한다.

《조선일보》《중앙일보》《동아일보》 등 이른바 '조중동'으로 불리는 보수 주류 신문들은 경제면을 중심으로 시장 논리를 광범위하게 유포하고,

귀납적으로 한미동맹과 같은 안보 공약의 중요성을 역설하는 인식정렬을 반복적이며 일상적으로 전개했다. 과거 시장프레임 강화기를 포함해 이전까지의 관행처럼 대규모 간첩단 사건이나 테러 사건이 신문의 1, 3면을 장식하고, 제3세계의 경제파국 소식이 국제면을 가득 채우지 않아도 '국가 경제 위기' 또는 '생산성 저하' 등의 시장경제의 전문용어를 간간이 머리기사로 뽑기만 해도 그 파급 효과는 실로 대단했다. 양국관계에 있어 안보위협만을 전제로 했던 한미동맹은 그 유지기반을 위해 '시장에서의 파탄'이라는 새로운 위협 인식을 획득하게 된 것이다.

다음 시기에 이르러 이 같은 한미 간 공동의 경제 위협은 동맹의 새로운 형태로의 전환 및 심화를 요구하는 조건으로 급부상하게 된다. 바야흐로 안보 위협인식이 사라진 자리에 '경제위기'에 대한 위협인식이라는 새로운 동맹 유지의 동력이 떠오른 것이다. 안보프레임이 강조된 동맹체제하에서 이른바 안보상업주의적 경영행태에 대한 비판을 받아온 주류 매체들은, 이제 시장 불경기와 생산성 저하, 재벌 및 기업의 투자의욕 상실, 노동운동의 과격화, 대학의 노동생산성 저하, 인성교육이 중시된 공교육의 경쟁력 하락 등을 전면에 의제로 내세운 시장논리의 확대 재생산에 매진했다. 특히 주류 보수 매체들의 논조는 다음 시기인 참여정부 집권기에 이르러서는 기존의 대한 인식정렬 기조에서 벗어난 노 정권의 동북아 '균형자론' 등을 공격하며 동시에 시장개방과 외자 유치, 이라크 파병, 한미 FTA 협정 필요성 등을 공세적으로 강조한다.

이 시기 미국의 공공외교와 그에 따른 대한 인식정렬 기조는 한국인 사이에 제기되기 시작한 반미 감정을 대한 안보 공약을 통해 통제 가능한 낮은 수준으로 관리하면서 다른 한편으로는 한국의 자유시장경제체제로의 본격적인 전환을 촉구하는 방향으로 이뤄진 것으로 분석된다. 시장프레임 심화기 중반인 1998년 미국 정부가 내놓은 동아시아 전략보고서를 보면, 미국은 1953년 상호방위조약, 쌍무적 협의, 통합군 체제를 지속적으로 유지, 강화하는 한편 광범위한 우발사태들에 대비하기 위한 한국 정부와의 협의를 지속할 뿐 아니라 대량살상무기 확산방지를 위한 전담반을 설치해 운영하고 나아가 북한이 침략하면 즉시 전면적으로 개입할 것을 확약하는 등 안전보장 지원을 강화하고 있다.

미국의 안보 공약은 부시 정부 때에도 한결같이 이어졌다. 미국은 김대중 대통령이 양국 간 동맹의 가치를 확인하고 '통일 후에도 미군 주둔을 희망한 점을 환영했다'고 전제하고, '북한의 위협이 소멸된 이후에도 한미동맹을 유지하며 주한미군이 한반도와 이 지역에서의 안정을 계속 지원할 것이라는 점에 강력히 동의'함으로써 반대급부를 제공했다.[119]

시장프레임 심화기에 안보 의제는 시장 의제를 통해 신뢰관계가 재확보된 상태인 만큼, 이처럼 선언이나 언급 등을 통해 적은 노력으로도 쉽게 전달된다. 다음 시기에 이뤄진 '프레임의 반전' 이후 양상은 더욱 심화되었다. 이 시기 나타난 주요 특징은 시장프레임을 활용한 인식정렬을 주도하는 동시에 한국에 새로운 국제적 의무가 강제되었다는 사실이다. 즉 미국은 한국의 점증하는 국제적 비중에 비례해 '민주주의와 자유시장 관행의 증진 등에 대한 전 세계적인 책임을 공유하게 될 것'이라고 못박고 나선 것이다. 한국은 바야흐로 한반도를 벗어난 다른 지역에서도 안보적으로 미국과 공통의 이해관계를 넓혀야 하는 도전에 직면하게 되었다.

---

119 이흥환, 《부시 행정부와 북한》, 서울: 삼인, 2002, pp. 113-114.

미국식 초국가 시장경제 논리의 유포

이 시기 가장 두드러진 미국의 대한 인식정렬 양상은 기존의 안보와 관련한 이념적, 정치적 의제에서 경제 의제 중심의 프레임으로의 급속한 전환일 것이다. 동유럽의 몰락과 시장경제의 일국화 때문에 과거처럼 이념적 외발 엔진에 의존하는 한미동맹 추진 에너지 확보가 불가능해졌다. 북한의 위협은 여전한 것이었지만 그것은 과거보다 통제 가능한 수준으로 국민 사이에 충분히 제한적인 것으로 인식되고 있었다. 1990년 6월 10일 한소 수교 합의와, 뒤이은 1992년 8월 24일 한중 수교 성명 이후 인식된 북한의 위협 정도는 그 이전과는 강도나 파급 면에서 다르게 받아들여지기에 충분한 것이었다.

미국의 대한 인식정렬 기조도 변화되었다. 안보위협을 강조하는 것과 동시에 시장프레임을 강도 높게 설득했다. 미국으로서는 강력한 위협요소로 중국이 대두한 시기였다. 대한 시장프레임 강화는 다른 측면에서 보면, 중국의 경제−군사 대국 부상을 견제하는 사전포석의 의미로도 읽힌다. 1999년 10월, 미국 '21세기 국가안전보장위원회'가 펴낸 동북아 전망 보고서라 할 수 있는 〈2020년대의 미국 전략계획〉과 〈Joint Vision 2020〉 등의 문건은 노골적으로 중국을 21세기 미국의 적으로 간주하고 있다.

다음은 이와 관련해 강정구가 경실련 통일협회와 나라와 문화를 생각하는 의원 모임과 공동편집한 논문 〈미국은 우리에게 있어 어떤 나라인가? : 반미, 친미감정을 중심으로〉에서 인용한 내용이다.

"2025년쯤 동아시아는 세계 최강의 경제권이 되고 지역적 중요
성이 증대될 가능성이 높다. 이 경우 전통적 가치관에 변화가 생
겨 개인의 자유와 민주주의를 중시하는 풍조가 대두될 것이다.

그와 함께 경제 붕괴, 중국정세의 급변, 한-중-일 3국간 관계 악화와 세계 유일의 대국간 영토분쟁 등으로 대규모 전쟁이 일어날 가능성도 매우 높다…… 동아시아 최대 초점은 중국의 장래다. 체제가 어떻게 변하든 실질 국내 총생산은 2025년에 세계최대가 된다. 군사대국이 된 중국에 국가주의가 대두하면 대만, 난사군도 문제 등으로 미-중 관계는 긴장된다."

김영삼 정부 출범과 함께 한국사회는 민주개혁의 열망이 분출했다. 이 무렵 미국은 한국 내 '세계화' 이니셔티브와 때맞춰 미국식 초국가 시장경제 논리를 광범위하게 유포했다. 한국 내 '세계화' 돌풍은 기존의 대한 인식정렬을 위한 인적 네트워크의 작동 효율을 높였다. 특히 지난 시기인, 시장프레임 강화기에 시장주도 세력으로 교체한 인적 네트워크는 시장프레임 심화기를 거치며 조밀도가 높아지면서 과거보다 세련된 구실을 하게 된다. 시장프레임이 제공하는 다양한 논리는 이 시기 시장화가 충실히 진행된 문화 부문을 통해서도 전파되기 시작한다. 이는 미국 자본과 유학생들을 중심으로 한 시장 주도세력들이 그동안 다른 분야에 비해 상대적으로 시장화 정도가 낮았던 문화 부문에 본격적으로 뛰어들기 시작한 결과로도 분석된다.

김진웅의 저서 《반미》에 따르면, 1993년을 기준으로 전 세계적으로 가장 많은 관객을 동원한 100대 영화 중 88개가 미국 영화였다고 밝히고 있는데, 이 같은 사실은 영화 제작 시장에서도 이미 미국의 범세계적 인식정렬 시스템이 압도적으로 작동하고 있다는 점을 보여준다. 이젠 문화의 한 영역인 영화 장르만을 놓고 볼 때도, 영화를 통해 시장 속에 녹아들던 문화적 가치와 전망이 그 자체로 문화프레임을 구성하던 이전과 달리,

독자적 프레임을 구성하지 못하고 시장프레임의 하부 프레임으로 포섭되어 버리는 시대로 접어든 것으로 보인다. 문화적 전망까지 시장 안으로 흡수한 20세기 후반의 세계화 시대, 미국 주도의 시장프레임은 그 견고함이 빈틈없이 완성되고 있었다.

시장프레임 강화기 후반인 1988년 출범해 한미 FTA 협상을 배후에서 실질적으로 주도하는 등 양국 간 경제 현안들에 걸친 논의를 이끌며 초국적 거버넌스의 지위를 굳힌 '한미재계회의'는 시장프레임 심화기에 목격된 인적 네트워크 그룹의 전형적인 사례다. 한미재계회의는 활동과 구성면에서 기존의 기구들과 그 구성과 영향력 면에서 판이한 성격이 눈에 띈다. 단적으로 예를 들어 1953년 한미동맹의 출범과 함께 그 활동을 시작한 주한미국상공회의소와도 본질적으로 다르다. 주한미국상공회의소는 한국 내 미국 기업들의 이익을 보호하고, 한미 양국 정부에게 기업의 이해를 관철하기 위한 이해 조직에 불과하다. 한미 기업들의 쌍무 간 이해 증진의 장이 아닌, 미국 기업의 시장공략을 쉽게 하기 위한 '일방적'인 조직이었던 것이다. 하지만 한미재계회의는 명실 공히 한미 양국의 시장주도 세력들 간의 대표성 있는 조정·협의기구로, 오늘날에 이르러서는 한미 FTA 체결문제나 스크린쿼터 축소 문제 등 한미 간 교역 관련 이슈에서 노동, 출입국, 금융, 심지어 조세 문제 등에 이르기까지 다양한 의제를 양국 정부에 '촉구'하는 초국가적인 거버넌스를 행사하기에 이르렀다.

'한미재계회의'에 대해 좀 더 자세히 살펴보자. 우선 이 단체는 분야별 분과위원회를 통해 양국 간 주요 현안들을 논의하고 그에 따른 강제 이행 기능까지 갖춘 초국가적 거번먼트의 양상을 보이고 있다. 이들은 미국의 대한 인식정렬 작업을 위한 인적 네트워크의 상층부를 형성하면서 한편으로는 미국의 대한 인식정렬 작업에 협조하며, 다른 한쪽으로는 자신들의 이해 관철을 위해 미국과 대한 미디어정책을 협의하기도 하는 양면적 구실을 하고 있다. 2007년 3월 21일 현재, 전경련 홈페이지에 공개된 2006년 1월 13일 '제19차 한미재계회의 분과위 합동회의 사전간담회' 개최 보고서는 다음과 같이 기록하고 있다.

"조석래 한미재계회의 위원장은 개회인사를 통해, 한미 FTA, 지적재산권, 금융, 조세, 노동 환경, VISA 분야 등 주요 현안에 대하여 한미 교역 확대 및 투자환경 개선을 위하여 한미 양국 재계가 양국 정부와 협력하여 최선의 노력을 경주하여야 한다고 강조하였다. 이날 회의에서는 최근 심각해지고 있는 중국 내 지적재산권 남용으로 인한 한미기업의 피해에 대하여 양국 재계가 공동으로 대응할 수 있는 방안 모색과 미국 내 특허 우선심사제도의 완화 등의 안건을 분과위 합동회의에 상정하기로 결정하였다. 금융 조세 환경 개선 분과위는 최근 한국 정부의 통합 금융법 연내 도입, 금융규제의 획기적인 완화 방침에 적극 환영하며, 이러한 한국 정부의 노력을 미국 측에 전달하기로 하고, 양국 재계가 한국 정부가 구상하고 있는 동북아 금융 허브 달성 방안에 대하여 산업계 입장을 정리하기로 합의하였다. 노동 환경 개선 분과위는 현재 노사정이 공동으로 작성하고 있는 노동 로드맵의 주요 현안인 비정규직 문제, 복수노조의 교섭창구 단일화 등에 대하여 한미 양국 산업계의 입장을 밝히기로 하였다. 지난 APEC 한미 정상회담에서 부시 미국대통령이 한국의 미국 비자 면제국 진입 검토를 요청한 이후 가능성이 확대되고 있는, 한국의 미국 비자 면제국 진입을 위해 한미재계회의에서도 미국 국무부 장관 및 국토안보부 장관에게 양국 위원장 명의의 공동 서안을 송부하기로 결정하였다. 특히 이날 회의에서는 한미재계회의에서 몇 년에 걸쳐 제기해오던 한미 FTA의 조기 협상 개시 가능성과 이후 양국 산업계의 대응방안에 대하여 집중 논의하였다. 한미재계회의는 양국 정부의 한미 FTA 협상 개시 노력을 평가하고, 미국 의회가 미국 대통령에게 광범위한 통상 관련 협상권을 부여하는 무역촉진권한(TPA)의 시한이 2007년 7월 만료됨을 지적하며 양국 재계차원에서 조속한 한미 FTA 협상 개시를 촉구하기로 하였다. 또한 협상 개시 이후 양국 재계의 대응방안에 대하여, 이번 분과위 합동회의를 통하여 구체적으로 준비할 것으로 합의하였다. 이날 회의를 준비한 조건호 전경련 부회장은 한미 FTA 협상에서 '한국산업계의 이익'을 최대한 반영하고 한미 FTA의 국회비준을 국내경제 4단체가 중심으로 공동 대응할 계획이며 구체적인 방안에 대하여 오는 1월 20~22일 개최되는 제19차 한미재계회의 분과위 합동회의에서 논의·발표할 계획이라고 밝혔다."

이 시기 시장 주도세력에게 안보프레임은 급기야 자신들이 관련된 시장적 이해 관철을 위한 하부 조건으로 인식되기에 이른다. 이들에게 안보는 시장유지를 위한 필요조건으로, 자본의 안정성에 대한 주요한 위협변수로 여겨졌다. 위협 변수조차도 시장적 통제과정을 거쳐 오히려 자본의 이익 창출을 위한 조건으로 활용되는 수준에 이르렀다. 시장의 각종 금융 파생상품과 선물 헤지 등이 대표적 사례들이다. 핵심적 시장주도세력에 한미관계의 주요한 이해는 다름 아닌 한미동맹의 영속성에 따른 시장의 안정성과 새로운 경제적 기회 등인 것으로 풀이된다.

1990년대 이후 한미관계는 양국의 시장주도 세력들에 의해 직간접적인 방법으로 견인되었으며, 그 결과 시장프레임은 더욱 심화되었다. 이 과정에서 직접적인 메시지가 전면에 드러나는 인식정렬 기제보다는 메시지가 인식의 심연으로 침투되는 간접적 방법이 더 큰 힘을 발휘했다. 이를테면 직접적인 교역조건의 수정이나 자본, 인력의 유동성 강화 등 시장논리의 확산이나 국제화, 세계화, 선진화, 국제 경쟁력 제고, 생산성 향상, 적자생존 등 시장 담론의 우회적 공유를 통해 한미 간 시장체제의 동질성을 높이고, 그 결과 미국의 안보 공약과 한미동맹이 더욱 견고해질 수 있다는 간접적 메시지를 전달하는 방식이 시장프레임 심화기의 대별되는 메시지 전달 방법으로 자리 잡게 되었다.

다양한 시장경제적 담론이 한국인의 인식 속으로 퍼져나가고 이 담론들이 사회를 작동하는 주요 논리로 헤게모니를 확보하게 되면서 양국 간 안보프레임 의제가 더욱 원활하게 합의되는 양상이 진행되었다. 이 같은 귀납적 방식의 안보프레임 전달은 노력 대비 효과 면에서 과거 안보프레임 구성기나 강화기에 각종 반공 사진이나 영화 상영 등을 통해 확보할 수 있었던 인식 동원보다 훨씬 더 깊고 본질적으로 작용해 한국인에게서 더 큰 자발성을 이끌어낼 수 있었다. 미국의 대한 인식정렬 작업에서 시장프레임의 주도 현상은 시간이 흐를수록 심화하는 양상을 보여 한미관계의 근본을 규정하는 한미동맹의 성격 자체가 이 시기를 거치며, 군사동맹에서 더 다양한 양상의 동맹으로 전환하는 것으로 분석된다.

미국의 안보프레임 전달 노력은 굳건히 지속했다. 하지만 시장프레임의 지원 없는 안보프레임만의 단독 전달에 따른 효율은 눈에 띄게 떨어졌다. 다음 시기에 드러날 대한 인식정렬 네트워크의 균열이 이미 예정되고 있었던 것이다. 시장프레임 심화기의 말기인 2002년 8월 15일, MBC가 보도한 여론조사(20세 이상 남녀 1049명 상대, 95% 신뢰수준 3.0% 오차한계)에 따르면, 균열의 틈은 이미 회복 불가한 수준으로 벌어지고 있었다. 당시 여론조사는 시장프레임 심화기 초기인 1995년 세종연구소가 조사(20세 이상 남녀 1800명 대상)한 내용에 비해, 대북인식은 적잖이 개선되었으나 대미인식은 급격히 나빠진 것으로 나타났다. 구체적으로 살펴보면, 대북 인식은 '남침가능성 있다(36.8%)'에서 '북한은 전쟁 통한 통일 추구하는 적대국가(30.6%)'로 좋아졌고, 대미인식은 '우호적 국가(76%)'에서 '강력한 영향과 압력을 행사하는 초강대국(81.2%)'으로 크게 나빠졌음을 보여주고 있다. '미군철수' 여론도 51.6퍼센트에서 70.3퍼센트로 급증했다.

한미 간 주요 정책 현안에 대한 이견도 심심치 않게 노출되었다. 미국 내 강경파는 김대중 정권이 주도한 대북 유화책인 '햇볕정책Sunshine Policy'에 대해 '민감한 반응'을 보여 양국 간에 미묘한 기류가 조성되기도 했다. 국무부 부장관에 오른 리처드 아미티지Richard Armitage는 한국 정부가 햇볕정책이란 용어를 드러내놓고 '사용하지 말 것'을 요구한 바 있다. 일각에서는 '햇볕정책이 한미동맹을 서서히 균열시키는 결과를 초래했다'는 지적도 제기되었다. 특히 2006년 6월 26일자 《뉴스위크》를 포함한 미국 주류 언론들은 '햇볕정책이 변화시킨 것은 북한이 아니라 남한이었다'며 '북한의 미사일 시험발사 가능성을 놓고 미국이 초강경 자세를 취하고 있는 반면 남한에서는 대학생 반미시위가 이뤄지고 있다'는 등의 불만의 목소리를 전하기도 했다.[120]

---

120 《뉴스위크》2006년 6월 26일자.

프레임의 역전 : 2003-2007

이 시기 들어 대한 인식정렬 시스템과 인적 네트워크는 보다 강화된다. 하지만 미국의 대한 인식정렬 시스템과 인적 네트워크가 포섭하지 못한 노무현 후보가 대통령에 당선되면서 한미동맹은 중대한 변화 요인을 맞는다. 하지만 노무현 대통령 재임 중 한미 간 최대 현안으로 부상했던 이라크 파병 문제와 한미 FTA 체결은 노무현 정부와 미국이 한미동맹의 발전적 변화를 위해 애쓴 결과로 해석할 수 있다. 반미 정서로 촉발되어 자주적 양국관계와 민족 정체성 회복 등을 요구하는 비판적 국민의 지지에 힘입어 당선된 노무현 정부는 한미 간 양대 현안에 대해 스스로 자기 정체성을 부인하는 양상을 보였다. 그에 따른 실망은 다시 친미 보수 정부의 집권이라는 결과를 낳았다. 안보에서 시장으로의 주도적 프레임의 역전은 이미 노무현 정부 때 시작된 것으로 보이며, 이명박 정부는 전임 정부 시절 전개된 역전 프레임의 심화를 통해, 여전히 자주적 관점과 민족 정체성 회복을 열망하는 대다수 국민과 함께 새로운 한미동맹의 제반 질서를 수립해 나가야 하는 이중의 부담을 안게 되었다.

여기서는 안보, 시장프레임의 상호 프레임 역전 시기에 있어 한미 간 주요한 세 가지 사건을 둘러싸고 나타난 미국의 공공외교와 대한 미디어 정책, 그에 따른 인식정렬 작업의 양상을 앞서 도출된 프레임과 한미관계 변화의 패턴에 따라 분석해보려 한다. 이 시기 양국 간 주요 사건은 여러 가지가 있을 수 있으나, 여기서는 양국 동맹의 관점에서 가장 구조적 파급이 컸던 '노무현 정부의 수립'과 '이라크전쟁', 그리고 '한미 FTA 체결'로 한정했다.

시장프레임 도입기 이후, 강화기와 시장프레임 심화기를 거친 한미동맹은 지나온 50년을 넘어 새로운 50년을 맞을 충분한 채비를 갖춘 것으로 보였다. 한미관계의 안정적 발전을 위한 제반요소들은 역대 정부 교체에도 지속적으로 이어졌다. 김대중 정부가 '햇볕정책'으로 불리는 대북 포용정책을 추진하는 과정에서 미국 내 일부 강경파로부터의 간헐적 견제를 받기는 했으나, 클린턴 행정부의 대한 외교정책 및 미디어정책에 큰 영향력을 미치지는 못했다. 2000년 남북정상회담 이후 한국인 사이에 대북 위협인식이 눈에 띄게 감소하면서 정체성과 규범도 이전에 비해 크게 변화했다. 이 같은 변화는 안보프레임의 전달을 무력화시킬 정도는 아니었으며, 여전히 미국의 대한 인식정렬은 시장프레임이 주도하는 양국관계의 틀 속에서 안정적으로 유지될 수 있었다. 그러나 노무현 정부의 출범은 한미동맹에 대한 한국인의 변화된 대외 인식이 임계점을 넘어 행동으로 분출하게 한 정치적 사건이었다.

2002년 6월 13일, 친구 집으로 가던 여중생 두 명이 주한미군의 장갑차에 깔려 숨진, 이른바 '여중생 압사 사건'은 지난 반세기 동안 억눌린 채 수면 밑에 가라앉아 있던 한국인의 대미인식 갈등을 수면 위로 꺼내올린 기폭제였다. 어찌 보면 대부분 미군 관련 사건·사고가 그래 왔듯, 단순한 교통사고로 넘어갈 수도 있었던 이 사건은 미국의 대한 인식정렬 시스템과 인적 네트워크 속에서 통제되지 못하고 사회적 의제로 불거져 나왔다. 인터넷과 대안 매체가 있어 가능한 일이었다. 미국의 대한 인식정렬과 인적 네트워크의 일부로 작동해온 주류 언론이 침묵한 동안, 한국인은 새로운 정보 유통의 미디어로 부상하고 있던 인터넷을 통해 사고 발생 직후 대응과 수사, 재판진행 과정 등을 지켜보며 불평등한 양국 간 위상을 인식하게 되었다.

한국인의 폭발적 인식전환 양상에 놀란 대한 인식정렬 시스템과 인적 네트워크는 미군 측에 동정적인 메시지를 포함한 의제와 한국인의 지나친 반미 인식이 자칫 미국에 대해 미칠 불필요한 오해나 그에 따른 안보 불안을 일깨우는 의제를 공격적으로 확산시켰으나, 2000년 남북정상회담과 이산가족 상봉 등 일련의 민족동질성 확인 과정을 체험한 한국인에게 충분한 위협인식을 불러일으키지 못했다. 2002년 11월 주한 미군은 한국인의 반대 여론에도 자신들이 행사한 사법재판권을 이용해 가해 미군 병사들에게 무죄평결을 내렸다. 결국 이 같은 미국의 일방적 사태 처리는 그동안 미국에 대한 비판적 인식을 가지고 있지 않았던 일반인들에게까지도 미국에 대한 비판적 인식을 심어주는 계기가 되었다.

판결 직후인 11월 30일 한 네티즌의 제의로 시작한 촛불집회는 전국으로 확산하기 시작했고, 시위대의 요구는 부시 대통령의 직접사과와 SOFA 개정으로 이어졌다. 결국 부시 대통령은 사고발생 6개월 만인 12월 13일 김대중 대통령에게 전화를 걸어 '깊은 유감'을 전달하기에 이르렀지만, 한국인의 분노를 잠재우기에는 이미 늦었다. 그 결과 바로 일주일 뒤인 2002년 12월 19일 제16대 대통령 선거의 판세에 '여중생 사건'은 결정적인 영향을 미치게 되었다. 1년 전까지만 해도 한국인 사이에 저조한 인지도를 유지했던 노무현 민주당 후보가 한나라당 이회창 후보를 57만 표 차로 누르고 대통령에 당선된 것이다.

노무현의 당선은 미국 공공외교 당국으로서는 박정희 집권 이후 한미동맹사 50년 만에 일어난 최대 사건이었다. 모든 예측이 빗나갔다. 보수 언론과 경제관료 집단, 친미적 정치인과 기업인 등 시장주도 세력을 주축으로 구성된 미국의 대한 인식정렬 시스템이 한나라당의 이회창 후보를 직간접적으로 지원하는 가운데 치러진 대통령 선거에서 무명의 노무현 후보가 승리를 거둔 것은 대통령 선거를 기점으로 격정적으로 치러진 두 진영 사이의 인식정렬 주도권 싸움에서 미국과 이회창 후보 측이 패배한 것을 의미한다. 이는 여중생 사망 사건을 전후로 그동안 고양된 민족의식의 자각과 반미정서의 공유가 한국인의 동맹 정체성과 규범에 비판적인 영향을 미침으로써 미국은 물론 한국 내 친미 기득권 네트워크의 인식정렬 시도에 대한 집단적 반발 양상이 컸기 때문으로 분석된다.

대통령 선거일 직전 반미 시위가 격앙된 상황에서 시행된 《문화일보》의 여론조사에 따르면, 응답자의 85.7퍼센트가 반미 성향 급증이 한미관계의 불평등을 바꿔야 하는 요구라는 측면에서 필연적이라고 답했다. 즉, 응답자의 절대다수가 반미 성향이 놀라운 일이 아니라고 반응한 것이다. 단지 8.7퍼센트만이 반미 감정이 자칫 한미 방위체계를 불안전하게 만들게 되므로 바람직하지 않다고 응답했다. 그 결과 16대 대통령 선거 과정에서 한나라당과 구여권의 이른바 '색깔론' 공세는 별다른 실효를 얻지 못했으며, 일부에서는 역효과가 나타나기도 했다.

교육교류를 통한 장단기 연수나 각종 초청의 혜택을 본 적도 없을 뿐 아니라, 국내외에 존재하는 숱한 동맹강화 인적 네트워크의 조직에도 접촉되지 않은 것은 물론 개인적 목적으로도 단 한 차례 미국을 방문해본 적이 없는 노무현 대통령은 미 공공외교 당국에는 5.16 쿠데타로 집권한 박정희만큼이나 베일에 싸인 인물이었다. 더욱이 노 대통령은 시장프레임 도입기 후반 미국의 한국 민주화 세력에 대한 '전략적 방치'나 시장프레임 강화기 초반, '전두환 신군부에 대한 지지'라는 아픔을 경험한 이른바 386세대가 옹립한 후보인 만큼 그의 대통령 집권은 한미동맹의 미래에 어떤 변화를 가져올지 알 수 없는 블랙박스였다. 미 공공외교 당국에는 박정희 정권의 권력 획득 이후, 한동안 박 정권의 대미 성향은 물론 정체성과 규범 등 안보인식을 파악하지 못해 간접 미디어를 일정 수준 포기하고 다시 직접적 미디어와 각종 정보력을 총동원하며 대한 미디어정책 기조 수립에 애를 먹었던 상황이 40년 만에 재발한 것이었다. 그런 점에서 이 시기 안보에서 시장으로의 프레임 역전이 이뤄졌다는 것은 대단히 의미심장한 사건으로 받아들여진다.

결론부터 얘기하자면, 안보프레임에서 벗어나고 싶은 노무현 정부의 정권적 차원의 열망과 시장프레임으로 완전한 전환을 바라고 있던 신자유주의하의 미 정부와 공공외교 당국의 이해가 절묘하게 떨어진 결과라고 판단된다. 프레임의 역전이 이뤄진 이 시기, 미국은 부시 대통령의 취임 이후 신자유주의 경제정책을 앞세운 신봉쇄정책을 들고 다시 한 번 세계무대에서 영향력을 확대해나가고 있었다. 이런 가운데 기존의 대한 인식정렬 코드와 맞지 않는 노무현 정권의 출범은 미국으로서는 부담스러운 문제였다. 하지만 노무현 정부는 대내적으로 고양된 민족의식에 대한 보상을 상당 부분 유예하면서까지 한미동맹 유지를 위한 외교정책의 일관성을 보여주었다. 대북관계에 있어서 미국과의 원칙적 조율체제를 유지하고 이라크전쟁에 대한 지지와 파병을 결정한 것이 바로 그것이었다.

이라크전쟁 파병은 베트남 파병과는 달리 파병을 제안한 쪽이 미국이고 한국군 파병에 따른 보상적 특혜가 수반되지 않았다는 차원에서 40여 년 전의 상황과는 질적으로 달랐다. 다시 말해, 동맹 유지를 위한 한국 측의 배려가 도드라진 결정이었다는 사실이다. 그런 점에서 이 시기 노무현 정부의 출범과 그에 따른 우려 속에서 이라크 파병이라는 결정은 한미동맹이 노무현 정부의 출현이라는 변수와 관계없이 적어도 동맹 유지라는 틀 속에서 제한적 변화만이 이뤄질 것이라는 안정적 전망이 가능했다.

동맹의 외형이 안정적으로 이전 정권과 궤를 함께한 것과는 달리, 한미동맹을 바라보는 대다수 국민의 인식은 밑바닥으로부터 재구성되고 있었다. 시장프레임의 도입, 강화, 심화기에 이르는 약 30여 년의 시간 동안 미국의 시장논리와 신자유주의 경제체제를 강조해온 대한 인식정렬은 이 시기에도 한결같이 유지되었으며, 북한 핵과 장거리포의 위협도 빠지지 않고 강조되었지만, 한국인의 인식정렬 수준은 과거와 같이 효과적으로 관리되지 못했다. 학계와 정계 등을 중심으로 인식의 미국화 양상에 대한 비판적 자각이 폭넓게 공유되기 시작했으며, '한국적' 인식의 필요성도 시장 수준에서 합의되기 시작하며 발 빠르게 국민적 공감대를 확보하게 되었다. 그 결과 이 시기 중반 이후부터 한미동맹을 유지해온 주요 인식 틀이 곳곳에서 균열을 일으키며 다른 방식으로 재구성되기 시작하고 있었다.

국가비상기획위원회 알림마당에 게시되어 있는 여론조사 기관 리서치앤리서치의 2005년 4월 시행 여론조사에 따르면 참여정부가 출범한 이후 2년 동안 '한미관계가 악화됐다'고 응답한 사람이 무려 72.2퍼센트로 나타났다. 재미있는 것은 현상 자체 보다는 그 원인에 대한 판단이다. 사람들은 양국관계 악화 책임을 미국에 돌리고 있었다. 한국인의 절반이 넘는 56.7퍼센트가 책임이 '미국 측에 있다'고 답변했다. 참여정부에 의해 주도된 여론조사인 만큼 오차를 고려한다 할지라도 동맹 유지를 위한 인식 틀의 변화가 재구성되고 있는 흥미로운 현상임은 분명해 보인다.

집권 제2기 부시 정부에게 정치적 멍에가 된 이라크전쟁에 대한 한미 양 국민 사이의 인식 격차가 벌어진 것도 의미 있는 분석 대상이다. 50년이 넘는 군사 동맹체제를 유지해온 한미 양국 국민이 미국이 주도하는 전쟁과 관련해 이처럼 큰 인식 격차를 보인 것은 매우 이례적인 일이기 때문이다. 베트남전쟁 당시 양국 국민 간 반공이라는 확고한 인식적 합의에 따라 안보인식이 빈틈없이 합치되었으며, 1990년 걸프전 당시에도 전쟁에 대한 양 국민 간 인식이 크게 다르지 않았다. 하지만 노무현 정권 출범 이후 발생한 이라크전쟁과 관련해서는 상황이 달라졌다. 개전 초기부터 보수 언론들은 '한미동맹의 지속성' 강화라는 안보프레임과 중동에서의 '경제적 이득'이라는 시장프레임을 동원해 이라크전쟁에 대한 한국인의 인식적 지지를 얻고자 파상적으로 노력했다. 한미동맹을 주도해온 인적 네트워크도 동맹 강화와 신인도 제고, 이라크 시장 선점 가능성 등을 내세워 한국군의 파병을 촉구하는 태도를 보였다. 그러나 한국인의 안보 정체성과 규범은 이전과 같이 즉각적으로 반응하지 않았으며, 오히려 시간이 지남에 따라 조직적인 반발 여론으로 이어졌다.

2003년 3월 19일자 《조선일보》는 한 달 전인 2월 8일 한국 갤럽의 여론조사 결과 이라크전쟁을 지지하는 한국인이 37퍼센트였으나, 한 달 뒤인 전날 여론조사에서는 지지 인식이 10퍼센트 수준으로 크게 떨어지고 있다고 보도했다. 이라크전쟁 개시 이후, 아부 그라이브 감옥의 성추행과 고문, 관타나모 포로수용소의 비인간적 실태, 개전 명분을 제공한 이라크 내 대량살상무기에 대한 CIA의 엉터리 보고서 파문, 석유개발에 대한 미국 정부와 군산복합체의 일관된 야욕 등이 미국의 언론에 의해 속속 드러나면서 한국인의 정체성과 규범 안에 웅크리고 있던 '여중생 사건'의 트라우마는 과거 한국 내 민주세력에 대한 결별과 신군부에 대한 지지를 표명했던 미국의 숨겨진 얼굴을 다시 기억해 내고 말았다. 미국의 일방적이고 반인권적, 공작적인 얼굴을 대면한 한국인의 대외인식 속에서 미 공공외교가 수십 년 동안 쌓아올린 민주주의와 인권의 보루, 시장경제의 첨병으로서의 이미지는 단기간에 크게 훼손되게 되었다.

'석유 확보를 위한 미국의 신무기 쇼윈도우'라는 국내외의 비난에 직면했던 이라크전쟁은 미국 내에서는 그리 나쁜 평가를 받지 않았다. 이와 관련해 앨 고어 전 미국 부통령은《이성의 위기》에서 "미국의 거대 상업방송사들이 자신이 소유한 대기업의 이익을 위해 뉴스를 활용하는 경우가 늘고 있다"며 고어 전 부통령은 이라크전쟁을 예로 들면서 "미국의 거대 방송사들이 부시 행정부의 입장을 검증도 하지 않고 보도하는 바람에 미국 국민 70퍼센트가 전쟁을 지지하게 되었다"고 지적하기도 했다. 하지만 이라크전쟁에 대한 미 국민의 초반 지지는 부시 대통령에 대한 비판적 여론으로 나타난다.

2006년 3월 22일과 23일 양일간 미국 성인 1003명을 대상으로 벌인 《타임》여론조사에서 부시 대통령의 업무수행 지지도는 39퍼센트로 추락했다. 부시 대통령을 지지하지 않는다는 응답도 절반을 넘는 56퍼센트로 나타났다. 이라크전쟁과 경제난이 지지율 하락의 주원인이었다. 이에 앞서《뉴스위크》도 3월 16, 17일 양일간 시행한 여론조사에서 부시 대통령에 대한 지지도가 36퍼센트로, 부시 대통령 재임 중 최저치를 기록했다고 보도했다. 이 같은 부시 대통령의 인기 하락은 결국 사상 최초의 흑인 대통령 버락 오바마의 탄생을 가능하게 한 결정적 계기가 되었다. 부시 대통령에 대한 비판적 여론에도 미 국민의 이라크전쟁에 대한 지지 여론은 한국과 달리 상당 수준 일정하게 유지되었다. 양 국민 사이에 오랫동안 지속된 인식 공조의 틈은 전쟁의 위기를 맞은 미국인에게 실제보다 더 커 보였다. AP가 여론조사 기관 입소스와 함께 2006년 2월 10일부터 19일까지 멕시코에서 1600명, 한국을 포함한 나머지 8개국에서 각 1000명씩의 성인을 상대로 면접조사한 바로는, 사담 후세인 전 이라크 대통령에 대한 처벌 문제에 있어서도 한미 양 국민의 인식이 크게 달랐다.

조사결과에 따르면, 미국인 응답자의 73퍼센트가 후세인이 공정한 재판을 받고 있다고 생각하고 있었으며, 미 국민 중 10명 중 6명(57%)은 후세인에게 유죄가 확정되면 사형을 선고해야 한다고 믿었다. 반면, 한국인은 응답자의 5명 중 한 명(21%)만이 후세인이 공정한 재판을 받고 있다고 여겼으며, 절대 과반수가 사형보다는 종신형을 선호하는 것으로 나타났다. 보수 언론의 안보, 시장 양대 프레임의 전천후 구사에도 이라크전쟁 과정에서 드러난 미국의 실망스러운 이면은 전 세계 언론을 통해 한국에도 그대로 전달되었다.

사실 이 시기 미국의 인식정렬 시스템은 지난 시기에 비해 훨씬 더 정교하고 조직적으로 작동했다. 미국은 9.11 테러 이후, 공공외교 부문 예산을 냉전 이전 수준으로 회복하는 등 인식정렬 작업의 필요성을 절감하고 있었다. 9.11 테러 이후 미국은 2001년부터 공공외교 분야의 예산 증액을 시작하여, 2004 회계연도 예산요청안이 9억 900만 달러까지 상승해, 1989년 7억 7000만 달러를 기록한 이후 2000년 6억 2400만 달러까지 떨어졌던 공공외교 분야 예산을 무려 2억 8400달러나 증가시켰다. 전쟁의 전면적인 진실은 미디어와 인적 네트워크를 통한 인식정렬 노력으로 덮을 수 있는 수준이 아니었다. 고강도로 이어진 미 공공외교 당국의 직간접적 미디어 활용 정책은 도리어 한국인으로 하여금 인식정렬의 주체에 대한 비판적 자각을 유도함으로써 적잖은 역효과를 내기도 했다. 국민 사이의 반발적 여론은 한미동맹의 공동이익에 대한 불신으로 이어졌다. 한미 간 공동이익의 조건으로 굳게 믿어온 한미동맹 체제에 대해 혹시 한국이 미국의 일방적 국가 이익에 부차적으로 복무하는 것은 아닌지 의심이 번지기 시작한 것이다. 동맹 이익에 대한 의심은 한국인에게 동맹 성립의 조건인 북한의 위협인식 수준을 추가로 약화시키는 결과를 낳았다.

2006년 2월 24일, 참여정부 3주년을 맞아 주영한국대사관이 주최한 북한 핵 문제 관련 토론회에 패널로 참석한 영국의 국제전략문제연구소 IISS의 마크 피츠패트릭Mark Fitzpatrick 선임연구원은 '북한의 위협에 대한 한국과 미국의 인식 차이'가 심각한 수준이라며, 양국 국민 간 다른 인식 탓에 한미동맹이 전제로 한 대북 위협 인식이 이제는 동맹유지의 합목적적인 방향으로 작동하지 않는다고 지적했다. 한미동맹 위기론이 끊임없이 제기되었고, 새로운 한미관계 정립을 위한 동맹의 변화를 촉구하는 주장이 설득력을 확보하기 시작했다.

뜨는 시장세력, 지는 안보세력

노무현 후보의 당선과 386으로 대표되는 새로운 통치 세력이 집권했지만, 흥미로운 것은 이 시기 인식정렬 시스템과 인적 네트워크는 한미동맹을 지지하는 시장 세력의 강화로 더욱 견고해졌다는 사실이다. 이들의 광범위한 전 사회적 영향력 향상은 노무현 정부와의 꾸준한 갈등을 통해, 동맹 균열이 프레임 전환을 통한 동맹 심화로 이어지도록 하는 안전판 구실을 하게 되었다. 특히 재미 유학생의 급증은 인식정렬 시스템을 구성하는 인적 네트워크의 신규 유입을 활성화하며 토착화한 형태로 인적 네트워크를 확대, 재생산하는데 결정적으로 이바지한다.

실제로 이 시기 후반인 2006년 조사결과에 따르면, 서울대 교수의 절반 이상이 미국 출신 박사로 충원되고 있으며, 미국을 제외한 다른 국가에서 박사학위를 받은 교수는 미국 출신 박사의 4분의 1에도 미치지 못하는 것으로 나타났다. 《시사저널》과 서울대 인터넷뉴스 《스누나우》가 분석해 2006년 4월 17일 보도한 바로는, 서울대 현직 교수의 미국 대학

박사학위 보유율이 전체의 과반수인 50.5퍼센트(1711명 중 864명)에 이른
다. 이들 매체는 "이는 해방 60년을 맞는 한국의 대학과 학문의 자생력이
아직 매우 미흡하며, 특히 '미국 편향'이 두드러지고 있는 현실을 단적으
로 보여준다"고 지적했다. 교수들의 학위 취득국은 미국에 이어 한국이
569명(박사학위 소지자 중 34.8%)로 2위를 기록했고, 그 뒤로 독일(68명,
4.2%), 일본(45명, 2.8%), 프랑스(35명, 2.1%) 순이었다.

한편 《스누나우》는 미국 고등교육전문 주간지 《The Chronicle of
Higher Education》을 인용해, 1999년부터 2003년까지 서울대가 모두
1655명의 미국 박사를 배출해, 외국 대학 가운데 1위를 차지했다고 보도
하기도 했다. 2위는 대만국립대학교, 3위는 베이징대학교 순이었다. 또
한 2001년 4만 명에 달하던 한국인 재미 유학생의 규모는 2007년 7월 현
재 9만 6000여 명을 기록해 미국 내 외국인 유학생 62만 8500명 중 15.3
퍼센트로 1위를 할 정도로 증가했고, 이상적異狀的으로 높은 대미 교육의
존도는 한국 내 확고한 영어 헤게모니와 결합해 한국의 교육제도를 미국
식 교육제도에 편입하는 결과로 이어진 것으로 보인다.

이와 관련해 김동훈은 한국 지식인의 대량 미국 유학을 한국인의 인식
적 흐름을 좌우한 중대 사건으로 파악하고 있다. 그는 대학의 제도적 장
치, 나아가 정신적 흐름의 물줄기를 이들이 좌우하게 되었다고 지적한다.

> "숭미주의라는 새로운 사대주의의 전파에 가장 앞잡이 역할을
> 한 곳이 대학이었다. 당시에 이 땅의 지식인들에게 있어 미국은
> 동경의 땅이었다…… 미국 박사라는 그 이름만으로도 사람들은
> 우러러 보았다. 이들은 정부의 관리가 되는 경우도 있었지만, 대
> 부분이 막 성장하고 있던 대학의 교수로 초빙되었다. 이들의 영

향으로 좀 더 많은 젊은이들이 바다를 건너게 되었고, 이들이 계속해서 대학에 유입됨에 따라, 이제 이들 유학파는 대학의 제도적 장치뿐만 아니라, 정신적 흐름의 물줄기까지 쥐게 되었다"[121]

미국의 교육 시스템을 모태로 하는 그룹의 확대 재생산 구조의 완성은 미국의 과거 직접적 인식정렬 방식을 오늘날 간접적 미디어에 의한 방식으로 전환하는 데 중대한 역할을 했다. 이른바 인식정렬의 현지화로써 현지화한 주체에 의해 인식정렬이 자생적으로 이뤄지는 것으로, 이들 그룹은 한미동맹의 이해 영역을 전방위로 확산해 동맹의 다변화나 심화과정에 적극적 행위자로 기능 했다. 실제로 미 국무부의 교육교류 프로그램에 따라 이뤄진 장학생 육성 사업과 달리, 교육 시장에서 대량으로 양산된 유학생들은 대거 기업인과 경제관료로 충원되며 한국의 시장경제 주도층으로 급격히 유입되는 한편, 언론과 정계 등에도 주도층으로 포진하게 된다.

한국의 학생과 지식인들이 민주화 과정에서 미국에 대한 비판적 인식을 새롭게 강화하고 있던 1980년대에, 한국을 떠나 미국에서 대학 교육부터 시작해 박사학위를 받고 미국 법무법인에서 일하던 중 한국으로 돌아와 2007년 외교통상부 통상교섭본부장을 맡고 한미 FTA 체결을 진두지휘했던 김현종 대사와 같은 인물이 전형적인 경우다. 이들 유학생 그룹은 2002년 이후 프레임의 역전을 실질적으로 주도했다. 앞서 설명한 한미재계회의를 위시, 재계와 산업계의 인적 네트워크는 시장에서 언론

121 김동훈, 《대학이 망해야 나라가 산다》, 서울: 바다출판사, 1999, pp. 34-35.

매체의 통섭작용을 통해 견고한 아성을 축조했다.

유학파가 시장을 통해 한미동맹의 주력으로 입지를 공고히 하는 한편, 안보프레임과 이를 뒷받침 하는 세력은 시장에서 그 지배력을 점차 잃어가는 양상이 이 시기 목격되는 또 하나의 중요한 현상이었다. 진보적 인터넷 매체인《민중의 소리》가 씨앤리서치와 함께 2004년 8월 11, 12일에 걸쳐, 전국 지역별, 성별, 나이별 인구비례에 따라, 20세 이상 국민 805명을 대상으로 벌인 여론조사에 따르면, 한국인의 62.9퍼센트는 이미 미국과의 동맹관계보다 민족 공조가 더 중요하다고 생각하는 것으로 조사되었다. 한미동맹이 더 중요하다고 선택한 사람은 25.8퍼센트에 그쳤다.

조사 주체가 진보적 인터넷 언론이라는 측면을 십분 고려하더라도 응답 결과의 방향성은 충분히 의미가 있는 것으로 평가된다. 이 조사에서 절반 가까운 46퍼센트가 주한미군 주둔이 '미국의 이익' 때문이라고 답한 반면, 37.8퍼센트만이 '북한의 남침 억제를 위해서'라고 답하고 있다. 보수 언론과 일부 시장 세력의 안보위협 제기에도 불구하고 이 같은 경향성은 지난 시기, 안보프레임 심화기 이후 굳건한 일관성을 유지하고 있다. 하지만 보수 언론의 의제 설정 기능이 과거에 비해 눈에 띄게 떨어진 것은 이 시기에 나타난 특징적 현상이다.

대미 이견을 공개적으로 표명한 노무현 대통령은 안보프레임의 약화를 부추긴 요인이 되었다. 노 대통령은 2003년 5월 한미정상회담 개최 직전, 양국이 북한 핵과 관련해 '어떻게 제거하느냐'의 상황인식에 있어 '조금 차이가 있다'고 이례적으로 이견을 드러내기도 했다. 한국 갤럽의 연속 여론조사는 북한의 위협을 인식하는 한국인의 우려가 눈에 띄게 줄어들고 있음을 명시적으로 보여주었다. 1992년 69.2퍼센트에 이르렀던 대북 위협 인식 답변은, 3년 뒤인 1995년에는 52.7퍼센트로 낮아졌으며, 다시 4년 뒤인 1999년엔 43.1퍼센트, 그리고 2000년 남북정상회담 이후인 2002년에는 32.8퍼센트로 두 배 이상 크게 줄었다. 1년 뒤인 2003년 2월 워싱턴발 북핵 위기설이 제기되었을 때도 한국인의 안보인식을 크게 변화시키지는 못했다. 안보프레임에 의존한 미국 주도의 인식정렬 시스템의 효율이 눈에 띄게 떨어진 것이었다. 당시 갤럽 조사로는, 북핵 위기설에도 북한의 전쟁도발 위험성을 우려한 한국인이 전년도보다 불과 4.3퍼센트 포인트 상승한 37.1퍼센트에 그치고 있다. 이처럼 한국인의 대북 위협 인식은 가파르게 감소하는 사이, 미 국민의 인식은 변하지 않고 남아 있게 되면서 양자 간 간극이 위험수위에 이르게 되었다.

2006년 9월 27일 미 하원 국제관계위원회의 '한미동맹 청문회'에서 드러난 미 의회 차원의 한미동맹 균열에 대한 문제의식은 심각한 수준이었다. 민주당 톰 랜토스 의원은 '양국이 아직 경제, 안보적 유대와 폭넓은 공통이익을 가지고는 있지만, 이제는 최선의 친구는 아니다'라며 동맹의 균열을 부각시켰고, 같은 당 게리 애커먼 의원은 '부시 대통령의 부실한 대한정책이 한국을 밀쳐내는 일을 저질렀다'며 균열의 배경을 설명하기도 했다. 여기에 공화당의 데이너 로우르바세르 의원 등 의원 다수는 한 술 더 떠 '한국 정부가 미국의 희생에 감사하지 않고 있다'며 이는 미국인이 흘린 피에 대한 '배신행위'라고 규탄하기도 했다. 이처럼 양국의 인식차는 안보프레임의 전제라 할 수 있는 대북 위협인식에 대한 온도차이 때문에 발생한 것이다.

이라크 침공이 임박한 2003년 3월 초 발표된 여론조사에 따르면, 미국인은 전쟁이 임박한 이라크보다도 북한을 미국 안보에 위협적인 국가로 간주하고 있다. 이처럼 북한을 바라보는 위협인식의 차이가 벌어질수록

미국은 대량살상무기를 제거한다는 명분으로 이라크를 침공했지만, 정작 대량살상무기를 사용한 쪽은 미국이었다.

한국인을 상대로 하는 인식정렬 작업의 효율은 떨어질 수밖에 없고, 낮은 효과는 다시 고비용의 고강도 인식정렬의 필요성을 제기하게 했다.

이와 관련해, 에드워드 A. 올센은 인식정렬의 성공에 있어 최대의 적은 '불신'이라고 규정했다. 올센은 한국 내에서 설득력이 있는 '반미 정서'에 주목했다. 그는 반미 감정을 '미국의 정책노선이 남북문제에 있어서 남한에 이익이 되지 않을 때에도 미국이 정해놓은 정책에 따르려는, 또 따르게 하는 것으로 의심되는 남한 지도자들의 행동에 초점이 모아진 것'[122]으로 보고 있다. 그는 나아가 미국에서는 '악의가 없다'는 이유로, 별 문제가 될 것이 없어 보이는 'Client state-Mentor state'의 구분 개념조

122 에드워드 A. 올센, 제정관·박균열 역, 《한미관계의 새 지평》, 인간사랑, 2002, pp. 121-126.

차 한국인에게는 아주 부정적인 것이 될 수 있음을 간파하고 있다. 오랜 기간 약소국 국민이 가진 뿌리 깊은 피해의식을 지적한 것이다. 그는 이미 한국인 사이에 적지 않은 수가 양국 동맹의 지속으로 말미암은 이해관계의 불일치를 '인식'하고 있고, 이 같은 '동맹 이해의 불일치에 대한 인식'이 점차 동맹 자체에 대한 불신으로 이어지고 있다고 분석했다. 불신 탓에 효율이 낮아지다 보니 그만큼 고강도로 이뤄질 수밖에 없는 인식정렬 작업은 고비용의 부담으로 이어질 뿐 아니라, 그 과정에서 행위자의 의도를 드러낼 위험성이 커지게 되고, 의도가 노출될 가능성이 커지면 그만큼 대미 신뢰는 추가로 감소하게 된다. 이 시기 안보프레임이 시장프레임에 자리를 내주게 된 결정적 이유였다.

공공외교 시스템의 균열과 그 원인

대한 인식정렬을 위한 예산이 과거보다 증액되었고, 유학생을 주축으로 한 인적 네트워크도 더욱 강화되었으며, 안보와 시장 프레임이 결합한 메시지가 파상적으로 전달되었음에도 한미동맹은 과거 어느 때보다 불안정한 양태를 나타냈다. 물론 이전 지도자와는 다른 대미관을 가진 노무현 대통령이 취임하고 미국에 대한 불신을 키워온 386 세력이 권력을 장악했다고는 하지만, 단순히 이 같은 국내 정치적 조건 변화만으로는 대한 공공외교와 이를 위한 인식정렬 시스템의 효율 저하를 설명하기는 충분치 않다. 여기에는 안보프레임의 효율저하와 새로운 미디어의 출현, 미국의 공공외교 전략의 미비 등의 방법적 설명이 추가로 필요하다.

여기서는 앞서 프레임 전환기를 설명하면서 거론한 내용과 일부 중복되는 내용이 있겠으나, 미국의 대한 인식정렬 시스템의 균열과 효율 저하의 원인을 세 가지로 제시하고 각각의 구체적 내용을 살펴보려 한다.

〈미국의 대한 인식정렬 시스템의 균열과 효율 저하의 원인〉
a. 대한 인식정렬을 위한 인적 네트워크 교체 미비
b. IT 기반의 미디어 환경변화에 따른 대응 미비
c. 안보프레임의 기능약화 따른 시장프레임 효율 저하

a. 대한 인식정렬을 위한 인적 네트워크 교체 미비

시장세력과의 공존을 통한 민주화 절차가 진행된 문민정부와 국민의 정부 기간에 미국의 인식정렬과 이를 위한 인적 네트워크는 충실히 제 구실을 해냈다. 그러나 참여정부는 위로는 노무현 대통령부터 미국의 인적 네트워크에 포섭된 바가 없는 범 386 개혁 세력의 일원이었다. 노무현 정권의 핵심을 구성하는 이른바 386 세력은 그동안 '민주주의의 산실'로 인식해온 미국에 대해 비판적 인식을 키워온 집단이다.

2004년 12월 23일 《동아일보》가 386세대를 대상으로 코리아리서치센터KRC에 의뢰해 벌인 여론조사 결과를 보면, 이들은 대북, 대미관계에서 진보적인 성향이 강한 것으로 드러났다. 특히 미국에 대해 '독자적인 외교가 필요하다'는 응답(45.8%)이 '한미동맹이 더 중요하다'는 응답(38.5%)보다 많았다. 과거 민주주의와 시민사회 교육을 통해 인식정렬 작업과 인적 네트워크 구성에 나섰던 미국은 각각 안보프레임 강화기에 쿠데타를 통해 집권한 박정희 정권을, 시장프레임 도입기에는 전두환 정권을 암묵적 인정 또는 지지하는 태도를 보임으로써 당시 인적 네트워크의 주력군이던 학생, 지식인 그룹의 이해와 상반된 외교적 조치를 잇달아 이행한 바 있고, 386 세력은 이 같은 미국의 자기 부정적인 조치를 통해 이후 인적 네트워크에서 배제된 '트라우마'를 지니고 있었다.

실제로 김호기 등이 1999년 내놓은 《5.18은 끝났는가》에 게재된 〈한반도 속의 미국, 5.18에서 금창리 핵 위기까지〉를 살펴보면, 신군부 출현을 전후해 당시 미국 대사를 역임한 글라이스틴은 본국과 교신한 전문에서 신군부를 격렬히 비난했다. 하지만 1979년 12월 13일자 전문에서 그는 급격히 견해를 바꾼다. 글라이스틴은 1980년 1월 22일 최성택, 김윤호 등 신군부 인사와 만난 자리에서 "미국은 12.12 이전으로 사태를 환원시키려 하지 않는다"는 중요 언질을 전달한 것이다.

글라이스틴은 나중에는 '시위와 시민봉기를 무력으로 제압하는 신군부의 특수계획을 마침내 수용하고 지원하는 쪽으로 발전'하게 된다. 그는 신군부 집권에 장애가 되는 야당, 재야, 급진적 교수, 지식인, 시국 관련 복학생 등 전통적으로 미국의 인적 네트워크 구성 세력들이 오히려 '안정화를 저해시켜 안보를 해친다'는 인식하에 그들을 압박한 혐의까지도 받고 있다. 실제 그가 본국에 보낸 1980년 1월 19일자 전문에서, "12.12 군사반란 이후 우리는 한국의 정치적 전환기에 안정적인 바탕을 마련하도록 도움을 주는 전례를 찾아볼 수 없는 활동가가 되어버렸다"라고 밝혔다.

민주주의와 자유의 보루로 미국을 믿고 의존했던 지식인 그룹은 이후 친미-지미파의 중핵에서 소위 386세대, 반미-탈미파의 중심으로 이동하게 된다. 386 세력을 중심으로 한 대미인식의 변화는 소위 '개혁세력' 전반으로 빠르게 유포되었으며, 이숙종은 《한미동맹의 미래와 한국의 선택》에 실린 〈한국인의 대미인식

변화와 한미 관계〉에서 이 시기 '한국인의 비판적 대미인식의 대중화'가 이뤄지게 되었다고 평가했다. 비판적 대미인식의 '대중화'는 특히 한국전쟁과 베트남전쟁 등 역사적 경험을 겪지 않은 젊은 세대를 중심으로 나타남으로써, 반미 여론에 있어서 이전 세대와 세대균열적 양상을 드러냈다. 이들은 인터넷을 기간망으로 하는 새로운 세대의 생산방식에 재빨리 적응하며, 짧은 순간에 사회 주도층으로 성장, 여론 시장에서 빠질 수 없는 주력군으로 성장한다. 이들과의 소통체계를 갖추지 못한 미국은 박정희 정권 출범 초기, 상대방의 정체성과 규범에 대한 파악과 인적 네트워크의 확보 미비 때문에 겪었던 것과 유사한 어려움과 혼란에서 한동안 헤어나지 못했다.

이런 가운데 심지어 미국 내에서조차 한미동맹의 균열의 문제를 자신들의 오류에서 찾으려는 노력이 시도되기도 했다. 부시 대통령의 통치 스타일과 한국문화에 대한 몰이해가 이 같은 경향을 가속했다는 주장이 바로 그것인데, 캐트린 프레이저 미 백악관 국가안보회의NSC 한국, 일본 담당 보좌관은 '코리아 소사이어티'가 발간하는 계간지 2002년 봄호에서 '부시 대통령이 한국의 대북 포용정책을 거부해 반미 감정이 늘어났고, 한국문화에 대한 이해부족으로 불필요한 감정을 자극하고 있다'고 지적하기도 했다.

미국이 1980년대 이후 관계를 맺어온 한국 내 인적 네트워크는 그 자체로 견고한 기득권 체제로 굳어졌으며, 미국은 이들과의 관계유지, 강화에 주력했을 뿐, 386세대를 비롯한 잠재적 대권 후보군과는 인식정렬을 위한 충분한 통로를 확보하지 못했다.

정권 초, 중반에 이르기까지 참여정부는 미국의 기존 인적 네트워크에 대한 광범위한 해체작업에 나섰고, 미국은 이 시기 새로운 인식정렬 경로 확보와 인적 네트워크 교체에 실패했다.

인식정렬의 기조와 집행을 위한 중요 기획부서의 책임자인 주한 미국대사관 국내정치팀장 유리 킴은 2006년 4월 26일, 이 책의 저술을 위한 인터뷰에서 "한국 내 개혁 이니셔티브가 기득권 전반에 대한 총제적인 부정으로 이어지면서, 미국에 대해서까지 도매금으로 부정하도록 하는 이상 현상이 빚어지고 있다"고 밝혔다. 미국 공화계 인사로 분류되는 유리 킴은 대체로 '프레임 역전'기에 대한 인식정렬 시스템이 심각한 균열 양상을 보였다는 이 책의 문제의식에 대해 공감을 표시하면서도, '대미 관계에 있어서 지나치게 수동적인 한국 측의 태도도 문제'라고 지적했다.

b. IT 기반의 미디어 환경변화에 대응 미비

김대중 대통령의 국민의 정부는 경제 성장동력으로 IT 산업육성 전략을 구사했고, IT 산업의 발흥은 국내 뉴미디어 환경에 질적 변화를 가져왔다. 이른바 '인터넷 대안' 매체가 탄생하고 성공적으로 뿌리내린 현상이었다.

2000년 2월 22일, 직원 4명으로 출발한 인터넷 매체《오마이뉴스》는 당해 년에《시사저널》의 여론조사 결과, 국내에서 가장 영향력 있는 10대 언론에 선정되는 파란을 일으키며 보수 매체 위주의 폐쇄적 언론사회의 지형을 변모하는 촉매제가 되었다. 이 매체의 오연호 사장은 386세대의 전형으로 미국에 의해 관리되지 않은 인물이었다. 새로운 시각이 새로운 매체에 반영되면서 기존 매체에서 다룰 수 없었던 미국에 대한 재인식 틀이 제공되었고, 미국은 이 같은 새로운 미디어 환경변화에 대한 초기 대응에 어려움을 겪게 되었다.

《오마이뉴스》의 성공은《프레시안》《데일리서프라이즈》《미디어오늘》등 여러 비판적 인터넷 매체의 창간으로 이어졌다. 개혁세력은 오프라인에서와는 달리 온라인에서는 상대적으로 우월한 의제설정 역량을 보유하게 되었다. 또한 네이버를 위시한 포털 사이트도 큰 틀에서 기존 오프라인 매체의 독점적 의제설정 역량을 일부 이동시켰다는 평가를 받고 있다. 네이버의 의 최재현 부문장은 이 책 저술을 위해 이뤄진 2006년 4월 인터뷰에서 "네이버에 매일 1만여 건의 기사가 유입되고 있으며, 진보와 보수의 기사 비율은 50 대 50의 수준을 유지하고 있다"고 밝혔다. 80 대 20 정도로 이뤄진 진보 대 보수의 기사 비율이 인터넷을 통해 수정되고 있었던 것이다. 이른바 386세대라는 새로운 인적 네트워크의 추대를 받은 노무현 대통령은 주요 활용 매체에 있어서도 보수 기득권 매체가 아닌 인터넷 대안매체를 선택했다.

2006년 3월 23일 노무현 대통령은 인터넷을 통한 국민과의 대화를 처음으로 시도했고, 기존의 공중파가 아닌 국내 메이저 포털인 네이트, 다음, 야후코리아, 엠파스, 파란 등 5개 사이트가 중계를 대행했다. 이날 대화의 주제 역시 보수 매체들이 의제설정을 꺼려온 '양극화의 해소방안'이었다. 정권 획득과정에서 인터넷 매체의 적잖은 도움을 받은 노 대통령은 개혁의 우군을 확보하기 위한 차원에서 인터넷 매체에 힘 싣기를 꾸준히 시도했고, 이날 대화 역시 그런 차원에서 이뤄진 것으로 분석된다.

미국 공공외교 당국의 언론관은 오히려 반대로 나갔다. 미국은 보수 주류 신문 그룹인 이른바 조중동 등 3개사에《문화일보》와 SBS 등 신규 상업매체를 편입시켜, 이들 매체에 선별적으로 대미 정보 접근권을 허락하거나, 그 외 비판적 매체에는 상대적으로 취재를 허락하지 않는 등의 방법으로 언론 관리를 시도했으나, 이전 시기와 비교하면 이 같은 방식은 제한적인 효과만을 거두었다. 이를테면, 이라크전쟁 당시《중앙일보》와《조선일보》, SBS 등의 선택된 매체 기자들을 중심으로 전쟁 임베드먼트 취재를 허가받은 것과,《조선일보》기자에게만 도널드 럼스펠드 미국 국방장관의 전용기 탑승취재권을 허용한 것이나, 미국 고위관리의 방한 시 이들에게 선별적으로 인터뷰 기회를 부여한 사례가 있었지만, 이 같은 시도는 오히려 미국의 이해가 보수, 상업 매체를 통해 그대로 노출되어 때때로 반발을 불러오기도 했다.

사태가 이런 상황에까지 이르자, 미국은 외곽 언론단체를 동원해 보수 매체들을 측면 지원하기도 했다. 하지만 이 조차도 지원 과정에서 잡음이 터져 나왔다. 이른바 '언론자유도' 논쟁도 하나의 사례다. 프리덤 하우스[123]는 2005년 한국 언론의 자유도가 하락했다는 발표를 내놓았고, 다시 한국의 보수 매체들은 앞다퉈 이 주장을 보도했다. 그러나 2005년 '국경 없는 기자회'가 펴낸

---

123 프리덤 하우스는 1941년 루스벨트 전 미국 대통령의 부인 엘레노어 루스벨트 등에 의해 설립된 보수성향 민간단체로 미국 및 해외의 민주화 및 독재 반대 운동 등을 전개해왔다. 1978년부터 매년 전세계 192개국을 대상으로 민주주의 및 정치자유를 비교평가한 〈세계자유상황 보고서Freedom in the World〉를 내고 있으며, 또한 1980년부터 각국의 〈언론자유 평가보고서Press Freedom Survey〉를 발표하고 있다. _편집자

〈언론자유지수 보고서〉는 오히려 한국을 34위로 선정해, 아시아 권 1위에 올린 반면, 미국은 《뉴욕타임스》 주디스 밀러 기자 사건을 통해 '언론인의 취재원 보호를 제약'했다며 한국 보다 10단계나 낮은 44위에 올리는 바람에, 미 공공외교 당국은 노무현 정권에 의해 개혁대상으로 지목된 한국의 보수 매체들을 측면 지원하는데 번번이 실패한다.

미국은 이른바 언론개혁 차원에서 노무현 정부가 추진한 '신문법' 개정 움직임에도 반대 견해를 공식 성명으로 표명하기에 이른다. 주한미국대사관은 미 국무부의 〈2004년 인권보고서〉를 통해 신문법이 언론자유를 억압하기 위한 것이라는 취지의 성명을 발표했다. 하지만 주한미국대사관은 보수 매체의 일방적 주장을 그것이 마치 시민사회 전체의 여론인 양 성명에 잘못 적는 바람에, 부랴부랴 성명을 정정하는 등 소동을 겪었다. 이 소동은 미국의 공공외교와 대한 인식정렬 전략을 다시 한 번 노출한 셈이어서, 한국 내 언론사회를 중심으로 따가운 불신의 눈총을 받기도 했다.

이 시기 후반기에 미국은 시행착오를 거치며 인터넷 언론을 포함한 비판적 매체들과의 접촉 노력을 시도하게 된다. 제한적이지만 인터넷 언론은 물론 네티즌과의 토론회를 갖는가 하면, 각종 인터넷 홈페이지의 활성화, 카페USA 등 채팅 프로그램은 물론 기자와 학계 인사 등을 주요 대상으로 하는 휴대폰 SMS 활성화 등 뉴미디어 기법을 도입했다. 이 같은 변화는 1999년 IIP 체제로 전환된 이후, 뉴미디어 활용에 적극적으로 나서고 있는 미 공공외교 당국의 방침에 따른 것으로 분석된다. 현재 IIP는 인터넷 저널과 포토 갤러리, RSS 뉴스 제공, On-line Webchat Station 구축, Video Station, Webcast Station, Online videos, Podcast Station, USINFO Mobile Edition 등의 새로운 서비스를 공세적으로 확대하고 있다.

교육교류 프로그램 대상자 역시 다변화해 인터넷 매체 기자와 시민사회 단체 종사자 쪽으로도 외연을 확대하고 있지만, 연수 프로그램이 미국의 인식정렬 시스템을 위한 통상적 활동이라는 부정적 이미지가 만연해 효과는 과거보다 그리 크지 않아 보인다. 심지어 민주언론운동시민연합 사무총장이던 최민희 씨는 미국의 초청 프로그램 참여 제안을 받고 나서, 미국 측의 배경이 '명확한' 프로그램 초청에 참여할 이유가 없다며 거부 의사를 밝히는 사례도 발생했다. 최 총장은 미국이 자국의 이해에 따라 정보를 엄격하게 통제하고 있다고도 비판했다. 그녀는 후에 노무현 정부의 방송언론 정책을 총괄하는 방송위원회의 부위원장으로 재직했다.

c. 안보프레임의 기능약화 따른 시장프레임 효율 저하

2000년에 이은 2007년 남북정상회담과 7년 동안 축적된 양측 간 다각적 교류는 상호 신뢰와 민족동질성을 크게 회복시켰으며 특히 개성공단을 포함한 남북경협의 적극적 추진은 민족 공동번영에 대한 확신을 심어주었다. 김태현은 이 같은 확신은 북한에 대해 '형제'적 정서를 가지고 있으면서도 끊임없이 북측이 핵이나 미사일 공격을 감행하거나 심지어 남침을 할지도 모른다는 안보 위협에 시달려야만 했던 남한 내 민족주의 성향의 국민에게 오

랜 '인지부조화cognitive dissonace'를 떨쳐버릴 수 있는 역사적인
계기가 되었다고 분석했다.

그의 분석은 미 공공외교 당국으로부터 끊임없이 정렬된 한국인
의 대북인식이 그간의 관성에서 벗어나 한미동맹의 현주소를 냉
철하게 조응할 수 있도록 해주었다는 이 책의 문제의식과 긴밀
하게 이어진다. 동맹을 개인의 인식 차원에서 바라보자는 것이
이 책의 중심 문제 제기이기 때문이다. 개인과 집단이 가진 대외
인식의 역사를 추적해 국민적 인식의 현재 흐름을 파악함으로
써, 그 과정에서 나타난 패턴을 통해 다음 시기 동맹의 움직임을
살펴보자는 것이다. 동맹의 변화는 인지부조화에 대한 국민의
집단적 인식과 그로부터의 탈피에서 유래한다는 점에서 김태현
의 지적은 시사하는 바가 적지 않다.

2007 남북정상선언을 도출한 노무현 대통령은 북한에 체류하는
동안은 물론 귀환 연설을 통해서 남북문제에 있어서, '대북인식
재설정이 본질적으로 가장 중요하다'거나, 양측 간에는 '인식전
환, 인식문제가 가장 크다', '북은 동반자라는 수준으로 인식을
전환해야 한다' 등의 발언을 반복했다. 이 같은 발언은 대단히
중요한 언급으로, 기존에 미국의 일방주의식으로 이뤄진 공공외
교 기조를 거부하는 것이다. 한국의 통수권자가 미국의 인식정
렬 기조에 반해서 역 인식정렬을 시도한 것이다.

이 같은 노 정권의 시도는 일반 국민의 인식전환에 상당한 영향
을 미친 것으로 분석된다. 남북 간 교류활성화는 한국인의 대북
위협인식을 극적으로 감소시켰으며, 미국의 인식정렬 시스템에
있어 안보프레임의 효율을 크게 낮추었다. 전체 인식정렬의 효

율이 눈에 띄게 떨어졌다. 이와 관련해 김명섭도 한국으로서는 끌어안고 가야 할 북한에 대해 미국이 '악의 축'으로만 인식하는 것에 대해 반발하는 성격을 지니고 있으며, 남북은 향후 갈등의 폭이 웬만큼 크지 않고서는 양자 간 인식 틀이 좀처럼 바뀌지 않을 것이라고 지적했다.

미국이 현 수준의 대북인식 틀을 유지한 채 안보프레임 확산에 주력한다면, 이는 더 큰 반발로 이어질 것이고 안보프레임을 활용한 대한 인식정렬의 효율은 지속적으로 낮아질 것이다. 안보프레임이 어떻게 약화했는지 실제적인 연구 결과도 발표되었다. 김창용은 2005년 5월 17일, 서울 프레스 센터에서 열린 '미국의 對 한반도 여론형성과 한미관계'라는 제하의 토론회에서 발표한 〈한국 언론의 대미 보도의 특징과 유형〉이라는 소논문에서 북한 핵 관련 보도의 경우를 예로 들어, 이른바 조중동 등 보수신문들은 북한 핵관련 보도에 '아주 유사한 보도 행태'를 보였는데, 그 방식은 대화보다는 대립을 주장하는 미국 고위관리의 말을 주로 인용하는 것이었고, '북한의 입장이나 주장은 철저히 무시하는 행태'였다고 지적했다.

김창용은 이 같은 안보프레임 전파 시도는 한국인 사이에 공감을 얻는데 대체로 실패했으며, 특히 젊은 층은 보수매체의 '대미 추종적 언론보도 행태'에 실망해, '좌파적 인터넷 매체에 유입' 됨으로써 그 결과 '오히려 국내 반미의식이 악화됐다'고 강조했다. 이처럼 안보프레임을 통해 효과적으로 위협인식이 관리되지 않자 시장프레임을 활용한 인식정렬에도 적지 않은 어려움을 겪게 되었다. 안보프레임 확산에 제동이 걸리면서 시장개방과 민간부문의 시장 이양, 경쟁력 제고 등 시장논리를 담은 여러 의제의 배후까지 의심받게 되었다. 시장프레임의 추진과 관련해 미국의 진정성이 도마 위에 오른 것이다.

미국의 대한 스크린 쿼터 축소 요구에 대한 한국인의 부정적 반응이 좋은 사례다. 2006년 2월 14일, 한나라당 정병국, 열린우리당 김재윤, 민주당 손봉숙, 민주노동당 천영세 등 국회 문화관광위원회 소속 의원들이 여론조사기관 글로벌리서치에 의뢰해 얻는 설문조사 결과 '스크린쿼터의 현행 유지'에 무려 75.6퍼센트가 동의했으며, 나아가 한미 FTA 체결에 대해서도 '반대'가 37.4퍼센트로 '찬성' 20.6퍼센트에 비해 두 배 가까이 많은 것으로 나타났다.

안보프레임을 통해 전달되는 다양한 콘텐츠를 받아들이며, 한미관계 유지를 통해 안보적 측면에서 한미 양국이 공동의 이익을 얻고 있다는 정체성과 규범이 조성되듯, 시장프레임을 통한 다양한 콘텐츠의 유포는 본디 한국인에게 한미관계에서 이뤄지는 양자 간 시장경제의 의제들이 한미 양국의 공통이익에 복무한다는 신뢰를 조성해주도록 설계되어 있다. 하지만 안보프레임의 약화는 시장프레임을 통해 조성되어야 하는 신뢰의 순도를 크게 낮췄고, 그 결과 한국인은 한미 FTA 체결과 같은 경제 의제 역시 미국과 한미동맹 주도세력의 일방적 이해만을 위한 것은 아닌지 의심하기에 이른 것이다.

미국의 해리티지 재단의 발비나 황 연구원은 2006년 3월 3일, '한미 FTA의 장점과 도전'이라는 세미나에서 "한미 FTA는 단기적으로 한국에서 반미감정을 증폭시키고 이것이 미국에서 반작

용을 일으킬 가능성이 높다"고 우려했다. 그녀는 나아가 "미국
과 한국의 지도자들이 한미 FTA와 관련된 정치적 난관을 적절히
관리하고 돌파하지 못한다면, FTA 협정이 어려워질 뿐만 아니
라, 협상 과정에서 예상되는 양국 간의 단기적 갈등으로 인해 동
맹관계의 미래도 위협에 빠뜨릴 것"이라고 경고했다. 이 같은
의견에 앞서 미국의회조사국CRS의 마크 매닌 조사관도 "만약
FTA 협상이 실패하거나 극도의 난항을 겪게 될 경우 한미동맹이
훼손을 입을 수 있다"고 경고한 바 있다.[124]

지금까지 인적 네트워크 교체 미비와 미디어 환경변화에의 부적응, 안
보프레임의 작동 이상과 같은 세 가지 이유를 들어 미국의 대한 인식정
렬 시스템의 균열 양상에 대해 설명을 시도했다. 하지만 이와 같은 접근
은 이 책이 지금까지 한결같이 검증을 시도해온 이른바 '프레임 변화에
따른 한미동맹 전개 양상 변화'의 논리에 따른 설명으로 시각에 따라 얼
마든지 다른 이유를 들 수 있다. 이를테면, 중국의 경제부흥과 이라크전
쟁의 실패, 미국의 범세계적 영향력의 위축과 같은 국제정치, 경제학적
관점에서도 설명할 수 있기 때문이다.

한미 FTA 체결과 프레임의 역전

한국은 1970~1980년대의 경제성장을 계기로 급격한 국력신장을 보
였다. 그런데 1980년대 후반기부터, 그러니까 한미동맹의 시장프레임 강

---

124 《프레시안》 2006년 3월 4일자 〈FTA 협상이 한미 동맹관계 저해할 수도 있다〉 참조.

화기 후반부터 경제 분야를 시작으로 미국의 일방적 주도에 서서히 제동이 걸리기 시작한다. 냉전의 종식과 한국의 경제력 증대는 양국관계에 있어 장기적으로 한국 측의 목소리를 키워왔으며 이 같은 추세는 경제 부문에서 안보 부문으로 확산하는 경향을 보이고 있다. 양국관계를 구성하는 한미동맹의 비대칭성에 대한 해소 의지가 이렇듯 시간이 지남에 따라 구체화하면서 한국인은 그동안 안전보장을 전제로 미국에 이양해온 자주권의 회복에 대한 비판적이며 집단적 인식을 드러내기에 이르렀고, 2007년 2월 24일 한미 양국은 2012년 4월 17일까지 전시작전 통제권을 한국에 돌려주는 내용의 역사적 합의에 도달하게 되었다.

김우상은《한국과 국제정치》에 게재한〈한미동맹의 이론과 실제: 한미동맹과 한미관계 재정립〉이라는 글에서 방위비 분담, SOFA 개정, 용산기지 이전, 대추리 미군 부대 이전 문제 등 안보와 관련된 여러 한미 간 의제들이 한국인에게 이미 정렬된 대미 안보인식의 균열 양상을 가중시키고 있다고 지적했다. 제39차 한미 연례안보협의회에서도 한미 양국 군대는 공동성명을 통해 한미동맹이 한반도와 역내 평화와 안정에 지속적으로 기여해 나갈 것이라는데 동의하고, 향후 긴밀한 협조를 조율해나가는 한편, 지난 2003년 이래 주한미군 기지 이전 및 재배치, 전시 작전통제권 전환, 주한 미군의 전략적 유연성 제고 등 양국 간 군사현안을 원만히 해결함으로써, 변화하는 안보환경과 양국의 미래 안보수요에 부합하도록 '한미동맹을 강화, 변환해 나가고 있다'고 밝혔다.

15개 항에 걸친 한미 양국군의 합의 내용은 전체적으로는 동맹의 지속적 강화에 대한 당위성을 확인하면서도, 다른 한편으로는 변화하는 안보환경에 발맞춰 동맹을 말 그대로 '전환 및 변환'해나가자는데 방점을 찍고 있다. 미국은 한미동맹에 대한 한국인의 진취적 요구에 응하는 차원에서 대외군사판매FMS 지위향상을 위한 특별법을 지지하는 등 나름대로 성의를 표시하기도 했다. 이는 군사동맹을 이루는 여러 조건 중 그동안 시장논리보다는 일방적으로 안보논리를 적용하던 것들을 변화하는 환경에 맞춰 시장프레임으로 변환시킨 결과로 해석된다. 즉 한국은 미국의 5대 무기 구매국으로 지난 10년간 69억 달러에 달하는 많은 무기와 장비를 대외군사판매 방식으로 사왔다. 이와 관련해 미국 측은 특별법 추진이 한국의 위상 강화에 따른 것이라고는 설명하고 있지만, 대북 위협인식의 약화로 한미동맹 유지를 위한 동인이 인식적으로 크게 줄어든 상황에서 동맹유지에 따른 불필요한 경제적 부담을 덜어주기 위한 궁여지책으로 해석된다. 한미관계의 전환기적 흐름이 결국은 안보 의제 내부의 비시장적 요소까지도 시장화 시키는 압박으로 작용한 것이다.

앞서 간단히 언급했지만 안보프레임의 설득력이 크게 떨어지면서 미국은 대한 인식정렬 시스템에 있어 시장프레임의 효율조차 동반 하락하는 현상에 직면하게 되었다. '미국을 통해 한국은 경제발전을 이룰 수 있다'는 오랜 인식정렬 기조처럼, 한국의 대미 경제의존을 전제로 하는 오늘날 시장프레임의 강화 구조는 중국시장의 부상으로 급격한 위기에 봉착하게 된 것이다. 2007년 기준으로 이미 한국은 무역의존도에 있어 기존의 1, 2위인 미국과 일본을 제치고, 중국과 가장 주요한 동반관계에 접어들었다. 한중 양국의 무역규모는 2006년 7월 현재 이미 연간 1000억 달러를 웃돌아 1119억 9000만 달러를 기록했다. 《차이나 이코노미》 2006년 7월 3일자 보도에 따르면, 2012년에는 양국이 무역규모 2000억 달러 달성을 목표로 하는 '공동성명'을 발표한 바 있다. 한국인의 대북 위협인식 저하와 이라크전쟁을 통한 미국의 대외 이미지 실추, 한미 양국 간 안보 의제에 있어 잇따른 불협화음 발생 나아가 한중 경제의존도 심화와 미국의 추가 시장개방 요구에 따른 한국인의 피해의식 증대 등 여러 변수가 함께 작용하면서 미국의 대한 인식정렬 시스템의 작동 효율은 안보프레임은 물론 시장프레임에 있어서도 이전에 보지 못한 효율 저하 현상을 보이게 된 것이다.

이성형은 〈한국과 미국 신문편집인들의 미국과 한국에 대한 인식연구〉라는 논문을 통해, 전체적으로 '1990년대와 2000년대 초기에 이르러 한국 언론매체 편집인들의 대미인식이 크게 부정적으로 변했다'고 지적했다. 즉 '한국과 미국 내 한반도 현안과 관련한 상호인식'에 대해 통신사를 포함한 한국의 77개 일간지의 편집국장-부국장, 정치부장-차장, 국제부장-차장 등을 상대로 2004년 12월 10일부터 2006년 2월 10일까지 설문조사를 벌인 결과, 긍정적 이미지(36%)와 부정적 이미지(35%)가 비슷하게 나타났는데, 이는 각각 61퍼센트(1990년)와 43퍼센트(1998년)에 달했던 긍정적 이미지가 절반 가까이 떨어지고 부정적 이미지가 크게 강화되었다는 것이다.

이성형은 이 같은 현상이 생겨난 이유를 안보프레임의 붕괴에서 찾고 있다. 그는 미국의 일방적인 이라크 공격, '여중생 사건', 총기와 관련된 미국 사회의 제반 문제들, 그리고 약 10년간 급속히 일어난 한국의 친북조류 및 통일 열기, 북한을 악의 축의 하나로 규정한 부시 대통령의 국정연설 등을 거론했다. 한미 FTA는 이러한 정치와 경제적 위기의식이 공동으로 작용해 한미 양국의 동맹 주도세력의 조바심이 반영된 결과다. 한미 FTA 체결 추진 과정에서 시장프레임 강화기와 심화기를 거치며 정예화한 대한 인식정렬 주력군, 즉 언론-정계-학계-기업가 등으로 구성된 한국 내 인적 네트워크가 전면에 나선 것이다.

시장프레임과 안보프레임의 공동 관점에서 한미 FTA가 추진되었다고 보는 것이 이 책의 주장인 반해, 한미 FTA라는 경제정책이 시장프레임보다는 안보프레임의 관점에서 추진되었다는 주장도 있다. 《뉴스위크》는 2007년 6월 4일자 보도에서, "국내외 전문가들에 따르면 한미 FTA는 경제적인 측면보다도 아시아 지역에서 중국의 지도력이 확대되는 것을 견제하기 위한 정치적인 동맹 확보라는 전략적인 시각에서 더 중요한 의미가 있다"고 밝혔다. 흥미로운 점은 경제 의제인 한미 FTA의 체결이 실제로는 안보프레임에 의존해 설득되었다는 것이다. 절대 과반수의 반대에 부딪혔던 한미 FTA 추진은 2006년과 2007년에 걸쳐 지속된 북한 미사일과 핵위협, 남북관계의 급속 냉각 등 안보프레임에 따른 인식정렬 공세에 힘입어 급반전된 여론에 힘입었다. 그 결과 불가능할 것으로 보였던 한미 FTA는 2007년 4월 2일 극적으로 체결되기에 이른다.

한미 FTA 협상 타결 과정은 1980년대 후반 들어 미국의 공공외교와 대한 인식정렬 시스템 속에서 주도적 기능을 시작한 시장 엘리트 중심의 인적 네트워크가 간접적 미디어와 시장프레임에 의한 의제에 힘입어 한국인의 인식변화를 이끌어 냄으로써 한미관계를 보다 다원적이며 심층적인 구조로 재조정하는 데 성공한 것으로 분석된다. 한미동맹의 질적 전환이 시작된 것으로, 이제 동맹은 바야흐로 안보프레임에서 문화와 경제를 포함한 시장프레임으로 전환한 것을 의미한다. 한국의 언론들도 한미 FTA의 체결을 계기로 군사동맹인 한미동맹이 문화, 경제적인 부문을 포함한 '다원화' 추세로 접어들었다고 일제히 평가했다.[125]

다원화된 동맹은 이전에 드러나지 않던 여러 가지 새로운 양상을 보여

---

125 《한겨레》 2007년 3월 17일자, 〈한미 FTA와 신자유주의 엘리트 동맹〉 참조.

한미 FTA 협상

주고 있다. 양국 간 한미동맹이 공동의 안보위협에 근거해 구성된 한 방향의 안보 공동체에서 시장의 위협에 공동으로 대처하는 다원적인 시장 공동체로의 전환이 이뤄지는 것이 하나의 예이다. 안보와 시장의 위협에 공동 대응하는 프레임의 전환기에 보이는 현상이다. 노무현 대통령이 프레임의 역전기 후반에 보수 신문과 한나라당 등과 한미 FTA와 이라크 파병 문제 등을 포함해 안보와 시장 의제에 걸쳐 공동인식을 보인 것도 주목할 만한 일이다. 한미동맹에 대한 이해가 다양화되면서 서로 다른 동맹비전 때문에 갈등을 빚던 세력들끼리 다양한 인적, 인식적 결합도 형성되었다.

한 단계 심층적으로 이 현상을 관찰해보면, 다원적인 이해가 공존하는 한미관계에 있어서, 미국 정부의 직접적 이해가 점차 간접화하고 시장이나 및 다양한 그룹들 속으로 넓게 퍼져, 하나의 단일한 국가적 이해가 아닌 미국과 관련된 개인이나 조직의 세포화된 이해의 총합의 개념으로 분

한미 FTA는 시장프레임이 안보프레임을 압도하는 프레임의 역전을 잘 보여준 사례였다.

산돼 작동하는 경향이 생겨났다는 것을 알 수 있다. 이는 국가의 권력이 넓게 퍼지고 조정 기능이 점차 옅어지는 글로벌 거버넌스 추세와도 무관하지 않다. 시장은 다원적인 이해와 그 이해를 대변할 수 있는 다양한 자기 논리를 자신이 확보한 영역에서 각개격파 식으로 파급하려 들 것이고, 미국 정부는 이들 다양한 이해의 중재 기구로서 대표적인 의제를 추출해 시장프레임을 형성, 중핵적인 수준에서 공공외교 정책을 수립하는 것이다.

조지프 나이는 이와 관련해《제국의 패러독스》에서 궁극적으로 '상호 연결된 글로벌 사회가 전래의 지역 공동체를 퇴색시킬 것'이라고 지적하고 있다. 여기서 '상호연결된 글로벌 사회'는 시장으로 연결된 시장프레임의 세계를 뜻하는 것으로 해석되고, 전래의 '지역 공동체의 퇴색'은 주로 이념이나 정치적 공동인식의 해체를 표현한 것으로 읽힌다. 이쯤 되면, 그 역시 시장프레임의 강화에 따른 안보프레임과의 역전 현상을 국제정치 현실에서 읽은 것은 아닌지 궁금해진다.

한미 FTA 체결을 '군사안보적 대미 종속의 항구화'로 규정한 이해영은 《낯선 식민지》에서 한미 FTA 체결을 위한 미국 네오콘 주도의 공세적 공공외교와 대한 인식정렬의 위험성을 경고하고 있다. 그는 미국의 네오콘이 '한미 FTA 협상 결렬=한미동맹 파탄'이라는 협박 공식을 통해, 이른바 '공미恐美주의적 담론'을 유포하기에 이르렀다고 주장한다. 그러나 그는 동아시아 현 정세를 '중-미 쟁패기'로 규정하고, '변곡점'에 이른 한미관계가 안보 위주에서 더 다원화된 구조로 전환하고 있다는 일반적 관찰과 판단을 함께하고 있다. 그의 주장을 정리해보면, 미국의 네오콘이 한미 FTA라는 시장프레임을 앞세워 안보프레임의 중심축인 동맹의 성격변화를 시도했다는 것이다. 이해영의 주장을 통해서도 한미 FTA 체결을 통해 시장프레임이 안보프레임을 압도하는 실질적 프레임의 역전이 이뤄졌다는 이 책의 논리가 다시 한 번 확인된 셈이라 하겠다. 실제로 프레임의 역전기 후반, 미국은 안보프레임에 입각한 한미동맹 강화 및 유지의 근거를 시장프레임을 내세워 설명하는 일이 잦았다.

2007년 대통령 선거는 '경제성장'을 주창한 이명박 후보의 승리로 끝났다. 이명박 대통령 당선인이 당선 다음날인 12월 20일 내외신 기자회견장에서 '한미동맹의 중요성을 강조하고 이를 강화하겠다'고 발언한 것에 대해, 알렉산더 버시바우 주한 미국대사는 다음날 이 당선인의 일성에 화답하며 "한국이 경제적 성장을 지속하려면 한미동맹의 힘을 지속적으로 유지하는 것이 중요하다"고 힘주어 말한 것도 시장프레임을 전면에 내세운 미국 공공외교의 명확한 변화를 대변한다. 프레임의 역전이 완성되어 안정적으로 정착되는 데는 충분한 시간이 필요할 것이다. 또한 안정성이 흔들리면 과거의 예에서 보듯 또 다른 프레임, 즉 안보프레임이 주도적 역할을 되찾게 될 것이다. 그것이 바로 '전쟁'과 '시장'이라는 양극단 사이를 오가며 작동해온 미국의 대외정책과 공공외교의 본질이며, 프레임 연구는 그런 면에서 앞으로 한미동맹과 그에 기초한 양국 관계를 선행적으로 분석해 볼 수 있는 하나의 방법적 대안으로 활용될 수도 있지 않을까 조심스럽게 제안해 보는 것이다.

변화하는 미국의 공공외교 전략과 한미관계

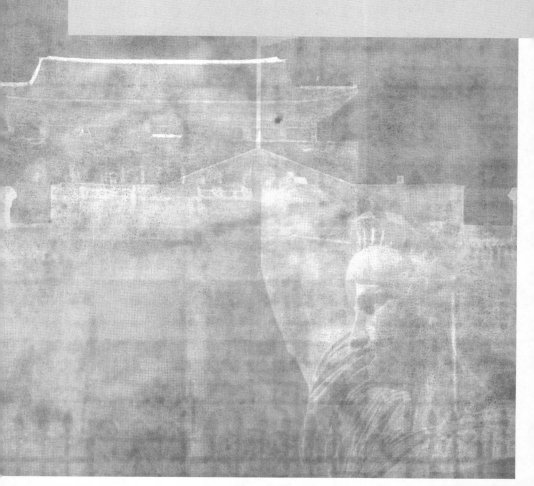

제8장

한미동맹 이후의 한미동맹을 생각한다

변화하는 미국의 공공외교 전략과 한미관계

 이 책은 전환기를 맞은 한미관계를 진단하고 다가올 미래의 새로운 양국 관계를 전망해 보고자 양국관계의 핵심축이라 할 수 있는 한미동맹을 구동하는 중심 변수로 미국의 대한 인식정렬 시스템을 상정하고 있다. 공공외교와 인식정렬 전략은 프레임과 미디어의 선택을 통해 그때그때 이른바 프레임, 미디어 믹스가 선택됨으로써 한국인의 정체성과 규범에 구체적으로 영향을 미쳐왔고, 그 결과 한미동맹은 미국의 의도대로 대체로 순탄하게 변화되어왔다. 변화의 큰 방향은 프레임의 관점에서는 안보 프레임에서 시장프레임으로의 이전이었다. 이때 초기에는 직접적 미디어를 사용하지만 점차 현지화한 간접적 미디어를 활용하게 됨을 알게 되었다. 이처럼 이 책은 방법적으로 양국관계의 구심력으로 작용해온 미국의 이해 양상과 이를 이행하기 위한 메커니즘으로서 공공외교의 중요성에 주목했다.

 외교관을 통해 이뤄지는 외교가 정규외교라 할 때, 외교관의 말투와 옷차림은 물론 외교 의제의 선택과 접근 방법에 이르는 제반 변수와 주변 여건들은 모두 공공외교의 영역에 속한다. 상대국 국민의 인식변화를 통해 자국의 외교정책을 쉽게 달성하도록 하는 것이 현대 외교의 프로세

스라고 한다면, 공공외교의 중요성이 정규외교와 비교해서 결코 덜하다 말할 수 없는 상황이 되었다.

지금까지 1950년대부터 1980년대까지 시대별로 미 공공외교 당국의 각종 자료를 통해, 실제 공공외교가 이뤄진 구체적 양상을 분석해 볼 수 있었다. 미 국무부와 독립기관인 미국해외공보처를 중심으로 전 세계 주재 미국대사관과 미국공보원을 통해 주도되어온 공공외교는 특히 한미관계에 있어, 변화하는 시대상이 요구하는 미국의 국가적 이해의 변화 양상에 따라 제기된 구체적 목표 달성을 위해, 세부적 이행과제를 중심으로 조직적이며 지속적으로 이뤄졌다. 한미관계에 있어 특히 미 공공외교의 중요성은 지역적, 문화적, 사회경제적으로 공통점이 부족한 이질적인 두 국가 사이의 동맹을 강화해왔다는 점에서 다른 나라 사이의 경우와 적잖이 다르다고 볼 수 있다. 그런 점에서 한미동맹을 공공외교적 관점에서 통사적으로 분석해 본 이 책의 시도는 나름대로 의미가 있다고 본다.

공공외교의 작동 원리를 파악하기 위해 이 책에서는 조작변수를 상정하고, 미디어 수단과 프레임의 선택을 통한 공공외교 목적의 실제 이행 과정과 그 결과에 주목했다. 미디어 수단은 정보통신의 발달과 같은 과학기술의 조건과 민주화의 정도나 정치체제 등 국내 정치 상황에 의해 의존적인데 반해, 프레임의 선택은 큰 틀에서 미국이 주도해온 한미동맹의 통사적 진행방향과 일치하는 경향성이 짙었다. 물론 한미동맹이란 본질적으로 양국의 이해가 규정하는 그때그때의 합의 결과를 연결하며 이어지는 쌍무적 관계임은 분명하나, 공공외교적 관점에서 볼 때 미국의 국민과 외교정책권자의 인식에 영향을 미칠 수 있는 미디어 수단과 프레임의 설정 능력이 박약한 약소국인 한국으로서는 사실상 미국이 한국 내 인적 네트워크로 불리는 동맹 세력과 협조하며 주도한 결과로 보는 것이 타당하다.

공공외교는 양국 관계의 주요 국면을 거치며 한미동맹에 실질적 영향을 준 것이 분명했다. 그 결과 한미동맹을 미국이 공공외교적 관점에서 어떤 미디어 수단과 어떤 프레임을 주도적으로 선택했는지 여부에 따라 시기적으로 구분하는 작업도 가능했다. 시기 구분의 의미를 강화하기 위해, 여기서는 미 공공외교 당국과 미국해외공보처가 한국인의 인식 갈등을 감지해 대응적 측면에서 강력한 인식정렬의 필요성을 절감했던 양국 간 주요 사건이나 의제를 시기 구분의 기준점으로 잡았다.

미 공공외교는 1953년 동맹수립, 1963년 존슨 대통령 취임, 1969년 닉슨독트린, 1980년 신군부 집권과 레이건 대통령 당선, 1990년 동아시아 전략구상 발표 등의 역사적 사건에 따라 성격변화의 커다란 변곡점을 이뤄왔다. 이에 따라 한미동맹은 공공외교 활동의 변화에 따라 안보프레임 구성기(1953~1963), 안보프레임 강화기(1964~1969), 시장프레임 도입기(1970~1980), 시장프레임 강화기(1981~1990)의 양상으로 전개된 것으로 규정된다.

분석결과 미국의 대한 공공외교가 한미동맹의 변화에 미디어 수단의 선택보다는, 프레임의 선택에 의해 더 크게 영향을 미친 것으로 나타났다. 미디어 수단은 공공외교의 원활한 진행을 위한 전술적 성격을, 프레임의 선택은 이보다는 더 전략적인 판단에 근거한 결과로 이뤄졌다. 통사적으로 살핀 결과 미 공공외교는 크게는 안보프레임에서 시장프레임의 방향으로 무게 중심을 이동해왔으며, 한미동맹의 성격 역시 초기 군사동맹에서 후기 시장동맹을 포함한 다변화, 심화 현상이 가속화되었다. 미 국무부의 각종 내부문서 등에 대한 실증적으로 확인한 결과도 이 책의 주장을 대체로 뒷받침해주었다.

군사동맹을 축으로 하는 한미동맹은 안보프레임에 의해 주도적으로 강화되었으나 장기적으로는 시장프레임에 의해 유지, 관리되어 온 것으로 나타났다. 또한 공공외교를 통한 인식정렬은 직접적 미디어보다 간접적 미디어에 의해 이뤄질 때 은밀성과 안정성이 높아지고, 대외 인식이 협력적이며 의존적으로 전환되어 양국 관계 변화 유도에 더욱 효과적인 것으로 분석되었다. 시기별 미디어 수단과 프레임 등 조작변수들의 선택과 인적 네트워크의 구성 상태를 정리하면 다음과 같다.

시기별 조작변수의 양상

시기	미디어 프레임	미디어 수단	인적 네트워크
안보프레임 구성기 (1953~1963)	안보 주도	직접 미디어 주도	기반조성
안보프레임 강화기 (1964~1969)	안보 강화	간접 미디어 집중육성	강화기
시장프레임 도입기 (1970~1980)	시장 도입	직접 미디어 재부상	재검토
시장프레임 강화기 (1981~1990)	시장강화*안보활용	간접 미디어 주도	재구성

이 같은 분석결과를 토대로 이 책은 프레임의 선택에 연동하는 이른바 '프레임의 선택과 한미동맹 변동의 패턴'을 도출할 수 있었다. 이 같은 내용은 미 공공외교 당국과 미국해외공보처가 실제 내부문서를 통해서도 밝혔고, 실제로 독립변수인 공공외교가 매개변수인 미디어정책을 통해 자국의 이해를 다시 조작변수인 미디어 수단과 미디어 프레임의 선택적 활용을 통해 한국인에게 설득, 전파해온 사실이 국내외 언론보도와 기록을 통해 확인되므로 논리적으로 큰 결함은 찾아볼 수 없었다.

공공외교 → 미디어정책 → 미디어, 프레임 → 한국인 인식 → 동맹변동

(독립변수)　　(매개변수)　　　(조작변수)　　　　(대상)　　　(종속변수)

물론 이 패턴이 일반화하기 위해서는 보다 다양한 시공간적 범위에서 공공외교와 양국 및 다국 간의 동맹 변동 양상에 대한 보다 실증적, 이론적인 사례 연구가 뒤따라야 할 것이다. 다만 이 책에서는 방법적으로 드러난 한계에도 첫째, 양국동맹 변동에 공공외교가 전제하듯 물질적 변수만큼이나 관념적 변수의 영향력이 크다는 것과 둘째, 동맹을 기축으로 하는 양국관계에 경영하기 위해서는 공동위협의 공유와, 강화 등을 목적으로 하는 미디어정책의 수립과 이행이 매우 긴요하며, 셋째 미디어정책의 수단 중에서도 특히 미디어 프레임의 선택 양상의 변화가 양국관계의 주된 변동 흐름을 좌우한다는 이론적 함의를 던지고 있다.

이 책은 이 같은 이론적 함의를 바탕으로 미 공공외교 당국이 작성한 내부 문건이 아직 공개되지 않고 있는, 1990년대 이후 한미동맹에 대해서도 동맹 변동의 패턴을 적용해보았다. 시기적으로는 1990년대 초부터 노무현 정부 때까지 27년이며, 이 시기를 크게 두 부분으로 나누어 첫 시기를 이전 시장프레임 강화기에 이은 '시장프레임 심화기'로, 또 노무현 정부의 취임부터 이명박 정부 취임 이전까지의 시기를, '프레임의 역전'기로 나누었다. 먼저 소련연방의 붕괴가 이뤄진 1991년을 기점으로 시작된 '시장프레임 심화기'(1991~2002)는 세계사적으로 미국 주도의 걸프전의 발발(1990), 신자유주의 국제질서를 심화시킨 클린턴 정부의 출범(1992)

과 그 시작을 함께 하고 있다. 2002년 월드컵과 같은 해 12월 한국의 대통령 선거까지 미 공공외교 당국의 시장프레임 심화 노력은 계속되었다.

이 시기는 국내 정치적으로는 김영삼, 김대중 두 대통령의 문민정부를 거치며, 미국의 강화된 공공외교 노력이 시장프레임을 필두로 전 사회와 각 분야에 침투, 심화된 양상으로 나타났다. 이 시기 후반 IMF 사태와 그 극복 과정은 미 공공외교의 시장프레임이 사회, 경제적으로 깊이 인식되는 결정적 계기를 마련했다. 안보프레임에 비해 보조적인 수단으로 열세에 처해있던 시장프레임이 한국인의 인식과 행동을 지배하는 금과옥조로 다시 태어나는 순간이었다. IMF 국난 극복의 과정은 시장주도 세력이 전면에 포진된 인적 네트워크를 사실상 완성시켜주는 역할도 하게 되었으며, 인적 네트워크는 바야흐로 자체 재생산이 가능한 구조로 업그레이드되었다. 간접적 미디어의 활용도 더욱 세련되게 이뤄졌다. 시대 구분에서 이미 규정했듯, 이 시기 시장프레임의 심화현상은 매우 특징적인 것으로, 이는 한미동맹의 본원적 특성상 아직 시장프레임이 전체적으로 프레임 구도를 주도할 단계에는 미치지 못하였으나, 이미 무게 중심이 시장프레임 쪽으로 크게 이동해 시장으로부터의 위협인식이 북한의 대남 위협인식에 비해 결코 여론 주도 능력이 뒤지지 않는 수준이 되었다.

이어 노무현 정부의 출범이라는 양국 관계의 돌출 변수와 함께 시작된 '프레임의 역전'기(2003~2007)에는 지난 시기 남북정상회담에 이어 재차 이뤄진 정상회담, 그리고 사회 전면으로 확산된 남북교류로 인해 북한의 대남 위협인식이 한미동맹의 주도적 긴장의 원천으로서의 지위를 상실하게 된 시기다. 시장위협에 대한 공동대응을 목적으로 편성된 시장프레임의 각종 의제들이 양국 간 의제를 주도하는 이른바 프레임의 '역전' 상황에 도달하게된 것이다. 안보프레임은 시장프레임을 강화하기 위한 보조적 역할에 머물게 되었다. 이 시기 미국의 대한 공공외교와 인식정렬 시스템은 안보프레임의 균열과 그에 따른 전체적 효율 저하로 적지 않은 어려움에 봉착하게 되었다. 앞서 도출한 '프레임의 선택과 한미동맹 변동의 패턴'의 논리를 빌어 설명하자면, 이 같은 인식정렬 시스템의 작동 저하 현상은 대한 인식정렬을 위한 인적 네트워크 교체미비, IT 기반의 미디어 환경변화에 대한 대응 미비, 안보프레임의 기능약화 따른 시장프레임의 효율저하 등의 이유에 따른 것으로 분석된다. 한미 FTA 체결은 그런 점에서 미국의 대한 공공외교의 관점에서 보면, 안보프레임을 주력으로 내세운 인식정렬 전략에서 벗어나 시장프레임을 전면에 내세우는 이른바 프레임의 역전에 따른 동맹 양상의 변동을 기하려는 움직임의 결과로 읽힌다. 위기의 한미동맹에 새로운 위협 인식을 시장프레임을 통해 구조화하려는 노력의 소산이라는 것이다. 1990년대 이후, 동맹의 시기 구분과 프레임과 미디어 수단의 선택, 인적 네트워크의 구성 양상 등을 표로 정리해 보면 아래와 같다.

1990년대 이후 시기별 조직변수의 양상

시기	프레임 종류	미디어 수단	인적 네트워크
시장프레임 심화기 (1991~2002)	시장심화*안보지원	간접 미디어 정교화	재구성 완료
프레임의 역전기 (2003~2007)	시장주도*안보약화	뉴미디어 대응 미비	교체 미비

이 책이 가진 정책적 함의는 크게 두 가지 정도로 나누어 생각해볼 수 있겠다. 첫째는 정책결정자는 물론이고 한국인 스스로가 우리의 대내외 인식 양상에 대해 성찰적인 자각을 하는 계기로 삼자는 것이다. 다시 말해, 공공외교에 대해 이해하자는 제안이다. 한국인 사이 인식의 미국화

가 심각하다는 우려가 높다. 전 세계적으로 일국화된 자본주의 시장체제 하에서 이미 상업적 트랙으로 넘어가 일반화되어 있는 미국적 가치와 이미지들을 인식적으로 분리해 낸다는 것이 어쩌면 불가능하거나 무의미할지도 모른다. 하지만 이념이 무너지고 정체성이 화두가 되고 있는 21세기 초반의 국제정치 환경은 국익과 국민 개개인의 행복 추구를 위한 보다 실용적 관점에서 나와 우리가 가지고 있는 대내외 인식의 뿌리와 현상에 대해 비판적 자각을 촉구하고 있다. 그럴 때 전환기 동북아 정세 속에서 한국인은 기존의 관성적 인식으로부터 벗어나, 스스로 주인이라는 관점에서 외교적 성취를 확보할 수 있을 것이기 때문이다.

정규 외교와 달리 공공외교는 보다 첨예화하고 있는 국제외교 경쟁의 환경 속에서 자국의 이익을 극대화하기 위한 총성 없는 전쟁이다. 상대국의 공공외교 전략과 이행 메커니즘에 대해 무지한 상황에서, 국익이 대변되는 정규 외교의 승산도 낮아질 수밖에 없는 엄연한 현실임을 우리는 알아야 한다. 공공외교에 대한 관심을 제고한다는 차원에서 우선 미국 공공외교의 최대 격전지가 되어온 우리나라의 현실에 대해 인정하고 연구하지 않으면 안 된다. 다시 말해, 미국에 의한 대한 공공외교 정책이 오랜 기간에 걸쳐 조직적으로 이뤄져 양국관계 변동에 중대한 변수로 작용해온 한국적 상황에서는 물론이고, 미국을 비롯한 강대국의 공공외교적 노력이 국제정치 무대에서 더욱 영향력을 발휘하고 있는 오늘날 정세를 감안하면, 우리는 인식정렬 결과를 객관적으로 인식하고 이를 감안한 상태에서, 국가이익과 사회발전을 가능하게 할 대내외 인식체계를 자율적으로 정렬해나가려는 노력이 필요하다고 하겠다.

둘째로는 미국과 상호 대화가 필요하다는 제안이다. 21세기 동반자적

한미관계의 새로운 협력적 장을 열기 위해 한국은 미국 주도의 일방향적 커뮤니케이션 구조에서 벗어나, 한국과 한국인의 대내외 인식을 적극적으로 알리고 이해와 동조를 구하는 양국 간 쌍방향 커뮤니케이션 구조를 활성화해야 할 것이다. 한국을 아직도 전후 폐허 상태로 기억하는 적지 않은 미국인과 동맹 맹주로서 약소국 한국의 새로워진 인식적 대응을 목격하며 실망감을 느끼는 정책결정권자들에게 달라진 한국의 위상과 한국인의 인식을 알리고 이해를 구함으로써 양국 간 상호신뢰를 굳건히 하려는 개선된 노력을 제도화해야 할 것이다. 한국적 공공외교정책의 수립이 시급히 요구되며 이를 위한 연구와 제도개선 및 인력 양성의 필요성도 공감되길 바란다. 사실 쌍방향 커뮤니케이션은 비단 한미동맹에만 국한되는 것은 아니다. 21세기 한국외교의 세계 공략에 있어서도 절실하게 요구되는 현실이다. 다양한 외교 상대국에게 한국에 대한 신뢰와 친근감을 심어주고 우리 외교정책에 대한 동의와 이해를 구함으로써, 상호 깊이 있는 협력 관계로 발전시켜 나가기 위한 '타산지석'의 교훈으로도 삼아야 할 때가 온 것이다. 공공외교의 수행 대상에서 수행 주체로 질적인 변화야말로 한국 외교에 도전적으로 요구되고 있는 과제임을 인식해야 할 것이다. 천연자원이 부족하지만 세계 10위권 경제 대국의 위업을 달성한 대한민국으로서는 공공외교의 성패야 말로, 향후 대외진출을 통한 선진 조국 창조의 시금석이 될 것이다. 외교는 싸움판에서의 대화이며, 이 대화에서 승리하는 자만이 세계를 얻을 수 있기 때문이다.

1. 주요 영문 문서

● NARA 입수, 기밀해제 문건

Evaluating the Effectiveness of Cultural Exhibits, A Proposed General Procedure, Prepared for Office of Research and Evaluation USIA, By Stanley K. Bigman, October 21, 1953.

Educational Exchange : Annual Report, Fiscal Year 1957, American Embassy Seoul to the Department of States Washington, DESP. NO. 124, August 22, 1957.

Television Facts Summary of Far Eastern Area, USIA, 1958.

Astronaut Exploitation: New Exhibit Cases in City Hall Plaza, USIS Seoul to USIS Washington, Message No. 4, July 27, 1961.

Berlin Exhibit, USIS Seoul to USIA Washington, Message No. 14, September 26, 1961.

Action Plan on South Asian Countries, Seoul to USIA, Public Affairs Officer, G. Hungington Damon, October 16, 1961.

Special Report on USIS Seoul Exhibits Activities During 1961, USIS Seoul to USIA Washington, Message No. 33, January 25, 1962.

Korean Attitudes Towards the United States As Reflected In a Public Opinion Survey Conducted by the KyungHyang Shinmun Newspaper During the Week of May 10, 1962, USIS Seoul.

Study of Korean Attitudes Towards the United States, Public Affairs Officer, G. Hungtinton Damon, USIS Seoul to USIA Washington, Message No. 44, June 18, 1962.

Communication Fact Book, South Korea, USIA, 1963.

Educational and Cultural Exchange: Final Report of the Exchange Program for the Period 1 July 1961 to 30 June 1962, American Embassy Seoul, 16 January 1963.

Educational and Cultural Exchange: Proposed Educational Exchange Program Fiscal, Year 1966, American Embassy Seoul to Department of State, September 14, 1964.

Secret, Country Plan for Korea, United States Information Agency, reported by Country Public Affairs Officer, W. K. Bunce, approved July 6, 1966.

IRS/ Korean Reserch Projects, USIS Seoul to USIA Washington, July 14, 1965.

Country Assessment Report, USIS Seoul to USIA Washington, Message No. 15, Country Public Affairs Officer, W. K. Bunce, Jauuary 21, 1966.

CONFIDENTIAL Seoul 746, 909−705a: SD 164, Action: PP RUEHIA, Reported by Country Public Affairs Officer, W. K. Bunce, August 10, 1966.

Monthly Report, USIS-Seoul to USIA Washington, Message NO. 18, Reported by Harry S. Huduon, Acting Country Public Affairs Officer, October, 1966.

Gemini Model Exhibit (65−320), Message No. 23, USIS Seoul to USIA Washington, Reported by Country Public Affairs Officer, W. Kenneth Bunce, January 16, 1967.

Country Assessment Report, USIS Seoul to USIA Washington, Message No. 24, Country Public Affairs Officer, W. K. Bunce, January 30, 1967.

Research Survey on Publication *NONDAN*, USIS Seoul to USIA Wahington, Message No. 12, August 29, Country Public Affairs Officer, W. Kenneth Bunce, August 29, 1966.

Activity Report for March 22-April 21, 1967, Regional Research Center, Field Message No. 54, USIA CA 1296, December 28, 1966.

Study of NONDAN Magazine, Message No. 43, USIS Manila to USIA Washington, Reported by Jamon N. Tull, Public Affairs Officer, Feburary 3, 1967.

Survey on Media Habits of Korean Target Group, Gonducted by International Research Association, File No. KS6801, Approved by Ambassador Philip C. Habib, September 1968.

Korean Journalists' View on Current Situation, Ameriacn Embassy Seoul to Department of State, Habib, December 5, 1972.

Revision of Potential Leader Biographic Reporting List, American Embassy Seoul to the Department of State, Approved by Ambassador Philip C. Habib, March 30, 1973.

Research Report of Korean Public Opinion on Key Issues Relevant to US-Korean

Relations, Office of Research of USIA, by Ralph Greenhouse East Asia and Pacific Branch, December 1983.

Research Report on Madia Use by the Better-Educated Urban Koreans, Jose Armilla, East Asia and Pacific Branch, December 1983.

● 기타 영문 문서

Harry S. Truman, "Fight False Propaganda With Truth", *Vital Speeches of the Day*, 1 May, 1950.

USIA, *USIA: Its Work and Structure, Washington, D. C.* : Office of Public Liaison, 1988.

United States Advisory Commission on Public Diplomacy, "Public Diplomacy in the Information Age", *Transcript of 40th Anniversary Conference*, September 15–16, 1987.

Mission of the United States Information Agency, USIA, Oct. 22, 1953.

—————————————————————————— , USIA, Dec. 23, 1960.

Memorandum for Director, International Communication Agency, Jimmy Carter, March 13, 1978.

Mutual Educational and Cultural Exchange Act of 1961, Public Law 87–256.

President Eisenhower's Reorganization Plan # 8, June 1, 1953.

National Security Decision Directive 77, January 14, 1983.

U.S. Advisory Commission on Public Diplomacy, 1980 Report.

—————————————————————————— , 1981 Report.

—————————————————————————— , 1982 Report.

—————————————————————————— , 1984 Report.

—————————————————————————— , 1985 Report.

—————————————————————————— , 1986 Report.

—————————————————————————— , 1988 Report.

—————————————————————————— , 1989 Report.

U.S. Advisory Commision on Information, Washington, 1977 Report.

U.S. Commision on the Organization of the Government for the Conduct of Foreign Policy, Washington, 1975 Report.

2. 국문 단행본

강치원. 《미국은 우리에게 무엇인가》. 서울: 백의, 2000.

구영록. 《한국의 국가이익: 외교정치의 현실과 이상》. 서울: 법문사, 1995.

국방부. 《한미군사관계사: 1871-2002》. 서울: 국방부 군사편찬연구소, 2002.

_____. 《율곡사업의 어제와 오늘 그리고 내일》. 서울: 국방부, 1994.

김덕. 《약소국 외교론》. 서울: 탐구당, 1992.

김덕 편. 《국제질서의 전환과 한반도》. 서울: 오름, 2000.

김덕중, 안병준, 임희석 공편. 《한미 관계의 재조명》. 서울: 경남대학교 출판부, 1988.

김덕중 편. 《미국의 동북아 정책: 클린턴 행정부의 외교안보정책에 대한 평가와 전망》. 성
　　　　남: 세종연구소, 1995.

김동춘. 《미국의 엔진, 전쟁과 시장》. 서울: 창비, 2004.

김명섭 외. 《1970년대 후반기의 정치사회변동》. 서울: 백산서당, 1999.

김우상. 《新한국책략: 동북아시아 국제관계》. 서울: 나남출판, 1998.

김웅진, 박찬욱, 신윤환 편역. 《비교정치론 강의1: 비교정치연구의 분석논리와 패러다
　　　　임》. 서울: 한울아카데미, 1992.

김웅진, 김지희. 《비교사회 연구방법론: 비교정치, 비교행정, 지역연구의 전략》. 서울: 한
　　　　울아카데미, 2000.

김원모. 《한미 외교관계 100년사》. 서울: 철학과현실사, 2002.

김일영, 조성렬 공저. 《주한미군: 역사, 쟁점, 전망》. 서울: 한울, 2003.

김진웅. 《한국인의 반미감정》. 서울: 일조각, 1992.

_____. 《반미》. 서울: 살림, 2003.

김창훈. 《한국 외교 어제와 오늘》. 서울: 다락원, 2004.

김호기 외. 《5.18은 끝났는가》. 서울: 푸른숲, 1999.

나이, 조셉 S. 저, 박노웅 역. 《21세기 미국 파워》. 서울: 한국경제신문사, 1991.

나종삼. 《월남파병과 국가발전》. 국방군사연구소, 1996.

다이애너 머츠 저, 양승찬 역. 《미디어 정치 효과》. 서울: 한나래, 2000.

류영익 외. 《한국인의 대미 인식: 역사적으로 본 형성과정》. 서울: 민음사, 1994.

리영희. 《대화: 한 지식인의 삶과 사상》. 서울: 한길사, 2005.

마샬 맥루한 저, 박정규 역. 《미디어의 이해》. 서울: 커뮤니케이션북스, 2001.

문정인, 김기정, 이성훈 공편.《협력적 자주국방과 국방개혁》. 서울: 오름, 2004.

문창극.《한미갈등의 해부》. 서울: 나남, 1994.

박기덕 편.《한국 민주주의 10년: 변화와 지속》. 성남: 세종연구소, 1998.

박상식.《국제정치학》. 서울: 집문당, 1981.

박세길.《다시쓰는 한국현대사》. 서울: 돌베개, 1988.

박광희 편.《21세기의 세계질서: 변혁시대의 적응논리》. 서울: 오름, 2003.

박영호, 김광식 외.《한미관계사》. 서울: 실천신서, 1990.

방민호.《행인의 독법》. 예옥, 2006.

배규한 외.《미스미디어와 정보사회》. 커뮤니케이션북스, 2006.

백종천, 김태현, 이대우 공저.《한미군사협력: 현재와 미래》. 성남: 세종연구소, 1998.

_____.《분석과 정책: 한미동맹 50년》. 성남: 세종연구소, 2003.

블레이니, 지오프리 저, 이웅현 역.《평화와 전쟁》. 서울: 도서출판 지정, 1999.

서정갑 외,《미국정치의 과정과 정책》. 서울: 나남, 1994.

서중석.《이승만의 정치 이데올로기》. 서울: 역사비평사, 2005.

서재정, 정용욱 공저.《탈 냉전과 미국의 신세계질서》. 서울: 역사비평사, 1996.

심지연, 김일영 편.《한미동맹 50년: 법적 쟁점과 미래의 전망》. 서울: 백산서당, 2004.

안병준 편.《한국과 미국 Ⅰ: 정치, 안보관계》. 서울: 경남대학교 극동문제연구소, 1988.

오관치, 차영구, 황동준 공저.《한·미 군사협력관계의 발전과 전망》. 서울: 세경사, 1990.

외교통상부.《한국외교 50년: 1948~1998》. 서울: 외교통상부, 1999.

에드워드 A. 올센 저. 제정관, 박균열 역.《한미관계의 새 지평》. 인간사랑, 2002.

아서 사이어 저. 미국정치연구회 역.《탈냉전기 미국 외교정책: 미국과 유럽, 미국과 아시아》. 서울: 오름, 2000.

이기택.《한반도와 국제정치: 이론과 실제》. 서울: 일신사, 1990.

이범준, 김의곤 공편.《한국오교정책론: 이론과 실제》. 서울: 법문사, 1993.

이삼성.《한반도 핵문제와 미국외교》. 서울: 한길사, 1994.

이상우, 하영선 공편.《현대국제정치학》. 서울: 나남, 1995.

이상철.《新국제질서와 미디어외교》. 서울: 이지눌판사, 2003.

_____.《안보와 자주성의 디레마: 비대칭 동맹이론과 한미동맹》. 서울: 연경문화사, 2004.

이수형.《북대서양조약기구와 유럽안보》. 서울: 한울아카데미, 2004.

이홍환.《부시 행정부와 북한》. 서울: 삼인, 2002.

이해영.《낯선 식민지, 한미 FTA》. 서울: 메이데이, 2006.

임영태.《북한 50년대사 Ⅰ》. 서울: 들녘, 1999.

장상환.《한미관계의 재인식》2. 서울: 두리, 1991.

_____.《한미관계의 재인식》1. 서울: 두리, 1990.

전영재.《한미동맹의 미래와 한국의 선택》. 서울: 삼성경제연구소, 2005.

정욱식.《동맹의 덫》. 서울: 삼인, 2005.

정종욱 외.《미국은 우리에게 무엇인가: 한국관계 – 오늘의 실상과 장래》. 서울: 한국방송
      사업단, 1989.

정진석.《관훈클럽 50년사》. 서울: 관훈클럽, 2007.

정진위, 김용호 공저.《북한, 남북한 관계, 그리고 통일》. 서울: 연세대학교 출판부, 2003.

조지프 나이 저, 홍수원 역.《제국의 패러독스》. 서울: 세종서적, 2002

제임스 E. 도거티, 로버트 L. 팔츠그라프 공저. 이수형 역.《미국외교정책사》. 서울: 한울
      아카데미, 1997.

진영재.《정치여론조사 방법론》. 서울: 나남

차상철.《한미동맹 50년》. 서울: 생각의 나무, 2004.

채서일.《사회과학조사방법론》. 제2판. 서울: 학현사, 2001.

촘스키, 노암 저. 황의방, 오성환 역.《패권인가 생존인가: 미국은 지금 어디로 가는가》.
      서울: 까치글방, 2004.

최진섭.《한국언론의 미국관》. 서울: 살림터, 2000.

토드, 엠마뉘엘 저. 주경철 역.《제국의 몰락: 미국 체제의 해체와 세계의 재편》. 서울: 까
      치글방, 2003.

한국방송협회.《한국방송 70년사》. 서울: 한국방송협회, 1997.

한상범.《살아있는 우리 헌법 이야기》. 서울: 삼인, 2005.

학술단체협의회.《우리 학문 속의 미국》. 서울: 한울, 2003.

한미연합군사령부.《공보업무편람(Public Affairs Handbook)》. 서울: 제6지구 인쇄소,
      1993.

_____.《공보업무(Public Affairs)》. 서울: 제6지구 인쇄소, 1993.

한승주.《세계화 시대의 한국 외교》. 서울: 지식산업사. 1995.

한용섭 편.《자주냐 동맹이냐: 21세기 한국 안보외교의 진로》. 서울: 오름, 2004.

함택영.《국가안보의 정치경제학》. 서울: 법문사, 1998.

헤이즈, 피터 저. 고대승, 고경은 역.《핵 딜레마: 미국의 한반도 핵정책의 뿌리와 전개과정》. 서울: 한울, 1993.

홍성태, 노순택.《생각하는 한국인을 위한 반미교과서》. 서울: 당대, 2003.

홍현익 외.《남북화해시대의 주한미군》. 성남: 세종연구소, 2003.

황상재 편.《정보사회와 국제커뮤니케이션》. 서울: 나남, 1998.

황우권.《한미관계와 커뮤니케이션》. 서울: 이진출판사, 2000.

3. 국문 논문

강근형. "한미관계의 재정립".《통일문제연구》. 제15권 2호(2003), PP. 5-31.

강봉구. "차가워진 피: 21세기 한미 동맹정치 시론".《한국과 국제정치》. 제22권 4호(2006), pp. 98-99.

권기성. "통상마찰의 배경과 실상에 관한 연구". 숭실대 박사학위 논문. 1995, pp. 8-10.

김기정. "21세기 한국 외교의 좌표와 과제: 동북아 균형자론의 국제정치학적 의미를 중심으로".《국가전략》. 제11권 4호(2005), pp. 149-174.

김계동. "한미동맹의 재조명: 동맹이론을 분석틀로".《국제정치논총》. 제41집 2호(2001), p. 10.

김명섭. "서유럽의 통합과 동아시아의 분절: 냉전초기 미국의 지정전략을 중심으로".《국제정치논총》. Vol. 30, No. 1(2005), pp. 7-45.

_____. "프랑스의 문화외교: 미테랑 대통령 집권기(1981-19995)를 중심으로".《한국정치학회보》37집 2호 (2003) 여름호, pp. 344-345.

_____, 이동윤. "동북아공동체의 이상과 현실: 문화적 대안의 모색".《한국과 국제정치》. 제21권 2호(여름, 2005), pp. 1-30.

_____, 최준영. "한국대학생의 대미인식: 신뢰도를 중심으로".《21세기 정치학회보》. 제14집 2호(2004), pp. 97-120.

김민정. "미국의 문화외교 정책 변화연구: 9.11 테러 이후를 중심으로". 중앙대 석사학위 논문, 2005, p. 13.

김성철. "미일동맹과 동북아질서". 박광희 (편).《21세기의 세계질서: 변혁시대의 적응논리》(서울: 오름, 2003), pp. 261-296.

김영명. "한국의 정치변동과 미국: 국가와 정권의 변모에 미친 미국의 영향".《한국정치
학회보》. 제22집 2호(1988), pp. 85-114.

김우상. "한미동맹의 이론적 제고".《한국과 국제정치》. 제20권 1호(2004), pp. 10-12.

김용철, 최용건. "한국인의 반미행동 의도에 대한 인과 분석: 미국의 이미지와 한국의 이
미지를 중심으로".《국제정치논총》. 제45집 4호(2005), pp. 123-143.

김용호, 김용순, 한정택. "한미관계에 대한 미디어보도 분석: 조선일보, MBC, New York
Times 보도에 대한 프레임분석을 중심으로".《한국과 국제정치》. 제20권 4호(2004).

김용호. "한미동맹과 언론: 한국과 미국 언론의 프레임 비교 연구".《한국언론학술논총》.
커뮤니케이션북스, 2004, p. 7.

김창용. "미국에 대한 한국언론의 보도 경향". 한국얼논재단 토론회, 2005. 5. 17.

김태현. "대북인식의 이중구조와 북한 핵문제". 국가전략, 2, 2, (1996), pp. 189-199.

김학성. "통일 전후 독일의 대미정책: 동맹포기 또는 활용". 한용섭 편.《자주냐 동맹이냐:
21세기 한국안보외교의 진로》. (서울: 오름, 2004), pp. 355-394.

김현종. "한미동맹의 변화 요인에 관한 연구: 한국 언론의 프레이밍을 중심으로". 연세대
석사학위 논문. pp. 34-35.

김호섭. "동맹외교 대 자주외교: 어느 것이 먼저인가?" 한용섭 편.《자누냐 동맹이냐: 21세
기 한국 안보외교의 진로》(서울: 오름, 2004), pp. 127-153.

김희열, "한미관계에 대한 한국인의 인식변화 연구". 국방대 안전보장대학원 석사논문.
2005.

나귀형. "해외 PR에서의 문화원의 역할에 관한 연구: 미국의 해외 PR을 중심으로". 연세
대 행정대학원 석사논문. 1987.

배양일. "한일동맹과 자주: 한미동맹관계에 나타난 한국의 자주성 형태에 관한 연구". 연
세대 정치학과 박사논문. 2006.

배정호. "탈냉전 시대의 미·일 동맹: 국제사회에서의 일본의 역할증대". 김성철 편.《미일
동맹외교》. 성남: 세종연구소, 2001.

백성호. "비대칭 안보동맹 변화에 관한 연구".《세계지역연구논총》. 제20집(2003), p. 71.

안보섭. "우리나라 해외홍보 현황과 개선방안".《경제연구》. 한양대: 경제연구소. 1994.

안진국. "구성주의를 통해 본 한국인의 대미인식 동학: 한미관계에 대한 여론조사를 중심
으로". 고려대 석사논문. 2004.

안혜경. "미국의 공공외교에 관한 연구: 9.11 이후의 변화를 중심으로". 연세대 석사논문. 2007.

양준희. "월츠의 신현실주의에 대한 웬트의 구성주의의 도전".《국제정치논총》. 제 41집 3호(2001), pp. 25-46.

오창헌. "유신체제의 동태와 미국의 영향".《영남국제정치학회보》. 제2집(1999), pp. 181-209.

우승지. "남북화해와 한미동맹관계의 이해, 1969~1973".《한국정치외교사논총》. 제26집 1호(2005), pp. 91-126.

윤상숙. "미국의 공공외교(Public Diplomacy) 연구: 조직개편과 프로그램 내용을 중심으로". 서울대학교 석사논문. 1991.

이강로. "한국 내 반미주의의 성장과정 분석".《국제정치논총》. 제44집 4호(2004), pp. 239-261.

이경태. "한미 안보협력관계의 재조정 방향".《대한정치학회보》. 11집 1호(2003), pp. 377-397.

이근. "국제정치에 있어서 말, 상징의 연성권력 이론: 이론화를 위한 시론".《국제지역연구》. 제13권 1호(2004년 봄), pp. 11-12.

이삼성. "북방정책과 한미관계: 주한미군문제와 한국 북방정책의 한계".《한국과 국제정치》. 제5권 2호(1989), pp. 69-98.

이석호. "약소국 외교정책론". 이상우, 하영선 공편.《현대국제정치학》(서울: 나남, 1995), pp. 511-542.

이상현. "1945년 이후 미국의 세계군사전략과 주한미군 정책의 변화". 한용섭 편.《자주냐 동맹이냐: 21세기 한국 안보외교의 진로》(서울: 오름, 2004), pp. 157-192.

이재봉. "한국의 시민사회와 반미 자주운동". 한용섭 편.《자주냐 동맹이냐: 21세기 한국 안보외교의 진로》(서울: 오름, 2004), pp. 237-269.

이준웅. "프레임, 해석 그리고 커뮤니케이션 효과".《언론과 사회》. 제29호(2000, 가을), p. 113-119.

이화연. "미국의 공공외교와 풀브라이트 프로그램: 한국 사례를 중심으로". 연세대 석사학위 논문, 2006, p. 25-26.

임희섭. "미국은 우리에게 무엇인가: 한국인의 대미인식".《계간 사상》. 47호. 2000. 12. pp. 31-51.

유장현. "90년대 한미통상마찰의 과제와 대응". 성균관대 석사학위 논문, 2000. pp. 13-14.

전인영. "미국의 한반도 정책". 김덕중 편.《미국의 동북아 정책: 클린턴 행정부의 외교안보정책에 대한 평가와 전망》(성남: 세종연구소, 1995), pp. 145-183.

전재성. "탈냉전과 동맹이론". 한국정치학회 연례학술회의 발표 논문(2000).

_____. "구성주의의 비판적 이해와 한국 국제정치학".《동아시아 국제관계와 구성주의적 이해》, 고려대 아세아문제연구소의 동아시아 공동체 형성을 위한 이론적 모색 기획시리즈 1 발표문, 2002.

전태건. "미국의 對 한반도 정책연구". 한국외대 석사학위 논문, 1998.

정찬호. "카터, 레이건 행정부의 대한 정책에 관한 연구". 국방대 석사학위 논문, 1997.

정해구. "80년대 한미관계의 재인식".《경대문화》19. 경남대. 1986년. pp. 199-208.

조윤영. "문화적 접근을 통한 국제관계 연구".《국제정치논총》. 제44집 1호(2004), pp. 52-67.

조영화. "한미동맹 성격변화 연구: 구성주의 시각으로". 가톨릭대 국제대학원 석사 논문, 2005, pp. 19-40.

조진구. "존슨 정권 후반기의 한미관계: 북한의 대남도발에 대한 한미 간의 인식차이를 중심으로".《한국과 국제정치》. 제19권 3호(2003), pp. 83-110.

조현태. "미국통상대표부(USTR)의 역할과 기능".《세계경제동향》. 6-3, 산업연구언(1988), pp. 119-125.

지효근. "동맹안보문화와 동맹결속력 변화", 연세대 박사논문, 2007.

최강. "주한 미군의 '전략적 유연성'에 관하여". 2007. 1. 26. 현재 '미래전략연구원' 홈페이지(www.kifs.org).

최영숙. "미국의 '공공외교' 정책 연구: 9.11 테러 이후의 변화를 중심으로". 서강대학교 석사논문. 2004.

한용섭. "동맹속에서의 자주국방: 이론과 실제의 딜레마". 한용섭 편.《자주냐 동맹이냐: 21세기 한국 안보외교의 진로》(서울: 오름, 2004), pp. 17-66.

허은. "1950년대 '주한 미공보원(USIS)'의 역할과 문화전파 지향".《한국사학보》15호. 고려사학회. 2003, pp. 227-259.

황영배. "군사동맹의 지속성, 세력균형론(Balance of Power Theory)과 세력전이론(Power Transtion Theory)".《한국정치학회보》. 제29집 3호, 1995.

4. 영문 단행본

Allen C. Hansen, *USIA*. New York: Praeger, 1984.

Breslauer, George W. and Philip Tetlock eds. *Learning in U.S. and Soviet Foreign Policy*. Boulder: Westview Press, 1991.

Bueno de Mespuita, Bruce. *The War Trap*. New Haven: Yale University Press, 1981.

George Liska, *Nations in Alliance: The Limits of Interdependence*. Baltimore: Johns Hopkins University Press, 1962.

Giddens, Anthony. *The Constitution of Society: Outline of the Theory of Structuration*. Berkeley : University of California Press, 1984.

Glenn H. Snyder. *Alliance Politics*. New York: Cornell University Press, 1997.

Handel Michael. *Weak States in the International System*. 1981.

Hans N. Tuch, *Communication with the World: U.S. Public Diplomacy Overseas*. New York: St. Martin's Press, 1970.

Harrison, Lawrence E. *Who Prospers? How Cultural Variables Shape Economic and Political Success*. New York: Basic Books, 1992.

Huntington, Samuel P. and Lawrence E. Harrison. eds. *Culture Matters : How Values Shape Human Progress*. New York: Basic Book, 2000.

Huntington, Samuel P. *The Clash of Civilization and the Remaking of the World Order*. New York: Simon and Schuster, 1996.

John T. Rourke, *International Politics on the World Stage*. The Dushkin Publishing Group, 1989.

Johnston, Ian Alastair. *Cultural Realism: Strategic Culture and Grand Strategy in Ming China*. Princeton, N.J.: Princeton University Press, 1995.

Katzenstein, Peter J. *Cultural Norm and National Security: Police and Military in Postwar Japan*. Ithaca: Cornell University Press, 1996.

Mark Blitz. *Public Diplomacy*. California: Hoover Institution Press, 1986.

Morgenthau, Hans J. revised by Kenneth W. Thompson. *Politics among Nations: The Struggle for Power and Peace*. Brief ed. New York: McGraw-Hill, Inc., 1993.

North, Douglass C. *Institutions, Institutional Change and Economic Performance*. New

York: Cambridge University Press, 1990.

Olson, Mancur Jr. *The Logic of Colletive Action: Public Goods and the Theory of Groups.* New York: Schocken Books, 1968.

Organski, A. F. K. *World Politics.* New York: Alfred A. Knopf, 1958.

Osgood, Robert E. *Alliances and American Foreign Policy.* Baltimore: The Johns Hopins Press, 1968.

Paul Kowert and Jeffery Legro, "Norms, Identity, and Their Limits: A Theoretical Reprise", in Peter J. Katzenstein ed., *The Culture of National Security: Norms and Identity in World Politics.* New York: columbia Univ. Press, 1996.

Robert Gilpin, *War and Change in World Politics.* Cambridge: Cambridge University Press, 1981.

Robert Jervis, *Perception and Misperception in International Politics.* Princeton, N.J.: Princeton University Press, 1976

Robert O. Keohane, *After Hegemony: Cooperation and Discord in the World Political Economy.* Princeton: Princeton University Press, 1984.

Simmons, Robert R. *The Strained Alliance Peking, Pyongyang, Moscow and the Politics of the Korean Civil War.* 1975.

Walt, Stephen M. *The Origins of Alliances,* Cornell University Press, 1987.

Waltz, Kenneth N. *Theory of International Politics.* Reading, Mass.: Addison-Wesley, 1979.

Wendt, Alexander. *Social Theory of International Politics.* New York, N.Y.: Cambridge University Press, 1999.

5. 영문 논문

Beetham, David. "Political Participation, Mass Protest and Representative Democracy." *Parliamentary Affairs.* Vol. 56, No. 4(2003), pp. 597–609.

Brett Ashley Leeds, "Alliance Reliability in Times of War: Explaining State Decisions to Violate Treaties", *International Organization,* Vol. 57, No. 4, 2003, pp. 801–829.

Brooks, Stephen G. and William C. Wohlforth. "Hard Time for Soft Balancing", *International Security*. Vol. 30, No. 1(Summer, 2005), pp. 72–108.

Bueno de Mesquita, Bruce and J. David Singer. "Alliances, Capabilities, and War: A Review and Synthesis", in Cornelius P. Cotter ed., *Political Science Annual: An International Review*, Vol. 4(Indianapolis: Bobbs-Merrill, 1974).

Bunce, Valerie. "The Empire Strikes Back." *International Organization*. Vol 39, No. 1(Winter, 1985), pp. 1–46.

Calder, Kent and Min Ye. "Regionalism and Critical Junctures: Explaining the Organization Gap in Northeast Asia." presented for the 2003 American Political Science Association Annual Convention, Philadelphia, Pennsylvania(August, 2003).

Campbell, Kurt M. "The End of Alliances? Not so Fast", *The Washington Quarterly*. Vol. 27, No. 2(Spring, 2004), pp. 151–163.

David, Stephen. "Explanining Third World Alignment", *World Politics*. Vol. 43, No. 2(1991), pp. 233–256.

Fukuyama, Francis. "The End of History", *The National Interest*, Vol. 16(Summer 1989), pp. 122–157.

Glenn H. Snyder, "Alliances, Balance, and Stablitity", *International Organization*, Volume. 45, No. 1(Winter, 1991), p. 125.

Haggard, Stephan and Beth A. Simmons. "Theories of International Regimes", *International Organization*. Vol. 41, No. 3(Summer, 1987), pp. 491–517

Harvey B. Feigenbaum, "Globalization and Cultural Diplomacy", Art, *Culture and the National Agenda Issue Paper*, Center for Arts and Culture, 2001, p. 31.

Helena K. Finn, "The Case for Cultural Diplomacy", *Foreign Affairs*, Volume 82, No. 6. p. 15

Holsti, K. J. "Mirror, Mirror on the Wall, Which Are the Fairest Theories of All?", *International Studies Quarterly*. Vol. 33, No. 3(Sep., 1989), pp. 255–261.

Huntington, Sammuel P. "Transnational Organizations in World Politics", *World Politics*. Vol. 25, No. 3(Apr., 1973), pp. 333–368.

J. David Singer and Melvin Small, "Formal Alliance, 1815–1939: A Quantitative Description", *Journal of Peace Research*, Vol. 3, No. 1, 1966, pp. 1–32.

James D. Morrow, "Alliances and Asymmetry: An Alternative to the Capability Aggression Model of Alliances", *American Journal of Political Science*, (Nov. 1991), pp. 904−933.

Jepperson, Ronald L. and Ann Swidler. "What Properties of Culture Should We Measure?" *Poetics*. Vol. 22, No. 4(1994), pp. 359−371.

Jervis, Robert. "Realism, Neorealism, and Cooperation: Understanding the Debate", *International Security*. Vol. 24, No. 1(Summer, 1999), pp. 42−63.

Johnston, Ian Alastair. "Thingking about Strategic Culture", *International Security*. Vol. 19, No. 4(Spring, 1995), pp. 32−64.

Kim, Jangho. "Back to the Basics: Multilateral Security Cooperation in Northeast Asia and the Neorealist Paradigm", *The korean Journal of International Relations*. Vol. 45, No. 5(2005), pp. 37−56.

Kim, Woosang. "Alliance Transitions and Great Power War", *American Journal of Political Science*. Vol. 35, No. 4(Nov., 1991), pp. 833−850.

_____. "How Perceptions Influence the Risk of War", *International Studies Quarterly*, Vol. 39(1995), p. 51.

Kowent, Paul A. "National Identity: Inside and Out", *Security Studies*. Vol. 8, No. 2/3(1999).

Kupchan, Charles A, "After Pax Americana: Benign Power, Regional Integration, and the Sources of a Stable Multipolarity", *International Security*. Vol. 23, No. 2(Autumn, 1998), pp. 40−79.

Leeds, Brett Ashley, Andrew G. Long, and Sara McLaughlin Mitchell. "Reevaluating Alliance Reliability: Specific Threats, Specific Promises", *Journal of Conflict Resolution*. Vol. 44, No. 5(Oct., 2000), pp. 686−699.

Lois Roth, *Public Diplomacy and the past*, Executive Seminar in National and International Affairs (1980−1981), p. 20.

Meyer, John W. and Brian Rowan. "Institutionalized Organizations: Formal Structure as Myth and Ceremony", *American Journal of Sociology*. Vol. 83, No. 2(Sep., 1977), pp. 340−363.

Miton Cummings, "Cultural Diplomacy and the United States Government: A Survey", Center for Arts and Culture, 2003, p. 2.

Morgenthau, Hans J. "Alliances in Theory and Proctice" in Arnold Wolfers ed. *Alliance Policy in the Cold War*(Baltimore, Md.: Johns Hopkins University Press, 1962).

Nelson, Daniel N. "World Shift: Interests, Norms and Identities", *International Politics*. Vol. 39, No. 3(Sept, 2002), pp. 353-359.

Neumann, Iver B. "Identity and Security", *Journal of Peace Research*. Vol. 29, No. 2(1992), pp. 221-226.

Nye, Joseph S. Jr. "Patterns and Catalysts in Regional Integration", *International Organization*, Vol. 19, No. 4(Autumn, 1965), pp. 870-884.

Osgood. "Alliance and Coalition Diplomacy" in James N. Rosenau, Thompson, and Boyd eds. *World Politics: An Introduction*. 1976.

Robert A. Kahn, "Alliances verses Ententes", *World Politics*, Vol. 28, No. 4(1976), p. 612.

Robert O. Keohane, "Alliances, Threats and the Uses of Neorealism", *International Security*, Vol. 13, No. 1, 1988, pp. 169-176.

Ronald McLaurin, Problem of US—South Korean Relations: Autonomy vs. Dependence, Authoritarianism vs. Democracy", in Manwoo Lee, Ronald D. McLaurin, and Chung-in, Moon, Alliance under Tension: *The Evolution of South Korean-US Relations*, Seoul: Kyungnam University Press, 1988, pp. 223-224.

Walt. Stephen M. "Alliances in Theory and Practice: What Lies Ahead?", *Journal of International Affairs*. Vol. 43, No. 1(1989), pp. 1-17.

Waltz, Kenneth N. "Structural Realism after the Cold War", *International Security*. Vol. 25, No. 1(Summer, 2000), pp. 5-41.

Wendt, Alexander. "Constructing International Politics", *International Security*. Vol. 20, No. 1(1995), pp. 71-81.

색인

410

독자를 먼저 생각하는 정직한 출판

시대의창이 **'좋은 원고'** 와 **'참신한 기획'** 을 찾습니다

쓰는 사람도 무엇을 쓰는지 모르고 쓰는,
그런 '차원 높은(?)' 원고 말고
여기저기서 한 줌씩 뜯어다가 오려 붙인,
그런 '누더기' 말고

마음의 창을 열고 읽으면
낡은 생각이 오래 묵은 껍질을 벗고 새롭게 열리는,
너와 나, 마침내 우리를 더불어 기쁘게 하는

땀으로 촉촉히 젖은 그런 정직한 원고,
그리고 그런 기획을 찾습니다.

시대의창은 모든 '정직한' 것들을 받들어 모십니다.

시대의창 WINDOW OF TIMES

분야 　 역사 / 문화 / 정치 / 사회

서울시 마포구 동교동 113-81 (4층) (우)121-816
Tel : 335-6125　Fax : 325-5607